资本运营

许 慧 编著

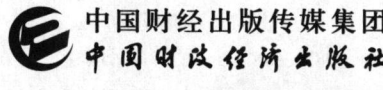

中国财经出版传媒集团
中国财政经济出版社
·北京·

图书在版编目（CIP）数据

资本运营 / 许慧编著. -- 北京：中国财政经济出版社，2024.5
ISBN 978-7-5223-2965-9

Ⅰ.①资… Ⅱ.①许… Ⅲ.①资本经营 Ⅳ.①F272.3

中国国家版本馆 CIP 数据核字（2024）第 058485 号

责任编辑：温彦君　　　　　责任校对：张　凡
封面设计：智点创意　　　　责任印制：史大鹏

资本运营
ZIBEN YUNYING

中国财政经济出版社 出版

URL：http://www.cfeph.cn
E-mail：cfeph@cfeph.cn
（版权所有　翻印必究）

社址：北京市海淀区阜成路甲 28 号　邮政编码：100142
营销中心电话：010-88191522
天猫网店：中国财政经济出版社旗舰店
网址：https://zgczjjcbs.tmall.com
北京中兴印刷有限公司印刷　各地新华书店经销
成品尺寸：185mm×260mm　16 开　21.5 印张　449 000 字
2024 年 5 月第 1 版　2024 年 5 月北京第 1 次印刷
定价：78.00 元
ISBN 978-7-5223-2965-9
（图书出现印装问题，本社负责调换，电话：010-88190548）
本社质量投诉电话：010-88190744
打击盗版举报热线：010-88191661　QQ：2242791300

"资本运营"是一门广泛吸收多学科知识的新兴管理学科。资本运营对于企业的发展具有非常重要的意义。在进入21世纪后,我国的资本运营逐步成熟起来,在促进企业优化资源配置、盘活存量资本、提高企业核心竞争力、完成我国产业结构调整和升级方面发挥着越来越重要的作用。

资本运营是指企业所拥有的各种可以支配的资源(有形、无形)以资本的身份,通过收购、兼并、重组、参股、转让、剥离、置换等各种途径优化配置,进行有效运营,以实现最大限度资本增值的目标。核心内容就是价值发现、价值管理与价值实现。资本运营属于企业经营管理的高级阶段,需要深厚的财务管理、广博的金融学、法律等知识背景。

本书分为三篇:上篇为资本运营的基本理论,包括第一章资本运营的基本概念、第二章资本运营的主体与环境;中篇资本运营的基本形式,包括第三章资本运营的扩张形式、第四章资本运营的收缩形式、第五章资本运营的重组形式、第六章资本运营的虚拟形式;下篇资本运营专题,包括第七章组建企业集团、第八章股份改制与上市、第九章国企混合所有制改革、第十章资本运营国际化。

本书在编写的过程中力求遵循"兼收并蓄汇百言、博采众长启创新"的原则,吸纳国内外与资本运营相关的最新成果,在传承与发展的视角下,试图在以下几个方面有所创新。

(1) 强调体例创新与情景化案例导向。本书每一节开篇处都设置了与本节核心内容高度相关的导读内容,借以引导教师与学生进入该节内容的情景中,同时在正文中也嵌入了大量情景化的案例,全书合计100多个情景化案例,丰富了教学素材。

(2) 强调资本运营内容的继承与发展。本书在传统并购和重组的内容基础上创新性地引入了混合所有制改革、注册制等前沿问题,也融合了并购交易结构、风险投资等实务问题。

(3) 强调理论与实务的平衡导向。经过长时间资本运营的教学实践,试图寻找资本运营教学内容中理论与实务的平衡点，"资本运营"作为实操性较强的课程，教学中实务讲解部分一般不低于60%，我们在教材编写中也将理论与实务的内容控制在3∶7~4∶6这样的理想区间。

（4）强调资本运营价值创造的思想导向。资本运营的核心内容就是价值发现、价值管理与价值实现的过程，以实现最大限度资本增值的目标，目标上还是隶属于财务管理的范畴，内容上秉承企业价值创造的主线。

（5）强调内容编写的内在逻辑导向。资本运营分扩张、收缩、重组和虚拟四种模式以及股改上市、混改与国际化三个专题展开编写，重点突出资本运营的四种基本方式，扩展现行资本运营的创新方式。

本书是基于广东工业大学"资本运营与财务战略"课程长期教学积累而成，特别感谢教学团队魏娟老师和MPAcc教学秘书何柳萍老师的支持与关心。资料收集及整理的具体分工如下：第一章（丘晓瑜、曾雨涵、张宇雯）；第二章（丘晓瑜、曾雨涵、钟艳语）；第三章（丘晓瑜、王云飞、钟艳语）；第四章和第五章（丁莹、赖晓榕）；第六章（丁莹、颜铄彬）；第七章（黄穗、颜铄彬）；第八章（黄穗、黄子涵）；第九章（韩林池、黄子涵）；第十章（韩林池、张宇雯）；全书的图表、案例及课后思考题（许慧、杨蕊羽）；许慧负责前言、第一章至第十章的讨论、编写与修订工作。

本书是在借鉴国内外大量书籍和文献的基础上编写而成，在此，对参考过的书籍及文献作者表示真挚的谢意，对文献标注中可能存在的疏漏表示真诚的歉意。

本书获得广东工业大学专业学位研究生课程案例库建设项目、广东工业大学专业学位研究生示范课程建设项目和广东工业大学管理学院本科教材项目的资助。

本书从构思设想、框架打磨，到资料整理、编写修订，历经三年有余，由衷感谢领导、同事和朋友们的关心与支持，感谢积极参与编写工作的同学们。

编者

上篇　资本运营的基本理论

第一章　资本运营的基本概念 / 3
第一节　资本的概念与性质 / 3
第二节　资本的形式 / 8
第三节　资本运营的概念与内容 / 12
第四节　资本运营的模式 / 16
第五节　资本运营的风险 / 27

第二章　资本运营的主体与环境 / 30
第一节　资本运营的主体 / 30
第二节　资本运营与市场体系 / 36
第三节　资本运营与资本市场 / 41

中篇　资本运营的基本形式

第三章　资本运营的扩张形式 / 61
第一节　并购概述 / 61
第二节　并购理论 / 76
第三节　并购类型 / 80
第四节　并购实务 / 102

第四章　资本运营的收缩形式 / 120

第一节　资产剥离 / 121

第二节　公司分立 / 132

第三节　分拆上市 / 136

第四节　股票回购 / 147

第五章　资本运营的重组形式 / 163

第一节　资产置换 / 164

第二节　债务重组 / 168

第六章　资本运营的虚拟形式 / 183

第一节　虚拟资本概述 / 184

第二节　虚拟资产的资本运营 / 185

下篇　资本运营专题

第七章　组建企业集团 / 223

第一节　企业集团的特征与类型 / 224

第二节　企业集团的组建与管理 / 231

第三节　企业集团的资金管理 / 239

第八章　股份改制与上市 / 244

第一节　股份有限公司的组建 / 245

第二节　股票上市 / 254

第三节　股票退市 / 275

第九章　国企混合所有制改革 / 282

第一节　国有企业混改概述 / 282

第二节　混合所有制改革的内外动因 / 290

第三节　混合所有制改革的路径 / 297

第十章 资本运营国际化 / 307

第一节 资本运营国际化的背景 / 308

第二节 资本运营国际化的类型 / 310

第三节 资本运营国际化的风险 / 326

第四节 资本运营国际化的风险防范 / 330

参考文献 / 334

上篇

▼

资本运营的基本理论

第一章

资本运营的基本概念

导言

随着注册制从科创板的试点到全面实施,越来越多企业及市场参与者已经认识到资本运营在我国社会生活中的重要作用,这也是我国市场经济逐步走向成熟的重要标志之一。但作为具有中国本土特色的资本运营的概念,是在我国经济体制改革过程中逐步形成的,是中国特色社会主义经济中的一个新的范畴。

本章将讲述与资本运营相关的基础知识和背景,第一节和第二节主要介绍资本的有关内容;第三节至第五节将具体介绍资本运营的概念、内容和风险以及资本运营模式。

学习目标

★ 了解资本的概念;
★ 了解资本运营的含义和内容;掌握资本运营的模式及原则;
★ 了解资本运营的目标和风险。

第一节 资本的概念与性质

【导读】

2012年8月16日,南非警察介入了约翰内斯堡附近马里卡纳铂矿的劳资冲突,冲突

资本运营

双方分别为铂矿的工人以及矿主——总部位于伦敦的隆明公司的股东们。警方对罢工者开枪镇压，导致34位矿工身亡。类似的罢工经常发生，冲突主要源于工资诉求。工人要求将工资翻番，从每月500欧元上涨到每月1000欧元。经历这一惨痛的人员伤亡事件后，公司最终提议每月加薪75欧元。这一事件反映了一个问题，多少产出应该作为劳动者的工资，多少产出应该作为所有者的利润？更通俗地说，即劳资双方如何分配生产所得？这一直都是分配冲突的核心问题。在传统社会中，社会不平等的根源及最常见的动乱诱因是地主和农民间的利益冲突，即土地所有者和出卖劳动力的农民之间、收取地租者和缴纳地租者之间的矛盾。工业革命使得劳资冲突进一步恶化，可能是因为与以往相比生产方式转向资本密集型（机器的使用和自然资源的开发远胜以往），也可能是因为对更平等的收入分配和更民主的社会秩序的希冀落空。

一、资本的概念

"资本（Capital）"这个词最早出现在拉丁文中，指的是牛或其他家畜（Cattle）。因为家畜可以繁殖，并能够把价值较低的物转化成价值较高的产品，进而带来额外利润。这样"资本"一出现就同时具有"物质性存在"及"创造剩余价值潜能"这两重含义[1]。1687年的《凯奇·德佛雷斯辞典》中最早将资本定义为能产生利息的"本钱"，是能够给资本所有者带来幸福的财物。那么，资本到底是什么呢？

（一）西方古典经济学中的资本

英国古典政治经济学体系的建立者斯密，关于资本的性质，有两种理论：一种资本理论认为，资本是为资本家提供收入（利润）的积累。在他看来，资本的出现是使劳动产品的分配发生变化的一个因素。他说："资本一经在个别人手中积聚起来，当然就有一些人，为了从劳动生产物的售卖或劳动对原材料增加的价值上得到一种利润，便把资本投在劳动人民身上，以原材料与生活资料供给他们，叫他们劳作。"另一种资本理论认为，资本是用于继续生产的积累，即生产资料，或者说是为了继续生产而积累起来的储存品。在《国民财富的性质和原因的研究》中提到资本是"人们除去维持生活消费而用以取得收入的那部分资财"[2]，只是把用于获利的"生产资料"看作资本，把用于消费的"生活资料"排除在外。而作为古典经济学集大成者的大卫·李嘉图，却把"生产资料和生活资料"一并看作资本：资本主要是指国家财富中用于生产所必需的机器、原料等生产资料和食物、衣服等生活资料[3]。

在西方古典经济学中，对于资本的概念并不涉及其所反映的资本主义生产力水平，资

---

[1] 赫尔南多·索托. 资本的秘密 [M]. 南京：江苏人民出版社，2005：28-29.
[2] 亚当·斯密. 国民财富的性质和原因的研究：上卷 [M]. 北京：商务印书馆，2012：255.
[3] 大卫·李嘉图. 政治经济学及赋税原理 [M]. 北京：商务印书馆，1976：78.

本指的是用于生产的基本生产要素，是资金、厂房、设备、材料等物质资源。

奥地利经济学家庞巴维克在《资本实证论》一书中曾总结了包括马克思在内的经济学家关于资本概念的"十一种解释"。虽然只是在第十一种解释中提到了资本具有"非物质的性质"，但基本上都还是把资本定义为"物质财货"①。资本品和初级生产要素不同之处在于，前者是一种投入，同时又是经济社会的一种产出。因此，在西方古典经济学家眼里，资本与物是一而二、二而一的相互依存和相互表征的关系：资本表现为单纯的物，物又表现为获利的资本，就连资本自身生产、流通和交换过程的总结果，也表现为物固有的性质②。

亚当·斯密和《国富论》

亚当·斯密强调自由市场、自由贸易以及劳动分工，被誉为"古典经济学之父""现代经济学之父"。

《国富论》全称为《国民财富的性质和原因的研究》，是英国古典经济学家亚当·斯密用了近十年时间创作的经济学著作，首次出版于1776年。《国富论》这部著作奠定了资本主义自由经济的理论基础，该书的出版标志着古典政治经济学理论体系的建立，堪称西方经济学界的"圣经"。

亚当·斯密（Adam Smith）
（1723～1790）

（二）马克思政治经济学中的资本

在马克思所创立的政治经济学批判学说中，"资本"成为其理论的最终聚焦点。和古典经济学的观点相比，马克思认为资本虽然必须体现在"物"上，但资本并不是物，不是物质的和生产出来的生产资料的总和，而是属于一定的生产关系，并通过生产关系而赋予资本以特有的社会性质③。

在资本主义生产方式中，资本最初表现为一定数额的货币。要分析资本，先要理解货币。而货币作为固定地充当一般等价物的特殊商品，自身具有价值，要理解货币，还得先分析其价值。价值是商品的二因素之一，要分析价值，还得研究商品。所以《资本论》论资本，是从商品这个资本主义社会财富的元素形式开始研究的。商品经济的存在和劳动力成为商品是货币转化为资本或者说资本存在的两个前提条件。商品生产和发达的商品流通，即贸易，是资本产生的历史前提④。

由此可见，马克思认为，商品流通是资本的起点，劳动力成为商品是货币转化为资本

---

① 庞巴维克. 资本实证论 [M]. 北京：商务印书馆，2012：61-62.
② 马克思. 剩余价值学说史：第3卷 [M]. 上海：上海三联书店，2009：390.
③ 马克思. 资本论：第3卷 [M]. 北京：人民出版社，2004：922.
④ 马克思. 资本论：第1卷 [M]. 北京：人民出版社，1975：137，193.

的关键。马克思还进一步指出,只有当生产资料和生活资料的所有者在市场上找到出卖自己劳动力的自由工人的时候,资本才产生。这里所说的自由,具有双重意义:一方面,工人是自由人,能够把自己的劳动力当作自己的商品来支配;另一方面,他也没有别的商品可以出卖,自由得一无所有,没有任何实现自己的劳动力所必需的东西。这就是说,劳动者拥有人身自由且自由得一无所有,是劳动力成为商品的两个必要条件。这些都是马克思在经典资本理论中提出的资本主义社会中资本产生或存在的基本原理。

卡尔·马克思(Karl Heinrich Marx)
(1818~1883)

马克思和《资本论》

卡尔·马克思,是德国的思想家、政治学家、哲学家、经济学家、革命理论家、历史学家和社会学家。

《资本论》全称为《资本论:政治经济学批判》,是马克思创作的政治经济学著作。《资本论》中以唯物史观的基本思想作为指导,通过深刻分析资本主义生产方式,揭示了资本主义社会发展的规律,并使唯物史观得到科学验证和进一步的丰富发展。《资本论》跨越了经济、政治、哲学等多个领域,是全世界无产阶级运动的思想指导。

(三)社会主义市场经济中的资本

中国改革开放的一个重大理论突破就是承认并肯定资本在社会主义市场经济中的存在及其积极作用。传统政治经济学理论在社会主义条件下不使用资本的概念,用的是"国有资产""国有资金"等表述。中国改革开放的一个颠覆性的理论成就包括承认资本。中国经济增长、发展以及劳动者就业,都得益于有了资本。关于资本对公有制经济的作用,过去认为公有制经济不能和市场经济结合,而现在国有制经济便是通过资本和市场经济结合起来。发展多种所有制经济实质上是承认且允许私人资本的存在和发展,公有制经济和私有制经济以资本为纽带实现共同发展。

市场经济的存在是社会主义市场经济中存在资本的前提条件。商品经济,包括市场经济,即发达的商品经济,是资本产生和存在的前提条件,中国社会主义初级阶段的经济是市场经济,自然也就具备资本存在的前提条件。此外,社会主义市场经济中劳动力也是商品,具有货币转化为资本的必要条件。

马克思指出,"资本不是一种物,而是一种以物为中介的人和人之间的社会关系"①,

---

① 马克思恩格斯文集:第5卷[M].北京:人民出版社,2009:877-878.

这种历史性的生产关系，"不是一切历史时期所共有的社会关系"①，而是"一定的、社会的、属于一定历史社会形态的生产关系"②。

习近平总书记指出，"党的十一届三中全会实行改革开放以后，我们破除所有制问题上的传统观念束缚，认为资本作为重要生产要素，是市场配置资源的工具，是发展经济的方式和手段，社会主义国家也可以利用各类资本推动经济社会发展"③，在社会主义市场经济体制下，资本是带动各类生产要素集聚配置的重要纽带，是促进社会生产力发展的重要力量。

二、资本的性质

要正确认识和把握资本的特性和行为规律，必须明确资本的性质和特征是什么。由于资本既是市场经济的重要生产要素，又是归属于所有者的，而且可以存在于不同社会形态的不同所有制中，必然会打上不同的社会和所有制的烙印，因此资本既具有共性，即存在于不同社会形态中不同所有制的资本都具有的共同性质，又具有个性，即存在于不同社会形态中不同所有制资本的特有性质。

一般来说，资本具有二重属性，一是具有自然属性，二是具有社会属性。资本的自然属性，是指任何资本从本质上说都要实现价值的增值，它是与商品经济相联系、反映促进社会化大生产和生产力发展需要的性质。资本的社会属性，是指资本归谁所有的问题，它是与一定社会的基本经济制度相联系、反映社会生产关系发展需要的性质。

资本的自然属性存在于资本的使用价值之中，属于生产要素，是生产力的构成部分，在不同经济制度的社会中，其自然属性都是一样的。资本不管掌握在谁手中，它都要实现价值的增值即资本运营的"利润最大化"。否则，它就不成为资本。因此，资本的自然属性就是资本的共性，它不会因其所处的社会制度的性质所改变。

资本的社会属性就是其所有权到底归谁所有以及由此决定的生产关系，它主要与一定的社会基本经济制度相联系。它体现为，资本的运营总是要为一定的社会经济主体服务，总还有某种占统治地位生产关系的印记，反映着社会生产关系发展需要的性质。因此，资本的社会属性就是资本的个性。

马克思在《资本论》中对资本属性的论述蕴含五个方面。其一，资本是一种生产关系。它是指在资本主义条件下资本雇佣劳动的关系。其二，资本是必要的生产要素。各种生产要素是被资本黏合或者并入生产过程的。其三，资本的本性是要实现价值增值。资本是带来剩余价值的价值。其四，资本是作为生命体的运动。资本的运动一旦停止，资本就

---

① 马克思恩格斯文集：第5卷［M］．北京：人民出版社，2009：197．
② 马克思恩格斯文集：第5卷［M］．北京：人民出版社，2009：922．
③ 习近平谈治国理政：第四卷［M］．北京：外文出版社，2022：217－218．

不再是资本。其五，积累是资本的本性，剩余价值资本化实现资本增值。

在社会主义市场经济中，私人资本的上述五个属性都存在，公有资本除了不具备第一个属性外，其他属性都存在。特别需要指出的是，无论是公有资本还是私人资本，有两个属性最为鲜明：一个是价值增值，即产生利润；另一个是通过积累增值。如果不能做到增值，它就不是资本。在当今数字经济时代，资本还具有科技属性和国际属性。一方面，资本本身具有很强的科技属性，不再是单纯的货币或厂房。它与教育科研相伴生，会产生比工业经济时代更高的产品附加值，这说明资本能够促进生产力的发展，而且促进的方式比过去更强大。另一方面，数字经济时代的资本可以非常便捷地通过产品穿越国界，将"赢者通吃"发挥到极致。资本的国际化这一行为特征，将给主权国家带来新的挑战。在元宇宙里，平台企业可以通过规则制定权，向来自不同国家的玩家进行意识形态、法律法规和道德文化的渗透。主权国家不仅要在现实世界维护权力版图，还要在虚拟世界里争夺权力版图。

第二节　资本的形式

【导读】

马克思在《资本论》中提到："资本是按照时间顺序通过生产领域和流通领域两个阶段完成运动的。资本在生产领域停留的时间是它的生产时间，资本在流通领域停留的时间是它的流通时间。所以，资本完成它的循环的全部时间，等于生产时间和流通时间之和。"

一、资本的形式

（一）《资本论》中的资本

资本虽然表现为一定数额的货币，但货币并不是资本。只有经过购买、生产、销售等不同阶段的运动过程，货币才能转化为资本。在《资本论》中，资本主要有以下几种形式。

1. 不变资本和可变资本

按资本在剩余价值生产中所起的作用不同，可分为不变资本和可变资本。资本家要生产剩余价值，必须预先付出货币购买生产所需的各种要素。这部分为生产剩余价值而预先付出的货币，马克思把它称为预付资本。预付资本分为两部分，一部分是为购买生产资料而支出的货币额 C，另一部分是为购买劳动力而支出的货币额 V。生产资料和劳动力在产品价值形成过程中的不同作用使资本的不同组成部分在资本价值增值中执行着不同的职能。"转变为生产资料即原料、辅助材料、劳动资料的那部分资本，在生产过程中并不改变自己的价值量①。"马克思把它称为不变资本。

"转变为劳动力的那部分资本，在生产过程中改变自己的价值。它再生产自身的等价物和一个超过这个等价物而形成的余额，剩余价值。这个剩余价值本身是可以变化的，是可大可小的。这部分资本从不变量不断转化为可变量②。"马克思把它称为可变资本，可变资本最本质的东西是"资本家用一个一定的、既定的（在这个意义上是不变的）价值量同创造价值的力相交换；用一个价值量同价值的生产，价值的自行增值相交换③。"

2. 货币资本、生产资本和商品资本

按资本在价值自行增值的运动阶段的不同，可分为货币资本、生产资本和商品资本。在这一运动中，将经历购买、生产、销售三个阶段并反复循环。货币资本是货币状态或货币形式的资本价值，生产资本是"处在具有创造价值和剩余价值能力的状态和形式中"④的资本。生产资料在它为资本家所有时，即使在生产过程之外，也仍然是他的资本，劳动力却只有在生产过程之内，才是单个资本的存在形式。如果说劳动力只有在它的卖者即雇佣工人手中才是商品，那么相反，它只有在它的买者手中，即暂时握有它的使用权的资本家手中，才成为资本。而作为直接由生产过程本身产生的已经增值的资本价值的职能存在形式，就成了商品资本。

3. 固定资本和流动资本

按照资本的不同组成部分的不同流通方式，可以分为固定资本和流动资本。只有生产资本能够分为固定资本和流动资本⑤。资本作为价值自行增值的运动，必然对资本的不同组成部分产生不同的影响，产生不同的流通，导致新的资本形式出现。在资本自行增值的运动中，流通的只是资本的价值，并且这种流通是逐步地、一部分一部分地进行的，和从它那里转移到作为商品进行流通的产品中去的价值相一致。在资本执行职能的全部时间内，它的价值总有一部分固定在自身里面，和它帮助生产的商品相对立，保持着自己的独立。由于这种特性，这部分不变资本取得了固定资本的形式⑥。

生产资本其余的要素，一部分是由存在于辅助材料和原料上的不变资本要素构成，另一部分是由投在劳动力上的可变资本构成⑦。预付在劳动力上的那部分生产资本的价值，

---

① 马克思恩格斯文集：第5卷 [M]. 北京：人民出版社，2009：243.
② 马克思恩格斯文集：第5卷 [M]. 北京：人民出版社，2009：243.
③ 马克思恩格斯文集：第5卷 [M]. 北京：人民出版社，2009：245.
④ 马克思恩格斯文集：第6卷 [M]. 北京：人民出版社，2009：34.
⑤ 马克思恩格斯文集：第6卷 [M]. 北京：人民出版社，2009：187.
⑥ 马克思恩格斯文集：第6卷 [M]. 北京：人民出版社，2009：177.
⑦ 马克思恩格斯文集：第6卷 [M]. 北京：人民出版社，2009：183.

全部转移到产品中去,同产品一起经过流通领域的两个形态变化,并通过这种不断地更新,不断并入生产过程。所以,在另一场合,即就价值的形成来说,不管劳动力和不变资本中形成非固定资本的组成部分多么不同,它的价值的这种周转方式却和这些部分相同,而与固定资本相反,即流动资本。

4. 总资本（社会总资本）和单个资本

根据资本的构成主体的不同,可分为总资本（社会总资本）和单个资本。社会资本,即由社会平均构成的资本,在《资本论》中,社会总资本还有几个别名或同义词,如社会资本、总资本等。单个资本则是社会资本中独立执行职能、赋有自己生命的任何一个部分[1]。单个资本自行增值的运动要受到社会总资本运动的制约,单个资本运动的正常进行依赖于社会总资本运动的正常进行。

5. 商人资本或商业资本（商品经营资本和货币经营资本）

在《资本论》的语境中,商人资本和商业资本是同义词。商人资本或商业资本分为两个形式或亚种,即商品经营资本和货币经营资本[2]。商品经营资本和货币经营资本是产业资本循环时出场的商品资本和货币资本的转化形式。

产业资本在自行增值的运动中在市场上要经历商品资本转化为货币资本和货币资本转化为商品资本的形态变化,这种形态变化可以从产业资本家的资本循环中独立出来,成为一类特殊资本家的专门活动,成为一种特殊投资的业务。只要处在流通过程中的资本的这种职能作为一种特殊资本的特殊职能独立起来,作为一种由分工赋予特殊一类资本家的职能固定下来,商品资本就成为商品经营资本或商业资本。

商品经营资本既不创造价值,也不创造剩余价值,但它有助于流通时间的缩短,从而间接地有助于产业资本家所生产的剩余价值的增加;有助于市场的扩大,并对资本之间的分工起中介作用,因而使资本能够以更大的规模来经营;有助于提高产业资本的生产效率,从而促进产业资本的积累。

在产业资本和商品经营资本的流通过程中,会发生货币的收付、差额的平衡、往来账的登记、货币的保管等技术性的业务,当这些纯粹技术性的运动独立起来,成为一种特有的投资活动,成为一种特殊资本的职能的时候,这样,预付在这些职能上的货币资本就转化为货币经营资本。商人资本的出场及对商人资本的分析,表明商人资本如何通过商业雇佣劳动者的劳动参与给产业资本运动带来的剩余价值的分配,揭示了商人资本这种特殊资本的剥削性质。

6. 生息资本（借贷资本）、现实资本、虚拟资本

借贷资本即用于生息的资本[3],即为收取利息而暂时转让给别人使用的货币资本,生

---

[1] 马克思恩格斯文集：第6卷［M］.北京：人民出版社,2009：482.
[2] 马克思恩格斯文集：第5卷［M］.北京：人民出版社,2009：297.
[3] 马克思恩格斯文集：第5卷［M］.北京：人民出版社,2009：542.

息资本和借贷资本是同等意义的概念。

生息资本,是资本的最古老形式,是产业资本"派生的形式"。现实资本一般指实际中的生产资本和商品资本。虚拟资本是马克思在分析现实资本和作为生息资本的货币资本的关系时出现的概念。生息资本的形式造成这样的结果:每一个确定的、有规则的货币收入都表现为一个资本的利息,而不论这个收入是不是由一个资本带来的。这样,"人们把每一个有规则的会反复取得的收入按平均利息率来计算,把它算作是按这个利息率贷出的一个资本会提供的收益,这样就把这个收入资本化了"①。如,国债对借入资本每年要付给债权人一定量的利息。债权人不能向国家宣布解除契约,而只能卖掉他的所有权证书。资本已由国家花掉了,耗费了。对于国家的债权人来说,他持有国债,凭借国债所有权从国家的年收入中索取确定的一定的金额,亦可以随意卖掉这个国债。在这个场合,这种资本,即把国家付款看成自己的利息的资本,是幻想的虚拟的资本。

7. 农业资本和土地资本

《资本论》假定,农业和制造业一样受资本主义生产方式的统治,资本家投入农业的资本,取得了农业资本的形式。由于农业资本的有机构成低于社会资本其余部分的有机构成,使农产品的价值高于其生产价格,其高于生产价格的剩余价值的一部分作为绝对地租由租地农场主交给地主而被地主占有。由于土地的肥力、位置等原因,投入不同质量土地的等量资本的生产力存在着级差,从而产生质量不同的土地具有不同的生产价格水平,有不同的利润率。

土地所有权使这种由于土地质量不同导致的级差利润作为级差地租转归土地所有者所有。在土地上的投资可以使土地由单纯的物质变为土地资本。投入土地的经过较长时期才耗尽的固定资本在不增加土地面积的情况下增加了土地的价值。资本能够固定在土地上,即投入土地的固定资本,称为土地资本②。

(二)资本运营中的资本

企业筹建时获得的资本形态主要表现为货币资本、实物资本和无形资本等。实物资本包括人、财、物等,无形资本包括市场、技术、管理等。企业将资本投入生产经营后,资本的形态就不会不断地发生变化,在上述三种主要形态之间变化外,还衍生出应收、预付、对外投资等形式。为了实现资本的优化配置,企业往往可以采取买进、卖出、整合等手段变换所持有资本的形态,以达到让资本以几何级数形式增值的目的。此外,资本的各种形态在资产负债表的左边表现为各种资产,资本的来源就表现在资产负债表的右边。

---

① 马克思恩格斯文集:第5卷[M].北京:人民出版社,2009:528–529.
② 马克思恩格斯文集:第5卷[M].北京:人民出版社,2009:698.

二、资本的来源

（一）股权来源

在经济理论和实务中，企业资本可以狭义地定义为企业的资本金，即投资者投入企业的资本金。根据我国《企业财务通则》规定："设立企业必须有法定的资本金。资本金是指企业在工商行政管理部门登记的注册资金。"我国现行《公司法》实行认缴资本制，即实缴资本与注册资金不一致的原则。资本金在不同类型的企业中的表现形式有所不同。股份有限公司的资本金被称为股本，股份有限公司以外的一般企业的资本金被称为实收资本。

广义地理解企业资本是指企业所有者权益，即不仅包括资本金，还要包括资本公积、盈余公积和未分配利润等。

（二）债权来源

更广义地理解企业资本不仅包括股权来源，还可以包括借入资本，即债权来源。资本市场包括股票市场、债券市场、基金市场和中长期信贷市场等，其融通的资金主要作为企业扩大再生产的资本使用。企业可以通过长期借款、应付债券、长期应付票据、长期应付款等项目获得资本。但与股权来源不同，债权来源的资本需要承担必要的利息及到期还本的义务。企业可以通过债权资本来源进行杠杆经营，在财务杠杆正效应的情形下，既可以获得资本支持，还可以获得税盾效应，从而提升企业价值。

第三节　资本运营的概念与内容

【导读】

华润集团自1938年成立以来至今，已有85年的历史。华润集团的前身为1938年在香港创立的"联合行"，创立的初衷是为服务于中共中央重要情报等的交通运输，这段历史为如今的华润集团蒙上了一层"红色背景"。从最初走进人们视野的红色企业，到如今成功转型为国有资本投资公司，华润集团从未停止过对自身功能定位的探索。华润集团漫长的发展史大致可以分为三个阶段：第一个阶段是国家出口创汇需求下具有红色背景的综合性贸易公司；第二个阶段是外贸体制改革背景下实行多元化战略的华润集团；第三个阶段即具有华润特色的国有资本投资公司，在这一阶段下，华润逐步由"管资产"转向"管资本"。华润集团作为最晚一批进行国有资本投资公司试点的企业，仅用不到四年时间就正式转为第一批国有资本投资公司，通过多种改革路径在提升资本运作能力、优化资本布局及调整资本结构等方面取得显著成效。

一、资本运营的概念

资本运营是指企业所拥有的各种可以支配的资源（有形、无形）以资本的身份，通过收购、兼并、重组、参股、转让、剥离、置换等各种途径优化配置，进行有效运营，以实现最大限度资本增值的目标。核心内容就是价值发现、价值管理与价值实现。资本运营属于企业经营管理的高级阶段，其需要深厚的财务管理、广博的金融学、法律等知识背景。

从资本运营的概念中不难总结出几个关键词：有形（人、财、物）；无形（市场、技术、管理）；优化配置（买进、卖出、整合）；增值（几何级数）。

二、资本运营的本质

资本运营是一种新的管理理念，人们对它的认识和理解还很不一致。有人认为资本运营是资本的管理、循环和生产的有机统一，即把它看成与马克思所讲的资本的生产、循环与周转、积累等完全相同的经济运行过程；有人认为资本运营是指产权的交易，其中主要指中介机构的运营行为；有人认为资本运营是买卖股票、债券；有人认为资本运营是兼并、收购企业；有人认为资本运营是货币信贷。

所有这些提法虽都与资本运营有关，但并未能准确地表述资本运营。如果把资本运营定义在上述一个个狭隘的范围之中，诸多产业就会因此而得不到发展。资本运营如果仅仅是炒卖股票证券、产权，就会使资本运营成为一种泡沫经济的行为。虽然资本运营要通过市场交易，要涉及资本所有者的变化，不可避免地与资本的社会属性有着千丝万缕的联系。但是，资本运营主要是依据资本的自然属性来运用和发挥资本的功能的。如果认真考察各类企业行为和整个社会经济运动，就能很明显地看出，资本的本质特征就是要增值。

所谓资本运营，就是一种通过对资本使用价值的运用，在对资本做最有效使用的基础上，实现最大限度资本增值而开展的活动。资本运营以资本增值为目的，与资本相伴随，存在于社会经济生活的各个领域之中。换句话说，资本运营就是要在资本安全的前提下，通过对资本的运作，实现资本的最大收益。

三、资本运营的内容

资本运营的内容广泛，根据资本的运动状态和资本运营的形式有不同的分类。

（一）按资本的运动状态划分

按资本的运动状态，可以将资本运营划分为存量资本运营和增量资本运营。所谓存量

| 资本运营

资本运营，是指投入企业的资本形成资产后，以增值为目标而进行的企业经济活动，既包括直接生产过程的资产使用（这也是全社会资本增值的最终来源），又包括运用兼并、租赁、破产、联合、股份制等产权转让方式，促进资本存量的合理流动和优化配置。增量资本运营实质上是企业投资行为，即对企业的投资活动进行筹划和管理，包括投资方向的选择、投资结构的优化、筹资与投资决策、投资管理等。

（二）按资本运营的形式划分

按资本运营的形式，可以将资本运营划分为实业资本运营、产权资本运营、金融资本运营及无形资本运营等。

实业资本运营，是指企业以实业为运营对象，将资本直接投入生产运营活动所需要的固定资本和流动资本之中，以形成从事商品生产或者提供服务的运作过程，其最终目的就是运用资本投入所形成的实际生产能力，从事商品生产、销售或提供运营服务等具体运营活动，以实现资本保值、增值。实业资本运营分为固定资产投资和流动资产投资两类，是企业资本运营最基本的方式。

产权资本运营，其对象是产权。产权是指法定主体对财产所拥有的占有权、使用权、收益权和处置权的总和，是由所有权派生出的权利。产权的基础和核心是所有权，是一种价值形态的财产权益，其客体不仅局限于生产资源等有形物品，还包括对无形资产的占有等一切能使自己或他人受益的权利。产权资本运营的主要方式是产权交易。通过产权交易，可以使企业资本得到集中或者分散、转产，从而优化企业资本的结构。

金融资本运营，是指企业以金融资本为对象进行的一系列资本运营活动。它不涉及具体实物（如原料、厂房、设备等）运作，而主要以有价证券等形式进行交易；它不参与直接的生产运营活动，只是以金融资本的买卖为手段，力图通过一定的运作方法和技巧，使自身所持资本升值。金融资本运营为企业的投融资活动提供了一种新的方法和途径。长期以来，我国企业大多局限在实业资本运营方式为主的圈子里，不懂得也不善于运用金融资本进行运营，这是我国目前市场经济远没达到成熟状态的表现之一。

无形资本运营，企业的资本由有形资本和无形资本组成。无形资本是资本化的无形资产，即无形资产的价值形态。无形资产是指不具有实物形态、一般在较长时期内才能为主体带来利益的资产，如专利权、商标权、著作权、非专利技术等知识产权。无形资本运营，即企业对所拥有的无形资产进行运筹、策划、交易推广，使其实现价值的最大增值。

总的来说，资本运营虽然涉及的内容广泛，但总体包括两个主要方面：一是通过市场对不同形态的资本进行买卖活动；二是通过对资本使用价值的运用，实现资本增值的增大化。

四、资本运营的目标

资本运营的目标就是实现资本最大程度的增值。资本最大程度增值对于企业来说，可分为以下三个方面。

（一）利润最大化

企业将资本投入生产运营的目的是获得经营收入及其他收入，同时不可避免地要发生各种成本、费用。如果收入大于成本费用，企业获得利润，如果收入不足以弥补成本费用，则企业亏损。企业获得利润则意味着资本增值，企业亏损则意味着资本亏损。为了实现资本最大程度增值这个总体目标，企业就必须千方百计地增加收入，降低成本费用，实现利润最大化。为了追求资本的增值，往往还要运用财务杠杆。因此，资本运营中的利润，既包括自有资本的利润，也包括借入资本的利润。利润的多寡在某种程度上与企业经济效益的高低和企业竞争能力的大小呈正相关关系。

但是，这里的利润指的是企业生产运营和资本运营所实现的利润总额，没有考虑具体时间，既没有考虑资金的时间价值，也没有考虑为获得利润应承担的相应的风险，更没有考虑所获利润与资本投入之间的关系。利润绝对数指标会导致不同资本规模的企业之间难以进行横向比较，同一企业在不同时期所获利润也难以进行纵向比较，还会使企业片面地追求利润最大化，从而导致企业的短期行为等。

（二）所有者权益或股东权益最大化

所有者权益在报表项目中包括实收资本、资本公积、盈余公积和未分配利润等内容，它是投资者对企业净资产的所有权。在股份制条件下，企业所有者的权益也就是股东权益。企业在一定时期实现的利润越多，从税后利润中提取的盈余公积和可供分配的利润就越多。盈余公积可用于弥补企业亏损，也可用于转增资本，从而使投资者投入企业的资本增多。从这方面讲，所有者权益最大化和利润最大化存在一致性，但利润最大化也可以通过损害所有者权益来实现。

所有者权益或股东权益最大化是通过财务上的合理经营，为投资者或股东带来最多的财富，而股东财富是股东所持有的股票数量与股票市价的乘积。因此，股票市价就成为财务决策所要考虑的最重要因素。

所有者权益或股东权益最大化这一指标的优点是科学地考虑了风险因素，因为风险的高低会对股票价格产生重要影响。在一定程度上能够克服企业的短期行为，因为不仅当前的经营业绩会影响股票价格，投资者的心理预期也会对企业未来股票价格的走向产生重要的影响。

但此指标也存在一定的缺陷：首先，其仅仅局限于投资者或股东的利益，没有考虑其他相关者的利益；其次，股东权益的大小受股票价格的影响，而股票价格的波动、变化可能与企业的实际经营业绩完全脱节。

（三）企业价值最大化

企业价值是指企业全部资产的市场价值，它反映了企业潜在或预期的获利能力，通常采用收益现值法，即按照一定的贴现率计算未来经营期间内每年的预期收益之和来对企价值进行评估。全部资产的市场价值如果大于企业全部资产的账面价值，则说明企业的资本增值了。

尽管企业价值的衡量比较复杂，但与前两个指标比较起来，企业价值最大化具有全面性。将企业价值最大化作为目标，即以企业未来现金流量的现值最大化为方向，就要求企业将取得的收益按资金的时间价值进行计量，由于贴现率的大小取决于风险因素，所以企业价值最大化目标也考虑了风险价值的因素，企业的当前收益与未来收益都会对企业价值产生影响，有利于克服企业追求短期利益的行为。与所有者权益最大化目标相比，企业价值最大化更强调风险与收益的均衡，并将风险限制在企业可以承受的范围之内，企业价值最大化更注重现金流量，从而有利于企业的可持续发展。

以上三个"最大化"在某种程度上存在一致性，即只有实现利润最大化，才能实现所有者权益最大化和企业价值最大化。在市场经济条件下，在兼并、收购等场合，甚至还可把企业作为一个整体出售。因此，在企业资本运营中，要注意企业利润和企业所有者权益最大化，更要重视企业价值最大化。

第四节 资本运营的模式

【导读】

2006年以来，海航逐渐加快海外拓展的步伐，并将国际化作为集团发展战略的重要组成。2010年年初，海航顺利完成对澳大利亚ALLCO金融集团旗下的优质航空租赁业务收购，使其航空租赁业务一举进入行业前十。2011年年初，海航集团在经过审慎性调查后携合作伙伴香港投资公司Bravia Capital参与竞购GE SEACO。经过三轮激烈竞标后，在最后一轮以10.5亿美元的价格成功中标，并在2011年7月29日正式签署意向协议。

一、扩张模式

资本运营的扩张模式主要包括兼并和收购，也合称为并购。并购指的是两家或者更多的独立企业合并组成一家企业，通常由一家占优势的企业吸收一家或者多家企业。并购的实质是在企业控制权运动过程中，各权利主体依据企业产权作出的制度安排而进行的一种权利让渡行为。

并购活动是在一定的财产权利制度和企业制度条件下进行的，在并购过程中，某一或某一部分权利主体通过出让所拥有的对企业的控制权而获得相应的受益，另一个部分权利主体则通过付出一定代价而获取这部分控制权。企业并购的过程实质上是企业权利主体不断变换的过程。

(一) 兼并

兼并是指通过产权的有偿转让，把其他企业并入本企业或企业集团中，使被兼并的企业失去法人资格或改变法人实体的经济行为。通常是指一家企业以现金、证券或其他形式购买取得其他企业的产权，使其他企业丧失法人资格或改变法人实体，并取得对这些企业决策控制权的经济行为。

兼并是合并的形式之一，等同于我国《公司法》中的吸收合并，指一个公司吸收其他公司而存续，被吸收公司解散。如将企业间的兼并比作"鱼吃鱼"，那么这个过程一般可分成三个阶段：大鱼吃小鱼——大企业兼并小企业，快鱼吃慢鱼——资本向技术靠拢，新技术企业兼并传统产业、鲨鱼吃鲨鱼——强强联合。

【案例1-1】　　　　　　海尔集团的成长历程

1984年，海尔集团在青岛创立，是一家生活解决方案提供商。公司从单一生产冰箱起步，拓展到家电、通讯、IT数码产品、家居、物流、金融、房地产、生物制药等领域，从制造产品逐渐转型为制造创客的平台。青岛海尔（股票代码：600690，2019年6月更名为海尔智家）和海尔电器（股票代码：01169）两大平台上聚合了海量创客及创业小微。2017年1月10日，WPP和凯度华通明略联手Google发布了首期"BrandZ™中国出海品牌30强"排行榜，海尔排名第七名。

海尔的资本运营经历了行政划拨、控股并购、品牌运作和轻资产输出四个阶段。

(一) 行政划拨

行政划拨是依托政府的划拨实现企业的合并，即整体兼并，一般在产品运营阶段使用，具有计划经济色彩。在青岛市政府和合肥市政府的帮助下，海尔先后兼并了红星电器和黄山电视。青岛红星电器公司曾是我国三大洗衣机生产企业之一，年产洗衣机70多万台，拥有3500多名职工，但由于经营不善，企业亏损超过1亿元。1995年7月，青岛市政府决定将红星电器公司及所属五个厂家整体划归海尔。兼并三个月后，企业扭亏，半年后盈利151万元。1997年，海尔集团与合肥市政府签订资产重组协议，合肥黄山电视厂整体划归海尔集团。

(二) 控股并购

整体兼并更多地出现在同一地区、同一行业间，跨地区、跨行业的兼并则更多为投资控股的形式，属于资本运营阶段的手段，是一种市场经济行为。1995年12月，海尔收购武汉冷柜厂60%股权，迈出跨地区经营第一步，1997年3月，海尔出资60%与广东爱德合资组建顺德海尔电器有限公司，创下"第一个月投产，第二个月形成批量，第三个月挂牌"的"海尔速度"。

(三) 品牌运作

品牌运作即以品牌无形资产调控、盘活有形资产。山东莱阳家电生产的"双晶"牌电熨斗曾名列行业三大名牌之一,在1997年1月,海尔与莱阳家电总厂以"定牌生产"的方式合作推出了海尔"小松鼠"系列电熨斗,开始了品牌运作之路。1997年8月,又进一步组建了莱阳海尔电器股份有限公司,海尔首次以品牌折股投入合资企业,开辟了低成本扩张的新途径。

(四) 轻资产输出

轻资产输出的目的一般在于强强联合、优势互补。主要将精力投放到科研开发、高新技术的攻关上。直到具备一定的技术实力、人才积累后,"借鸡生蛋",1997年9月,海尔和拥有17亿元固定资产的杭州西湖电子集团合作,共建一条生产线,以无形博有形,首次推出了中国数字化丽音大屏幕彩电。在此次合作中,设备、生产线、劳动力和所有有形资产都属于西湖电子,海尔在硬件上没投一分钱,只是输出品牌、技术支持和销售网络等无形资产,海尔的"软件"与西湖电子的硬件相得益彰。

资料来源:根据公开资料整理。

(二) 收购

收购是指一家企业用现金、债券或股票等购买另一家企业(目标企业)的资产、营业部门或股票,从而获得对该企业的控制权的交易行为,目标企业的法人地位并不因此而消失。根据收购对象的不同,可分为股权收购和资产收购。

股权收购是指一个公司通过产权交易取得其他公司一定程度的控制权,以实现一定经济目标的经济行为。收购是企业资本经营的一种形式,既有经济意义,又有法律意义。资产收购是买方企业购买卖方企业的部分或全部资产的行为,但资产收购需要以资本增值为目的,与资本相伴随的资本运营本质,不同于如资产购买这样的非资本属性的商业行为。

【案例1-2】 复星实业并购联华超市

复星实业股份有限公司前身复星实业公司成立于1994年1月,注册资本为200万元,1998年8月7日在上海证券交易所上市,成为上海市第一家获准上市的民营高科技企业。上市后,复星实业从成功收购二军大校办的克隆生物高科技公司进入生物制药领域开始,通过积极有效的资本运作,在短短的几年内,公司规模、效益等各方面均获得了迅猛的发展。其大股东复星高科技集团也通过成功地利用资本市场,从一家注册资本仅10万元的科技咨询公司发展成为一家国内外知名的、拥有70余家跨行业、跨地区下属企业的大型民营控股企业集团。

通过资本的低成本扩张，上市民营企业得到了跨越式发展，产品结构更适应市场需求，2001年，复星集团的经营状况继续保持良好的上升势头，集团与关联企业的总销售额达到了创纪录的303亿元，总资产达到198亿元，净资产达到87亿元，纳税总额达到8亿元，逐渐形成了以现代生物与医药产业为主导，房地产业、信息产业共同发展的产业框架，以战略投资作为扩张的主要手段。

复星集团及其旗下的复星实业，随着公司规模和业务的迅速扩张，从很早就开始关注如何能有效地渗透进入国内的流通领域，以为其今后的产品市场发展创造良好的条件，而拥有1000家营业网点的"国内超市第一人"——联华超市（2003年在香港上市），一直是其瞄准的目标。为了实现控股联华超市的目的，复星集团通过与联华超市的大股东——友谊集团接触，曾初步探讨了一个合作方案：由友谊华侨（现名"友谊股份"）的大股东——友谊集团，将其持有的友谊华侨的股份转让部分给复星集团，使复星集团成为友谊华侨的控股股东，再由友谊华侨向中国证监会申请回购B股并增发A股，募集资金中部分用于受让友谊集团持有的联华超市股权，从而达到控股联华超市的目的，并进而改善上市公司友谊华侨的股权结构（见图1-1）。

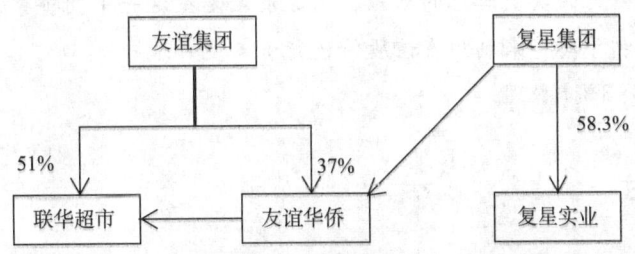

图1-1　复星实业并购联华超市最初方案的股权结构图

然后，随着复星集团与友谊集团高层的深入接触，一个新的方案日渐成型，并最终被付诸实施。友谊集团将其持有的联华超市51%股权转让给其控股的上市公司友谊华侨，随后由友谊集团与复星集团共同出资设立上海友谊复星（控股）有限公司，注册资本4亿元，其中友谊集团占52%股份，复星集团占48%股份。友谊复星公司成立后，即出资受让复星集团持有的29.98%的友谊华侨股份，成为友谊华侨的第一大股东，并将其改名为友谊股份。复星集团再将其持有的友谊复星48%的股份转让给其控股的复星实业。由此完成了"复星实业——友谊复星——友谊股份——联华超市"的控股链（见图1-2）。

初定方案是复星实业控股友谊股份、联华超市，改善友谊股份的股权结构并募集新的资金，这一操作程序较为复杂，且涉及较多政策不够明朗的运作，需政府部门的大力支持和有关主管部门的核准，方能付诸实施，完成的难度较大、时间较长，对急于介入联华超市流通领域的复星集团来讲，效果不佳。

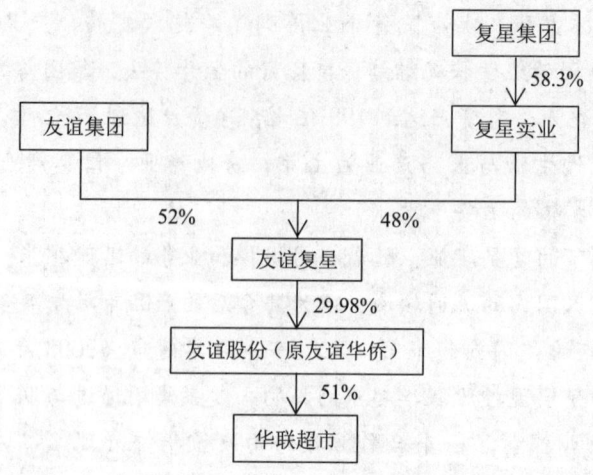

图1-2 复星实业并购联华超市最终方案的股权结构图

设立友谊复星,既避免了直接收购的弊端,又为两家合作打下了更好的基础,通过各关联方相互间的股权及资金运作,可以使双方在取得最大利益的同时,以较低的实际支出成本完成此次并购行为,实现真正的双赢,通过友谊复星这一中间桥梁,复星实业通过间接控股的方式更有利于其将来利用友谊股份进行资本运作。

资料来源:根据公开资料整理。

二、收缩模式

资本运营的收缩模式主要包括拆分上市、回购股份、资产剥离等方式。

(一)拆分上市

拆分上市是指一个母公司通过将其在子公司中所拥有的股份,按比例分配给现有母公司的股东,从而在法律上和组织上将子公司的经营从母公司的经营中分离出去的行为。

(二)股票回购

股票回购是指公司按一定的程序回购发行或流通在外的本公司股份的行为。是通过大规模买回本公司发行在外的股份来改变资本结构的防御方法。是目标公司或其董事、监事回购目标公司的股票。

(三)资产剥离

资产剥离是指在企业股份制改制过程中将原企业中不属于拟建股份制企业的资产、负债从原有的企业账目中分离出去的行为。剥离并非企业经营失败的标志,它是企业发展战略的合理选择。企业通过剥离不适于企业长期战略、没有成长潜力或影响企业整体业务发展的部门、产品生产线或单项资产,可使资源集中于经营重点,从而更具有竞争力。同时,剥离还可以使企业资产获得更有效的配置、提高企业资产的质量和资本的市场价值。

三、重组模式

广义的重组模式，包括企业的所有权、资产、负债、人员、业务等要素的重新组合和配置，资本运营的重组主要包括企业重组、资产重组和资本重组。本章将先重点介绍广义重组的内容。

狭义的重组模式，即企业以资本保值增值为目标，运用资产重组、负债重组和产权重组方式，优化企业资产结构、负债结构和产权结构，以充分利用现有资源，实现资源优化配置，具体包括资产置换和债务重组（含破产过程中的债务重组）两部分内容。狭义的重组将在后面章节重点介绍。

（一）企业重组

企业重组指对被重组企业的生产力诸要素（资本、劳动、技术、自然资源等）按照市场规律进行分拆、整合以及内部优化组合的过程。企业资本的重组本质是对企业的生产力要素的重组，广义角度上，包括业务重组、资产重组、债务重组、股权重组、职员重组和管理制度重组；而从狭义角度上，仅仅指的是资产重组。

（二）资产重组

资产重组最初的含义是对国有资产或国有企业的资产进行重组，因为国有企业的股权、债权都是自己，会产生资本的社会属性的问题，因此很少使用资本。

随着民营经济的发展及资本市场的初步形成，资产重组的概念逐渐推广到民营企业，内涵也逐步延伸到资本的范畴。如今的"资产重组"早已被约定为一个边界模糊、表述一切与上市公司重大非经营性或非正常性变化的总称，在实务中其内涵早已等同于甚至超出了资本重组的范畴，如《上市公司重大资产重组管理办法》，这也是资本运营概念仅存在于中国大陆的重要原因之一。

理论上，资产重组还是有别于资本重组，资产重组在不同的角度下有着不同解释。在产权视角下，资产重组实质上是对企业规模和边界进行调整；而在会计视角下，资产重组是指企业与其他主体在资产、负债或所有者权益诸项目之间的调整，从而达到资源有效配置的交易结果，表现为企业资产的重新组合，如企业资产的重组、企业债务的重组、企业股权的重组。

（三）资本重组

资本重组指的是资本来源与资本形态的重新组合过程。在会计视角下，资产重组是资本重组的结果，是有关收购、合并、托管、资产置换、回购、分拆等企业间的资本流动的一类行为总称。资本重组会引起企业存在形态的改变，不同企业之间对现有资本进行重新组合后，可以优化结构、增强竞争力、提高资本使用效率，但这一行为本身并不会直接增加社会资本总量。

> 资本运营

资本重组的必要性在于解决国有资本的配置与运用问题,包括国有企业股份制改制不够深入、国有资本配置过于分散、国有企业公司治理结构不完善、民间资本发展受限制、产业结构不合理等。

改革开放以来,我国配套出台了多项法律法规,推动国有企业实施资本重组,进行体制机制改革。一般来说,实施资本重组的办法分为计划行政手段,包括关、停、并、转以及市场经济手段,即募股上市、兼并、收购、出售、破产等。而资本重组的方式包括实行股份制,企业兼并收购、企业联合、组建企业集团、企业分立、出售变现,合资合作,企业租赁、企业承包、企业托管,资本结构调整和企业破产。

【案例1-3】　　　　国有企业混合所有制改革

公有制经济是我国国民经济体系的基础性支柱,而国有企业是以国有资本为核心的有效资源配置组织,是我国公有制经济的重要主体。一直以来,国有企业在涉及国家安全和社会稳定的关键行业和重要领域中发挥着无可替代的重要作用。国企发展质量与我国社会主义市场经济的稳定运行和高质量发展高度相关。但是,固有的政策性负担如一座大山,压在了千千万万家国有企业身上,使其在发展的过程中出现了由代理问题引起的所有者缺位、内部人控制等"产权模糊""一股独大"问题,在公司治理效率等方面被"拖后腿"。

除此之外,在我国,商业和服务业的发展被长期制约,未能提供足够的就业岗位导致待业人员增加,这时,国有企业迫于政策性压力吸纳待业人群,导致产业布局分散化情况严重,难以集中管理国有经济的现象。因此,国企改革势在必行。

针对国家和企业两类主体,混合所有制有两种相应的理解,在宏观层面上,指许多种所有制形式同时在某个国家内部共存;在微观层面上,即企业的权益资本来源较广,或其具备多样化的股权合作形式,如国有资本和非国有资本相互持股、交织融合等。混合所有制改革是指非国有资本共同或先后参加到国有资本,即国有企业的改革中去,使国有企业股权结构多元化的改革方案。作为一种资本组织形式,混改将股东结构进行重构,并将各种股东资源聚合以产生协同效应。借助混改实现的良序治理和管理,完善法人治理、放大国有资本功能、发挥公司资源的价值增值优势。常见的实施混合所有制改革的方式有国有资产证券化、员工持股计划和引进战略投资者三种。

混合所有制改革的发展与我国经济体制的变迁息息相关。改革开放以来,我国经济体制由"计划经济为主,市场调节为辅"向"社会主义市场经济"快速转轨。与此同时,作为公有制经济的补充形式,民营企业成为社会主义市场经济的重要组成部分和国民经济的支撑力量。由于存在紧密的联系,混合所有制改革的外部制度环境在一定程度上会受到经济体制变迁的影响,作为混改关键主体的国有企业和民营企业也不例外。

党的十八大以来,国企混合所有制改革按照"完善治理、提高效率、强化激励、突出主业"十六字方针扎实推进,以"谋经营、促发展""混资本、促融合""改机制、提效率"成为国企混合所有制改革主要着力点,并进行了相应的探索,推动国企混合所有制改革取得了实质性进展。2020年,《关于新时代加快完善社会主义市场经济体制的意见》和《国企改革三年行动计划(2020—2022年)》的发布,提出了引入积极股东、以"混"促"改"的新要求。2022年,党的二十大报告提出要深化国资国企改革,加快国有经济布局优化和结构调整,推动国有资本和国有企业做强做优做大,提升企业核心竞争力。同时,国际和国内的新形势对国企发展提出了更高的要求。当今世界在新冠疫情的冲击下,经济下行压力持续加大。国有企业在此形势下,要在提高国有企业活力和效率方面发挥更大作用。经过前几年的试点与配套政策的逐渐完善,混合所有制改革的重点已经从"混股权"放到了"改机制"上,而原来以政策调整为主的改革思路也逐步向制度创新转变。2022年9月1日,巩固深化国企改革三年行动、补短板强弱项专题推进会强调国企改革要持续推动国有控股上市公司改革,促进国企专业化发展,国企改革逐渐步入收官期。

2018年3月,国资委发布《关于开展"国企改革双百行动"企业遴选工作的通知》,国务院国有企业改革领导小组办公室决定选取百家中央企业子企业和百家地方国有骨干企业(以下简称"双百企业"),在2018—2020年期间实施"国企改革双百行动",意在深入推进综合性改革,全面深化国企改革(见表1-1)。

表1-1　　　　　　　　　　混合所有制改革政策的梳理

年份	部门	政策
2015	国务院	《关于深化国有企业改革的指导意见》《关于国有企业发展混合所有制经济的意见》
	国资委等	《关于鼓励和规范国有企业投资项目引入非国有资本的指导意见》等系列文件
2016	国资委等	《关于国有控股混合所有制企业开展员工持股试点的意见》
	国家发改委	第一批9家国企混改名单及试点项目方案
2017	国家发改委等	《关于深化混合所有制改革试点若干政策的意见》
	国家发改委	第二批10家国企混改名单及试点项目方案
2018	国资委	《国企改革"双百行动"工作方案》
	国家发改委	第三批31家国企混改名单及试点项目方案
2019	国资委	《中央企业混合所有制改革操作指引》《关于进一步做好中央企业控股上市公司股权激励工作有关事项的通知》《关于以管资本为主加快国有资产监管职能转变的实施意见》
	国资委	《关于"双百企业"进一步加大改革创新力度的通知》
	国家发改委	第四批160家国企混改名单及试点项目方案
2020	国务院	《关于新时代加快完善社会主义市场经济体制的意见》
	深改委	《国企改革三年行动计划(2020—2022年)》
2021	国资委	《"双百企业"和"科改示范企业"推行超额利润分享机制操作指引》
2022	深改委	《关于加快建设世界一流企业的指导意见》

数据来源:中国政府网、国务院国有资产监督管理委员会、中华人民共和国国家发展和改革委员会等网站。

资料来源:根据公开资料整理。

【案例1-4】　　资本运营模式之一：德隆模式——产业整合

　　1986年，七名青年大学生怀着创业的冲动和实业报国的热情，用仅有的400元钱在乌鲁木齐创办了一家名为"朋友"的公司。当时，彩色摄影冲印业务在新疆还是空白，朋友公司相中了这个项目。唐万新——一个其貌不扬的年轻人，自此频繁往来于乌鲁木齐与广州之间，把从新疆客户手上收来的胶卷拿到广东冲印成照片。彩扩业务一年净赚了100万元。用这掘来的第一桶金，朋友公司先后搞过服装批发、小挂面厂、小化肥厂等多种经营；1988年又承包了新疆科委下属的新产品新技术开发部，从事电脑软件开发等业务。这些后来被唐万新形容为"连乡镇企业都不如"的创业探索，无一例外地失败了。到1990年，曾经称得上"天文数字"的100万元赔得一干二净，还背上了不轻的债务。这是德隆产业从无到有的阶段。他们在艰难的创业中进行了不懈的探索。

　　20世纪90年代初，中国证券市场发展迅猛，洞察股市风云，抓住机遇，介入"一级市场"和"二级市场"，迅速完成了资本的原始积累，为进军房地产和娱乐业奠定了基础，德隆在这两个行业掘得属于它的第二桶金。乌鲁木齐市中心宏源大厦和城市酒店两栋高楼的崛起、北京JJ迪斯科游乐场、深圳明斯克航母公司的开放是德隆产业第二发展阶段的重要标志。得益于资本市场的原始积累，自1995年先后控股、兼并、收购上市公司以及国内外著名的实业公司和贸易公司。通过资本运营成功地达到了运用现代科学技术和先进投资理念整合成熟传统产业的目的。"德隆系"发展成为跨所有制、跨行业、跨地区、跨国经营的，基础产业和新兴产业并举的企业集团。

　　达园是北京的一处地名，"达园会议"是德隆十年历程中一次具有转折意义的务虚会，时为1997年5月。正是在这次会议上，德隆确立了由"项目投资"转为"行业投资"的投资理念——用现在比较时髦的话说，就是由"投机"转向"投资"。会议召开前，唐万新曾出国对西方发达国家的工业产业和资本市场进行实地调研，发现了世界产业结构调整的一个基本规律。制造业的接力棒先由欧美传到日本，再由日本传到中国台湾、中国香港、东南亚，现在正向中国大陆传递，对中国就意味着历史性的机遇。德隆在这里把目光投向了传统产业。

　　"都说传统产业是夕阳产业。其实，无所谓朝阳还是夕阳。纺织是夕阳产业吗？食品是夕阳产业吗？只要人们要穿衣、吃饭，它们就都是永恒的产业。"相信自己认识到了传统产业的价值及其症结所在的德隆，在进军实业的道路上对这类产业情有独钟，决定介入传统产业、整合传统产业。"整合"，在德隆的各种文件里看到最多的就是这个词——整合生产，整合销售，整合人才。"市场在全世界，生产能力在中国"，既是德隆选择产业的标准，也是德隆追求的目标。而整合的技术手段，自然离不开德隆赖以起家并已驾轻就熟的独门利器——资本运作。

通过收购法人股权,相继入主新疆屯河、合金投资和湘火炬,是德隆奠定其产业基础,同时也奠定其资本市场领导者地位的三大关键战役。

战役1:新疆屯河

1993年,新疆昌吉回族自治州头屯河水泥厂改制为股份有限公司,1996年在上交所上市(股票代码:600737),成为新疆地州级企业中的第一家上市公司。作为新疆第二大水泥企业,屯河与本地区的"龙头老大"天山水泥相距不到50公里,双方为争夺市场拼杀得异常惨烈。1996年10月,德隆受让集体股以第四大股东身份进入屯河,尔后控制新疆屯河大股东屯河集团。通过新疆屯河成功控制天山水泥。德隆入主屯河后,于2000年以屯河向天山出让51%水泥实物资产的形式,完成了占全新疆60%生产能力的水泥市场的整合。

脱去灰色水泥外壳,将主业移向以番茄、胡萝卜、红花、枸杞等当地特色果蔬资源加工为核心的"红色产业",逐渐形成当年亚洲第一,世界第二大番茄酱生产能力。打入并占领国际市场,屯河收购了一家有20多年番茄酱经营资历的外国销售公司,并与美国亨氏(Heinz)集团加强合作,在国内,屯河收购了果汁饮料市场上大名鼎鼎的汇源集团51%的股权。辉煌时期,屯河番茄酱的市场份额占到全国的85%、全球的6%,出口量居全国之首。

战役2:湘火炬

1993年,湖南株洲火花塞厂改制为股份有限公司,同年在深交所上市(股票代码:000549),是湖南省首批上市公司。1997年,新疆德隆受让株洲市国资局持有的占湘火炬总股本25.7%的国有股权,成为其第一大股东。之后,德隆投入7000万元资金为湘火炬注入了发展"大汽配"的理念。过去只生产火花塞等少数几样产品的工厂变成一个生产系列汽车零配件及其他机电产品并在业内具有相当影响力的企业,其汽车零部件出口排名国内第一。1999年,德隆收购了竞争对手——美国最大的刹车系统进口商MAT公司及其9家在华合资企业75%的股权。获得了美国汽车零部件进口市场15%的份额,当年就实现了1.5亿美元的在美销售额。

战役3:合金投资

合金投资的前身是中国最大的镍合金材料生产企业、成立于1956年的沈阳合金厂;1990年改制为股份有限公司;1996年在深交所上市(股票代码:000633)。也是在1997年,比收购湘火炬稍早,新疆德隆入主沈阳合金,成为其第一大股东。德隆入主后,盯住了合金材料的下游产品——电动工具。1998年,合金出资9000万元,收购了星特浩(集团)发展有限公司持有的上海星特浩企业有限公司75%的股权。翌年,星特浩又陆续收购或新建了苏州太湖电动工具集团公司、苏州黑猫集团公司、上海美浩电器有限公司、陕西星宝机电有限公司等多家电动工具制造企业,使合金成为中国最大的电动工具生产商和出口商。2000年下半年,合金与著名的美国毛瑞(Murray)公司结成战略联盟,同时探讨

资本运营

更深层次的合作,利用毛瑞成熟的品牌和行销通路,已经占有并在继续扩大对国际电动工具市场的控制权。

综观德隆入主三家上市公司的过程,不难发现它们的运作方式如出一辙,大致都分四步走:首先,改变上市公司的股权结构;其次,通过注入优质资产调整产品结构,使上市公司的主业发生变化;再次,通过并购、托管、委托加工等形式,对上市公司所处产业进行整合,优化产业结构;最后,通过对销售网络和销售渠道的整合,扩大上市公司产品在国内和国际市场的占有率,形成规模化、垄断性经营。

这种集中体现战略投资管理思想的运作模式,或许正是德隆企业从容应对加入WTO后激烈国际竞争的信心之源。以新疆屯河、湘火炬和合金投资为核心,德隆已经初步搭建起了饮料食品加工业、汽车零配件业和电动工具制造业三大行业的骨架。而德隆的这三大产业又分别在地区、国内和国际三个不同层次的市场上确立了其主导地位。

德隆整合产业、整合市场的一个重要信条就是一定要与这个行业内最优秀的企业站在一起,结成利益共同体,"抓住了老大老二,其他企业自然不在话下"。而且,这样做的一大好处是,可以变竞争对手为合作伙伴,避免两败俱伤,彼此和气生财。战略投资是一种大手笔的制作,却不意味着盲目地扩张。

事实上,德隆在介入一个行业和企业前的谨慎超出了许多人的想象。在德隆的组织架构里,战略投资委员会是董事局下设的、与执行委员会和薪酬/任命委员会并列的三大委员会之一;在执行委员会之下还设有战略管理部,作为执委会七个常设部门中最重要的一个,行业分析和研究是它的一项重要职责。战略投资还需要战略管理作为有机的延伸和效果保障。德隆战略管理部的另两项重要职责就是对所投资的上市公司提供管理咨询和实施监控。我们在新疆屯河采访时,恰好碰上由德隆上海总部派来的"战略控制员"马昆,他和几名同事正在屯河市场部帮助从事市场营销的策划。从前期到后期、一环扣一环的战略控制体系,保证了德隆一系列整合的可行性与可持续性。一个很有说服力的数字是,德隆操作的重组案例至今已经超过百个,失败的只有屈指可数的几个;被入主企业的经营业绩全都有惊人的增长。

"土鸡变成金凤凰",德隆引入的大量资金、全新的企业理念和经营管理方式,为入主企业带来脱胎换骨的变化。2000年,同1996年相比,湘火炬的总资产由3.36亿元增长至23.1亿元,净利润由164.5万元增长至8595.8万元;合金投资的总资产由1.33亿元增长至13.9亿元,净利润由834.6万元增长至4803万元;新疆屯河的总资产由4.13亿元增长至19.1亿元,净利润由2694.6万元增长至9185.8万元。三家公司的其他主要业绩指标也都大幅提高,并在市场培育和未来增长上显示出巨大潜力。而这正是支持股价不断攀升的根本动力。

资料来源:根据公开资料整理。

四、虚拟模式

从虚拟资本的性质来看,作为一种权益的凭证,虚拟资本具有资本的虚拟性及其价值增值的虚拟性。根据虚拟化程度将虚拟资本划分为四类:第一类虚拟资本——股票和债券;第二类虚拟资本——政府债券;第三类虚拟资本——证券化和 ABS;第四类虚拟资本——金融衍生物,并将前两类称为旧有的虚拟资本,而后两类是虚拟资本的新发展。从经济运行的微观角度来看,较为常见的虚拟资产主要有股票、债券、证券化资产、风险资本。具体内容将在后面章节中进行详细介绍。

第五节　资本运营的风险

【导读】

美泰公司是一家有着100多年历史、身价高达47亿美元的美国老牌家电企业,以生产吸尘器、洗衣机、电冰箱为主营业务,是美国家电市场的第三大企业,位居惠尔浦(Whirlpool)和力诺国际(Lennox)之后。由于美泰公司生产成本过高,近年来业绩每况愈下,2005年美泰欲寻求收购公司。海尔关注这一收购对象与其较早进入美国有关,美泰在美国当地市场的营销网络是最有价值的优势之一。但由于缺乏公关策略、竞购价格过高等种种原因最终导致并购失败。

一、宏观性风险

资本运营面临的宏观性风险主要包括金融风险和政治风险。

(一)金融风险

金融风险主要包括信用风险、利率风险和外汇风险等。

信用风险又称违约风险,是指借款人、证券发行人或交易对方因种种原因,不愿或无力履行合同条件而构成违约,致使银行、投资者或交易对方遭受损失的可能性。由于结算方式的不同,场内衍生交易和场外衍生交易各自所涉的信用风险也有所不同。

利率风险是指市场利率变动的不确定性给商业银行造成损失的可能性。巴塞尔委员会在1997年发布的《利率风险管理原则》中将利率风险定义为:利率变化使商业银行的实际收益与预期收益或实际成本与预期成本发生背离,使其实际收益低于预期收益,或实际成本高于预期成本,从而使商业银行遭受损失的可能性。原本投资于固定利率的金融工具，当市场利率上升时，可能导致其价格下跌的风险。

外汇风险是指一个企业的成本、利润、现金流或市场价值因外汇汇率波动而引起的潜在的上涨或下跌的风险。外汇汇率波动既可能给企业带来损失，也可能给企业带来机会。由于美元仍然是国际上最主要的货币，世界各国主要的官方储备仍是美元。美元也是我国外汇储备中的主要货币，是国家外汇管理局制定外汇汇率的关键货币，所以，我们涉及外汇风险主要是指美元与各种货币之间的汇率变化。

（二）政治风险

政治风险是指完全或部分由政府官员行使权力和政府组织的行为而产生的不确定性。政府的不作为或直接干预也可能产生政治风险。政治风险主要包括战争风险、国有化风险和转移风险等。

战争风险是指企业或投资项目所在国发生战争或暴动而使企业或投资项目遭受损失的风险。

国有化风险是跨国公司对外直接投资面临的主要风险之一，已成为跨国公司对外直接投资活动中面临的最为突出的问题，国有化风险对投资国、东道国、跨国公司三者的影响都十分重大，直接影响到跨国对外直接投资的资金流向、发展趋势以及全球性战略的实施。

转移风险是指企业在外国投资办企业，其投资本金、利润和其他合法收益由于东道国的各种限制而不能自由汇出的风险。

二、微观性风险

资本运营面临的微观性风险主要包括经营风险和财务风险。

（一）经营风险

经营风险是由于生产经营变动或市场环境改变导致企业未来的经营性现金流量发生变化，从而影响企业的市场价值的可能性。企业价值的变化程度取决于变动因素对企业未来销售量、价格和成本的影响程度。社会审计中，经营风险是指源于对被审计单位实现目标和战略产生不利影响的重大情况、事项、环境和行动，或不恰当的目标和战略。

经营风险就其形成的结果来看，可分为纯粹风险与投机风险。纯粹风险所致的结果只有两种，即遭损或无损，如企业经营中的运输风险、财产风险、职工安全风险。投机风险所致的结果有盈利、保本或亏损三种，如证券投资风险、外汇交易风险、营销风险等。

经营风险就其形成的原因来看，可分为静态风险与动态风险。静态风险是指由于自然力量或人们的错误行为所造成的，动态风险则是由于经济或社会结构的变动所致。前者如地震、海难事件等，后者如汇率变动、税制改革、能源危机等。

对于正在迅速增长而社会环境又处于迅速变化之中的中国企业界来说，经营风险往往是由多种原因所致。因此，企业经营风险的会计对策也应是多元的。

（二）财务风险

财务风险是指企业因借入资金而产生的丧失偿债能力的可能性和企业利润（股东收益）的可变性。企业在筹资、投资和生产经营活动各环节中无不承担一定程度的风险。企业承担风险程度因负债方式、期限及资金使用方式等不同面临的偿债压力也有所不同。

因此，筹资决策除规划资金需要数量，并以合适的方式筹措到所需资金以外，还必须正确权衡不同筹资方式下的风险程度，并提出规避和防范风险的措施。

本章小结

资本是同时具有"物质性存在"及"创造剩余价值潜能"两重含义的概念，在西方古典经济学中，有两种理论对资本进行了阐释，一种认为资本是为资本家提供收入（利润）的积累；另一种则认为资本是用于继续生产的积累，即生产资料，或者说是为了继续生产而积累起来的储存品。而马克思认为资本虽然必须体现在"物"上，但资本并不是物，不是物质的和生产出来的生产资料的总和，而是属于一定的生产关系，并通过生产关系而赋予资本以特有的社会性质。而关于社会主义市场经济中的资本的讨论则主要聚焦于资本对公有制经济的作用。本章对资本的性质和资本的形式也进行了深入探讨。

由资本引申的资本运营概念与本质是了解资本运营的基础，资本运营的内容可以根据资本运动状态和形式来划分。按资本的运动状态，可以将资本运营划分为存量资本运营和增量资本运营；按资本运营的形式，可以将资本运营划分为实业资本运营、产权资本运营、金融资本运营及无形资本运营等。

资本运营的目标分为三个：利润最大化、所有者权益或股东权益最大化、企业价值最大化。而这三个最大化在某种程度上存在着一致性，即只有实现利润最大化，才能实现所有者权益最大化和企业价值最大化。

资本运营的模式包括扩张、收缩、重组和虚拟四种。资本运营的风险可以分别通过宏观性和微观性来分析。

思考题

1. 财务会计与资本运营有何区别？
2. 结合专业谈谈为什么要学习资本运营。
3. 试述近三年来我国企业发生的资本运营实例。
4. 什么叫作资本运营？资本运营的内容和特征分别是什么？

第二章

资本运营的主体与环境

导言

为了实现资本最大限度增值的目的,需要对资本及其运动进行运筹和经营。而对资本进行运作,需要有确定的主体以及可供运作的市场和资本环境。因此,本章将讲述资本运营的主体和市场环境,第一节将对资本运营的主体及其背景作主要阐述,第二节主要介绍资本运营和市场体系,第三节将重点阐述资本运营的主要市场环境,即资本市场。

学习目标

★ 了解资本运营的主体及其背景,熟悉企业的概念及特征;
★ 了解资本运营市场体系的内容,熟悉企业的组织制度;
★ 掌握资本市场的内容和结构。

第一节 资本运营的主体

【导读】

关于公司的定义,根据《中华人民共和国公司法》(以下简称《公司法》)第二条的规定:本法所称公司,是指依照本法在中华人民共和国境内设立的有限责任公司和股份有限公司;第三条第一款:公司是企业法人,具有独立的法人财产,享有法人财产权。公司以其全部财产对公司的债务承担责任。即公司是由两个或两个以上自然人或法人设立的、具有独立法人资格和法人财产的企业。

一、主体企业论

企业是国民经济中独立的基本经济组织，既是资本的载体，也是市场的经营主体。因此，本书认为资本运营的主体就是企业。

什么是企业？这似乎是一个十分简单的问题，事实上，我们往往对它知之甚少或在概念上模糊不清。过去人们对企业的研究较少，早期的经济学家认为，企业是将投入转换为产出的组织。到20世纪30年代末，一些市场经济发育较早的国家的经济学家才对企业的性质、特征进行研究。

现在人们普遍认为，企业是以营利为目的、向社会提供产品和服务的经济组织，它具有下列基本特征：

（1）企业直接为社会提供产品和服务；

（2）企业是经济组织，它不同于政府机关、事业单位、社会团体等非经济性组织；

（3）企业是营利性的经济组织，营利是企业的基本目的和动力，是企业存在和发展的基本条件；

（4）企业是自主经营、独立核算、自负盈亏的经济组织，它不是政府的附属物，而是独立的经济实体，享有独立的经济利益，独立地承担经济责任，能够自我改造和自我发展。

二、计划经济条件下的企业制度

以上述基本特征为依据，在我国过去的计划经济体制时期，并不存在真正意义上的企业。在特定的社会经济条件下，如建设规模小、发展目标单一、经济发展水平低、经济结构简单等，计划经济曾取得过相当的成功。

但是，随着经济技术不断发展和社会经济条件不断变化，特别是当经济发展水平大大提高、经济结构日益复杂后，计划经济体制的弊端就逐渐暴露出来。如在企业经营方面，政企不分，全民所有制经济单位直接由国家经营，称为国营企业，国营企业的一切都由国家决定，生产任务由国家下达，产品由国家分配，人员由国家调派，资金由国家供给，利润上交国家，亏损由国家弥补。

在计划经济体制下，国家不仅是全民财产的所有者，还是国有资产的经营者，所谓的企业只能服从国家计划，没有生产经营、投资的自主权，更不能自主筹措资金。在这种情况下，国营企业名为企业，实际上只是从事产品生产的工厂或从事商品流通的商店，是政府的附属单位，而不是独立的商品生产经营者，更谈不上是资本经营者。企业对其所拥有的资产只能使用，无权转让和出售。对保值增值的注意也会下降，进而导致国有资产的减损。

因此，企业要开展资本运营，就必须实现从计划经济体制向社会主义市场经济体制的彻底转变，把计划经济体制下的工厂、商店等转变为市场经济条件下真正意义上的企业。

自改革开放以来，我国对经济体制逐步进行了改革，而企业改革正是整个经济体制改革的中心环节，基本改革思路是沿着所有权与经营权相分离、扩大经营自主权、改革经营方式、以市场为导向、搞活国有企业的方向推进。1992年，国务院颁布了《全民所有制工业企业转换经营机制条例》，意在进一步推动企业经营自主权的落实，而企业股份制的试点与推广，则极大地促进了企业经营机制的转换和证券市场的发展。

1993年11月，中共十四届三中全会通过的《中共中央关于建立社会主义市场经济体制若干问题的决定》指出，建立和完善社会主义经济体制，基础在于企业，要进一步转换国有企业的经营机制，建立现代企业制度。此后，我国进一步加快了经济体制改革，向社会主义市场经济体制过渡。

2003年3月，我国第十届全国人民代表大会政府工作报告指出，现在我国社会主义市场经济体制已初步建立，大多数国有大中型骨干企业初步建立了现代企业制度，涌现出一批有实力、有活力和有竞争力的优势企业。此后，中共中央历次重要会议都作出决定，强调要进一步完善社会主义市场经济体制。

《中共中央关于制定国民经济和社会发展第十三个五年规划的建议》中明确指出，要"健全市场在资源配置中起决定性作用和更好发挥政府作用的制度体系，以经济体制改革为重点，加快完善各方面体制机制""深化国有企业改革""完善现代企业制度""限制政府对企业经营决策的干预"。

现在，我国企业已逐步进入社会主义市场经济轨道，按照市场经济规律运营。社会主义市场经济的建立和发展，为我国企业的资本运营创造了体制环境。在此，将再次明确本书所述的我国资本运营的主体，是建立了适应社会主义市场经营机制、适应市场经济要求的企业。

三、市场经济条件下的企业制度

按照市场经济的要求，企业的组织制度形式不应按所有制性质划分，而是按照企业财产的组织形式和承担的法律责任划分。国际上通常有个人业主制企业、合伙制企业和公司制企业三种基本的企业制度。企业制度是对企业微观构造及其运作机制所做的规范，包括企业的产权制度、法人制度、组织制度和管理制度。

（一）个人业主制企业

个人业主制企业又称个人企业，由业主个人出资兴办，业主自己直接经营，业主享有企业的全部经营所得，独占企业的剩余价值或利润，同时对企业的债务负无限责任，如果经营失败，出现资不抵债时，业主要用自己的家财来抵偿。这种企业在法律上为自然人企业，不具备法人资格。这种企业一般规模较小，内部管理结构简单，一般只适宜于投资额小、技术工艺比较简单、经营管理不太复杂的小型工商企业，我国近年大量出现的私营企业大多属于这类企业。在现代经济生活中，虽然大企业唱主角，但在企业数量上，个人业主制企业占大多数。个人业主制企业的优点和缺点如图2-1所示。

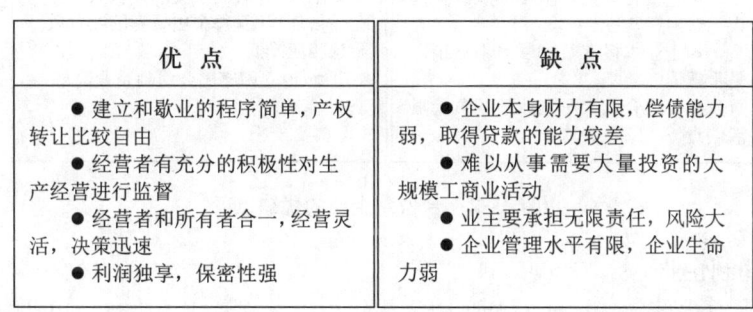

图2-1 个人业主制企业的优缺点

（二）合伙制企业

合伙制企业是由两个或两个以上的个人共同出资、共同经营、共负盈亏、共担风险的企业。合伙制企业在建立时，合伙人必须签订"合伙经营协议"，其主要内容包括：各业主的责任（包括出资额、出资形式和出资期限，承担哪些无限责任或有限责任，以及主要业务的分工等）；原合伙人退出和新合伙人加入办法；利润分配办法；企业关闭后资产和负债的分配。

合伙人可以分为普通合伙人、有限合伙人和其他合伙人。

普通合伙人在企业中实际从事经营管理工作，有权代表企业签订合同，对企业债务负无限责任。每个合伙企业至少应有一个普通合伙人。如果企业的全部合伙人都是普通合伙人，则该企业就称为普通合伙企业。

有限合伙人对企业债务以出资额为限只负有限责任，有限合伙人在企业经营管理中不起大的作用，谁是有限合伙人应在合伙经营协议中指明。

其他合伙人主要包括不参与具体管理的合伙人、秘密合伙人（在经营决策中起很大作用，但人们并不知道他是合伙人）、匿名合伙人（只出资，但不为人知，参加利润分配，但不参与企业管理）和名义合伙人（只是名义上参加合伙，但实际上既不出资，也不参与管理）。

合伙制企业在法律上也是自然人企业，不具备法人资格。合伙制企业一般只适宜于投资额不大、生产技术工艺不太复杂的中小型企业，这种企业的数量比个人业主制少。合伙制企业的优点和缺点如图2-2所示。

缺点	优点
● 当某一原有的合伙人退出,或某一新的合伙人加入,都必须重新确定新的合伙关系 ● 普通合伙人都有权代表企业从事经济活动,因而很容易造成决策上的延误 ● 产权转让比较困难,须经合伙人一致同意 ● 企业规模有限,发展不稳定,易于解体 ● 普通合伙人对企业债务负无限清偿责任,风险太大	● 可以由多个合伙人筹集资本,创办较大的企业 ● 多个合伙人集思广益,共同决策,合理分工,使企业的决策能力和管理水平有所提高 ● 多个普通合伙人对企业债务负无限责任,有利于提高债权人对企业的信任程度,每个出资者的经营风险也相应降低 ● 设立程序比公司制企业简单

图 2-2 合伙制企业的优缺点

(三)公司制企业

公司制企业是根据《公司法》的规定,依法成立、具有法人资格、以营利为目的的企业。它与个人业主制企业和合伙制企业的一个重要区别就在于,它是企业法人,有独立的法人财产,享有法人财产权。公司以其全部财产对公司的债务承担责任。

在经济发达国家,公司制企业虽然在数量上远远少于个人业主制企业,但占据支配地位,现在世界上的大企业几乎都是公司制企业。

与个人业主制企业和合伙制企业相比,公司制企业的优点主要有:

1. 具有筹资优势

公司制企业,特别是股份有限公司,可以通过发行股票和债券等方式筹集巨额资本,把社会上分散的单个资本集中起来,形成规模巨大的企业,有利于企业有效地开展资本运营,提高企业规模经济效益。

2. 拥有独立的法人财产

公司制企业虽然出资者是多元的、分散的,但出资者投入企业的财产经过法定程序成为法人财产后,就具有整体性、统一性和独立性。对出资者来说,任何一个出资者都不能直接支配企业的法人财产,只能按其投入企业的资本额享受所有者权益,并对企业负有限责任。对企业来说,公司制企业作为法人,拥有法人财产权,即依法享有对法人财产的占有、使用、收益和处分权。企业的法人财产由董事会统一支配,独立运用,形成了经营决策权的高度集中,有利于企业资源的统一使用和合理调配,有效地开展资本运营。

3. 实行有限责任制度

由于公司是法人,拥有自己独立的法人财产,因此,公司自己的债务或亏损只应由公司本身负担,而不应由股东个人负担,股东个人对公司的债务和亏损只负有限责任,以其投资额为限,即使公司破产,他个人的其他财产也不受影响。对于出资者来说,从承担无限连带责任到只承担有限责任,是企业制度上的一个很大的变化。实行有限责任制度,使出资者的风险大为降低，解除了投资者的后顾之忧，使他们可以放心大胆地投资，这有利于公司筹集资本，大大促进了生产力的发展。

4. 实现所有权与经营权分离

在个人业主制企业和合伙制企业中，所有者就是经营者，二者合一。但在大型的公司制企业中，所有者不一定必然成为企业法人财产的经营者，企业经营者也不一定就是其所在企业的所有者，而很可能是支薪的经理人员。由于科学技术进步和生产社会化，企业经营管理工作复杂化和科学化，企业经营管理已成为一种高级的劳动，需要由具有专门知识和特殊才能的专门人才来承担，那些拥有资本但无经营能力的人，就可雇用那些有经营能力但无资本的人，于是使所有者与经营者相分离，所有者聘请受过专门训练和有实践经验的企业家来经营管理企业，并对经营者实行有效的激励和约束，这有利于职业企业家阶层的形成，有利于提高企业的经营管理水平。

5. 所有权转让方便

公司制企业有一套规范的、严密而灵活的产权转让制度。股份有限公司股东持有的股票可以随时通过证券交易所转让出去；有限责任公司股东的出资额也可以按《公司法》的规定予以转让。所有权转让越方便，就越有利于资本筹措和运用。

6. 具有规范而严密的组织结构

在市场经济发展中，公司制企业已形成了一套完整的、科学的组织制度，由股东会、董事会和经理及监事会组成，实行董事会领导下的总经理负责制，他们分别行使公司决策权、执行权和监督权，三权分立，相互制约，形成以资本效益为基础的激励与约束机制和风险规避制度，有利于企业的生产经营和资本运营的有效进行。

7. 公司发展稳定

由于公司是法人企业而不是自然人企业，它拥有由股东出资形成的全部法人财产权，依法享有民事权利，承担民事责任，成为独立的有生命的主体，摆脱了对自然人的依附与束缚，无论股东自然人发生什么变化，都不会影响企业的主体和生命，其存在和发展不因股东的变动而变动。公司除了自愿终止或破产以外，其他因素都不会影响公司的存续和发展。

公司制企业也存在一些缺点，主要体现在以下几个方面：

（1）设立程序较复杂，创办期较长，开办费用较多；

（2）受国家法律法规的约束较严格，国家对公司的开办、股票发行与上市、产权转让、合并、分立、破产清算和财务制度都制定了一整套法律法规，公司必须严格执行；

（3）保密性较差，根据《公司法》规定，公司必须定期公布财务信息，向股东报告经营情况。

前面我们比较详细地阐述了三种基本的企业制度，它们在资本运营方面必然存在着差别。由于公司制企业具有规模较大、制度较先进、经营机制较灵活和组织较严密等优点，因而其资本运营的内容更丰富、方法更科学、效率会更高。本书主要对公司制企业的资本运营作详细阐述。

第二节 资本运营与市场体系

【导读】

2015年，英大期货通过了关于加强市场化改革的工作方案，方案中强调，公司的市场化是大势所趋、势在必行，是公司长远发展的根本保障。公司的官方新版网站于2017年2月23日正式上线，至此，英大期货已经全面实现了微信订阅号、微信服务号、官方APP、官方网站PC端（含手机端）四大宣传媒介的无缝对接，标志着英大期货在创新发展的市场化道路上迈出了精彩的一步。

2014年到2017年，公司通过治理体系优化、明晰发展战略、优化人员配置、推行市场考核等一系列举措，让这家曾经"带着厚重脚镣努力起舞"的公司，重新焕发了市场化的活力。

资料来源：中国管理案例共享中心。

现代市场体系不仅包括消费品和生产资料等产品市场，而且包括资本市场、劳动力市场、技术市场、信息市场以及房地产市场等生产要素市场。其中，产品市场、资本市场和劳动力市场是现代市场体系的核心，现代市场经济只有借助于完整的市场体系，才能有效地配置资源。

一、产品市场

产品市场是指厂商所提供的一切产品和劳务的市场，在生产过程中创造的各种有用物品和劳务用于个人消费或用于进一步生产。一部分物品作为生活资料，用于满足个人和家庭的需要，另一部分物品作为生产资料，用于满足社会生产的需要。

世界贸易组织（WTO）将贸易分为货物贸易和服务贸易。货物贸易是指实物形态的各种物品的贸易，服务贸易包括商务服务[①]、通信服务、建筑和相关工程服务、分销服务、教育服务、环境服务、金融服务、健康服务、旅游服务、娱乐文化和体育服务、运输服务和其他服务等。

---

① 商务服务包括法律服务、会计审计和簿记服务、税收服务、计算及相关服务、广告服务、管理咨询服务、技术测试和分析服务、包装服务、维修服务等。

与上述贸易分类相适应，就有货物市场和服务市场之分。货物市场是以实物形态的各种物品来满足消费者或用户的需要，而服务市场则是以劳务来满足消费者或用户的需要。服务业是随着商品经济和社会生产专业化分工的不断发展，从生产领域和生活领域独立出来的专门行业，20世纪50年代以来得到迅速发展。目前我国正在大力发展服务业，服务市场已成为现代市场的一个重要组成部分。

二、生产要素市场

生产要素市场包括土地市场、劳动力市场、技术市场、资本市场、产权市场和信息市场等。

（一）土地市场

土地市场是土地所有权或使用权转让或交易的场所。土地是一种自然资源，包括农业、住房、工厂和道路等使用的土地，它是生产要素之一。不同社会制度的土地产权归属不同，实行私有制的资本主义国家，企业不仅拥有土地的使用权，而且可以拥有土地的所有权，土地可以自由买卖，在会计账表中一般列作固定资产。

根据《中华人民共和国宪法》规定："城市的土地属于国家所有。农村和城市郊区的土地，除由法律规定属于国家所有的以外，属于集体所有。宅基地和自留地、自留山，也属于集体所有。国家为了公共利益的需要，可以依照法律规定对土地实行征收或者征用并给予补偿。任何组织或者个人不得侵占、买卖或者以其他形式非法转让土地。土地的使用权可以依照法律的规定转让。一切使用土地的组织和个人必须合理地利用土地。"

企业获得某一土地的使用权，须支付转让金。土地使用权的成本由取得土地使用权支付的出让金及相关费用决定，其成本一般应在确定的年限内平均摊销。

（二）劳动力市场

劳动力市场是劳动力这种特殊商品的交易场所或领域。劳动力具有特殊的使用价值，其使用价值的使用可以创造出更多的价值。我国已出现了"劳务市场""职业市场"和"人才市场"等，这些市场的建立和发展，使企业能够自主地选择录用劳动者，使劳动者可以自由地选择职业和工作单位，有利于促进人才自由流动，提高人力资源的使用效率，从而促进社会生产力的发展。

（三）技术市场

技术市场是技术这种智力产品交易的场所或领域。技术转让可分为非商业性转让和商业性转让，前者包括无偿的技术援助和技术交流等，后者主要通过贸易途径和经济合作途径两种方式进行。技术贸易是指技术供求双方按照一定的商业条件买卖技术的活动。技术贸易可以是软件技术买卖，或者是聘用掌握技术的科技人员，或者是购买含有某种技术的机器设备。

技术贸易的内容包括工业产权（专利权、商标权）、专有技术和计算机软件等所有权的有偿转让或使用权的许可，在技术贸易实践中主要是使用权的许可使用。如果这种交易是在本国之内进行，就称为国内技术贸易。如果这种交易跨越国界，则称为国际技术贸易。通过国际技术市场，引进先进技术，并将企业的优势技术输出，对于开展生产经营和提高资本运营效益，具有极为重要的作用。

（四）资本市场

此处阐述的资本市场为广义的资本市场，它是金融市场的重要组成部分，金融市场是进行资金融通和金融产品交易的场所或运营网络，其主要包括：（1）货币市场，是经营一年以内（含一年）的短期资金融通的市场，包括银行短期信贷市场、银行同业拆借市场、短期证券市场和票据贴现市场等；（2）资本市场，是指证券融资和经营一年以上中长期资金借贷的金融市场，包括股票市场、债券市场、基金市场和中长期信贷市场等，其融通的资金主要作为扩大再生产的资本使用，因此，称为资本市场。

作为资本市场重要组成部分的证券市场，具有通过发行股票和债券的形式吸收中长期资金的巨大能力，公开发行的股票和债券还可在二级市场自由买卖和流通，有着很强的灵活性。

资本市场和货币市场都是资金供求双方进行交易的场所，是经济体系中聚集、分配资金的"水库"和"分流站"。但两者有明确的分工，资金需求者通过资本市场筹集长期资金，通过货币市场筹集短期资金，国家经济部门则通过这两个市场来调控金融和经济活动。

金融市场除了上述货币市场和资本市场以外，还包括外汇市场、黄金市场、保险市场和金融衍生品市场等。

（五）产权市场

产权市场是产权有偿转让的场所或领域。产权是指法定主体建立在财产所有权基础上的，对构成企业生产经营要素的财产所拥有的占有、使用、收益和处分的权利。

产权转让是指不同的法定主体之间所发生的财产所有权及其派生的占有权、使用权、收益权和处分权等各项权能的部分或全部有偿转让的法律行为。所谓有偿转让，是指按照市场机制，运用经济方式，通过市场交易进行的转让。产权转让可以是财产所有权及其派生的四项权能一起转让，也可以是在财产所有权不变的条件下，其他四项权能一起转让，即经营权的转让，还可以是在财产所有权不变的条件下，其他四项权能的部分转让，例如只转让使用权等。

企业的财产包括固定资产、无形资产（如专利权、专有技术、版权、商标权、专营权、土地使用权等）、流动资产、金融资产（如股权、债权、基金等）。产权市场的内容包括各种财产的产权交易，产权市场的交易通过买卖、收购、拍卖、兼并、出让、转让、租赁、授权经营等具体方式进行。

从产权是否证券化来看,产权市场包括证券化的产权市场(股票市场)和非证券化的产权市场,但在一般情况下,人们往往从狭义看,把产权市场理解为非证券化的产权交易市场。我国的产权交易市场萌芽于20世纪80年代末,目前全国大部分省市已建立了有形的产权交易市场,不同规模的产权交易所(中心)已达200多家。例如,北京产权交易所集团除了一般实物形态财产的产权交易所以外,还包括中国技术交易所、北京金融资产交易所等。

产权交易市场的功能在于建立产权卖方和买方的联系,使产权交易顺利进行。产权交易从形式上看是一种权利的转让,从实质上看则是一种生产要素的转移与重组。发育健全和完善的产权交易市场,有利于增强企业之间的联系和信息交流,推动生产要素合理流动,搞好资产重组,盘活存量资产,促进资源优化配置和企业规模效益提高。

(六)信息市场

信息市场是供需双方进行信息交换的场所。它把各种信息作为一种重要资源用来进行有偿服务。在市场经济条件下,每个企业都需要对投入和产出做出选择,例如,应该生产什么,生产多少,如何生产,采用何种技术、设备,从哪里购买原材料,怎样提高员工的劳动效率,从什么渠道采用何种方式筹集所需要的资本等,为了作出正确的决策,就必须通过各种渠道获得所需要的各种信息。有许多信息是通过信息市场有偿获得的。

三、资本运营主体与市场体系

资本运营的主体可以是资本的所有者,也可以是资本所有者委托或邀约的经营者,由他们承担资本运营的责任。资本运营的对象,或是一种形态的资本,如金融资本,或者是两种形态以上的资本,如运营生产资本、商品资本、房地产资本等。资本的各种形态必须投入到某一经营领域之中或投入到多个板块之中经营,即投入到某一产业或多个产业之中,才能发挥资本的功能,有效利用资本的使用价值。

在市场经济条件下,市场体系包括产品市场(货物市场和服务市场)、土地市场、劳动力市场、技术市场、金融市场(货币市场和资本市场等)、产权市场和信息市场等。各类市场之间相互联系、相互制约、相互促进,形成一个完整的有机体系,如图2-3所示。

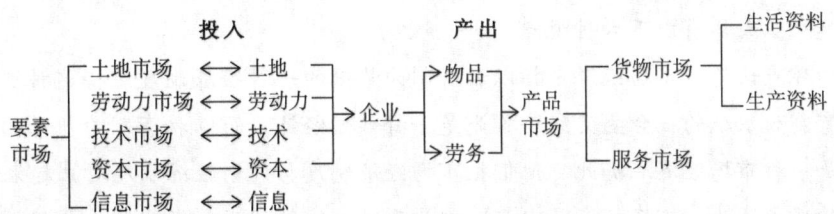

图 2-3 市场体系基本状况

> 资本运营

上述各种市场都与企业资本运营有着密切的关系。企业通过各种要素市场，筹集到企业生产经营所需的资本，获得土地使用权，录用必要数量和素质的劳动者，使用现有的技术将投入转换为产出，通过产品市场将产品及时销售出去，完成从商品资本到货币资本的转化。企业的生产经营和资本运营还与产权市场、技术市场和信息市场直接相关，它们的作用前文已阐述。有了健全完善的市场体系，可以使社会的各项资源得到优化配置，使企业的资本运营有序和有效地进行，加速资本周转，从而提高资本运营的效率。

应当指出，在经济全球化的时代，各种市场都可以分为国内市场和国际市场。在国际竞争日趋激烈的情况下，只有顺应世界发展潮流，坚持对外开放，才能更好地利用国内外两个市场、两种资源，加快发展壮大自己。

我国从1993年以来，全面开展现代市场体系建设，货物、服务、土地、劳动力、技术、资本、产权和信息等市场加快发展，现代流通和营销方式不断拓展，坚持不懈地整顿和规范市场经济秩序，使国民经济市场化程度进一步提高，市场在资源配置中起决定性作用，使企业资本运营的社会环境日趋完善。

【拓展阅读】　　　　　市场经济

市场经济是一种经济体系，在这种体系下，产品和服务的生产及销售完全由自由市场的自由价格机制所引导，而不是像计划经济一般由国家所引导。市场经济有时也被用作资本主义的同义词。

在市场经济里并没有一个中央协调的体制来指引其运作，理论上，市场将会通过产品和服务的供给和需求产生复杂的相互作用，进而达成自我组织的效果。市场经济的支持者通常主张，人们所追求的私利其实是一个社会最好的利益。

经济学家所定义的自由市场模型，则是一个完全没有政府干预或其他强迫力量的体制。这种理论上的自由市场经济在实际上可能有许多无法合法进行的部分，不过地下经济便可以被视为是自由市场经济的实践。

"市场经济"这一概念最早出现在西方经济学著作中，后广泛流行于资本主义各国。但是，人们对它的态度却褒贬不一。有人把它与商品经济等同起来，认为发展商品经济，就是发展市场经济；有人则认为市场经济是资本主义经济制度的基本特征，因而极力反对它。归纳起来，大体有以下六种观点。

第一种观点认为，市场经济是指以私有制为基础的一种经济制度。持这种观点的人认为，以公有制为基础的社会主义经济首先是一种计划经济，而以私有制为基础的资本主义经济首先是一种市场经济。据此，他们把市场经济制度与计划经济制度对立起来。

第二种观点认为，市场经济是以私有制为基础、决策高度分散化、一切经济活动均由"看不见的手"来调节的一种经济形式。持这种观点的人把市场经济形式与资本主义经济形式相等同，认为它是资本主义社会所特有的一种经济形式。

第三种观点认为，市场经济与商品经济是一个等同的概念。持这种观点的人认为市场经济是随着商品经济的产生而产生、发展而发展的，市场经济就是商品经济，既然市场经济等于商品经济，那么它就是一个一般性的经济范畴，市场经济也有社会主义市场经济与资本主义市场经济之分。

第四种观点认为，市场经济是商品经济的一种形式。虽然市场经济与商品经济并不矛盾，但二者不是一个等同的概念，市场经济必然是商品经济，但商品经济未必都是市场经济。换句话说，市场经济只是商品经济的一种形式。但对这一问题的理解不同人又有不同的看法：有人认为商品经济有公有制商品经济与私有制商品经济之分，而市场经济只是以私有制为基础的商品经济，以公有制为基础的商品经济并不等于市场经济；有人则认为市场经济是高度社会化的商品经济，即采用有宏观管理的市场配置方式的商品经济。

第五种观点认为，市场经济是商品经济的一种组织管理体制。与市场、市场调节一样，市场经济也是商品经济的产物，商品经济愈发达，市场经济这一组织管理体制也愈健全与完善。

第六种观点认为，市场经济是一种社会经济形式。社会经济形式的具体形态是随着生产力水平的发展变化而不断发展变化的；当生产力水平低下的时候，出现的是自然经济；当生产力水平有了一定程度发展的时候，出现的是商品经济；当生产力水平高度发达的时候，与此相适应出现了市场经济。

因此，他们认为市场经济是继自然经济、商品经济之后的又一种社会经济形式，它是比自然经济、商品经济更加高级的一个社会经济发展新阶段。

第三节　资本运营与资本市场

【导读】

2020年6月29日，瑞幸咖啡以1.38美元的收盘价结束了其在纳斯达克资本市场的最后一笔交易。创下18个月最快上市和12个月迅速退市记录的瑞幸咖啡在美国资本市场留下了浓墨重彩的一个印记后，"轰轰烈烈"地离去了。回顾瑞幸的传奇经历，从最开始描绘的咖啡"蓝海"，到持续高速扩张至提前星巴克完成4000家店面的开店目标，再到上市前优秀的融资表现和持续不断的讲故事能力，瑞幸咖啡为资本市场勾勒的未来发展前景可谓吸引力十足。

资料来源：中国管理案例共享中心。

资本运营与市场体系中的各种市场都有联系,而它与资本市场的关系最为直接和最为密切。资本市场是指证券融资和经营一年以上的资金借贷和证券交易的场所,也称中长期资金市场。

一、证券市场

(一)证券市场的组成

证券市场是一种重要的金融市场,用于买卖不同类型的证券,包括股票、债券、衍生品等,它是企业和政府融资的重要渠道,也是投资者进行资本配置和投资的平台。

证券市场交易的对象是各种有价证券,主要包括股票和债券两类。有价证券本身没有价值,但它是代表财产所有权的凭证,是一种虚拟资本,能为其持有者带来一定的收益,因而能在市场上买卖,具有价格。

证券市场是证券发行和流通的场所。按证券种类,主要分为股票市场和债券市场。按市场的功能,可分为发行市场和流通市场。

证券发行市场,又称为一级市场,是证券初次交易的市场,是通过发行证券进行筹资活动的市场,一方面为资本的需求者提供筹资的渠道;另一方面为资本的供应者提供投资场所。发行市场是实现资本职能转化的场所,通过发行股票、债券,把社会闲散资金转化为生产资本。

证券流通市场,又称为二级市场,是对已发行证券进行转让的市场,它一方面为证券持有者提供随时变现的机会;另一方面又为新的投资者提供投资机会。与发行市场的一次性行为不同,在流通市场上证券可不断地进行交易。

发行市场是流通市场的基础和前提,流通市场又是发行市场得以存在和发展的条件。发行市场的规模决定了流通市场的规模,影响着流通市场的交易价格。在一定时期内,发行市场规模过小,会使流通市场供不应求,证券价格过高;发行市场规模过大,证券供过于求,会对流通市场形成压力,使证券价格低落,市场低迷,进而影响发行市场的筹资。可见,发行市场和流通市场是相互依存、互为补充的整体。

根据市场的组织形式,证券流通市场又可进一步分为场内交易市场和场外交易市场。

证券场内交易市场是证券集中交易的场所,证券交易所是根据《中华人民共和国证券法》(以下简称《证券法》)注册登记,经政府批准设立的,有严密的组织、严格的管理并且进行集中交易的固定场所。在证券交易所内买卖证券所形成的市场,就是场内交易市场。证券交易所作为证券交易的组织者,本身不参加证券的买卖和价格的决定,只是为证券买卖双方创造条件,提供服务,并进行监督。

证券场外交易市场是在证券交易所以外的各证券经营机构的柜台上进行证券交易的市场,也叫柜台交易市场。在柜台交易市场中,证券经营机构既是交易的组织者,又是交易的参与者。由于柜台交易市场非常分散，不便于投资者及时掌握时刻变动的证券交易行情，20世纪60年代末以来，一些国家利用电子计算机系统将全国各地的柜台交易市场联结起来，建立全国范围的自动报价系统，如美国的全国证券商协会自动报价系统（NASDAQ）。

（二）证券市场的作用

1. 投融资功能

在证券市场建立之前，企业的资本外部来源单纯依靠财政拨款和银行贷款，主要依赖间接融资。资本市场为企业开辟了直接融资渠道。公司可以通过发行股票、债券，筹集大量资本，满足生产经营发展的需要，企业融资中直接融资的比重增大。公司可以在境外发行证券和上市，筹集和利用外资。企业可以通过证券市场进行证券投资，获得投资收益。企业还可以通过股票市场采用一定方式购买某一上市公司的全部或大部分股票，实现对其他公司的并购。

总之，公司在证券市场上进行资本运营，可以使公司做大做强。例如，苏宁电器公司2004年上市首发和2006年增发共筹资16亿元，迅速扩大连锁店的规模和覆盖范围，上市后至2006年年底净利润增长了6倍。

2. 资源配置功能

在证券市场上，资本不断地流动，投资者总是把资本从发展前景不好、经济效益低的企业抽出，投向那些发展前景好、经济效益高的企业，证券市场发挥着社会资源合理配置的功能，使资源向优势企业集中，促使一批企业壮大，促进一些重点行业的发展，推动着企业重组和产业结构的调整。

3. 公司价值评估功能

证券市场还有一个重要的作用，那就是利用股票价格来评估公司价值的功能。在我国证券市场出现以前，衡量企业价值通常是基于企业的净资产。买卖某一企业的价格由买卖双方以企业账面净资产为依据协商确定，这种做法很难获得与企业价值基本相符的价格。在股票市场上，企业的价值主要由其未来盈利能力而非净资产决定，未来盈利能力强，预期产生的现金流量大，企业价值就高，由此确定的企业价值往往数倍于企业的净资产。

在股票市场上，股票价格正确地、灵敏地、综合地反映企业生产经营的好坏和盈亏状况，从而较准确地反映着公司的价值。股票价格是企业价值的货币表现，股票价格越高，企业的价值就越大。证券市场上股票价格用于公司价值评估这一功能，能够促使公司千方百计搞好生产经营，加强管理，扭转亏损，提高效益。

二、证券投资基金市场

（一）证券投资基金的概念与组成

根据《中华人民共和国证券投资基金法》（以下简称《证券投资基金法》）第二条的

规定:"在中华人民共和国境内,公开或者非公开募集资金设立证券投资基金(以下简称基金),由基金管理人管理,基金托管人托管,为基金份额持有人的利益,进行证券投资活动,适用本法。"证券投资基金的参与者主要包括以下四类[1]。

1. 基金投资者

基金投资者即基金份额持有人,其通过购买基金管理公司发行的基金份额,将钱交给基金管理公司管理运作,基金赚了钱分享收益,基金亏了承担损失,同时负担基金运作的各项费用,是基金资产的所有者和基金的受益人。

2. 基金管理人

基金管理人即基金管理公司,其最主要的职责就是按照基金合同的约定,负责基金资产的投资运作,在控制风险的基础上为基金投资者争取最大的投资收益。基金管理人在基金运作中具有核心作用,具有基金产品设计、基金资产的管理、基金份额的销售与注册登记等重要职能。

3. 基金经理

基金经理代表基金管理公司来投资运作基金,其主要职责是按照基金合同的约定,根据市场变化情况,作出适当的投资决策。

4. 基金托管人

基金托管人由取得基金托管资格的商业银行担任,故又称托管银行。为了保证基金资产的安全,基金的投资管理与资金保管是分离的。基金管理公司只负责基金的管理与操作,下达买卖指令。基金的资产实际由托管银行负责保管,买卖的交割、基金的申购与赎回资金都要通过这个独立的第三方,并不经基金管理公司的手。这样一来,就不会出现基金公司卷走客户资金的情况。

(二)证券投资基金的特点和优势

1. 集合理财,专业管理

基金将众多投资者的资金集中起来,由基金管理公司进行投资运作,表现出集合理财的特点。通过汇集众多投资者的资金,积少成多,有利于发挥资金的规模优势,降低投资成本。基金管理公司一般拥有众多的专业投资研究人员和强大的信息网络,能够更好地对证券市场进行全方位的动态跟踪与分析,使中小投资者也能享受到专业化的投资管理服务[2]。

2. 组合投资,分散风险

为了降低投资风险,我国《证券投资基金法》规定,基金必须以组合投资的方式进行投资运作,从而使"组合投资、分散风险"成为基金的一大特色。组合投资、分散风险的科学性已被现代投资学所证明,中小投资者由于资金量小,一般无法通过购买很多种股票

---

[1] 宋国涛. 股票基金投资入门 [M]. 北京:地震出版社,2011:265.
[2] 于雷. 投资基金251问 [M]. 北京:西苑出版社,2008:5.

分散投资风险。基金通常会购买几十种甚至上百种股票，投资者购买基金就相当于用很少的资金购买了一篮子股票，某些股票下跌造成的损失可以用其他股票上涨的盈利来弥补，因此可以充分享受到组合投资、分散风险的好处。

3. 利益共享，风险共担

基金投资者是基金的所有者。基金投资者共担风险，共享收益。基金投资收益在扣除由基金承担的费用后的盈余全部归基金投资者所有，并依据各投资者所持有的基金份额比例进行分配。为基金提供服务的基金托管人、基金管理人只能按规定收取一定的托管费、管理费，并不参与基金收益的分配。

4. 严格监管，信息透明

为切实保护投资者的利益，增强投资者对基金投资的信心，中国证监会对基金业实行严格的监管，强制基金进行充分的信息披露，并对各种有损投资者利益的行为进行严厉的打击。在这种情况下，严格监管与信息透明也就成为基金的一个显著特点。

5. 独立托管，保障安全

基金管理公司负责基金的投资操作，本身并不经手基金资产的保管。基金资产的保管由独立于基金管理公司的基金托管人（银行）负责。这种相互制约、相互监督的制衡机制为投资者的利益提供了重要的保障。

（三）证券投资基金的分类

证券投资基金主要有以下几种分类方法。

（1）根据基金份额在基金合同约定的时间内是否可增加或赎回，投资基金可分为开放式基金和封闭式基金。

开放式基金是指基金设立后，投资者可以随时申购或赎回基金，基金规模不固定的投资基金；封闭式基金是指基金规模在发行前已确定，在发行完毕后的规定期限内，基金规模固定不变的投资基金。

（2）根据组织形态的不同，投资基金可分为公司型投资基金和契约型投资基金。

公司型投资基金是指依《公司法》成立的、以营利为目的、通过发行股票的方式将集中起来的资本投资于各种有价证券的股份制投资公司。目前国内尚无此类基金。契约型投资基金也称信托型投资基金，是基金的另一种组织形态，它是按信托契约，通过发行基金受益凭证的方式而组建的投资基金。目前国内的基金均为契约型投资基金。

（3）根据投资对象的不同，可将基金划分为股票基金、债券基金、货币市场基金、基金中基金、混合基金和其他基金类别。《公开募集证券投资基金运作管理办法》中规定如下：80%以上的基金资产投资于股票的，为股票基金；80%以上的基金资产投资于债券的，为债券基金；仅投资于货币市场工具的，为货币市场基金；80%以上的基金资产投资于其他基金份额的，为基金中基金；投资于股票、债券、货币市场工具或其他基金份额，并且股票投资、债券投资、基金投资的比例不符合本办法相关规定的，为混合基金；中国证监会规定的基他基金类别。

（4）根据募集基金的方式和对象的不同，可将基金分为公募基金和私募基金。

（5）根据资本来源和运用地域的不同，可将基金分为国内基金、国际基金、国家基金和区域基金等。

（四）证券投资基金的收益

证券投资基金收益的主要来源如下：

（1）投资上市公司股票时，配发的股票股利和现金股息；

（2）投资债券、银行存款等时的利息收入；

（3）投资上市公司股票或债券时，由买卖价差产生的资本利得收入；

（4）其他收入。例如，因运用基金资产带来的成本或费用的节约计入收益等。

投资者购买开放式基金，通常可以通过以下三种方式获利：

（1）净值的增长，由于基金所投资的股票或债券升值或获取红利、股息、利息等，使基金单位净值增长，投资者卖出基金时所得到的净值差价就是投资的毛利，将毛利减去购买基金时的申购费用和赎回费用，就是投资净收益；

（2）现金分红的收益；

（3）红利再投资的收益。

三、资本市场的投资银行

（一）投资银行与商业银行

现代意义的投资银行起源于欧洲，到19世纪后半叶，美国的投资银行才开始从证券承销中逐渐发展起来。美国的金融投资专家罗伯特·劳伦斯·库恩曾对投资银行下过以下定义：只有经营一部分或全部资本市场业务的金融机构才是投资银行，包括证券承销、公司资本金筹措、兼并与收购、咨询服务、基金管理、创业资本及证券私募发行等业务[①]。

为了进一步了解投资银行，先来说明投资银行与商业银行的区别。

商业银行是从事存款贷款业务，以取得利润为主要经营目标的金融企业。它是存贷双方的信用中介，一方面，它将社会上的闲置货币资本以存款形式集中起来，用于贷款，满足工商企业对资本的需求，使资本得到有效使用，实现全社会范围内的资本集中与分配；另一方面，它将社会各阶层的分散、零星的货币收入，通过储蓄形式集中起来，贷放出去，将消费资金转化为生产资金，扩大了社会资本总量，促进了经济发展。

商业银行运作的资金90%以上来自借入资本，它的主要负债项目包括存款（主要业

---

① 罗伯特·劳伦斯·库恩，李申译. 投资银行学 [M]. 北京：北京师范大学出版社，1996.

务）和借款（包括同业拆借，以政府公债和银行承兑汇票做抵押向中央银行借款，向其他银行借款以及发行长期资本债券与信用债券）。商业银行的资产包括现金资产、贷款、证券投资和固定资产，其中主要是贷款。商业银行除了国内业务以外，还有国际业务，主要是外汇买卖及汇兑、国际贷款和国际贸易服务。除了上述主要业务之外，商业银行为了增加利润，还利用其机构、资金、信誉、信息等方面的优势，开展其他业务，例如，应与银行分账管理的信托业务、租赁业务、代理融通业务、结算业务、现金管理、咨询业务、发放银行卡业务以及表外业务（包括贷款承诺、担保以及包销、分销和代理买卖国库券）等。

投资银行以证券承销（以及在承销基础上的证券经纪业务）为本源，其他投资银行业务都是在这一业务的基础上形成和发展起来的。投资银行的业务主要有以下几项。

1. 证券承销

证券发行市场是由证券的发行者（发行主体）、认购者（投资主体）和承销者三方构成的。承销者是指联系发行主体和投资主体的金融中介机构，它们本身并不从事投资业务，仅仅是协助政府或企业发行证券，并帮助投资者获得这些证券。投资银行从事证券承销业务，其承销过程为：首先，投资银行对证券发行者提出发行证券种类、时间和条件等方面的建议；其次，当证券发行申请经国家证券管理机关批准后，投资银行与证券发行者签订证券承销协议；最后，协议签订之后，投资银行组建销售网络，将证券销售给广大社会公众。

投资银行承销证券获得的报酬，一种是差价，即承销商支付给证券发行者的价格与承销商向社会公众出售证券的价格之间的差价；另一种是佣金，按发行证券金额的一定百分比计算。

2. 证券交易

投资银行的证券交易活动包括：第一，在证券承销之后，投资银行要为该证券创造一个流动性较强的二级市场，并尽量在一段时期内使该证券的市场价格稳定；第二，证券经纪业务，投资银行接受客户（证券的买方或卖方）的委托，按照客户的指令，促使证券买卖双方达成交易，并据此收取一定的佣金；第三，投资银行利用本身拥有的大量资产和接受客户委托管理资产进行证券交易，通过选择买入和管理证券组合并卖出证券，获得投资收益。

3. 私募发行

前面所说的证券承销，实际上就是证券的公募发行。私募发行是将证券配售给少数特定的投资者。其发行的对象主要有两类：一类是个人投资者，如公司的股东、职工和重要客户等；另一类是机构投资者，如大的金融机构或与发行者有密切业务往来的企业等。证券私募发行者一般是一些风险较大的新企业、小企业以及投机性的公司。

投资银行在证券私募发行方面的作用主要是：第一，与证券发行者、投资者共同商讨证券的种类、定价和条件等事宜；第二，为证券发行者寻找合适的机构投资者，并按优劣排列顺序，供发行者选择；第三，充当证券发行者的顾问，提供咨询服务。投资银行办理上述证券私募发行业务，一般按私募证券金额的一定比例收取报酬。

4. 企业兼并与收购

企业并购是企业产权交易的重要内容，投资银行在企业产权交易双方（买方和卖方）中充当中介，为企业并购双方提供服务。投资银行参与企业并购的主要方式是：寻找兼并与收购的对象；向并购者和被并购者提供买卖价格或非价格条款的咨询；帮助并购者采取行动抵御恶意吞并企图；帮助并购者筹措必要的资金，以实现并购计划。

投资银行在企业兼并、收购方面发挥很大作用，企业兼并、收购业务也会为投资银行带来巨额收益，这已成为投资银行的一项主要业务。

投资银行办理企业兼并、收购业务应收取的报酬（咨询费或聘请费），应根据并购交易金额大小、交易的复杂程度、投资银行提供服务的水平等因素决定。

5. 基金管理

基金是一种大众化的投资方式，它由基金发起者通过发行投资受益凭证，吸收广大投资者的资金，形成基金，然后聘请具有专业知识和投资经验的专家，运用基金进行证券组合投资，定期将收益按投资受益凭证分配给投资者。在美国称为"共同基金"、在英国称为"单位信托基金"、在日本称为"证券投资信托基金"。

投资银行在基金管理方面的业务包括：第一，投资银行可以作为基金发起者发起和建立基金，并管理自己建立的基金；第二，投资银行可以作为承销者帮助其他基金发起者向投资者发售投资受益凭证，也可以接受基金发起者的委托，帮助其管理基金，从基金发起者那里获得一定报酬。

6. 风险投资

风险投资即创业投资，是指为新兴公司在创业期和拓展期融通资金。新兴公司运用新技术生产新产品，其市场潜力大，预期利润很高，但风险也很大，很难从商业银行获得贷款，也不能公开发行股票融资。而投资银行的风险投资业务能够帮助新兴公司解决困难，其中的两种办法如下：

第一，投资银行向新兴公司投资，成为该公司的股东。有些投资银行设有风险基金或创业基金，用于向新兴公司提供创业资本；

第二，通过私募发行证券（股票）为新兴公司筹集资本。投资银行为新兴公司私募发行证券时，常用其风险基金购买证券。

由于新兴公司风险很大，因而投资银行往往要求证券发行者支付很高的私募发行报酬。投资银行还要求证券发行者提供认股权证，一般规定在私募发行后 5 年内，投资银行有权按私募发行价的 120% 购买该认股权证所代表的股票。

（二）投资银行的实质与作用

从上述可以看出，投资银行和商业银行都有多方面的业务，其中某些业务有雷同或交叉，商业银行是以存款、贷款为主要业务，而投资银行是以证券承销与证券经纪为主要业务，因此，从最本源上说，商业银行就是存贷款银行，而投资银行则是证券推销商。既然如此，为什么要称它为银行？可从以下两方面来理解。

1. 历史上的原因

欧洲 15 世纪出现的"商人银行"，不仅从事货币市场业务，而且还在资本市场上从事包销企业股票、债券及政府公债，参与投资管理、投资咨询和开办股票经纪业务。后来，由于证券业务迅速发展，过去的"商人银行"分为两个部分，从事货币存贷业务的叫作商业银行，从事证券推销和买卖业务的叫作投资银行，实为证券公司，但习惯上还叫作银行，因为它是从"商人银行"分离出来的。

在美国，投资银行业务发展初期的回报很高，高额利润驱使商业银行也进入投资银行领域，争夺企业发行证券的承销权。证券经济的扩张和膨胀潜伏着萧条和危机，1929—1933 年经济大危机爆发。1934 年美国《证券法》明确规定商业银行必须与投资银行分开。分开之后，证券承销商不能再办理存贷款业务。

从 20 世纪 70 年代末开始，世界各国放松金融管制，商业银行盈利水平下降，导致商业银行进入证券市场，将资金转投向证券市场。利益的驱动和市场竞争使投资银行也跳出证券承销和证券经纪的业务范围，努力开拓其他各种业务。

2. 现实的原因

从各国来看，美国和其他一些国家采取商业银行与投资银行分离型模式，以德国为代表的一些欧洲国家采取商业银行与投资银行综合型模式（又称"全能银行制度"），如德意志银行集商业银行和投资银行为一身。

应当指出的是，投资银行是理论上一种概念的总称，在实践中，投资银行并不一定都要冠以"投资银行"四字，往往被叫作"×××证券公司"或"×××公司"。例如，美国的美林证券公司、雷曼兄弟公司等。反之，有的名称叫作"投资银行"的金融机构，并不一定是真正意义上的投资银行，例如，我国原来的"中国投资银行"已于 1998 年年末并入国家开发银行，是国家政策性金融机构，其任务是支持国家基础设施、基础产业和支柱产业项目建设。

从前述还可以看出，要建立和发展资本市场，没有投资银行是不可能成功的。开展投资银行业务，对于构造证券市场、充当资本供需媒介、优化资源配置和促进产业集中等具有十分重要的作用。

从投资银行的主要业务证券承销来看，投资银行作为资本供给者（投资者）和资本需求者（筹资者）之间的中介，为资本供需双方服务。它为筹资者开辟新的筹资渠道，扩大资本来源，降低筹资成本，保证证券信用和金融稳定；为投资者开辟新的投资途径，降低投资风险，增强投资信心，促进资本增值；也为国家引导投资方向，合理配置资源，促进产业结构合理化和经济高速发展。

在市场经济高度发达的国家,投资银行尤其是那些具有国际影响的大投资银行的一举一动牵动着资本市场的每一根神经,没有它们,资本市场的运作将失去生机。即证券市场是资本市场的核心部分,而投资银行则是资本市场的灵魂。

(三)我国的投资银行

投资银行在我国被称为证券公司,随着我国证券市场的建立和发展,证券公司纷纷成立,经过多年证券市场的实践,我国的一些证券公司从代理和自营买卖证券、代理发行和销售国库券起家,逐步进入了承销股票,企业兼并、收购和基金管理等投资银行业务领域。

我国《证券法》规定证券公司的业务包括:证券经纪;证券投资咨询;与证券交易、证券投资活动有关的财务顾问;证券承销与保荐;证券融资融券;证券做市交易;证券自营;其他证券业务。

四、我国多层次资本市场的产生与发展

1990年11月26日,上海证券交易所正式成立,标志着我国资本市场的正式建立。

2003年党的十六届三中全会召开,确定了"建立多层次资本市场体系"的理念。在此基础上国务院于2004年2月颁布了《关于推进资本市场改革开放和稳定发展的若干意见》,也称为"国九条",提出九条有关改革开放和稳定发展资本市场的原则性意见,这是我国发布的关于资本市场发展最重要的文件之一。这个文件首次提出"建立多层次股票市场体系",具体来说,要"逐步建立满足不同类型企业融资需求的多层次资本市场体系""继续规范和发展主板市场""分步推进创业板市场建设",从战略高度确立了发展我国多层次资本市场的正确方向。

2005年,股权分置改革开启,股权分置改革解决了主板全流通的问题,中国资本市场发生了转折性变化。2008年,天津股权交易所成立,之后各地的区域性股权市场纷纷成立,基本形成一省一家的格局。

(一)主板市场成立

主板市场是资本市场中最重要的组成部分,很大程度上能够反映经济发展状况,有"国民经济晴雨表"之称。主板市场包括沪深两交易所,1990年11月26日,上海证券交易所正式成立,标志着我国资本市场的创立。1991年4月16日,深圳证券交易所获中国人民银行批准于同年7月3日正式开业。主板市场的上市主体主要是中小国有企业和集体所有制企业。1998年,国有企业开始实施现代企业制度,各大国有企业开启了上市的步伐。

(二)中小板的设立与退出

2004年6月,深圳证券交易所正式推出中小企业板(简称"中小板"),为民营企业

提供了 IPO 专用通道，这成为我国资本市场发展过程中的一个重要节点。2021 年 4 月 6 日，经中国证监会批准，深交所主板和中小板合并，中小板完成历史使命，正式退出历史舞台。

（三）创业板成立

2009 年 10 月，深圳证券交易所正式推出创业板，这赋予了"双创"高科技中小企业 IPO 专用通道，创业板企业的特点是小市值、高成长，它极大地激励了"大众创业、万众创新"的积极性。创业板基本上是纯粹的民营企业板，契合了我国民营经济快速发展的现实要求。2020 年 4 月 27 日，中央全面深化改革委员会第十三次会议审议通过了《创业板改革并试点注册制总体实施方案》，注册制改革将使"壳资源"贬值，从而抑制投机。同时，创业板注册制改革一定程度上能够帮助已在海外上市的创新创业企业回归 A 股。

（四）新三板创立

我国的全国中小企业股份转让系统（简称"新三板"）是经国务院批准成立的全国性证券交易场所。2012 年 7 月，新三板正式设立，同时国务院还通过了扩大转让试点的决议，除中关村科技园区外，首批扩大的试点新增天津滨海、上海张江以及武汉东湖三家高新技术园区。2013 年 1 月，新三板正式揭牌运营。随后，国务院常务会议决定将新三板试点扩大到全国创新型、创业型中小企业融资发展。同年 12 月，国务院印发《关于全国中小企业股份转让系统有关问题的决定》（国发〔2013〕49 号），这标志着新三板正式向全国推广。至此，新三板正式成为与中小板和创业板并驾齐驱的交易市场。

（五）四板相继设立

各省份地方股权托管交易中心（俗称"四板"）相继设立，它们与新三板相互呼应，互联互通，形成转板机制。这为中小企业形象展示、股权转让和股权并购提供了极大的便利，同时也为国内不同规模企业的股权挂牌与股权转让提供了不同平台，从而很大程度提升了我国资本市场的规范性、开放性和包容性。

（六）科创板创设

2019 年 6 月 13 日，上交所推出科创板，并试点注册制，这是国家创新驱动发展战略的具体实施，标志着我国资本市场体系进一步完善，具有里程碑式的意义。该市场的上市公司主要是科技创新型的企业，例如信息技术、高精尖设备、互联网、新能源等方面的企业。自成立以来，科创板个股股价呈现出大幅度提高态势，极大地推动了科技型企业的发展。

（七）北交所成立

2021 年 9 月，北京交易所成立，服务于专业化、特色化、精细化、新颖化的创新型中小企业（隐形冠军企业）。

经过 30 多年的发展，中国已经初步建立了含主板、科创板、创业板、新三板和区域性股权交易市场（四板）在内的场内和场外多层次股权融资市场，如图 2-4 所示。

资本运营

深沪交易所：大型蓝筹白马企业
上交所：高新技术企业和战略新兴企业
深交所：成长型创新创业企业
北交所："专精特新"中小企业
新三板：创新型中小企业
地方股权交易中心：其他中小微企业

图2-4 我国资本市场金字塔构成

【拓展阅读】　　　　我国资本市场的产生与发展

2008年，中国证券监督管理委员会发布了《中国资本市场发展报告》；2012年2月，证监会编著了《中国资本市场二十年》，2021年4月又编著了《中国资本市场三十年》，对中国资本市场发展的历史、主要经验、各项建设、发展战略和远景展望，做了全面、系统、正确的阐述。将1978年至今的中国资本市场的发展分为四个阶段。

第一阶段：资本市场发展的雏形（1978—1990年）。

股份制改革催生了第一只股票的出现。1978年，中国农村部分地区的农民自发采用"以资代劳、以劳带资"的方式进行集资，兴办了一批合股经营的股份制乡镇企业，称为"家庭联产承包责任制"，成为改革开放后股份制经济的雏形。20世纪80年代初，城市中的一些集体企业和国有企业开始进行股份制尝试。1980年1月，辽宁抚顺市红砖一厂发行的被称为"红砖股票"，成为中国第一次"股票"的发行，但当时的"股票"还具有债券的性质。1980年6月，成都市为了建设成都展销大楼成立了"工业展销信托股份公司"，成为中国有记载的第一家股份制企业，通过定向募集的方式发行股票募集资金。1984年7月，北京天桥百货公司是中国第一家由国有制转为股份制的公司，其通过向社会公开发行的方式，发行了定期3年的股票，依然具有债券的属性。而在同年，飞乐音响股份有限公司经中国人民银行上海分行批准正式成立，并通过向社会公众募集方式发行股票1万股，募集资金50万元，没有期限限制，被视为中国真正意义上的第一只股票。

随着飞乐音响股票的成功发行，作为资金筹集的一种新方式，股份制的需求逐步扩大。随着证券发行的增多和投资者队伍的不断扩大，带来了证券的交易需求，于是在全国各地就陆续出现了股票交易柜台。1986年9月，中国工商银行上海市信托投资公司静安证券业务部开设了股票交易柜台，为当时已发行的飞乐音响公司和延中实业公司的股票开展柜台挂牌交易，标志着股票二级市场雏形的出现。在深圳，深圳经济特区证券公司红荔路营业部也开设了柜台交易，为发行股票的公司提供柜台交易。

但由于没有监管、没有相应的法规和市场，出现了"有股无市"等一些问题。1987

年，著名经济学家弗里德曼访问中国时，曾对当时深发展第一任法人代表王健说："社会主义搞股份制是一个好的开始，但不容易。没有相应的法律法规，股票市场就会无章可循，就像潘多拉的盒子，打开了就收不回了。"

在这个时期，不仅股票发行交易市场开始萌芽，债券发行交易市场也初露端倪。1981年7月，我国开始发行国债，国债的特点是周期较长（10年）、不可转让，对购券的企业支付的利息较低，对居民支付的利息较高。国债的出现唤醒了很多人的投资意识。1982年开始，有企业开始自发地向企业内部或社会募集资金并支付利息，企业债开始出现。1984年，为治理严重的通货膨胀，中国实行了紧缩的货币政策。在这种宏观背景下，一些由银行贷款的在建项目出现资金不足，银行开始发行金融债以支持这些项目的完成，利率一般高于存款利率。于是出现了金融债，此后，金融债成为银行的一种常规性融资工具。

在债券交易方面，1988年，国家先批准了7个城市开展个人持有国债的柜台转让业务，并在当年年底将范围拓展至全国，而这些国债柜台交易可以称作是日后债券交易市场的雏形。

第二阶段：资本市场的建立与探索阶段（1990—1998年）

1990年11月，在中国政府的支持下，上海证券交易所由中国人民银行正式批准设立，这是新中国成立以来第一家证券交易所。随后，1991年4月，深圳证券交易所经中国人民银行批准设立。两家证券交易所的成立标志着新中国正式开启资本市场之门。

不过，在沪深两大交易所成立之初，绝大多数人对于股票、证券这些新生事物还持有怀疑态度，还存有争议。1992年1月，邓小平在南方谈话中指出："证券、股市，这些东西究竟好不好，有没有危险，是不是资本主义独有的东西，社会主义能不能用？允许看，但要坚决地试。"这次讲话为资本市场的后续发展起到了重要的促进作用。

1992年之后，国内参与股票投资的市场情绪热情高涨。深圳在1992年3月开始筹划发行新股，经报纸公开征求意见，最终在7个备选方案中敲定了"面向全国发行，让普通百姓也受益"的方案。1992年8月，深圳市发售新股抽签表时，100多万股民汇聚深圳，500万张认购表不到半天，被一抢而空，数万名没有买到股票的人走上街头抗议舞弊行为。"8·10事件"让年轻的中国股市暴露出缺乏统一管理体制的弊端。在随后的一段时期内，深圳股市陷入了低迷状态，这标志着资本市场的发展迫切需要规范的管理和集中统一的监管。

基于当时中国资本市场存在的问题催生了证券监管机构的成立。1992年10月，国务院宣布正式成立国务院证券委员会和中国证券监督管理委员会，1992年12月，国务院发布了《关于进一步加强证券市场宏观管理的通知》，标志着中国资本市场开始逐步纳入中央政府的统一监管体制，全国性资本市场由此形成并初步发展。中国资本市场在监管部门的推动下，建立了一系列的规章制度。直到1998年，国务院证券委员会和中国证券监督管理委员会合并为一个机构——"中国证监会"，对中国证券市场进行统一的监督与管理。

资本运营

随着监管机构的设立,一系列关于资本市场的规范性法律法规不断推出。如:1993年,国家先后颁布了《股票发行与交易管理暂行条例》《公开发行股票公司信息披露实施细则》《禁止证券欺诈行为暂行办法》等,对股票的发行、上市公司信息披露、上市交易、严禁违法交易活动等方面都进行了详细的规定。1994年7月,《公司法》实施,对公司设立的条件、组织架构、股份发行和转让,公司债券,破产清算及其法律责任等做了具体的规定。1996年12月16日,对在上交所和深交所上市的股票、基金类证券的交易实行价格涨跌幅10%限制并实行公开信息制度。1998年4月22日,深沪两市交易所实行"特别处理"制度,4月28日,辽物资A成为我国证券市场第一家ST公司。这表明国内资本市场法律法规体系处在不断完善的阶段。

第三阶段:资本市场规范与制度建设阶段(1998—2006年)

1998年底,历经六载的反复研讨与修改,经过人大五次审议的《中华人民共和国证券法》正式推出,1999年7月正式实施。《证券法》的实施以法律形式确认了资本市场的地位,标志着证券市场法治化建设进入了新阶段,资本市场进入了改革与创新的新阶段。

2004年5月,深交所推出了中小企业板。中小企业板是由"创业板之父"成思危提出的,成思危最早提出的是创业板,且已得到中国证监会时任领导的认可,深交所为筹备创业板做了很多前期准备,甚至在2000年10月后停止了主板IPO项目的申请。但后因美国互联网泡沫的彻底破裂,纳斯达克指数大跌,国内的创业板计划就被搁置。直到2002年,成思危根据当时市场形势再次提出新的战略想法:"把发审委已经通过的小盘股企业集中起来开辟一个中小企业板块。"该想法得到了中国证监会的认可,于是2004年5月,在深交所推出了中小板,专为具有收入增长快、盈利能力强的中小企业上市创造条件。

此后又迎来了股票市场的股权分置改革。在中国资本市场诞生初期,国有企业为了融资,开始向社会公众发行股票,为了保证上市公司在市场上募集到资金的同时而又不失去控股地位,为此我国资本市场设置了一种特殊的制度安排,所有公开发行的股票可以上市流通,而企业的存量股票(即国有股和法人股)不能上市流通,就使得上市公司股票分为流通股和非流通的情况,这就形成了"股权分置"的局面。股权分置不仅使上市公司或大股东不关心股价的涨跌,也不利于维护中小投资者的利益,同时也越发影响上市公司通过股权交易进行兼并达到资产市场化配置的目的,阻碍了经济改革的深化。因此,股权分置问题也被认为是当时市场违规违法操作的"源头"。2004年,国务院发布《关于推进资本市场改革开放和稳定发展的若干意见》(被称为"国九条"),明确提出"积极稳妥解决股权分置问题",成为中国资本市场规范发展的第二次革命。从此,以对价改革为核心的股权分置改革正式启动,采用大股东让渡一部分股份给流通股股东换取股份流通资格的方式,解决了资本市场的特殊矛盾,实现了制度性转轨。2005年4月经国务院批准,中国证监会发布了《关于上市公司股权分置改革试点有关问题的通知》,股权分置改革试点工作正式启动。同年,三一重工首当其冲,股权分置改革方案顺利通过,成为中国股改第一股。2005年9月，中国证监会发布了《上市公司股权分置改革管理办法》，股权分置改革开始进入全面铺开阶段。到2006年年底，在沪深两市1400多家上市公司中，已有1200多家完成了股改，表明股权分置改革任务基本完成，国内资本市场由此进入了一个新阶段。

第四阶段：多层次资本市场开启新时代（2007年至今）

深化改革与创新：2006年年底，股权分置改革接近尾声，创业板的推出再次提上日程，但2008年，由美国雷曼兄弟破产引发的次贷危机席卷全球，对中国股市也带来了极大影响，上证指数从6124点一路下降到1664点。随后，随着国内经济形势好转，同时开放式股票型基金重获发行，让灾后的A股市场重拾信心，开启一波反弹行情。2009年8月，指数上攻至3400点。2009年10月，耗时十年的创业板正式开板，主要为从事新技术产业、成立时间短、规模较小，但成长性好的企业提供较为宽松的上市融资机会；首批28家公司挂牌上市。创业板的推出为国内PE/VC机构提供了良好的退出渠道，带动了风投行业的发展。继创业板推出之后，国家构建多层次资本市场体系的政策措施持续不断。2012年，国内资本市场迎来了全国中小企业股权转让系统（简称"新三板"），进一步充实了我国多层次资本市场体系，为创新型企业的发展提供了新活力。从2013年的"加快发展多层次资本市场"到2018年的"深化多层次资本市场改革"，可见国家一直以来重视"多层次资本市场"的建立。

我国不仅重视多层次资本市场的建立，还重视资本市场的互联互通，不断创新股票交易制度，深化资本市场的对外开放。2014年11月，上海与香港股票交易市场互联互通机制"沪港通"正式启动，促进两地资金的双向流动。2016年12月，深港通正式启动。相比沪市，深市有中小板和创业板，深市的成长股是沪港通和港股市场的补充。此外，深港通的标的不局限于A/H股同时上市，而包含深市成份股，这丰富了香港投资者的投资范围。沪港通与深港通的建立，不仅优化了市场结构，丰富了交易品种，拓宽了跨境投资的渠道，更是助力外资顺畅地进入中国市场，开启了资本市场的一个新时代——"共同市场时代"。

我国在进行资本市场改革创新的同时，还不断创新丰富金融产品种类，为资本市场发展提供持续的发展动力。2010年3月，融资融券试点正式启动，这是推进资本市场基础建设的又一重要举措；2010年4月，沪深300股指期货上市交易，市场进入了产品创新的新时期；2015年国内期货及衍生品市场稳步拓展，包括上证50ETF期权、10年期国债期货、上证50股指期货和中证500股指期货等金融产品相继推出，市场衍生工具趋于丰富，为资管机构进行风险管理提供了更多的选择。新的金融产品不断推出，标志着资本市场产品创新迈上了探索之路，为资本市场的可持续发展提供了源源不断的发展动力。同时中国A股市场迎来了双边交易时代，为资本市场与国际接轨创造了有利条件。

随着企业的成长和资本市场的发展，证券市场各板块在对接不同层级、不同类型高科

> 资本运营

技企业中出现缺口。不同层次证券市场功能的重叠在一定程度上加剧了各类企业在金融需求和供应方面的不平衡。为适应企业发展，国家对资本市场的改革不断深化与创新，2018年11月，在首届"中国国际进口博览会"开幕式上，国家主席习近平宣布，在上交所设立科创板并试点注册制。随后，在中央全面深化改革委员会第六次会议中审议通过了科创板方案，科创板进入了紧锣密鼓的筹备阶段。2019年7月22日，科创板首批25家公司上市交易。科创板的成功开启为我国"注册制"改革迈出了成功的一步。2019年10月对新三板、创业板等板块进行增量改革，中国证监会提出要完善市场分层，设立精选层，同时建立挂牌公司转板上市机制，在精选层挂牌一定期限，且符合交易所上市条件和相关规定的企业，可以直接转板上市；同时新三板还允许符合条件的创新层企业向不特定合格投资者公开发行股票。2019年，经过一系列踟蹰步稳的改革，主板、科创板、创业板、新三板等主要市场板块的瓶颈被逐个打破，服务上市、挂牌公司等市场主体的作用更加突出，功能进一步明确，多层次资本市场体系进一步完善，构建了不同生命周期企业相匹配的融资方式和交易场所，同时满足了不同风险偏好投资人的需求和不同企业的发展需求。

2020年是我国多层次资本市场全面启动深化改革的一年。2020年3月1日，《中华人民共和国证券法》（以下简称"新证券法"）正式实施。作为中国资本市场的根本大法，新证券法落地事关亿万股民的切身利益。新证券法的落地不仅有利于保护中小投资者利益，促进市场健康发展，也是促进我国证券市场长期健康发展的制度基石。

2020年，A股发行制度开始向注册制全面推进。2020年4月27日，深交所创业板正式开启注册制试点，8月24日首批18家注册制新股上市。2020年10月31日，国务院金融稳定发展委员会会议提出，增强资本市场枢纽功能，全面实行股票发行注册制，建立常态化退市机制。2020年12月14日，沪深交易所集体发布《股票上市规则（征求意见稿）》《退市公司重新上市实施办法（征求意见稿）》等多项文件，其中参照科创板、创业板经验，在退市程序上取消暂停上市、恢复上市环节，在财务类退市标准上新增组合财务退市指标。中国资本市场"史上最严"退市制度正式落地。2021年4月，深交所主板与中小板合并，为全面注册制铺路。2021年9月，证监会发布《首次公开发行股票并上市辅导监管规定》，进一步规范辅导相关工作，压实中介机构责任，从源头提高上市公司质量，为全市场稳步推进注册制改革创造条件。2021年11月，北交所开市并实行注册制试点。

本章小结

资本运营的主体可以是资本的所有者，也可以是资本所有者委托或聘任的经营者，由他们承担资本运营的责任。随着中国国企改革和企业股份制试点的推动，在我国，资本运营的主体为建立适应社会主义市场经营机制、适应市场经济要求的企业。

市场是企业进行资本运营的客观环境，完善的市场体系是企业有效地开展资本运营的基本条件。从投入和产出来看，市场可分为产品市场和生产要素市场，产品市场可分为生产资料市场和生活资料市场，而生产要素市场包括土地市场、劳动力市场、资本市场、产权市场和信息市场等。

证券市场是证券发行与流通的场所，发行证券的目的在于筹措长期资本，是长期资本借贷的一种方式。证券投资基金市场涉及投资基金的募集、交易、申购及赎回等方面的内容。而资本市场中的投资银行是指在资本市场上为企业发行债券、股票，筹集长期资金提供中介服务的金融机构，其基本特征是综合经营资本市场业务。

思考题

1. 如何理解资本运营的主体。
2. 资本运营主体所处的市场体系的联系是什么？
3. 我国和国外资本市场的区别是什么？
4. 如何认识我国多层次资本市场的作用？

中篇

▼

资本运营的基本形式

第三章

资本运营的扩张形式

导言

资本运营的扩张模式主要包括兼并和收购，即并购。企业并购是企业兼并、企业收购等概念的统称。它是企业进行资本集中、实现企业扩张的重要形式，也是在市场经济条件下调整产业组织结构、优化资源配置的重要途径。本章将结合案例，具体介绍资本通过并购进行扩张的理论、动因、类型等内容。其中，第一节主要进行并购概述；第二节主要介绍并购的相关理论；第三节主要介绍并购的类型；第四节主要介绍并购实务。

学习目标

★ 掌握企业兼并和收购的概念、区别与相似之处；
★ 了解并购的基础理论，理解并购的动因；
★ 了解并购的操作程序及其在实务中的运用情况。

第一节 并购概述

【导读】

南方泵业计划延伸产业链，打造"环保咨询——环保项目建设——环保设备制造"的上下游一体化的综合性环保服务平台，于是公司管理层"瞄准"了中咨华宇。作为国内民

> 资本运营

营环评的头部企业，中咨华宇拥有环评甲级资质和数十名注册环评师的资源，能为客户提供一系列综合性环保服务，包括咨询、设计、监理检测、施工等。此次并购将实现公司间的资源互补，充分发挥协同效应，增强南方泵业在环保领域的核心竞争力，是公司拓展环保行业深度的体现。

资料来源：中国管理案例共享中心。

一、并购的含义

企业并购是企业兼并、企业收购、企业合并以及接管等概念的统称。它是企业进行资本集中、实现企业扩张的重要形式，也是在市场经济条件下调整产业组织结构、优化资源配置的重要途径。20世纪80年代以来的接管、收购及其相关的活动，比起以前的并购活动在范围上要宽广得多。传统的主题已经扩展到包括接管、收购以及相关的公司重组、公司控制、企业所有权结构变更等问题上。市场经济中，企业一切经营活动的根本动机在于利润最大化，企业的经营活动实际上是一个追逐利润的过程。并购是企业的一种投资行为，如同其他经营活动一样，企业并购的根本动机在于利润的最大化。

从本质上看，企业并购行为是资本运营行为，是企业控制权（股权或实物资产）的交易。之所以并购双方买卖企业控股权，是因为并购双方对由企业控制权所代表的收益有不同的评价和预期。如果企业控制权不能相应代表收益，或预期收益不足以弥补并购成本，并购将不会发生。

企业控制权的典型代表是股权，其次是可以组成一个完整的生产或经济系统的实物资产（包括有形资产、无形资产和人力资本）。在特定情况下，如破产清算或重整阶段，债权也可成为企业控制权的代表。买方只有在这些权利代表企业控制权时进行购买，才能形成企业并购行为。

企业并购引起的直接结果就是被并购企业的法人地位消失或控制权被改变。因为并购方只有通过上述方式才能体现和行使控制权，也只有通过对目标企业组织结构的重新安排，才能贯彻和体现并购方的并购意图、经营思想、企业文化和经营战略，从而使并购的目标与其效益能顺利有效地实现。

并购方对目标企业组织结构的安排，主要表现在以下几个方面：一是将目标企业并入并购企业，使被并购企业的法人地位消失，并购后只有并购方存在，这是并购方获得被并购企业全部控制权的状况；二是在并购取得目标企业大部分控制权即通常所说的控股的情况下将目标企业的董事会等经营决策机构进行改组，由并购方的代理人出任目标企业的法定代表人；三是在并购方获得部分控制权，还不足以左右目标企业时，由并购方的代表进入目标企业的决策层。并购方通过这一代理人表达自己的经营意图，以影响目标企业的经营方向和经营活动。后两种情况不会引起目标企业法人地位的消失。

从公司战略的高度出发考虑，并购行为应当理解为公司在市场机制的作用下，为了获取其他公司的控制权以实现公司战略发展的预期目标而进行的产权交易行为。一个市场经济环境下的、真正意义的公司并购行为，应当具备以下几个基本特征：市场经济条件下的公司并购的主体与客体，应当是以现代公司制度为组织形式的、具有公司法人资格的有限责任公司或股份有限公司，当然也包括在证券交易所挂牌上市的公司。公司的并购是一种进行产权（所有权或股权）交易的经济活动，它是一种有偿的交换，而不应是无偿划拨。交易可以通过购买资产，也可以通过购买股票（股权）进行；支付手段既可以是现金，也可以是股票、债券或其他形式的回报。

公司并购的结果必然会导致目标公司控制权的不同程度转移，并购的最直接目的也在于此。具体表现为目标公司控（参）股股东和决策集团构成人员较大比例的更换。控制权转移是公司并购活动的根本特征。公司并购过程中，虽然也伴随物权或各种资产所有权的转移，但这只是公司并购行为结果的表现形式，其实质是并购方对目标方公司这个具有自我生存、自我发展能力的有机体的控制权的占有。并购与公司战略紧密相连，公司并购是实现公司发展战略，尤其是扩张战略的常见形式，是公司根据自身发展需要，经过科学决策而内生的、自发的一种战略实施方案。

（一）兼并

兼并（Merger）是指"两家或更多的独立企业、公司合并成一家企业，通常由一家占优势的企业吸收一家或多家公司"[①]。通过兼并，企业可以达到合并、共享普通资源的目标[②]。《大美百科全书》也对兼并一词进行了界定：在法律上，兼并指两个或两个以上的企业组织组合为一个企业组织，一个厂商继续存在，其他厂商丧失其独立身份。唯有剩下的厂商保留其原有名称和章程，并取得其他厂商的资产，这种企业融合的方法与合并（Consolidation）不同，后者是组成一个全新的组织，此时所有参与合并的厂商皆丧失其原来的身份[③]。

在我国，"企业兼并"一词作为法律术语，首次出现在1989年2月19日由国家体改委、国家计委、财政部、国家国有资产管理局联合颁布的《关于企业兼并的暂行办法》中。该法指出："本办法中所称企业兼并，是指一个企业购买其他企业的产权，使其他企业失去法人资格或改变法人实体的一种行为。"国内习惯于把吸收式合并称作兼并，而把新设式合并称作合并。合并有吸收式合并和新设式合并，兼并也有广义和狭义之分。狭义的兼并是指在两个或两个以上的企业通过法定方式重组后，其中一个企业吸收了其他企业而成为存续企业的合并过程；广义的兼并则包括狭义兼并、收购、联合以及接管等几种形式的企业产权变更行为，目标企业的法人地位可能消失，也可能继续保留。

[①] 《不列颠百科全书》（第4卷）[M]. 北京：中国大百科全书出版社，1985：309.
[②] 萨德沙拉姆. 兼并与收购[M]. 胡海峰，等，译. 北京：中信出版社，1998：1.
[③] 《大美百科全书》（第十八卷）[M]. 北京：外文出版社，光复书局，1994：426.

根据上述分析，可将兼并理解为两家或更多的企业通过产权合并组成一家企业，一般处于劣势的企业被处于优势的企业所吸收。一般认为，兼并的含义有广义和狭义之分：狭义的兼并仅指两个或两个以上的企业依照法定程序，重组后只有一个企业继续保持其法人地位，而其他企业的法人资格消失。

（二）收购

收购（Aquisition）是指一家企业用现金、债券或股票等购买另一家企业（称目标企业）的资产、营业部门或股票，从而获得对该企业的控制权的交易行为，目标企业的法人地位并不因此而消失。根据收购对象的不同，可分为股权收购和资产收购。

股权收购是买方企业直接或间接购买卖方企业的部分或全部股票，并根据持股比例与其他股东共同承担卖方企业的所有权与义务的行为[①]。收购是企业资本经营的重要形式，也可以从经济意义和法律意义两个层面来分析：收购作为企业买卖的一种行为，它既具有经济意义，又具有法律意义。从经济意义上讲，是指一家上市企业经营控制权易手，落在收购者手里，从而丧失了对该企业的经营控制权[②]；我国《证券法》规定，收购是指持有一家上市公司发行在外的股份的同时发出要约收购该公司股票的行为，其实质是购买被收购企业的股权。

按照收购方所获得的股权比例，股份收购可分为三种情况：一是参股收购，即买方企业仅收购目标企业的部分股权，但未取得目标企业经营控制权；二是控股收购，即买方企业购得目标企业达到控股比例的股权，控股股份一般是买方持有目标企业股份 51% 以上。但在目标企业规模相当大，而股份又比较分散的情况下，只要控制目标企业股权中的相对多数如 30%，有时甚至 25% 就足以有效地控制整个企业，达到控股的目的；三是全面收购，即买方企业购得目标企业的全部股份，目标企业成为买方企业的子企业。

正如第一章中所述，资产收购是买方企业购买卖方企业的部分或全部资产的行为。但资产收购需要符合资本增值的目的，与资本相伴随的资本运营本质，即不同于如资产购买这样的非资本属性的商业行为。

一般地理解，企业并购是企业兼并与收购的总称，在资本市场和相关学术研究中，往往把两个词连在一起，简称"M&A"。在实际工作中，兼并和收购有时会交织在一起，很难严格地区分。因此，不管是在学术界还是在资本市场的实践中，往往都将这两者合在一起使用。

实际上，兼并和收购存在一定的区别：兼并往往是一家企业与另一家企业或者其他企业合为一体，而收购则是指一家企业获得了对另一家企业的控制地位。兼并的结果是被兼并企业丧失法人资格，兼并企业的法人地位则继续存在；而收购的结果仅仅是兼并企业取得了被兼并企业的控制权，被兼并企业仍然是和兼并企业相对独立的法人。

---

① 张秋生等. 企业兼并与收购 [M]. 北京：北方交通大学出版社，2001：16.
② 范恒山等. 现代企业制度全书 [M]. 北京：中国物价出版社，1995：889.

从兼并的狭义角度考虑，兼并与收购这两个概念也是有所区别的，主要区别在于产权交易所涉及的目标企业法人地位保留与否。这种区别从法律的角度和财务处理的角度来看是显著的，但从企业实际控制权即企业法人财产权的易位来看，两者却没有本质的差别。兼并直接使目标企业的资产处于兼并方的控制之下，收购使目标企业的法人并进而使法人财产受收购方的控制。故从广义的角度来看，收购也可以看作是兼并的一种。

二、并购动因

并购动因，是一个企业实施并购行为的出发点，也是企业选择何种并购方式、判断企业并购结果成败的衡量因素。企业的并购动因往往是多种因素交织的结果，比较复杂。尤其是国家控股的上市公司，往往要受到政府的干预，利益相关者之间也存在着冲突。在多重并购动机共同角力下，一些关键因素驱动着企业实施并购行为。并购动因具体包括以下几方面。

（一）追求利润

作为一家企业，其一切经营行为归根到底都是财务行为，其经营目标的实现都是以财务目标的实现为前提的。虽然关于企业财务管理的目标到底是什么，存在着争议和讨论，但追求利润是企业从事生产经营活动的最终目的，利润最大化是企业财务管理最终的目标，也契合了各利益相关者的目标。

并购作为一种企业经营行为，其内在驱动力也是基于企业对利润的追求。通过横向并购，可以提高生产规模，扩大产品产量，实现规模经济，从而降低产品的生产成本。而纵向并购，则可以将生产销售的产业链上下游从企业外部转移到企业内部，降低交易费用。在追逐利润动机的驱动下，企业的经营者乐此不疲地进行着并购活动。

（二）消除竞争

根据波特的五力模型，一个企业面临的竞争通常可划分为五种力量，即上游的供应商、下游的购买者、潜在的进入者、替代品的威胁以及同行业公司间的竞争。该模型通常被用来分析一个公司应采取的竞争策略。

在企业经营管理活动中，企业往往采用并购的手段来消除这种竞争力量。企业可以通过收购自己产业链的上下游企业，降低来自供应商和购买者议价能力的竞争。例如中粮集团一系列的并购活动。中粮集团于2009年收购蒙牛公司，又于2011年收购澳大利亚糖业公司。中粮集团就是通过对自己产业链上供应商和购买者的并购，实现全产业链经营，有效地消除竞争威胁。而同行业间的内部并购，更可以直接消除竞争对手，例如，2012年的优酷土豆合并案，优酷视频通过收购视频行业最大的竞争对手土豆视频，确立自己在中国视频播放业的领军地位。通过并购消除经营活动中的竞争力量是企业实施并购行为的一个重要的内在动因。

(三)降低风险

利润最大化下的风险最小和风险最小情况下的利润最大,是企业生产经营期望达到的最终目标。因此,企业在市场上竞争、追逐利润的同时还需要控制风险。降低风险最有效的一种手段,就是分散风险,实行多元化经营。

多元化经营虽然也可以通过内部成长达成,但往往要付出高昂的时间成本和不可预期的试错成本。而通过并购活动,直接获取其他公司的成熟资源,可以迅速达到多元化扩张的目的。公司通过多样化经营,可以充分利用和开发公司现有的资源,实现多元投资组合的综合效益,降低风险,寻求企业成长的新空间,也能够有效地消除上文所阐述的潜在的竞争者和替代者所带来的竞争力量。

(四)财务动机

(1)获取低价资产。公司的市场价值有时会由于某些原因未能反映其真实价值,或者公司本身具有某些潜在价值尚未被发现,这就产生了公司的价值低估。

(2)避税。税收是对企业经营决策有着重大影响的一个因素。采用不同的并购支付方式,在会计上会被认定为不同的收入方式,例如股利收入或利息收入,而不同的收入认定所适用的税率不同。企业在并购活动中采用恰当的财务处理手段能够起到避税作用。在中国由于国情特色,出现了很多开发区、自贸区。在开发区和自贸区内,一般会给予企业一定的税收优惠。因此注册地在享受税收优惠的开发区内的企业通过吸收合并的方式获得其他公司的资产,往往在税收上会得到一大笔优惠。

(3)提高股价。并购完成后对企业的股价往往会产生重大影响。一方面,一起成功的并购在财务上会产生协同效应,增强公司的市盈率。收购完成后,收购方平均了被收购方的每股税后利润,会提升收购方企业的每股税后利润,这往往会导致其股价和市盈率的提高;另一方面,在资本市场上,两家优势企业间的强强联合或者是优势企业购买弱势企业资产往往被视为重大利好,会引起投资者的追捧,进一步推高股价。随着股价的提高,公司的总市值也会随之水涨船高。

(五)改善公司治理结构

合理有效的公司治理结构对公司提高经营业绩和持续健康增长具有巨大的促进作用,反之,则会产生负效应。

股权结构是公司治理体系的产权基础,它决定了公司的控制权结构。从而影响公司的内部治理结构,并因此作用于整个公司,高度集中或高度分散的股权结构都会影响公司的绩效。而通过并购重组对上市公司的股权结构具有改善作用。

如果并购交易靠支付股票的方式完成,新增股票会稀释原股东的股份,对于股权高度集中的公司而言,一定程度上可以降低第一大股东的持股比例,而被吸收合并一方通过持有合并方公司的股票在公司内部掌握一定的股权对第一大股东具有制衡作用。但是同一控制下的两家上市公司进行并购交易,主并方主体不同,对于股权结构的改善也不同。对于股权高度分散的公司而言，换股吸收合并其第一大股东控股比例较高的公司，有利于增强第一大股东的持股比例。

（六）寻求协同效应

合并完成后带来的协同效应，是从公司经营角度进行并购的重要动机。并购的协同效应体现在管理、经营和财务三个方面。

所谓管理协同，是指管理能力有差别的两个企业完成并购后，受强管理能力企业的影响，合并后的企业其管理能力应大于两个单独企业管理能力的总和。经营协同是指并购完成后给企业生产经营活动带来效率的提高和效益的增加，如果并购后能达到规模经济，并购之后就会产生经营协同效应。财务的协同效应则体现在并购给企业的财务方面带来的效益增加。

对于协同效应的识别，短期来看体现在公司股票价格在窗口期的变化上。而长期来看要依赖于财务指标的衡量，一般通过考察并购完成前后企业市场控制力的变化和财务指标的变化，来探寻企业是否达到协同效应。

在并购实务中，协同效应的实现，是考察一起并购交易是否顺利实施的重要标准。如果一起并购完成后，没有实现 $1+1>2$ 的协同效应或者反而降低了经营管理和财务效益。那么这起并购通常是不成功的并购，或者说企业进行并购的动因更多地不是基于企业自身的生产经营而是出于其他动因，这就更值得深入研究。

（七）重组上市

2013 年 11 月 30 日，证监会发布通知重启 IPO，并且对重组上市作出了一系列新的规范。证监会明确规定重组上市与 IPO 标准等同，严禁在创业板重组上市，以重组上市为目的的并购活动才逐步降温。

在我国证券市场规模较小也不完整的情况下，上市资格是一种资源。而我国证券市场的退市制度不完善，有的上市企业盈利水平差，连年亏损，却经常通过盈余操作的手段粉饰财务报表，而有些发展良好的企业却苦于缺少进入资本市场的通道。采取 IPO 的手段上市，不仅标准高，而且耗时长。重组上市成为我国企业寻求并购的特有动因。

此类并购的目的是"壳资源"即目标企业的上市资格，而非公司的资产和业务。基于重组上市动因的并购能显著地改善公司业绩。壳资源公司通常为经营效益差、利润低的企业，被买壳之后，优质资产被引入，极大地改善了原公司的生产经营状况。对于买壳一方而言，支付一定的成本即可获得上市资格，与 IPO 上市相比，无论是时间成本还是经济成本都得到了大大的节约。

三、并购目的

企业成长一般需要"两条腿走路"，一条腿是内生增长，通过内部积累不断拓展，而另一条腿就是外部扩张，通过并购迅速成长，将外部资源内部化。而当企业处在不同阶段时，其适合的成长方式会有所不同（见图3-1）。只有根据企业自身实际情况，选择恰当的成长方式，才能保证企业的稳定经营和持续不断发展。

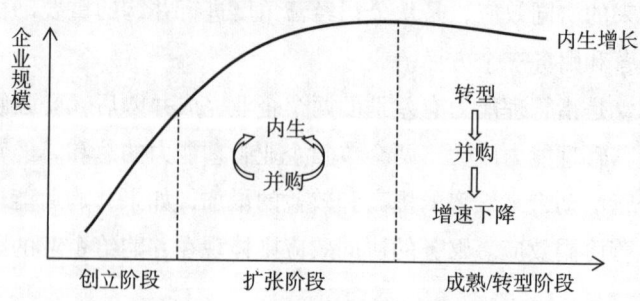

图3-1 企业在不同阶段的成长方式

（一）产业互补

企业的并购目的之一是实现产业互补、进行上下游整合，这类并购通常被称为纵向并购。纵向并购将实现公司间的资源互补，充分发挥协同效应，打造上下游一体化的综合性服务平台，帮助公司拓展行业深度，增强公司在特定领域的核心竞争力。同时有利于进一步延伸产业链，构建产业生态系统，打造产业链的护城河，显著提升公司业绩，助推公司长期发展。

【案例3-1】　　　　　闻泰收购安世半导体

2018年4月17日，闻泰停牌，公布对荷兰安世半导体的收购计划；2018年10月25日，闻泰宣布以36亿美元的价格收购安世半导体的部分股份；2019年3月2日，闻泰继续扩大其对安世半导体的持股股份；一直持续到2020年9月，此次轰轰烈烈的并购案才终于宣告落幕。

最终，闻泰分"三步走"以53亿美元（约合338亿元人民币）的价格收购安世半导体100%股权。这是中国半导体行业有史以来最大的收购案，也是中国从海外收购的最优质半导体资产。此次收购案不仅会使闻泰强势进入半导体行业，更会促进其前向一体化整合，进一步强化其全球竞争力。

闻泰通讯股份有限公司于2006年在嘉兴成立，最初是一家手机品牌设计方案的提供商，在成立后不久就迅速成为中国手机IDH（主板方案设计）这个细分领域的龙头企业。2008年，公司决定将业务向产业链上游拓展，走上了研发、制造、交付为一体的ODM（Original Design Manufacture，委托设计与制造或原始设计制造）之路。短短几年间，闻泰通过投资建厂以及与国内手机品牌商不断深化合作，一步步迈向了ODM的巅峰。2016年，闻泰成为全球出货量最大的ODM企业并于同年借壳中茵股份上市，成为中国手机

ODM行业第一且唯一的A股上市公司。同年，公司更名为"闻泰科技"。由于ODM业务利润微薄，闻泰再一次谋求转型，并通过并购重组将产业链布局延伸至护城河极高的上游半导体领域。

闻泰处于产业链的中游，战略目标是依托公司在ODM行业中的现有资源，在智能终端、智能硬件、笔记本电脑等领域实现新发展，最终向产业链的上游延伸。安世半导体恰好处于公司产业链的上游，在半导体行业拥有众多的专利技术、良好的品牌知名度和丰富的客户资源，在高端产品市场及海外市场都具有较强的影响力，能够帮助闻泰实现进军国际市场的战略规划，是理想的并购对象。在实施并购交易后，闻泰将统筹规划ODM业务和半导体业务，将业务拓展至产业链上游，实现元器件方面的自主可控，双方在产品生产和市场销售方面具有强大的融合空间，拥有协同发展的巨大潜力。除了上述原因外，闻泰所处的手机ODM行业毛利率较低，且在产业链中议价能力弱，在整个行业不景气时，易受到下游强势企业的牵制。安世半导体所处的半导体行业毛利率较高，且技术和资金壁垒很高，进入难度大。根据全球半导体贸易统计协会的数据，2017年，全球四百多家半导体企业的加权毛利率高达44.5%，远超闻泰10%左右的毛利率水平。

除此之外，闻泰经营业绩的优劣还与智能手机市场的发展密不可分。全球智能手机出货量在2016年达到历史峰值，市场开始接近饱和，消费者对智能手机的需求逐渐减弱，相应的智能手机的出货量也出现下滑趋势，闻泰2018年智能手机出货量增长同比减少20%。面对业绩困境，闻泰急于寻求新的利润增长点，以满足公司业务发展的需要。

由此看来，闻泰将安世半导体这项高质量产业并入囊中，一方面可以快速增强企业实力，实现并表后其巨额的营业利润可以暂缓业绩下滑的压力；另一方面凭借安世半导体的技术优势以及丰富的客户资源，能够迅速在半导体市场中独占一席之地，并大幅提高企业的市场竞争力和盈利水平。

资料来源：中国管理案例共享中心。

（二）产品互补

企业并购还能以增加产品线、实现产品互补为主要目的。此时并购对企业发展的价值在于弥补了企业资产配置的不足，由于规模效应而使生产成本降低，提高了市场份额，从而极大增强了企业的竞争力和盈利能力。

企业将并购作为获取自己不具备的优势资产、削减成本、进入新的市场领域的一种方式，可以发挥经营管理上的协同效应，便于在更大的范围内进行专业分工，采用先进的技术，形成集约化经营，产生规模效益。

近年来，由于全球性的行业并购浪潮，结合我国各行业实际发展需要，以产品互补为目的的并购发展十分迅速。如华润三九收购山东临清华威药业，获得了补益、胃肠等领域的多个产品；Google 收购 TouTube，拥有了自己的网络化平台，视频内容更丰富，用户群更具有黏性；百度收购爱奇艺，搜索引擎引入视频网站，扩宽了企业产品范围。

【案例 3-2】　　　　　　　　百度收购 PPS 视频

2013 年 5 月 7 日，百度宣布 3.7 亿美元收购 PPS 视频业务，并将 PPS 视频业务与爱奇艺进行合并。百度方表示，爱奇艺和 PPS 双方业务合并后，全平台用户规模、时长均达到行业第一，爱奇艺将成为中国最大的网络视频平台，PPS 将作为爱奇艺的子品牌继续为视频用户提供更优质的服务。

爱奇艺于 2010 年 4 月正式上线，由全球最大中文搜索引擎百度创立，是国内首家专注于提供免费、高清网络视频服务的大型专业网站。PPS 网络电视则创办于 2006 年 1 月，自我定位成未来的互联网电视平台，除 PPS 网络电视播放器外，PPS 还提供影视百科、PPS 看看、影视搜索等多样化的产品及服务。

对于此次收购和合并，百度负责投资并购业务的企业发展部总经理汤和松表示，规模效应、移动化是视频业务成功的非常核心的战略要素。百度收购 PPS 并和爱奇艺合并，使两者的用户时长和移动用户量均达到行业第一，与 PPS 的资源整合可以加强爱奇艺的竞争力。

爱奇艺创始人龚宇认为，爱奇艺与 PPS 共同拥有强大的技术基因，两者的合并将进一步提高市场集中度，为中国网络视频行业的健康发展起到积极作用。

此次收购也反映出百度在投资收购方面的战略布局，将助其进一步巩固在视频领域的既有优势，并且从技术、客户端入口、市场占有率等方面为百度移动战略增加多重砝码。

资料来源：人民网。

（三）特长互补

企业为弥补自身不足对所需行业或产业的企业进行收购，其目的在于实现企业之间的特长互补。通过并购可以弥补企业自身的不足，优化资源配置，从而提升企业价值。包括：人才不足，如 Google 收购摩托罗拉；技术不足，如苹果收购十家 iOS 应用开发公司，弥补 iOS 不足；创新不足，如雅虎收购坦布尔公司等。

【案例 3-3】　　　　　　　　美团并购大众点评

2015 年，由于互联网泡沫破灭和经济不景气等因素的影响，团购网站纷纷选择通过收购、兼并或者联合来度过这个经济"寒冬"。10 月 8 日，作为稳坐团购网站头两把交椅的美团和大众点评宣布合作，成立新的公司。

合并后大众点评的业务重点是低频、高客单价业务，如婚庆、会展等，不再参与高频、低客单价领域的价格战、补贴战。这也是投资人希望看到的结果。美团和大众点评合并后的新公司，红杉资本将成为最大股东，比腾讯所占的股份都要多。而华兴资本是此次合并的财务顾问。

准巨头们合并，减少不必要的补贴、优势互补是最重要的诉求之一。美团和大众点评合并则集业务互补和地域互补为一体。此前，美团与大众点评在团购基础上各自走上了差异化道路：美团根据需要独立出外卖配送事业群、酒店旅游事业群、到店事业群以及猫眼文化传媒有限公司。大众点评则以餐饮服务为核心，成立丽人事业部，并在婚庆等低频服务上有所发力。两者结合后，美团在餐饮、电影、酒店分销等高频领域与点评丽人、婚庆等低频领域形成互补。同时，大众点评在一线城市的深耕可以和美团在三四线城市的下沉能力互相结合。

美团点评合并还可以形成高频带低频的优势。高频服务客单价低，却可以当做获取用户、黏着用户的工具。而低频服务客单价高，可以成为公司利润来源。即大量的高频用户中总有人会成为高客单价低频服务使用者，为公司贡献利润。美团点评合并后，高低频服务将处于同一个超级信息大岛内，高频服务向低频服务导流将创造健康的商业模式。

美团和大众点评CEO均表达了合并后加大新业务投入的决心。已经完成对消费者端争夺的两家公司在合并之后，可以把更多的精力和资源放在对商家端服务能力的提升上，未来，我们将会看到商户端甚至供应链更上游更多创新服务。以餐饮产业为例，大众点评先后入股食材供应链业务商链农，餐饮系统解决方案提供商天津天财商龙、上海智龙，外卖平台饿了么，美团则拥有自营的外卖平台和配送团队。双方资源整合之后，可以提供从食材配送、信息管理、预订、点餐、营销到外卖配送的一条龙服务，并结合美团的金融和云计算服务，为产业链上下游创造更大价值。

资料来源：百度文库。

（四）狙击对手

企业为消除潜在对手或主要竞争对手而选择对同行业企业进行收购，也是并购的一个重要目的。这样有利于企业减轻市场竞争压力，提升市场份额，保持竞争优势，以巩固企业在行业中的领先地位，进一步增强企业的品牌影响力。如台城制药为消除止咳宝主要竞争对手实施收购、欧莱雅收购小护士后雪藏等。

【案例3-4】　　　　　　　　台城制药收购海力制药

2015年4月19日，台城制药（现更名为特一药业）与交易对方宋力、刘邦群夫妇签

> 资本运营

署了《股权购买协议》。根据协议约定，公司拟以支付现金的方式购买海力制药100%股权。公开资料显示，海力制药的主营业务为片剂、胶囊剂、颗粒剂等药品的生产、研发和销售，目前拥有药品批准文号53个，其中OTC品种17个。主要产品包括止咳宝片、罗红霉素胶囊、阿莫西林胶囊等。2013—2014年及2015年1月，海力制药的营业收入分别为2亿元、2.27亿元及2912.76万元，对应净利润分别为604.51万元、1566.12万元及386.17万元。

对于此番收购，台城制药表示，海力制药主要产品涉及感冒止咳类、心脑血管类和抗感染类。交易完成后，台城制药抗感染类和止咳类药品的销售规模将扩大，市场地位将进一步得到加强，同时可扩充市场前景良好的心脑血管类产品，为公司未来提升业务规模和盈利能力奠定良好的产品基础。另外，此次交易有利于台城制药和海力制药在采购、生产、药品研发及工艺改进、营销等方面形成协同效应。

值得关注的是，对于台城制药而言，最大的好处则是止咳宝竞争对手的减少，根据此前公司招股书的说法，公司的止咳宝片在2012年按终端销售统计占我国止咳化痰类中成药市场份额的3.3%，市场排名第8位。此外，具体到止咳宝片药品来说，国内目前仅有公司及海力制药取得了生产批文，且公司在零售市场处于绝对领先优势地位。如今将竞争对手收编，无形中壮大了公司实力，更加有望提升该产品在市场中的增速。

资料来源：每经网。

【拓展阅读】　　　　　　我国的并购历史

1. 中国企业并购出现的背景

一般认为，中国的企业并购和产权转让活动最早出现于1984年。中国企业并购的出现有着深刻的社会经济历史背景。它是在新旧经济体制并存交替和摩擦的背景下产生的，是经济体制改革特别是深化国有企业改革的必然产物。

（1）扩大企业经营自主权的改革。从1978年起，我国开始了扩大企业经营自主权的改革。改革试点最早起源于四川，后来扩大到北京、天津、上海等地。1984年5月，国务院发布了《关于进一步扩大国营工业企业自主权的暂行规定》，对扩大企业自主权问题作了10条政策性规定。1984年10月，中共十二届三中全会通过了《中央关于经济体制改革的决定》，明确要求要使企业真正成为相对独立的经济实体，成为自主发展、自负盈亏的社会主义商品生产者和经营者，具有自我改造和自我发展的能力，成为具有一定权利和义务的法人。通过实行扩大企业经营自主权的各项改革措施，使企业拥有了一定的生产经营自主权，企业初步成为一个相对独立的利益主体，拥有了自己独立的利益。企业的发展有了增加利润的动力。与此同时，这些改革措施也把企业初步推向了市场，随着国家放松指令性计划的控制，市场调节的作用明显加强，使企业的发展面临着市场竞争的压力。总之，企业作为相对独立的商品生产者，在追求利润的内在动力和市场竞争的外在压力双重动力下，为中国企业并购的出现奠定了良好的基础。

(2) 国有资产存量结构刚性化。改革开放以前，我国长期实行高度集中的计划经济体制，国家计划在资源配置中起着主要作用，企业生产计划下达、物资的调拨都按国家计划进行。由于否定了市场对资源配置的作用，经济运行中缺乏一种使资源优化配置的内在机制，生产要素得不到合理流动，大量的增量投资逐渐固化，沉淀为存量资产、结果是存量资产愈积愈多。从整个社会来看，资源配置的不合理导致产业结构不合理，产业结构呈刚性，并进一步影响到整个社会生产的规模经济和经济效率的提高。要彻底改变我国资产存量固化的状况，就必须对存量进行调整。其中主要调整方式就是通过企业并购和产权转让，使生产能力过剩的产业部门的闲置存量资产流向资金短缺而又急需这些资产的生产能力不足的产业部门，使生产要素得到合理流动，资源配置得以优化，从而使我国企业并购的出现具有了必要性。由此可见，我国的企业并购一方面是经济体制改革的产物，另一方面也是经济发展到一定阶段优化资源配置的客观要求。

(3) 政策原因。在上述经济体制改革的背景下，从政府政策角度看，企业并购的出现当时主要是为了解决以下两个问题。其一是随着各项搞活国有企业措施的出台以及市场调节作用的加强，亏损企业增加，一部分企业难以维持的问题。其二是企业横向联合进一步发展受到企业隶属关系中行政条块分割的阻碍问题，使得企业横向联合受企业所有制、隶属关系、财政解缴渠道的约束而难以发展成为以资产联合为基础的企业集团。针对这些问题，人们希望通过实行产权有偿转让，推动生产要素在行业之间、企业之间、区域间合理流动。于是，企业并购活动就应运而生。

综合来看，中国企业并购的出现是伴随着经济体制改革，优势企业扩展，优势企业并购劣势企业以及企业之间横向联合发展的需要而必然产生的。

2. 中国企业并购的发展轨迹

中国企业并购和产权转让活动从 1984 年最初兴起至今已有四十年的历史，其发展大致可以分为以下几个阶段。

(1) 起步阶段。这一阶段是从 1984 年到 1987 年。1984 年 7 月，保定纺织机械厂和保定锅炉厂以承担被兼并企业全部债权、债务的方式分别兼并了保定针织器材厂和保定风机厂，拉开了我国企业并购的序幕。同年 9 月保定钢窗厂又以出资方的形式，购买了保定煤厂的产权，这是我国集体企业并购国有企业的最早记录。同年 12 月，武汉市牛奶公司出资 110 万元购买了汉口体育餐馆的产权，成为国有企业有偿兼并集体企业的较早案例。据统计，到 1987 年，武汉市和保定市有多家企业实行了不同形式的产权有偿转让。1986 年下半年后，企业并购在其他城市，如北京、重庆、南京、深圳等地也普遍发展起来。这一时期我国企业并购的特点主要如下。

①企业并购数量少，并购行为仅限于全国少数城市的少数企业。

资本运营

②交易的自发性与政府干预并存。一方面是由于优势企业扩张，亏损企业负担过重，双方自发并购，另一方面是政府以所有者身份积极介入的企业并购活动。

③企业并购多数是在同一地区、同一行业或同一部门进行的，避开了条块分割的障碍。

④企业并购的动因是消灭亏损企业，因而各地被并购的企业均为亏损企业。

⑤并购方式多为承担债务式和出资购买式。

（2）第一次并购高潮。中国的企业并购在前几年发展的基础上，于1988年出现了第一次高潮。1988年10月党的十三大报告明确指出小型国有企业可以有偿转让给集体或个人，1988年3月七届人大一次会议又明确把"鼓励企业承包企业，企业租赁企业"和"实行企业产权有条件的有偿转让"作为深化改革的两项措施，企业并购在全国各地纷纷兴起。1982年2月，国家体改委、计委、财政部和国有资产管理局联合颁布了《关于企业兼并的暂行办法》，这是我国第一部有关并购的行政法规。《暂行办法》的出台，对企业并购活动起到了积极的推动作用。据有关部门统计，全国各省市80年代累计共有6226户企业并购了6966户企业，共转移存量资产82.25亿元，其中仅1989年就有2315户企业并购了2559户企业，转移存量资产20亿元。这一阶段我国企业并购的特点主要如下。

①企业并购和产权转让活动由少数城市向全国扩展。

②企业并购形式由一对一的单个并购向一对多的复合并购方向发展。有的优势企业经过多次并购扩张逐渐发展成为企业集团。

③企业并购的范围由本地区、本行业向跨地区、跨行业的方向发展。如首钢在大力发展钢铁主业的同时，开展跨地区、跨行业的多种经营，发展成为跨多个行业的大型企业集团。

④企业并购的目标由单纯地消灭亏损企业向自觉优化经济结构的方向发展，被并购企业已不完全是亏损企业。

⑤企业并购的方式除了承担债务式、出资购买式和无偿划转式以外，还出现了控股式和参股式。

⑥局部产权交易中心开始兴起，使产权转让活动逐步走向规范化。1988年5月武汉成立了第一家企业产权交易市场，同年保定、南京、成都、深圳等地也相继建立了产权交易市场。

（3）企业并购走入低谷。1989年下半年开始，由于宏观经济紧缩，企业资金短缺，整个国民经济进入全面治理整顿阶段，企业并购和产权转让的势头也有所减缓。这一阶段的主要特点是随着治理整顿措施的进行，亏损企业数量增加，产业、产品结构调整压力加大，因此政府加强了在产权转让中的作用，一些地区出现了行政性强制的"拉郎配"现象。在产权转让方式上，同地区、同部门内部无偿转让的情况有所增加。

(4) 第二次并购高潮。1992 年开始，中国确立了社会主义市场经济的改革方向，产权改革成为企业改革的重要组成部分，产权交易和产权交易市场的培育和发展愈来愈受到政府的高度重视，企业并购无论是在规模还是在形式上都有了新的突破，企业并购的高潮又一次来临。

1993 年，上海、武汉、成都等 16 个城市有 290 家企业被兼并和出售，转移存量资产 60 多亿元。从地方来看，上海 1992 年有 151 家企业被兼并，到 1994 年年底，有 508 家企业被兼并，涉及化工、机电、冶金、汽车、仪表等各行业，到 1994 年，我国成立的产权交易平台数达 174 家，其中省级区域平台数占比为 8.05%，地级市区域平台数占比为 59.77%，县级市区域平台数占比为 32.18%。并购形式更加丰富，这一阶段我国企业并购的特点主要是：

①产权交易市场普遍兴起，在并购活动中发挥了重要作用。产权交易市场的建立，一方面使并购和产权转让活动有偿性原则进一步体现；另一方面也有助于产权转让行为的规范化。

②企业并购的规模日益扩大，"强强"合并事件越来越多。例如，一汽收购沈阳金杯 51% 的股权，出资额高达 5.7 亿元。通过企业的并购重组，走出了一条企业改革的新路。

③上市公司股权收购成为企业并购的主要形式之一。随着中国股份制改革的推进，特别是 1990 年 12 月上海证券交易所和 1991 年 7 月深圳证券交易所成立以来，股份制企业迅速增加，利用证券市场进行企业并购与反并购的事例有所增加。其中 1993 年 9 月"宝延风波"拉开了中国证券市场并购与反并购的序幕，之后又发生了深圳天极股份公司试图控股上海小飞乐公司，一汽集团巨资收购沈阳金杯汽车公司等事件。这表明在中国通过证券市场进行企业兼并与收购活动已经有了一定基础，并且必将成为企业产权交易的重要形式之一。

④外商收购国有企业成为中国企业并购的新景观。进入 90 年代，一些国外和港澳台资本开始注入中国大陆的产权市场。其中最引人注目的是所谓的"中策现象"，在 1992 年至 1993 年间，香港中策公司在国内接连收购了上百家企业，并将其中的山西、杭州两家轮胎厂在美国注册上市。

⑤中国的企业并购市场开始与国际接轨，一批实力较强的国有企业开始到国外兼并和收购企业，并取得了较好的效益。例如，首钢在 1992 年收购了美国加州钢厂、秘鲁铁矿等海外企业。另外，中国企业的海外"买壳上市"收购活动尤其引人注目，90 年代中资企业在香港收购了大批的上市公司。1993 年，在香港证券界的配合下，中国的大型国企青岛啤酒、上海石化、广州造船等六家企业在海外发行 H 股上市。此后，又有一批国企在海外包括美国和欧洲上市。

(5) 第三次并购高潮正在来临。1997 年 10 月，党的十五大明确指出，要从战略上调整国有经济的布局，建立现代企业制度是国有企业改革的方向。抓大放小，对国有企业实施战略性改组，以资本为纽带，通过市场形成具有较强竞争力的跨地区、跨行业、跨所有制和跨国经营的大企业集团。采取改组、联合、兼并、租赁、承包经营和股份合作制、出售等形式，加快放开搞活国有小型企业的步伐。国有经济的战略性重组将是世纪之交中国经济改革的主旋律，一场历史上最大的并购浪潮也正在来临。1997年中国发生的大宗股权转让、收购兼并、资产转让等案例数以百计，涉及的并购破产企业2980家，其中大中型企业占70%。涉及资产总额4150亿元。从1998年下半年到1999年中期时段内，在我国证券市场上发生资产重组的上市公司共有164家，其中大部分公司在重组后的利润都有了显著增加。

第二节　并购理论

【导读】

并购作为公司金融的终极体现形式，是公司最重要的战略交易。并购重组能够从根本上改变一个公司，对公司的兴衰周期产生强烈的冲击，可以使处于价值流出阶段的行业向价值稳定和价值流入阶段转变，从而实现转型升级和产业突围①。

一、效率差异论

效率差异论也称为管理协同假说，其基本观点为：若一家公司拥有一个高效率的管理队伍，其能力超过了公司日常管理的需求，该公司便倾向于通过收购一家管理效率较低的公司来使其额外的管理资源得以充分利用。效率的提升主要来源于两个因素。

一是收购公司和被收购公司之间存在的管理效率差别。当两者的管理效率存在差别时，通过并购活动可以促进管理效率高的公司把管理效率输入到管理效率低的公司，从而使并购双方都从管理效率的提升中得价值增加。

二是两个企业合并成一个组织时可以实现生产、管理和经营上的协同收益，通过协同来实现效率的提高。实际上，这种效率提高就是获得的规模效应和范围经济，降低了单位产品的成本。获得效率增进是推动企业开展并购活动的主要原因。通过并购活动，可以提高并购企业或被并购企业的效率，从而获得协同效应。

---

① 马永斌. 公司并购重组与整合［M］. 北京：清华大学出版社，2020：1.

二、经营协同论

经营协同论的基本观点为:"经营协同效应也是导致并购效率的一个重要原因,可通过横向、纵向或者混合并购实现。"横向并购的经营协同效应主要通过规模经济来实现。纵向并购的经营协同效应的理论基础源于科斯的现代企业理论,企业的产生源于交易费用的节约,企业是市场机制的替代物。混合并购产生经营协同效应是指若并购后的公司恰好达到需要增加工作人员的规模,将会使收购公司原有的人员得到充分利用。

此外,通过更有效地使用企业的资源可以产生相当明显的协同效应,以更低的成本创造出新的价值,例如,冰箱和空调两项业务可以使用相同的销售网络,总销售成本就能降低。同时,强势企业可以兼并弱势企业实现品牌扩张资源和能力互补,如有新产品研发优势的公司与有市场和生产能力的公司互补联合。

三、价值低估论

价值低估理论包括目标企业价值低估和资产的市场价值与其重置成本之间的差异两方面内容。目标企业价值低估可能的原因是管理层无法使公司的经营潜力得以充分发挥,目标公司的各种资源未能有效配置。

从这个角度上讲,这是无效率的管理者理论的一个方面;另一方面可能的原因是收购者有内幕消息,即竞价者有一般市场上所没有的消息时,他们就可能会给股票以一个高于一般市场价格的估计。

此外,还可能是因为目标公司潜在的长期价值未被发现、市场价值低于重置成本等原因导致企业价值被低估。一般来说,可以通过价值比率,即股票市场价值与资产的账面价值之比和托宾比率(Q值),即股票市场价值与重置成本之比判断企业价值,当$Q>1$时,导致并购的可能性小,当$Q<1$时,导致并购的可能性就较大。但价值判断具有一定主观性、时效性与空间性。

四、交易成本论

古典经济学通过对价格和交换的研究,力图证明市场机制犹如一只"看不见的手",通过价格的调节,能自发地实现资源的最优配置。福利经济学则进一步证明,由完全竞争的市场机制自发调节所形成的市场均衡结果恰好符合帕累托最优。

然而,在现代市场经济中,企业内部的资源配置依赖于企业经营者的决策,而不是直接依赖于市场机制的运作。那么,既然在竞争性市场结构中,市场机制能提供所需的所有协调，那么为什么还会存在企业呢？既然外部市场存在交易成本，那么为何不把所有的产品和要素集中在一个企业组织中，从而完全替代市场？如何确定企业的边界？

现代企业理论运用交易成本的概念对此做出了有力的回答。交易成本的概念由科斯提出并经威廉姆森等人加以完善。科斯指出"建立企业有利可图的主要原因似乎是利用价格机制是有成本的，通过价格机制组织生产最明显的成本是所有发现相对价格的工作"。通过形成某个权威企业来支配资源，就能节约某些市场运行成本，概括为"交易成本"，并认为交易成本至少包括以下几项：

（1）发现相对价格的信息成本；
（2）签约过程的谈判成本；
（3）长期合同减少灵活性，从而引起风险增大而带来的成本；
（4）政府对市场交易所施加的成本（税收等）。

科斯认为"企业的显著特征就是作为价格机制的替代物"。这是因为：

第一，由于市场的运行是有成本的，通过形成一个对于市场替代的组织，由企业家来分配资源，在这种组织中运行的成本低于在市场中利用价格机制运行的成本时，企业就出现了；

第二，不确定性的存在，由于市场在很多方面的运行存在不确定性，不确定性会造成多方面的不便利和损失，因而一种固定的契约，包括长期的和短期的契约的出现将会降低这种不确定性，而契约的运行载体则是由企业家管理着的企业；

第三，由于有管制力量的政府和其他一些机构对于市场交易和在企业内部组织的交易区别对待，会造成在企业内部组织生产而不通过市场组织更为有利，从而造成了企业的扩大和企业的产生是为了节约交易成本，企业以成本较低的内部交易来代替较高的交易成本。

企业的扩张与收缩取决于企业内部交易成本和市场交易成本的比较，当两项成本具有边际均等关系时，企业的边界就被确定下来了。假设 A 与 B 是在低于市场交易成本下存在的两家企业，如果两者合并在一起后的组织内部成本依然低于外部交易成本，那么就有合并的可能，实力占优的 A 企业会接管 B 企业的业务，当两家企业业务相同时，这种行为解释为"联合"；当两家企业处于业务相关的市场链上时，这种行为解释为"一体化"。当市场交易成本太大时，企业就会发现，通过企业内部的转移成本可能会低于市场交易成本，从而纵向一体化就成了一个诱人的选择。

由此可见，企业通过并购尤其是纵向并购可以将原来的市场交易关系转变为企业内部的行政关系，从而降低交易费用。如果降低的市场交易费用大于增加的行政组织费用，那么并购在经济上就是可行的。

根据现代企业理论对企业性质的认识，我们可以认为企业并购尤其是纵向并购的动机在于降低交易费用与增加的行政组织费用相等。在科斯之后，威廉姆森对交易成本的理论做了较系统的完善，使交易成本的理论对企业并购的边界条件做出较有说服力的解释。然而，交易成本理论分析的对象是互有交易关系的企业间行为及其交易费用的节约，而进行横向并购和混合并购的企业间一般不发生交易关系。这样一来，所谓并购是为了节约交易费用之说就失去了成立的前提。换言之，交易成本理论对横向并购和混合并购的解释是苍白无力的。

五、委托代理理论

代理问题是詹森和梅克林在 1976 年提出的。他们认为，当管理者只拥有企业所有权的一小部分时，就会产生管理者利用管理特权去追求私人利益的代理问题。在公司所有权与经营权分离的情况下，股东同经理人员之间的关系是委托人与代理人的关系，如果所有者和经理人员之间的合约不完全或者不可能被低成本地执行，就产生了代理成本问题。詹森和梅克林把代理成本归纳为：所有人与代理人的签约成本、监督与控制代理人的成本、限定代理人执行最佳决策的成本或执行次佳决策所需的额外成本、剩余利润的损失。

企业并购的代理理论认为，公司经理会出于自身利益最大化的考虑做出收购其他公司的决定，从而可能侵害了公司股东的利益。具体而言，公司并购活动中的代理问题包括：

（1）建造企业帝国和过度投资。公司经理具有建造企业帝国的倾向，这是因为随着企业规模的扩大，他们将控制更多的资源，经理的薪酬也将随之增长。同时，企业规模的不断扩张也可为下属员工创造更多的提升机会，这为公司的高层经理在权力分配过程中提供了寻租空间。

（2）多元化经营。如果建造企业帝国确实可以给公司经理带来控制权和私人利益，那么经理不仅会有过度投资的倾向，而且还会想方设法维持其所控制的企业帝国。

（3）自由现金流。根据詹森的定义，自由现金流量是指"满足所有具有正净现值的投资项目所需资金后多余的那部分现金流量。这些投资项目的净现值按相关资本成本贴现计算出来"。詹森认为，如果公司要有效率，要让股东价值最大化，此类现金流量就必须支付给股东。但事实上，公司经理却不愿意把自由现金流量还给股东。因为一方面，把自由现金流量还给股东减少了公司经理所能控制的资源；另一方面，现在把自由现金流量支付给股东，将来需要钱时就可能面临再融资问题，从而给自身套上了"资本市场监督"的枷锁。因此，在自由现金流量的使用上，股东和经理之间存在利益冲突。公司经理可能会滥用公司产生的自由现金流量，投资于那些低收益的项目上，包括从事一些不能为股东创造价值的并购活动。

六、市场竞争论

按照传统经济学观点，在市场竞争中，当行业内存在较多数量的竞争者并且势均力敌时，各企业只能保持最低的利润水平。这样，优势企业通过行业内的并购，可以有效地减少竞争对手的数量，增强对企业经营环境的控制，增加剩余企业合谋创造垄断利润水平的可能性。并购能够增加兼并企业在产品市场中的市场势力，兼并竞争对手可以降低行业内的竞争。因此，兼并企业可以控制或者影响市场价格，获得较高的利润。如果接管加强了反竞争效果，增加了产品市场价格，那么竞争对手也应该从兼并中获益。

因此，市场竞争论认为，企业并购的动机是基于市场竞争的需要。一方面，通过并购活动可以有效地降低进入新行业的障碍，通过利用目标企业的资产、销售渠道和人力资源等优势，实现企业低成本、低风险的扩张；另一方面，通过并购活动，将关键性的投入产出关系纳入企业的控制范围，借助并购活动减少竞争对手，从而提高行业集中度，增强对企业经营环境的控制，提高市场占有率，从而获得长期盈利的机会。

现有理论从不同角度对企业并购动因进行了分析，为正确认识企业并购动因提供了重要依据。本节介绍了六种比较盛行的并购理论，包括效率差异论、经营协同论、价值低估论、交易成本论、委托代理理论以及市场竞争论。通过这些理论，有利于我们深入了解企业并购动机和意义的理论基础。

第三节 并购类型

【导读】

在备受外界争议的情况下，"野蛮人"浙民投对上市公司的并购后整合进展顺利。2017年6月，一则来自浙民投的要约收购报告书摘要从天而降，"门外野蛮人"浙民投与振兴生化大股东振兴集团的不宣而战直接拉开了双方控制权争夺的序幕。在这场争夺战中，振兴集团作为防守方先后采用了停牌、法律诉讼与白衣骑士策略，浙民投步步为营伺机进攻，在饱受争议的情况下赢得了这场并购。

资料来源：中国管理案例共享中心。

一、按被并购对象所在行业划分

（一）横向并购

横向并购，也叫水平并购（Horizontal Merger），即竞争对手间的合并。它表现为资本在同一生产部门或销售领域的集中，资本存量由于企业利润率差异而被集中到资本边际效率更高的企业，这是替代企业在同一产业内部的竞争引起的资本存量在不同企业间的重新组合，是扩大并购企业份额，提高行业集中度的基本方式[①]。

由于并购对象是生产同类产品的企业，所以可以实现企业实力增强的愿望，使产业结构更趋合理，在更大范围内实现专业化分工协作，采用先进技术设备和工艺；可以使企业统一技术标准，加强技术管理和进行技术改造；可以使企业增加品种，提高质量和扩大批量，降低单位产品成本，实现规模经济效益，从而增强产品的市场竞争能力。

这种并购特别适合企业偏小、产品生产能力分散的行业。从我国来看，那些市场集中度低，存在过度竞争的产业适宜采用这种方式。

（二）纵向并购

纵向并购，也叫垂直并购（Vertical Merger）。即供应商或客户的并购，也可以说是在原料生产、供应和加工及销售上有密切关联关系、买卖关系，分处于生产和流通过程的不同阶段的企业之间的并购。

从并购方向来看，纵向并购又有前向并购和后向并购之分。前向并购是指并购生产流程前一阶段的企业，如服装厂并购纺织厂。后向并购是指并购生产流程后一阶段的企业，如矿山厂并购钢铁厂。并购的目的是提高经济协作效应，控制该行业生产经销的全过程，从而获得经营一体化效益。这种并购，可以通过连续化生产大大提高生产效率，节约通用设备、仓储、资源等。

（三）混合并购

混合并购（Conglomerate Merger）。即并购双方或多方是属于没有关联产业的企业间并购，并购的宗旨在于改善和优化自身的产业结构，积极参与和尽力控制企业可占领的市场。它不是以加强企业在原有行业的地位为目的，而是以扩大企业可涉足的行业领域为目的。混合并购中又分为三种形式。

1. 产品扩张型并购

即一个企业以原有产品和市场为基础，通过并购其他企业进入相关产业的经营领域，达到扩大经营范围，增强企业实力的目的。

2. 市场扩张型并购

即一个企业为扩大其竞争地盘而对它尚未渗透的地区生产同类产品的企业进行并购，它是扩大市场规模，提高市场占有率的主要手段。

3. 纯粹混合并购

即生产经营活动彼此之间毫无联系的产品或服务的企业间的并购。由于不同行业、不同产品的生命周期不同，企业利用多角化经营，实现跨行业的多种产品组合，能降低经营风险，使企业获得稳定的经营利润。

混合并购的效益主要来自两个方面：一是企业资源的充分利用；二是经营风险的分散

---

① 吴晓求．公司并购原理［M］．北京：中国人民大学出版社，2002：5.

化。在混合并购中主要利用了经营管理以及由经营管理形成的无形资产。当一个企业跨入新的经营领域时，其自身的优势就是先进的经营管理经验，也只有通过充分利用本企业的剩余管理资源，才能使并购后企业所支配的资源得到更充分的利用。

二、按并购双方意愿划分

（一）善意并购

善意并购，也叫友好并购、协商并购。即并购企业事先与目标企业进行协商，征得其同意并通过谈判达成一致意见而进行的并购，西方形象地称之为"白马骑士"（White knight）[①]。

这种方式要求目标企业同意收购企业提出的收购条件并承诺给予协助，由此并购双方高层管理者通过协商来决定并购的具体事宜，如并购方式（是以现金、股票、债券，还是以混合方式来进行收购）、收购价位、人员安排以及资产处置等。如果目标企业对收购条件不甚满意，双方还可对此进一步协商，最终达成双方都能接受的收购协议，并经双方董事会批准、股东大会以特别决议的形式通过。由于并购双方都有合并的意愿，互相熟悉情况，因而这种并购有利于降低并购行动的风险和成本，成功率较高。

（二）敌意并购

敌意并购也叫强迫接管并购，即收购企业在目标企业高层管理者对其收购意图毫不知晓或持有反对态度的情况下，对目标企业强行进行收购的行为。以这种方式进行的并购，并购方往往采取突然的收购手段，提出极为苛刻的条件使目标企业难以接受，西方形象地称之为"黑马骑士"（Black knight）。

这种并购方式使并购企业完全处于主动地位，不用被动权衡各方利益关系，并购行动迅速、时间短，可有效地控制并购成本。但敌意并购通常难以从目标企业获取内部实际生产经营和财务状况的重要资料，会给企业正确估价造成困难。

同时，对目标企业来说，被并购意味着原企业法人地位的消失，员工面临新的就业抉择，管理人员也会发生更换，更何况并购方提出的并购条件相当苛刻。所以一般情况下，目标企业在得知收购企业的收购意图后很可能会采取一些反收购措施，使得并购的风险加大。

三、按并购中的出资方式划分

（一）杠杆并购

杠杆并购即并购方利用目标企业资产的未来经营收入来支付并购价款或作为这种支付

[①] 李道国. 企业并购策略和案例分析 [M]. 北京：中国农业出版社，2001：10.

的担保。并购方不一定拥有收购所需的巨额资金，只需准备少量现金，用来支付收购过程中所必需的律师、会计和审计等费用，再加上用目标企业的资产和营运所得作为融资担保所贷得的金额，即可并购各种规模的企业。

这种并购方式在操作理论上类似于杠杆，所以称作杠杆收购。其特征是：（1）并购方用来收购的自有资金与收购总费用相比很小，通常的比例为 10%～15%[①]；（2）绝大部分收购资金通过贷款获得，贷款方可能是金融机构、信托基金，还可能是有钱的个体，甚至可能是目标企业的股东（并购交易中的卖方同意买方分期给付并购资金）；（3）偿付贷款的款项来自目标企业生产经营所得的资金，也就是目标企业自身支付它的售价；（4）并购企业只投入有限的资金，则不再进一步承担投资义务，而贷款人只能向目标企业求偿，而无法向真正的借贷方——并购方求偿。

（二）非杠杆并购

非杠杆并购，即并购企业不用目标企业自有资金以及营运所得来支付或担保支付并购价款的并购方式，在并购发展的早期阶段大都采用此类形式[②]。但这种形式并不是说并购方不用负债即可负担并购价款，在实际运作中，几乎所有的收购都需要利用借贷来完成，它与前者的区别只是借贷数额的多少而已。

四、按并购内容划分

（一）合并

两个或两个以上的公司通过订立合并协议，而组成一个新公司的法律行为，可分为吸收和新设合并。吸收合并是指一个公司吸收其他一个或一个以上的公司，被吸收的公司解散而不复存在，兼并是指一个企业购买其他企业的产权，使其他企业失去法人资格或改变法人实体的一种行为，兼并是合并的一种，属于吸收合并。新设合并则是指两个或两个以上的公司合并设立一个新的公司，原合并各方同时解散，美国的法律将之称为"联合"。

【案例 3-5】　　　　　　　　TCL——吸收合并第一案

TCL 集团换股吸收合并 TCL 通讯是国内首例由一家公司吸收合并一家上市公司，TCL 集团本次发行 9.94 亿流通股新股，除去 4.04 亿用于换股之外，其余 5.9 亿股属于首次公开发行，募集资金高达 25 亿元，实质上是等于把集团内的其他资产打包上市。此次换股吸收合并为大型企业集团整体上市提供了很好的借鉴，能绕开证监会同一企业集团内不得组建业务相同或相关的两家上市公司的规定，实现集团的整体上市。此次换股吸收合并实

[①] 张秋生等. 企业兼并与收购 [M]. 北京：北方交通大学出版社，2001：16.
[②] 韩峰. 入世后的企业并购 [M]. 北京：中国社会出版社，2002：18-20.

现了集团的资产重组和上市同步完成，缩短了行业整合的时间，提高了运作效率。并且与传统模式相比，此次合并不再采用集团分拆子公司上市，通过增发募集资金收购集团资产以实现整体上市，而是采取了换股的形式，不但缓解了上市公司为了再融资承受的短期盈利压力，也解决了企业并购中现金支付的瓶颈。

资料来源：齐齐文库。

【案例3-6】　　　　　　　　百联合并模式

2004年5月，华联商厦全体非流通股股东将其持有的股份按非流通股折股比例换成第一百货的非流通股份，折股比例为1∶1.273（依据净资产），华联商厦全体流通股股东将其持有的股份按照流通股折股比例换成第一百货的流通股份，流通股折股比例为1∶1.114（依据股票价格）。华联商厦的全部资产、负债及权益并入第一百货，华联商厦现有的法人资格因合并而注销，合并后存续公司将更名为上海百联（集团）股份有限公司。

资料来源：根据公开资料整理。

【案例3-7】　　　　　　　　美的吸收合并小天鹅

2019年2月20日，美的发行A股股份换股吸收合并无锡小天鹅事项获得证监会通过。合并完成后，小天鹅将终止上市并注销法人资格，美的集团或其全资子公司将承继及承接小天鹅的全部资产、负债、业务、人员、合同及其他一切权利与义务。

资料来源：根据公开资料整理。

（二）收购

一家公司购买另一家公司的股票或资产以获得对该公司本身或资产实际控制权的行为就是收购，一般分为：以资本的身份进行资产收购、股份收购、参股收购、控股收购和全面收购。其中，全面收购企业的收购既有对上市公司的收购，也有对非上市公司的收购。

五、按收购主体与标的是否为上市公司划分

按照收购主体与标的是否为上市公司可以分为上市公司收购上市或非上市公司、非上市公司收购非上市公司或上市公司。综合研究素材的可获取性和监管政策范围的考虑，重点介绍收购主体或标的是上市公司相关的类型。

（一）收购上市公司

根据《证券法》第六十二条规定，可以采取要约收购、协议收购及其他合法方式收购上市公司。根据中国证监会正式发布的《上市公司收购管理办法》，通过取得股份的方式成

为一个上市公司的控股股东，可以通过投资关系、协议、其他安排的途径成为一个上市公司的实际控制人，亦可同时采取上述方式和途径取得上市公司控制权，收购人包括投资者及与其一致行动的他人。

【拓展阅读】　　　　　　收购上市公司的监管与信息披露

中国证监会设立由专业人员和有关专家组成的专门委员会，依法对上市公司的收购及相关股份权益变动活动进行监督管理。专门委员会可以根据中国证监会职能部门的请求，就是否构成上市公司的收购、是否有不得收购上市公司的情形以及其他相关事宜提供咨询意见，最终中国证监会依法做出决定。

若投资者及其一致行动人拥有权益的股份达到一个上市公司已发行股份的5%，应当在该事实发生之日起3日内编制权益变动报告书，向中国证监会、证券交易所提交书面报告，通知该上市公司，并予公告。在上述期限内，不得再行买卖该上市公司的股票。投资者及其一致行动人拥有权益的股份达到一个上市公司已发行股份的5%后，其拥有权益的股份占该上市公司已发行股份的比例每增加或者减少达到或者超过5%的，应当依照前款规定履行报告、公告义务。

资料来源：根据公开资料整理。

1. 要约收购

要约收购，又称"标购"或"公开收购"，是指一家企业绕过目标企业的董事会，以高于市场的报价直接向股东招标的收购行为。标购是直接在市场外收集股权，事先不需要征求对方同意，因而也被认为是敌意收购。

标购可以通过三种方式进行。第一种是现金标购，即用现金来购买目标企业的股票。第二种是股票交换回购，即用股票或其他证券来交换目标企业的股票。第三种是混合交换标的，即现金和股票并用来交换目标企业的股票。

通过证券交易所的买卖交易使收购者持有目标公司股份达到30%，若继续增持股份，必须依法向目标公司所有股东发出全面收购要约。以要约方式进行上市公司收购的，收购人应当公平对待被收购公司的所有股东，持有同一种类股份的股东应当得到同等对待。收购人为终止上市公司的上市地位而发出全面要约的，或者向中国证监会提出申请但未取得豁免而发出全面要约的，应当以现金支付收购价款。以依法可以转让的证券（以下简称"证券"）支付收购价款的，应当同时提供现金方式供被收购公司股东选择。

【案例3-8】　　　　　　　　SEB集团收购苏泊尔

SEB集团是全球最大的小型家用电器和炊具生产商之一，在业内享有盛誉。SEB集团具有近150年的历史，成立于1857年，1975年在巴黎证券交易所上市。SEB集团在不粘锅、厨房用电器、熨斗、电扇、电热器和洗衣机等家用电器以及浴室用品等产品领域拥有世界领先的技术与知名品牌，业务遍布全球50多个国家和地区，在欧洲、美洲、亚洲拥有20家生产厂家。2005年，SEB集团的全球销售收入为24.63亿欧元。SEB集团对苏泊尔进行收购，是建立在双方协商基础上的一种战略合作。本次战略投资完成后，苏泊尔的品牌继续使用，苏泊尔的管理团队和公司架构也不会进行大规模的调整，苏泊尔还可以通过引入SEB集团先进的技术和管理水平，提升其综合竞争力；而SEB集团则通过对苏泊尔这样优质上市公司的战略投资，成功地进入中国市场，促进其实现全球发展战略。

2006年，法国SEB集团拟以股权协议转让、定向增发和部分要约收购相结合的方式对浙江苏泊尔炊具股份有限公司（股票代码：002032）进行跨国战略投资，这也是我国证券市场涉及部分要约收购的第一起案例。2006年8月16日，苏泊尔发布了与法国SEB集团战略合作的公告。公告称，除主要股东苏泊尔集团、苏增福、苏显泽向SEB集团出让部分股权，及向SEB集团定向增发之外，SEB集团还将通过部分要约方式，以每股18元的价格收购最多不超过6645万股股份。通过定向发行，苏泊尔得到了企业发展所需的资金，通过协议转让，创业股东获得了合理的创业回报，通过部分要约收购，极大地保障了苏泊尔全体股东，特别是中小股东的利益。

因此，这种战略合作能够实现"双赢"乃至"多赢"。当然，从现在的角度看，此次收购因为持股比例过高、投资回收期会较长、业务天花板已现等原因是充满遗憾的。

资料来源：根据公开资料整理。

2. 协议收购

协议收购是指并购企业不通过证券交易所，直接与目标企业取得联系，通过谈判、协商达成协议，据以实现目标企业股权转移的收购方式。收购者在证券交易所之外以协商的方式与被收购公司的股东签订收购其股份的协议，从而达到控制该上市公司的目的，收购人可依照法律、行政法规的规定同被收购公司的股东以协议方式进行股权转让，一般属于善意收购。

3. 要约收购与协议收购的不同之处

（1）交易场所不同：要约收购在证券交易所场内，协议收购在场外。

（2）股份限制不同：要约收购的股份达到30%时，若继续收购，须向全体股东发出收购要约，股份达到 90% 以上时，收购人负有强制性要约收购的义务；协议收购的实施对持有股份的比例无限制。

（3）收购态度不同：协议收购是协商的、善意的，要约收购的对象则是目标公司全体股东持有的股份，不需要征得目标公司的同意，是敌意的。

（4）收购对象的股权结构不同：协议收购大多选择股权集中的目标公司，以较少的协议次数、较低的成本获得控制权；要约收购往往是股权较为分散的公司。

（5）与协议收购相比，要约收购要经过较多的环节，操作程序比较繁杂，收购方的收购成本较高，一般情况下要约收购都是实质性资产重组，非市场化因素被尽可能淡化，有利于改善资产重组的整体质量，促进重组行为的规范化和市场化运作。出于估值是否公允和行政干预、交易成本较高的考量，我国上市公司收购几乎全部是协议收购。

【拓展阅读】　　　　　　　委托书收购

委托书收购一般通过征集确认代理委托书从而达到在股东大会上获得足够多的表决权以控制董事会甚至改组董事会的目的。2000 年广州通百惠刊登公告，披露该公司将在胜利股份股东大会上正式向胜利股份股东公开征集投票权，开了中国证券市场征集委托表决权的先河。广州通百惠有限公司通过参与公开竞拍而获得胜利股份 15.15% 的股权，成为胜利股份的大股东，胜利股份原来的第四大股东山东胜邦集团通过连续受让当地几家股东持有的法人股，持股比例增加到 17.31% 左右。为了在年度大会上获得胜利股份董事会的多数席位，夺取胜利股份的控制权，广州通百惠公司率先采取了征集中小股东的投票权办法获得支持，即采用国际上通用的"委托书收购"，但由于胜邦集团的关联持股股东持有的股份较多，广州通百惠公司最终没有取得成功。

【案例 3-9】　　　　　　　金科股份与融创中国

1. 公司介绍

（1）保权方——金科股份。

金科地产集团股份有限公司是一家以房地产开发为主，社区生活服务、酒店经营管理、园林、装饰、门窗和新能源发电等相关多元化产业经营为辅的大型企业集团。房地产业务板块主要为住宅开发，辅以商业地产开发、产业地产开发与运营，开发模式以独立开发为主。社区生活服务业务为公司房地产升级转型的重点发展方向。公司通过打造智慧生活社区，为公司管理的物业项目业主提供全方位的人性化服务，以收取基本物业费和其他增值服务收入为主要收入来源。其财务数据如表 3-1 所示。

资本运营

表 3-1 金科股份财务数据

科目	2016 年	2015 年	2014 年	2013 年	2012 年
基本每股收益（元/股）	0.28	0.27	0.78	0.85	1.10
净利润（亿元）	17.90	12.34	8.63	9.463	12.48
营业总收入（亿元）	322.35	193.99	173.24	160.70	103.49
净资产收益率（%）	9.42	10.26	11.31	13.34	21.11
资产负债率（%）	79.38	83.95	83.96	84.09	84.70
流动比率	2.07	1.44	1.64	1.53	1.42
每股经营现金流（元/股）	1.17	0.10	-6.08	-3.90	-0.27
销售毛利率（%）	20.74	28.41	23.01	26.03	35.87
存货周转率（次）	0.36	0.21	0.25	0.3	0.22
总资产周转率（次）	0.31	0.22	0.24	0.28	0.23

2016 年内，公司如期完成非公开发行股票，成功募资 45 亿元，优化了公司资本结构，有效降低了资产负债率。公司持续发力资本市场直接融资，抓住债券融资窗口，实现直接融资 155 亿元，创新实施应收房款尾款资产证券化，公司融资成本再创新低，负债结构持续改善。公司 2016 年销售回款 329.46 亿元，同比增长 36.20%；期末货币资金余额 176.45 亿元，同比增长 87.93%，现金流状况持续向好，偿债能力进一步提高。

2012—2015 年，金科股份经营业绩平稳增长，2016 年经营业绩突飞猛进。2016 年公司实现营业收入 322.35 亿元，同比增长 66.17%，净利润 17.90 亿元，同比增长 45.13%，其中：归属于上市公司股东的净利润为 12.32 亿元（扣除无固定期限委托贷款的影响后），同比增长 9.69%。公司各业务板块全年实现销售金额约 341 亿元，销售同比增长约 43%，突破历史最高水平，其中地产板块实现签约销售金额约 319 亿元，同比增长约 44%。

（2）争权方——融创中国。

融创中国控股有限公司是一家注册地位于开曼群岛（英国海外领地）、于香港联交所上市的专业从事住宅及商业地产综合开发的企业，公司坚持区域聚焦和高端精品发展战略，专注于高端物业的开发和管理，为客户专注打造高端精品物业。经过多年操作积累，融创在所进城市产生了强大的市场影响力和品牌竞争力，赢得客户高度认可。融创中国持续聚焦于北京、华北、上海、西南、东南、广深、华中和海南八大区域和一线、环一线及核心城市，开发销售高端精品物业，拥有众多处于不同发展阶段的项目，产品涵盖高端住宅、别墅、商业、写字楼等多种物业类型。其财务数据如表 3-2 所示。

表 3-2　　　　　　　　　　　融创中国财务数据

科目	2016 年	2015 年	2014 年	2013 年	2012 年
基本每股收益（元/股）	0.71	0.97	0.96	0.96	0.87
净利润（亿元）	29.38	36.08	32.33	34.94	26.15
净资产收益率（%）	10.65	17.35	19.70	23.36	27.48
资产负债率（%）	87.92	83.19	81.33	81.29	83.09
每股经营现金流（元/股）	1.2	4.69	4.94	2.51	3.15

2015 年融创中国实现销售金额 734.6 亿元，业绩名列全国房企第九位；2016 年融创中国销售金额达到 1553.1 亿元，位列全国房企第七位，成为最具发展潜力的房地产 TOP10 企业。

融创中国 2016 年全年合同销售金额约 150627.6 百万元，同比增长约 120.8%，行业排名继续上升至行业第 7 名；权益合同销售金额亦同比大幅增长约 139.1%，约 103959.3 百万元。

截至 2016 年年底，融创中国账面现金约 69812.7 百万元，对短期债务达到了 2 倍以上的覆盖率；加权平均融资成本由 2015 年的约 7.60% 降到 5.98%，其中全年新增借款的加权平均融资成本降至 5.78%，公司一年以上长期融资比例达到 71%。融创中国通过提前偿还境外债务，利用货币对冲工具，积极有效地控制了汇率及利率风险。

融创中国一致行动人情况如图 3-2 所示。

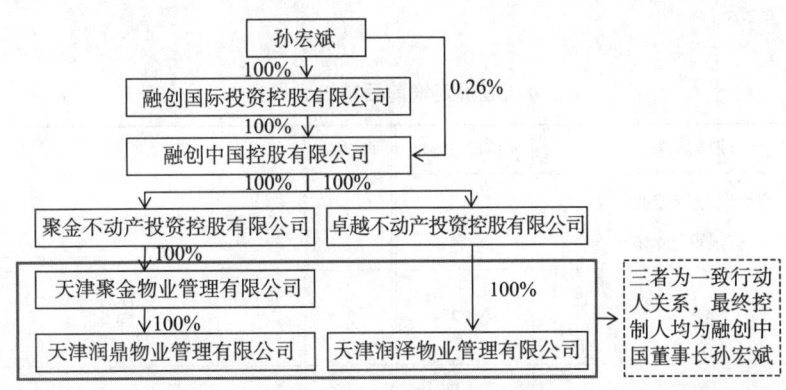

图 3-2　融创中国一致行动人情况

2. 金科股份与融创中国的股权之争

（1）金科股份定向增发。

2015 年 9 月—2016 年 2 月，金科股份股东大会和董事会通过了非公开发行股票的相关议案。

2016 年 4 月 13 日，金科股份本次非公开发行申请经中国证监会发行审核委员会审核通过。

2016年6月17日，中国证监会出具《关于核准金科地产集团股份有限公司非公开发行股票的批复》，核准公司非公开发行不超过1239669421股新股。

2016年10月21日，本次新发行新增股份在中国证券登记结算有限责任公司深圳分公司办理完毕登记托管手续。

其定向增发方案如表3-3所示。

表3-3　　　　　　　　　　金科股份定向增发方案

发行方式	向特定投资者非公开发行股票
发行股票的种类和面值	人民币普通股（A股），每股面值人民币1元
发行数量	1020408163股
募集资金额	4499999998.83元
发行费用	57912040.82元
募集资金净额	4499999998.33元
集中接收报价时间	2016年9月20日9:00—12:00

（2）融创系突袭。

天津聚金为融创中国集团间接全资附属子公司，本次定向增发可视为融创中国集团入局之端，从此，开启金科股份与融创中国的控制权争夺之路。金科股份定增前后前五大股东如表3-4所示。

表3-4　　　　　　　　　　金科股份定增前后前五大股东

排序	股东名称	持股比例	排序	股东名称	持股比例
1	重庆市金科投资控股（集团）有限责任公司	17.53%	1	天津聚金物业管理有限公司	16.96%
2	黄红云	10.72%	2	重庆市金科投资控股（集团）有限责任公司	14.19%
3	陶虹遐	2.10%	3	黄红云	9.31%
4	中央汇金资产管理有限责任公司	1.70%	4	华宝信托有限责任公司	1.91%
5	中国证券金融股份有限公司	1.34%	5	陶虹遐	1.70%

（3）二级市场举牌追逐战。

融创中国二次增持金科股份：2016年11月11日至2016年11月28日，天津润泽、天津润鼎通过二级市场合计增持金科股份股票162304282股，占金科股份总股本的

3.04%。本次权益变动完成后,天津润泽、天津润鼎及其一致行动人天津聚金合计持有金科股份1069333760股,占金科总股本的20%。

2016年12月9日至2017年4月28日,天津润泽、天津润鼎通过二级市场合计增持金科股份股票266508225股,占金科股份总股本的4.99%。本次权益变动完成后,天津润泽、天津润鼎及其一致行动人天津聚金合计持有金科股份1335841985股,占金科总股本的25%。

金科股份实控人落实增持计划:2016年9月26日,黄红云完成增持下限22850股的承诺,累计增持46722150股,占公司总股本的1.08%;陶虹遐累计增持22222201股,占公司总股本的0.51%。公司控股股东重庆市金科投资控股(集团)有限责任公司、实控人黄红云及陶虹遐合计持有公司31.44%的股份。

2016年12月30日,陶虹遐累计增持64106826股,占公司总股本的1.20%,完成其增持计划。

2017年3月31日,黄红云和陶虹遐已解除婚姻关系,并于同日签署《一致行动协议》,公司实际控制人由黄红云、陶虹遐变为黄红云。此次共同控制关系解除及《一致行动协议》签署不会对公司产生重大影响。增持后金科股份的股权结构如表3-5所示。

表3-5　　　　　　　　　增持后金科股份的股权结构

排序	股东名称	持股比例
1	天津聚金物业管理有限公司	16.97%
2	重庆市金科投资控股(集团)有限责任公司	14.20%
3	黄红云	9.32%
4	天津润鼎物业管理有限公司	5.01%
5	天津润泽物业管理有限公司	3.02%
6	重庆国际信托股份有限公司	2.73%
7	陶虹遐	2.49%

因持有重庆市金科投资控股(集团)有限责任公司100%的股权,黄红云及一致行动人陶虹遐合计持有26.01%的股权,融创中国子公司天津聚金、天津润鼎及天津润泽合计持有25%的股份,双方持股比极为接近。

(4)董事会席位争夺战。

争夺非独立董事名额:融创中国在取得第二大实际控股股东地位后,并没有放弃对金科股份控制权的追求。2016年12月1日,融创中国子公司天津聚金提名商羽、张强出任金科股份第九届董事会非独立董事。金科控股向第九届董事会及提名委员会提名蒋思海、刘静、罗亮作为第十届董事会非独立董事候选人。2017年5月24日,金科股份召开了临时股东大会，黄红云旗下金科控股提名的3位非独立董事悉数入选新一届董事会，而融创中国旗下天津聚金提名的两位非独立董事仅入选1人。在非独立董事换届中，黄红云成功掌控局势。

修改该公司章程，增加职工董事：2016年4月18日，金科股份董事会由9名董事（含3名独立董事）组成，设董事长1人，副董事长1至3人。公司董事暂不由职工代表担任。融创中国企图在金科股份董事会换届之时，再谋金科股份的董事会席位。2016年10月17日，金科股份修改公司章程规定，公司董事会成员中应有不少于1/5的职工代表担任董事。职工代表须由在公司连续工作满五年以上的职工通过职工代表大会民主选举产生，以此减少代表融创中国的2名董事带来的冲击。

（5）重大资产重组停牌。

2017年5月5日，金科股份筹划现金购买房地产重大资产，于当日开市起停牌，并公告了《关于筹划重大事项停牌的公告》。

经各方论证，金科股份本次筹划的重大事项已构成重大资产重组，公司股票自2017年5月19日开市起转入重大资产重组程序继续停牌。

2017年7月，鉴于有关条件尚不成熟，金科股份决定终止本次筹划重大资产重组事项，并于7月5日开市起复牌。至此，黄红云及其一致行动人保住了董事会的控制权，融创中国也留有继续增持的空间。

（6）控制权争夺期间对金科股份股价的影响（见图3-3至图3-6）。

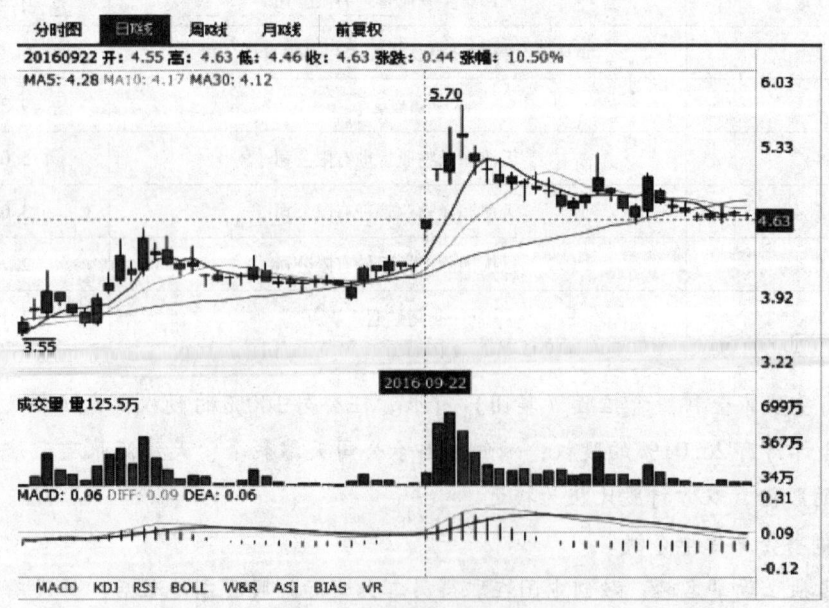

图3-3 增持金科股份股权前

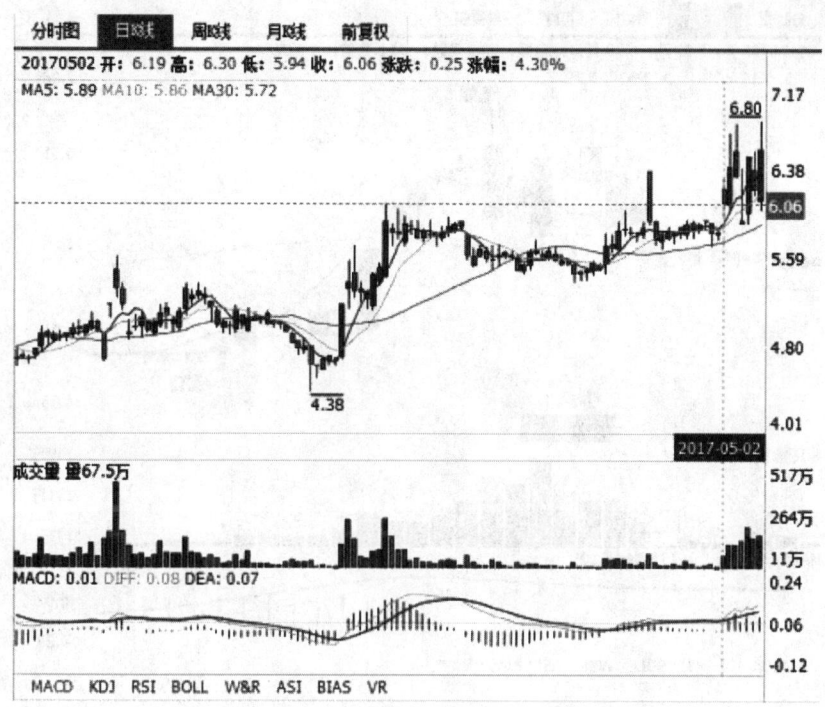

图 3-4 增持金科股份股权后

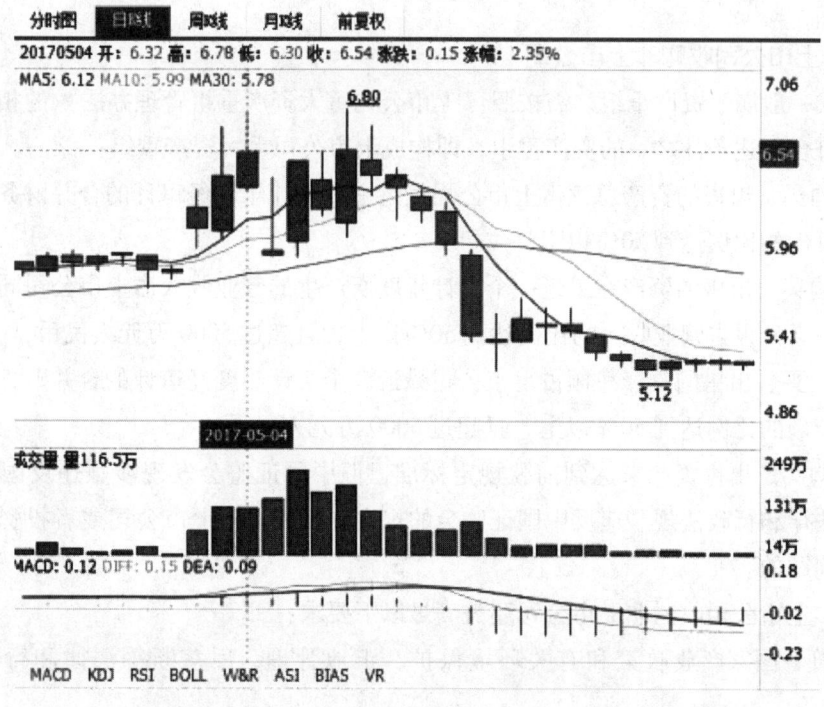

图 3-5 重大资产重组计划实施前(停牌)

资本运营

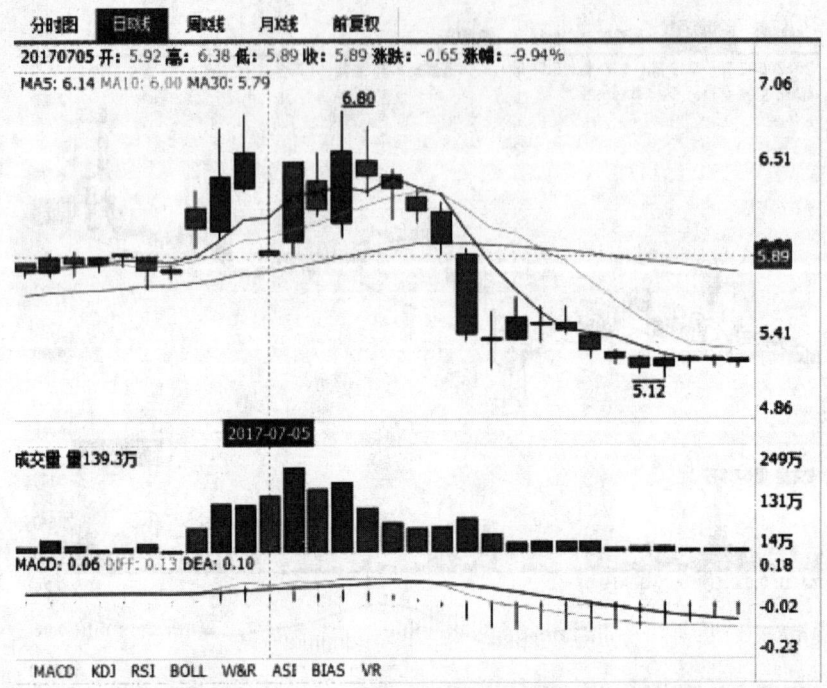

图 3-6 重大资产重组计划流产后（复牌）

资料来源：根据公开资料整理。

（二）上市公司收购非上市公司

该模式一般属于资产重组，需按照《上市公司重大资产重组管理办法》的相关规定来处理，如符合下述条件之一的资产重组，即构成上市公司重大资产重组：

（1）购买、出售的资产总额占上市公司最近一个会计年度经审计的合并财务会计报告期末资产总额的比例达到 50% 以上；

（2）购买、出售的资产在最近一个会计年度所产生的营业收入占上市公司同期经审计的合并财务会计报告营业收入的比例达到 50% 以上，且超过 5000 万元人民币；

（3）购买、出售的资产净额占上市公司最近一个会计年度经审计的合并财务会计报告期末净资产额的比例达到 50% 以上，且超过 5000 万元人民币；

（4）购买、出售资产未达到前款规定标准，但中国证监会发现涉嫌违反国家产业政策、违反法律和行政法规、违反中国证监会的规定、可能损害上市公司或者投资者合法权益等重大问题的。

此外，上市公司收购非上市公司还需满足以下要求：

（1）符合国家产业政策和有关环境保护、土地管理、反垄断等法律和行政法规的规定；

（2）不会导致上市公司不符合股票上市条件；

（3）重大资产重组所涉及的资产定价公允，不存在损害上市公司和股东合法权益的情形；

（4）重大资产重组所涉及的资产权属清晰，资产过户或者转移不存在法律障碍，相关债权债务处理合法；

（5）有利于上市公司增强持续经营能力，不存在可能导致上市公司重组后主要资产为现金或者无具体经营业务的情形；

（6）有利于上市公司在业务、资产、财务、人员、机构等方面与实际控制人及其关联人保持独立，符合中国证监会关于上市公司独立性的相关规定；

（7）有利于上市公司形成或者保持健全有效的法人治理结构。

【拓展阅读】 涉及上市公司主业或控制权改变——借壳上市

借壳上市是一个金融术语，指一家母公司（集团公司）通过把资产注入一家市值较低的已上市公司（壳公司），得到该公司一定程度的控股权，利用其上市公司地位，使母公司的资产得以上市。根据《上市公司重大资产重组管理办法》，以下几种情况可能会被认定为借壳上市。

（1）购买的资产总额占上市公司控制权发生变更的前一个会计年度经审计的合并财务会计报告期末资产总额的比例达到100%以上；

（2）购买的资产在最近一个会计年度所产生的营业收入占上市公司控制权发生变更的前一个会计年度经审计的合并财务会计报告营业收入的比例达到100%以上；

（3）购买的资产净额占上市公司控制权发生变更的前一个会计年度经审计的合并财务会计报告期末净资产额的比例达到100%以上；

（4）为购买资产发行的股份占上市公司首次向收购人及其关联人购买资产的董事会决议前一个交易日的股份的比例达到100%以上；

（5）上市公司向收购人及其关联人购买资产虽未达到上述四项标准，但可能导致上市公司主营业务发生根本变化；

（6）中国证监会认定的可能导致上市公司发生根本变化的其他情形。

在信息披露方面，借壳上市的披露要求同重大资产重组披露信息要求，但上市公司购买的资产对应的经营实体应当是股份有限公司或者有限责任公司，且需要符合《首次公开发行股票注册管理办法》规定的其他发行条件。

（1）上市公司及其最近3年内的控股股东、实际控制人不存在因涉嫌犯罪正被司法机关立案侦查或涉嫌违法违规正被中国证监会立案调查的情形，但是，涉嫌犯罪或违法违规的行为已经终止满3年，交易方案能够消除该行为可能造成的不良后果，且不影响对相关行为人追究责任的除外；

(2) 上市公司及其控股股东、实际控制人最近12个月内未受到证券交易所公开谴责，不存在其他重大失信行为；

(3) 本次重大资产重组不存在中国证监会认定的可能损害投资者合法权益，或者违背公开、公平、公正原则的其他情形。

若上市公司是通过发行股票购买资产的，还需披露本次交易有利于提高上市公司资产质量、改善财务状况和增强持续盈利能力，有利于上市公司减少关联交易、避免同业竞争、增强独立性；上市公司最近一年及一期财务会计报告被注册会计师出具无保留意见的审计报告；被出具保留意见、否定意见或者无法表示意见的审计报告的，须经注册会计师专项核查确认，该保留意见、否定意见或者无法表示意见所涉及事项的重大影响已经消除或者将通过本次交易予以消除；上市公司及其现任董事、高级管理人员不存在因涉嫌犯罪正被司法机关立案侦查或涉嫌违法违规正被中国证监会立案调查的情形。但是，涉嫌犯罪或违法违规的行为已经终止满3年，交易方案有助于消除该行为可能造成的不良后果，且不影响对相关行为人追究责任的除外；充分说明并披露上市公司发行股份所购买的资产为权属清晰的经营性资产，并能在约定期限内办理完毕权属转移手续等。

上市公司与交易对方就重大资产重组事宜进行初步磋商时，应当立即采取必要且充分的保密措施。上市公司应当聘请独立财务顾问、律师事务所以及具有相关证券业务资格的会计师事务所等证券服务机构就重大资产重组出具意见。上市公司应当在重大资产重组报告书的管理层讨论与分析部分，就本次交易对上市公司的持续经营能力、未来发展前景、当年每股收益等财务指标和非财务指标的影响进行详细分析。上市公司进行重大资产重组，应当由董事会依法作出决议，并提交股东大会批准。中国证监会依照法定条件和程序对上市公司控制权或主业改变情形的交易申请作出予以核准或者不予核准的决定。

【案例3-10】　　　　　　三圣跨界并购

重庆三圣实业股份有限公司于2002年5月成立，2015年2月在深交所中小板挂牌上市。公司主营商品混凝土及外加剂等建筑材料的研发、生产、销售和硫酸等硫系产品的研发、生产、销售，销售区域集中在重庆及周边地区，该区域的销售额占公司同期营业收入的比例达100%。

三圣股份是典型的家族企业，潘先文、周廷娥夫妇及家族成员所持有的股份合计接近65%：潘先文持股42.65%，他的妻子周廷娥持股7.62%，儿子潘吴恭持股1.81%，潘先东和周廷国各持0.66%，均为潘先文和周廷娥两大家族之人。

1. 东窗事发——三圣股份实控人被刑拘

2021年6月6日，三圣股份收到公司控股股东、实际控制人潘先文家属通知，潘先文因涉嫌操纵证券市场，于2021年6月1日被重庆市公安局采取刑事拘留强制措施。值得关注的是，6月2日，潘先文减持了所持公司股份15万股；其子潘呈恭也于5月31日至6月2日减持了公司股份。

2021年6月7日，三圣股份股票开盘即跌停。

2021年6月7日，深交所发出关注函，抛出"三连问"：潘先文被采取刑事拘留强制措施是否存在信息披露违反及时性情形；潘先文被刑拘之下，其和潘呈恭相关减持操作的决策过程，相关敏感期交易是否存在利用未公开信息进行"精准减持"并构成内幕交易情形；实控人及一致行动人、董监高及相关内幕信息知情人是否存在内幕交易情形。

2. 事件起点——三圣股份跨界并购

商品混凝土行业企业的货款一般采用定期结算的方式，导致行业内普遍存在应收账款余额较高的情况。

2011年至2014年，公司应收账款余额分别为1.74亿元、2.51亿元、4.84亿元和5.63亿元，占营业收入的比例分别为20.58%、23.64%、41.21%和44.33%；2014年，公司应收账款占总资产的比例更是高达39%。

2011年至2014年9月，公司流动负债分别为3.34亿元、3.81亿元、6.32亿元和7.17亿元，流动负债占同期负债总额的比例分别为99.73%、99.79%、91.37%和93.40%，同期流动比率分别为1.14、1.36、1.28和1.28。

上市后，三圣股份原形毕露，根据招股书显示，2011年至2013年，公司主营业务收入年复合增长率达到23.94%，其中，商品混凝土收入复合增长率达到26.39%，外加剂收入复合增长率达到15.73%。

2015年4月份发布的2014年年报就显示公司增速迅速下滑，公司2014年主营业务收入为12.7亿元，同比仅增长8.25%。归属于上市公司股东的净利润为1.01亿元，同比下降了1.45%。同时经营活动产生的现金流量净额更是大降151.61%，为-1.19亿元。

(1) 第一次跨界并购：被并购方——百康药业。

辽源市百康药业有限责任公司（百康药业）前身为辽源市制药一厂，始建于1958年。2003年11月从原吉化公司辽源制药有限责任公司整体转制为民营企业。截至2015年12月31日，百康药业资产总额1.52亿元，负债总额1.41亿元，所有者权益1112万元；因停产搬迁，新厂区于2015年10月正式投产，其2015年度实现营业收入2409万元，净利润-351万元。截至2016年2月29日，百康药业资产总额1.97亿元，负债总额1.51亿元，所有者权益4671万元；2016年1-2月实现营业收入2227万元，净利润3558万元（主要来源于搬迁补偿收益）。

2016年4月15日，三圣股份以自筹资金收购魏晓明、李海臣、聂利俊、陈贵忠等41名自然人持有的百康药业100%股权，本次交易对价为2.58亿元。百康药业原主要股东（核心管理团队，合计持股62.952%）向公司作出利润承诺与保证。交易利润承诺仅为2016年度，当年合并报表口径下扣除非经常性损益后归属于母公司的净利润不低于2000

资本运营

万元，并就实际净利润不足部分承担现金补偿义务。本次收购不构成关联交易，也不构成《上市公司重大资产重组管理办法》规定的重大资产重组。根据《公司章程》《对外投资管理制度》的有关规定，此次事项仅需由公司第三届董事会第六次会议审议通过，无需股东大会审议。

(2) 第二次跨界并购：被并购方——春瑞医化。

重庆春瑞医药化工有限公司成立于1979年10月14日，其前身为重庆市洛碛化工厂，2003年5月改制为民营股份企业，现注册资金9000万元，是一家集研发、生产和销售为一体的精细化工医药中间体企业。春瑞医化主营业务为化学医药原料研发、生产和销售，公司主要产品有：盐酸普鲁卡因、头孢西丁、氯霉素、氨曲南、奥利司他等中间体，同时和世界500强企业配套生产抗艾滋病、糖尿病、丙肝等中间体。所属行业为化工行业下的精细化工行业，细分属于医药中间体行业。公司拥有自营进出口权，产品出口到印度、东南亚、俄罗斯、南美等海外市场。

第一次并购春瑞医化以失败告终，2015年8月，春瑞医化与杨兴志（三圣股份董秘）、三圣投资、潘先文等183名出资人签订《股份认购协议》约定，向该等183名出资人发行6000万股股份，每股作价4.04元/股。2016年4月，三圣股份试图以7.48亿元收购春瑞医化88%股权。2016年6月8日，有媒体刊登名为《三圣股份收购标的涉嫌虚报采购数据》的相关报道，对春瑞医化的采购数据进行了全面的质疑。2016年，春瑞医化估值迅速上升。经评估，春瑞医化100%股权的估值为8.5亿元，较2016年3月31日母公司未经审计的净资产价值3.48亿元，评估增值率为144.40%；对应春瑞医化88%股权的预估值为7.49亿元，经协商，交易双方确定前述股权交易价格定为7.48亿元。对应每股价格在不到8个月时间内迅速从4.04元上升到9.44元。

在《中国证监会行政许可项目审查一次反馈意见通知书》中，证监会就明确指出2015年8月增资对象中包含三圣股份董事长潘先文和时任董秘杨兴志，请三圣股份补充披露潘先文和杨兴志通过本次交易获取投资收益的原因以及合理性。证监会追问后，三圣股份放弃了对春瑞医化的第一次并购。

2017年3月13日，三圣股份发布了《关于收购重庆市春瑞医药化工股份有限公司60%股权暨关联交易的公告》，公告称：公司于2017年3月12日召开第三届董事会第十六次会议，审议通过了《关于收购重庆市春瑞医药化工股份有限公司60%股权暨关联交易的议案》，公司董事会同意公司以5.38亿元收购除潘先文先生外的春瑞医化全体自然人股东郝廷艳先生、杨兴志先生、胡奎先生、胡家弟先生、郝廷革先生等182人合计持有的春瑞医化60%股权。交易完成后，公司直接和间接持有春瑞医化72%股权。

2017年6月8日，三圣股份发布公告称完成了收购重庆市春瑞医药化工股份有限公司60%股权。由于三圣股份全资子公司重庆三圣投资有限公司已持有春瑞医化12%的股权，根据《企业会计准则第20号——企业合并》及《企业会计准则解释第4号》相关规定，公司之前对春瑞医化的投资因为后来的高溢价投资进一步增值，该股权在购买日的公允价值1.08亿元进行重新计量，公允价值与其账面价值的差额6403万元计入当期投资收益。因此公司依靠并购成功获得接近6403万元的非经常损益，进一步增厚了公司业绩。

在这次收购中，春瑞医化的估值进一步上升至8.97亿元，评估增值率为109%，对应形成3.16亿的商誉。双方主要股东分别向公司做出了对于春瑞医化2017年度净利润（合并报表扣非后归母净利润）不少于6200万元、2017年初至2018年末累计净利润不低于1.3亿元、2017年初至2019年末累计净利润不低于2.1亿元的业绩承诺。

2017年，春瑞医化经审计的扣非后归母净利润为6316万元，高于承诺数116万元，完成本年预测盈利的101.87%，恰好压线精准完成业绩承诺。

3. 好景不长——三圣股份并购效果不佳

借并购获得巨额投资收益的同时，三圣股份于2017年7月4日发布《关于控股股东、董事、高级管理人员股份减持计划的公告》，公司董事长潘先文、董事兼总经理张志强、副总经理范玉金和黎伟、财务总监杨志云于2017年6月30日向公司提交《股份减持计划告知函》。

在此背景下，深交所要求公司补充披露公司控股股东、实际控制人潘先文及部分董监高人员计划在利润分配方案披露后拟减持公司股份的原因。

公司称2017年7月4日披露的预减持事项是2017年2月18日披露的预减持事项为适应最新监管政策要求而进行的延续调整，减持数量合计不超过168万股，是因为个人自身资金安排需要，与上述2017年7月14日披露的利润分配预案客观上并无联系。

在三圣股份发布的《2017年半年度利润分配预案的预披露公告》中，以截至2017年6月30日公司总股本2.16亿股为基数，以资本公积金向全体股东每10股转增10股，共计转增2.16亿股。

因为投资收益导致业绩增厚，叠加公司高送转利好，公司股价在随后半年内飞速上涨，从接近11元的股价区间上涨到最高价40元，其间多次登上龙虎榜。

但是，好景不长，三圣股份权利受限的资产合计高达12.98亿元，且负债飞速攀升。截至2017年12月31日，公司资产负债率为61.43%，处于较高的负债水平、现金流水平恶化。同时2018年以来公司负债继续迅速攀升。截至2018年7月31日，公司借款余额（含已发行公司债券）为18.3亿元，较2017年12月31日累计新增借款3.35亿元，累计新增借款金额占2017年12月31日净资产的20.50%。同年三季报显示，年初至报告期末经营活动产生的现金流净额同比大降218%，为-1.71亿元。同时公司资产负债表显示，公司短期借款余额高达4.2亿元，一年内到期的非流动负债余额为2亿元，但同时公司账上货币资金余额仅为2亿元。

此外，公司股权还频繁质押。公司以百康药业价值为2.98亿元的100%股权为重庆农村商业银行期末1.1亿元借款余额提供质押；以重庆圣志建材价值为5100万元的100%股

资本运营

权为工商银行期末1200万元借款余额提供质押；以春瑞医药化工价值为5.38亿元的60%股权、三圣投资以其所持有的春瑞医化价值为4363万元的12%股权为重庆三峡银行期末3.2亿元借款余额提供质押，其他长期股权投资也已经质押。大股东股份多数也被质押，截至2018年10月30日，潘先文持有本公司股份2.13亿股，占公司总股本的49.37%；其所持公司股份累计被质押股份数额为1.45亿股，占其所持公司股份的67.93%，占公司总股本的33.54%；周廷娥持有本公司股份3122万股，占公司总股本的7.23%；其所持公司股份累计被质押股份数额为2622万股，占其所持公司股份的83.99%，占公司总股本的6.07%。

再加上现有采矿许可证到期，三圣股份的境遇可谓是雪上加霜。根据2018年中报显示，虽然近年来三圣股份已经向医药转型，但是公司的营收主要还是建材化工业务，其占营业收入的比重接近75%，而这块业务对上游原材料依赖性很强。2018年7月19日，公司发布了《关于石膏矿采矿权存在不能获得延续登记风险的公告》：公司拥有的石膏矿采矿许可证已于近期到期。在当前环境保护政策背景下，虽经公司各方面竭力协调，石膏矿采矿许可证延续申请尚未获得重庆市北碚区人民政府及相关部门批准，存在不能获得延续登记的风险，公司将面临不能在原矿山地址继续进行石膏开采的境况。未来，如果国家关于石膏矿资源管理政策变动，相关采矿资质条件发生变化，公司的石膏矿采矿许可证不能续展，公司生产经营将受到重大不利影响。

4. 监管发力——实控人端倪初现

（1）实控人涉嫌掏空企业。

2017年5月，潘先文将持有的三圣股份的94.56%拿去质押融资。对于如此大比例的股权质押，深交所马上发来问询函，询问潘先文融资的钱用来做什么，并叮嘱三圣股份要防范资金被实控人占用的情况。

2018年5月，三圣股份以预付款方式向部分供应商划出资金，再由供应商按公司指令划转至公司控股股东、实控人潘先文控制的重庆青峰健康产业发展有限公司账户。

2019年1月3日，深交所发现三圣股份2018年三季度末的预付款达到1.9亿元，飙涨了5.8倍。于是，深交所就此发出问询函。三圣股份回应说是为了降低采购成本，于是提前付款。

2019年3月28日，深交所再次询问预付款是否有商业实质；三圣股份承认公司有3.63亿元预付款，被转到青峰健康账户。

（2）实控人涉嫌内幕交易。

2019年，潘先文和三圣股份被证监会立案调查；2019年9月，三圣股份收到证监会的《行政处罚决定书》，潘先文被警告并处以90万元的罚款。

2019年9月27日，潘先文不再担任董事长，他的儿子潘恭文站到了台前，成为三圣股份的董事长。

2020年10月起,潘先文开始大手笔减持套现,前后套现1.42亿元。直到2021年6月1日,潘先文涉嫌操纵证券市场,被公安机关采取强制措施。

事发第二天,潘先文的股票账户依然减持了15万股,潘呈恭减持279万股。直到6月6日,三圣股份得到家属通知,方才仓皇发出重大公告。公告当日,三圣股份跌停板,而潘先文父子在重大利空公开前,精准减持股票,再一次涉嫌内幕交易。

资料来源:根据公开资料整理。

六、其他划分标准

(一)按并购的动因划分

1. 规模型并购

规模型并购是指企业通过并购其他企业,扩大自身规模,提高市场份额和竞争力的一种并购方式。这种并购方式主要是为了实现规模经济效应,降低生产成本和销售费用,提高企业的盈利能力。规模型并购可以迅速扩大企业的规模,提高市场份额,增强市场竞争力,同时也可以获取目标企业的资源,如技术、人才、市场渠道等,提高企业的核心竞争力。但是,规模型并购也存在一些缺点,如管理难度增加、整合成本上升、风险增加等,需要企业具备更强的管理和整合能力,制定合理的并购策略和整合方案,以确保并购的顺利进行和取得良好的效果。

2. 功能型并购

功能型并购是指企业为了实现特定功能或目标而进行的并购。这种并购通常是为了获取目标企业的特定资源、技术或市场渠道,以增强企业的核心竞争力。例如,企业可以通过并购获取目标企业的研发能力、生产技术或市场渠道,以实现技术升级、产品创新或市场拓展等目标。同时,通过并购企业可以获取目标企业的业务能力,如市场渠道、销售网络等,从而提高自身的业务水平。

3. 组合型并购

组合型并购是指企业通过并购多个目标企业,以构建一个完整的产业链或业务组合。这种并购通常是为了实现资源的整合和优化,实现多元化经营降低成本、提高效率或增强抗风险能力。例如,企业可以通过并购多个供应商、分销商或服务商,构建一个完整的供应链或服务网络,以实现资源的优化配置和协同效应。

4. 产业型并购

产业型并购是指企业为了扩大市场份额、提高竞争力或进入新市场而实现生产经营一体化,扩大整体利润的一种并购方式。这种并购通常是为了获取目标企业的市场份额、品牌影响力或市场渠道,以实现企业的扩张和发展,提高企业的竞争力和盈利能力。

产业型并购的价值导向是并购后的协同效应,即通过并购后的产业整合提高双方企业的绩效。在完成对公司的并购后，战略投资者一般会继续发展公司原有产业，将原有产业做大做强。

5. 成就型并购

成就型并购是指企业为了实现某个特定成就或目标而进行的并购。这种并购通常是为了获得某种荣誉、地位或认可，例如成为行业领导者、获得某种认证或获得某种荣誉等。企业可以通过并购获得某个行业的领先地位或获得某种认证，以提高企业的品牌形象和市场地位。

（二）按并购后被并一方的法律状态划分

1. 新设法人型并购

新设法人型并购是指两个或多个公司合并后，并购双方都解散，成立一个新的法人实体的并购方式。新的法人实体具有独立的法律地位，原有公司的资产、负债、权利和义务都转移到新的法人实体中。这种并购方式简单明了，易于操作，而且有利于消除不同公司间的差异，统一管理。但是需要投入大量的资源进行整合，包括组织架构、业务流程等，可能会遇到员工文化、品牌认同等方面的挑战。

2. 吸收型并购

吸收型并购是指一个公司通过收购另一个公司的股份或资产，使其成为自己的子公司或被合并的并购方式。在这种形式下，被合并的公司失去其独立的法律地位，成为收购公司的子公司，其资产、负债、权利和义务都转移到收购公司中。这种并购方式可以快速扩大公司的业务范围和市场份额，有利于实现资源共享，降低成本。同时也面临整合难度大、员工流失、品牌形象受损、需要处理被合并公司的各种遗留问题等风险。

3. 控股型并购

控股型并购是指收购双方都不解散、一个公司通过收购另一个公司的股份使其成为自己的控股子公司的并购方式。收购公司通过持有股份实现对被控股公司的控制，被控股的公司仍保持其独立的法律地位，此并购方式能够保持被控股公司的独立性，减少整合难度。但其需要投入大量的资金进行股权收购，同时存在控制权和股权稀释的风险，因此企业选择何种并购类型，需要根据公司的具体情况、目标以及市场环境等因素进行综合考虑。

第四节　并购实务

【导读】

2019年2月22日，一条重磅新闻在业界引起轰动：江西省国资委同意华润医药集团

（股票代码：03320）对江西江中制药（集团）有限责任公司（以下简称江中集团）进行并购重组，并签订《华润医药集团有限公司战略重组江中集团合作协议》。华润医药并购重组江中集团，持有江中集团51%股权，并通过江中集团控制其下属子公司江中药业股份有限公司（股票代码：600750），同时"江中集团"更名为"华润江中制药集团有限责任公司"。

一、并购策划阶段

企业并购的首要步骤是在行业和公司中进行反复筛选，找到合适的目标企业。从企业战略角度考虑，为了寻找到合适的并购目标，寻找并购企业应该被纳入正在进行的战略规划中，对于符合公司战略发展、可以与公司产生协同作用、获取新的利润增长的公司是需要花费时间和精力认真寻找的。而这一过程需要多方面的人员来合作完成，包括企业管理人员、投资银行家、律师和注册会计师，甚至需要专业的咨询机构共同参与。

并购战略的制定必须分析各种因素，既要对本企业能力和局限性进行评估，还要对目标公司能力和局限性进行评估、对利害关系人的态度进行评估。此外，本公司所在行业、目标公司所在行业的发展前景、现实的和潜在的竞争者的实力、长处与短处、并购后可能的风险来源及可能的治理措施、并购失败减少损失的方法、人事安排与组织方式以及文化的整合措施等因素在并购战略的策划阶段都要注意到。企业战略制定的方法如表3-6所示。

表3-6　　　　　　　　　　企业战略制定的方法

战略制定方法	主要的观点	进一步解释
波士顿顾问小组	经验曲线、产品生命周期和投资组合平衡	经验曲线代表产量—成本关系，企业应该采取"先入为主"的战略和扩大销售量的价格政策；企业应根据不同的产品生命周期作出并购决策；投资组合平衡就是试图将有吸引力的投资领域（处于生命周期早期）与产生现金的部门（成熟期企业）结合起来
波特方法	（1）选择一个有吸引力的行业；（2）利用成本领先和产品差异化发展竞争优势；（3）发展有吸引力的价值链	企业的各种价值链分析的目的是以最少的支出来增加产品的被顾客认为有价值的特性。波特方法对于选择并购对象和确定并购动机来说是有益的，并且对并购后的整合，可以从价值链的详细研究中得到启示
适应性方法	在环境不确定或竞争对手的行为和反应不确定时，把企业的各种资源与可能的投资机会匹配起来，并且这种匹配是不间断的	它认为战略是一种适应性过程或一种思维方式，企业管理的任务就是在当时间、竞争和其他变化使企业价值发生变动时，对管理工作进行调整和更新

资本运营

为了更好地实现并购目标，企业在策划并购时，应考虑到此次并购对自身的有利因素，如可以更迅速地实现企业的某些目标、降低实现目标所需成本和可能风险，抑或由于政府的支持或推动，让企业可能更易通过并购实现目标。并购还可能改进目标公司的资产运用效率，并使企业获取一定的税收优惠，增加企业的现金留存。

除此之外，还可能存在能力互补或者协同效应，在一定程度上满足经济发展的要求等有利因素推动企业实施并购。效益、自愿、互利与有偿的原则、稳健原则、市场机制与宏观调控相结合原则和以人为本的原则是企业实施并购战略的一般原则。

【案例3-11】 施耐德并购战略

法国施耐德公司是国际知名的电气跨国公司，近几年来在中国经过充分的战略情报研究和战略保障准备之后，开始在中国实施并购战略。在中国的并购战略是其全球战略的一部分，其全球范围的战略安排是法国控制品牌和专利权，中国生产、北美及欧洲销售。其并购目的是成为中国最大的电气生产企业，形成一定垄断地位。

施耐德并购思路：由西到东，施耐德以并购山西宝光集团为第一站，以中国西部为中心向外辐射。然后由西到东，到烟台的东方电子和温州的德力西。在并购活动中，除了品牌和专利权外，施耐德公司的策略非常灵活，对并购对象提出的各种条件都先答应，然后再做部分方案调整，这使中国企业感到很容易接受。对于拒绝并购的，则施以知识产权保护打压。如：在与低压电器巨头正泰集团谈判不成，而正泰与美国通用电气靠近时，施耐德公司就对其施以法律阻击。

施耐德并购启示：针对中国成为世界加工厂和世界经济的有力推动者之一的趋势不断加强，法国施耐德公司着手在中国的并购战略。但施耐德的并购不是一时的经营性的，而是战略性的，它不是单纯提高竞争力，而是从自身发展周期来考虑。此外，在实施战略并购之前，进行战略情报分析研究，而不限于市场信息分析，进行了战略预见，而不是供求预测。

资料来源：根据公开资料整理。

二、并购决策阶段

在确定了企业并购战略之后，并购的下一个步骤就是对目标公司进行特征描述，并确定标准，然后根据并购标准进行目标搜索、信息收集、调查、分析以及筛选，最后确定并购的目标公司。

寻找并购目标企业时，往往需要注意以下几个特征：①营业亏损，目标企业一般因为经营不善或某种原因处于微利或亏损状态，为了谋求出路，有被优势企业所并购从而改善经营状况的愿望；②协同作用大，即能与并购企业发生协同作用的企业，在协同作用大的基础上才能实现并购后的增值，这样才能保证并购后双方的利益，才有并购的动力；③具有盈利潜力，由于管理不善或者其他管理上的问题造成处于微利或亏损状态的企业往往成为被并购的对象。因为只要被并购后加强管理，企业的营业状态即可得到很大改善，这对自身管理经验丰富的企业非常有利。具备以上特征的企业可以作为并购目标的备选，而这种企业也可以列出一长串，要确定选择哪个企业进行并购，则需要考虑企业自身的发展战略，即应该选择符合企业发展战略且容易与企业产生协同作用的企业进行并购。

在作出并购决策时，需要进行并购的可行性研究，即在实施并购前，对企业并购所应具备的各种条件，并购后企业的发展前景及技术、经济效益等情况，进行战略性调查和综合性论证是保证企业并购的科学性，提高企业并购效益的一个重要环节，它既是论证并购的可行性，又是优选并购方案的手段。

并购完全可以依靠自身的力量来完成，但国际上一般惯例会借助于专业性的中介机构、投资银行家、并购经营专家和并购金融专家等，在该环节中，这些财务顾问（FA）除了要负责财务决策相关问题的解答，还要帮助企业解决并购过程中最核心的问题——交易结构设计。

可行性研究一般有三个阶段：一是机会研究阶段，属于并购可行性研究的一个战略性阶段，目标在于发现投资机会，一般与初步可行性研究同时进行；二是初步可行性研究，指在机会研究的基础上，对企业并购进行初步分析；三是详细可行性研究，这一阶段则是对初步性分析的具体与深化。

三、并购实施计划阶段

在这一阶段，主要是进行并购主体设计与选择以及交易结构的设计。其中，交易结构设计包括交易价值评估、支付方式与锁定期、业绩补偿与奖励、反收购防御、配套融资等内容。

（一）并购主体设计与选择

并购主体选择对公司的并购规模、并购节奏、并购后的管理及相配套的资本运作均有十分重大的影响。流行的并购主体设计模式主要有以下四种。

1. 上市公司作为投资主体直接展开投资并购

该模式的优势在于可以直接由上市公司进行股权并购，可无需使用现金支付，以及利润可以直接在上市公司报表中反映。但是，这一模式在企业市值低时，对股权稀释比例较高，且上市公司作为主体直接展开并购，牵扯上市公司的决策流程、公司治理、保密性、风险承受、财务损益等因素，比较麻烦。若并购后业务利润未按预期释放，还会影响上市公司利润。

【案例3-12】 蓝色光标连续并购

以上市公司作为投资主体直接展开投资并购是最传统的并购模式，也是最直接有效驱动业绩增长的方式，如2012—2013年资本市场表现抢眼的蓝色光标，自2010年上市以来，其净利润从6200万元增长至2013年的4.83亿元，4年时间利润增长约7倍，而在将近5亿元的盈利中，有一半以上的利润来自并购。蓝色光标自2010年在深圳证券交易所创业板上市以来，公司就计划通过"内生式增长"和"外延式发展"两种方式，以"区域扩张、行业拓展、服务延伸"三大业务发展战略来保持现有品牌的快速增长，而为了贯彻这一计划，企业往往采取并购来实现这一战略目标。

从并购历程来看，主要分为两个阶段，一个是上市初期的整合阶段，另一个是发展成熟的国际化和数字化并购阶段。

在2010年以前的并购，蓝色光标选择的并购公司大多是与自身主营业务一致的，比如上海蓝标、广州蓝标等，都集中在公共关系服务类，并且发生的一些重大并购主要是本土的一些公司，通过并购来抢占市场的占有率，扩大市场份额。

在2010年上市后，有了更充足的资金支持，逐步向外延拓展，通过并购，整合包括广告、公共关系服务和活动管理等传播服务企业，是公司未来发展的主要方式。2011年积极贯彻外延式发展，公司业务分别扩展至互联网广告、广告策划、数字营销、微博营销、财经公关等多个领域，打造了营销传播服务链条，在公司原有的公共关系业务板块的基础上，增加了广告业务板块，初步形成了一个涵盖公共关系服务、广告等在内的现代传播集团的架构。

2013年下半年开始，公司实施数字化转型和国际化战略。该阶段公司坚持"内生增长"和"外延发展"并重的发展总体战略，同时在发展策略上，兼顾数字化和国际化的发展方向，克服经济增长趋缓、市场波动等不利因素。在2013年，蓝色光标参股Huntsworth和收购WAVS公司股权等，就是公司落实国际化战略迈出的第一步，随着国际化拓展，公司业务网络也逐渐向国际经济成熟地区拓展。

2014年开始进行智能营销布局，组建战略新兴业务板块，布局大数据、移动互联和电子商务新战场，参股杭州网营科技有限公司，收购了北联伟业等，在电子商务上初步形成完整产业链，而产业链的最前端是在美国收购的Fuseproject。

2015年数字营销业务收入接近60亿元，在总收入中的占比超过70%。这一系列的连续并购不仅让企业的优势业务公共关系服务得到进一步巩固，也拓宽了企业的产业链，使企业得以多方位发展。

资料来源：搜狐网。

2. 大股东成立子公司作为投资主体展开投资并购

该模式的优势在于不直接在股份公司层面稀释股权,未来如果子业务发展势头良好,可将资产注入至股份公司,通过此结构在控股股东旗下设立一个项目"蓄水池",公司可根据资本市场周期、股份公司业绩情况以及子业务经营情况有选择地将资产注入上市公司,更具主动权。

此外,还可以在子公司层面上开放股权,对被并购企业的管理团队而言,未来如果经营良好,可以将资产注入上市公司,从而实现股权增值或直接在上市公司层面持股,实现上市,具有较高的激励效果。

该模式的劣势在于规模有限,如成立全资子公司或控股子公司则需要大股东出资较多,如非控股则大股东丧失控制权,且子公司或项目业绩不能纳入股份公司合并报表,使得并购后不能对上市公司报表产生积极影响。同时,公司需成立专门的并购团队开展项目扫描、并购谈判、交易结构设计等,对公司投资并购能力和人才储备要求较高。

【案例3-13】 中粮以及厚朴设立SPV公司并购蒙牛

2009年7月6日,蒙牛乳业停牌。2009年7月5日,蒙牛与中粮及厚朴就股份认购一事订立《认股协议》。中粮、厚朴将设立特殊目的公司SPV,以便持有蒙牛的权益。中粮将直接或间接拥有SPV公司70%的股权,而厚朴则直接或间接拥有其余30%。蒙牛主要通过新股发行和原有股份转让来和SPV进行交易。首先,蒙牛发行17380万股新股,约相当于已发行股本的11.13%及其在股份认购完成后经扩大的已发行股本的10.01%,中粮及厚朴透过SPV以现金每股17.60港元认购该等认购股份。其次,根据《金牛银牛买卖协议》,以每股17.60港元转让蒙牛原有股份共119516208股(约占已发行股本的7.65%),根据《老牛买卖协议》,转让其在蒙牛的全部股份,共54283792股(约占已发行股本的3.48%)。于股份认购及售股交易完成后,SPV持有蒙牛共34760万股,约相当于蒙牛经扩大已发行总股本的20.03%,中粮、厚朴支付61.1776亿港元。

交易完成后,中粮、厚朴通过SPV直接或间接持有蒙牛乳业约20.03%的股权,成为其第一大股东,最终实现对蒙牛乳业的并购。

资料来源:齐齐文库。

3. 大股东出资成立产业并购基金展开投资并购

该模式的优势在于大股东只需部分出资撬动更多社会或政府资本开展产业投资并购,由专业的投资管理公司合作解决并购能力问题、投后管理问题等,通过基金结构设计实现与基金管理人共同决策或掌握更多的决策权。该模式的劣势在于大股东品牌力、信誉、影响力等较弱,可募集资金规模可能受限,前期需要大股东出资启动,对大股东的出资有一定的要求。

【案例3-14】　　　　　　　　红杉资本投资思科

红杉资本对早期科技创业公司潜力的识别体现在1987年对思科（Cisco Systems）的投资中，彼时思科还是一家刚成立的初创公司，红杉看重其开发生产网络设备、提供高效的数据通信和互联网连接解决方案的能力，创始人瓦伦丁以250万美元买下了思科1/3的股票并获得了其董事会的掌控权，随后几年里瓦伦丁重组了思科自上而下的核心管理层，并在思科于1990年纳斯达克上市时收获了近40倍的丰厚利润。

红杉对思科的投资之于整个风投行业的重要意义，不仅在于其远超预期的经济回报，更在于风投机构深度介入初创公司的核心管理层，通过雇用专业化的职业团队改变了一家科技企业的命运，并随着其急速发展壮大成龙头企业进而主宰了整个行业近十年的发展。

资料来源：搜狐网。

4. 上市公司出资成立产业并购基金开展投资并购

该模式除具备模式2、模式3的优势外，还可以利用上市公司的品牌力、影响力、信誉等撬动更多社会资本与政府资本，更容易募集资金。由于上市公司的资金比较充裕，便于启动基金，也不直接在股份公司层面稀释股权，可以通过股权比例和结构设计将投资的子公司业绩纳入股份公司合并报表。

但是，由于我国资本市场环境与国外有很大不同，上市公司大股东或实际控制人很少是基金投资人，因此能够依托大股东力量与上市公司形成模式3中所述产融互动模式的公司非常少。而伴随我国私募基金以及并购市场的不断发展壮大成熟，越来越多的上市公司选择与私募基金合作成立并购基金开展对外投资和收购，由并购基金扮演上市公司产业孵化器的角色，提前锁定具有战略意义的优质资源，待培育成熟后再注入上市公司。

【案例3-15】　　　大康牧业携手天堂硅谷，成立产业并购基金

2011年8月，湖南大康牧业股份有限公司与浙江天堂硅谷股权投资管理集团有限公司共同成立专门为公司产业并购服务的并购基金，双方合作后，自2012年至今，已先后与武汉和祥畜牧发展有限公司、湖南富华生态农业发展有限公司、武汉登峰海华农业发展有限公司、慈溪市富农生猪养殖有限公司达成收购及共同管理协议，主要合作模式为：由天堂硅谷和大康牧业共同管理被投资公司，其中天堂硅谷主要负责公司战略规划、行业研究分析、资源整合优化等方面；大康牧业负责经营方案及其日常经营和管理等内容，派驻专业管理团队。

上市公司以这种方式展开并购，第一，扩大了可调用资金规模，大康牧业仅用3000万元即撬动3亿元现金用于自己的产业并购；第二，由并购基金直接收购被投公司股权无须经过证监会行政审批，极大地提高了并购效率；第三，通过与私募基金管理公司合作，在战略研究、资源整合等方面与上市公司形成互补；第四，在并购基金投资期间上市公司即介入经营管理，降低了并购后整合阶段可能给公司带来的利润无法如期释放的风险。

资料来源：根据公开资料整理。

（二）交易结构设计

1. 交易价值评估

评估企业的价值，一般可以使用内在价值法和相对估值法。内在价值法包括现金流量折现法、账面价值法；相对估值法则是根据某一变量考察可比公司的价值，以确定被评估公司的价值。相对估值法认为相对价值更有现实意义，其内在假设是同行业的公司之间有较大可比性，相关指标符合正态分布，如市盈率法。

《上市公司重大资产重组管理办法》提到"重大资产重组中相关资产以资本评估结果作为定价依据的，资产评估机构应当按照资产评估相关准则和规范开展执业活动。……原则上应该采取两种以上的方法进行评估。"

国内评估常用的估值方法还包括资产基础法、收益法和市场法。

资产基础法是指在合理评估企业各项资产和负债价值的基础上确定被评估对象的价值的方法。

市场法是指将评估对象与参考企业、在市场上以及有交易案例的企业、股东权益、证券等权益性资产进行比较，以确定被评估对象的价值的方法。这两种方法常用于重资产、传统行业企业价值的评估。

收益法是指通过将被评估企业预期收益资本化或折现以确定评估对象价值的估值方法，常用于轻资产、新兴行业企业价值的评估。在使用收益法时，预测期收入不能显著高于基期，否则预测期假设的根基就不牢固，整个评估是建立在"空中楼阁"之上的，极有可能被证监会认定为"忽悠式"重组。同时，预测期收入的增长要符合现实，应符合产业发展的逻辑，不能够出现"三级跳"的夸张增长。如果增长过快确实符合产业逻辑，或者预测期收入增长跨度较长（如连续增长七年后才到达永续年）是产业特点，也是可能通过的，但是必须有详细的论据支撑，评估说明必须细之又细，慎之又慎，让人信服。

在上市公司并购重组中，根据标的公司各股东对标的公司的贡献、未来承担的相关责任以及退出方式的利益诉求等相关因素，采取差异化的定价方式，这样的交易价值评估方式叫作差异化定价。如蓝帆医疗在收购柏盛国际时，就对蓝帆投资、管理层股东、其余股东、北京中信（财务投资人）进行了差别定价。

2. 并购支付方式

并购支付方式包括现金支付、证券支付、分期付款等方式。上市公司并购重组时，支付方式可以选择以上三种方式，但是股价较高时偏向于现金支付，股价低时偏向于股份支付，涉及境外投资者时一般选择现金支付。

【案例3-16】　　　　　　　宣亚国际现金收购映客直播

2017年9月4日，宣亚国际发布重大资产购买报告书，拟以现金方式收购奉佑生、廖洁鸣、侯广凌、映客常青、映客观众和映客远达合计持有的蜜莱坞（映客）48.2478%的股权。蜜莱坞约48.25%股权，标的资产交易价格近28.95亿元，而蜜莱坞旗下运营的主要直播平台正是映客直播，映客的估值为49.32亿元，溢价4.37倍。收购完成后，宣亚国际将成为映客的第一大股东。宣亚国际表示，此次整合看重的是两者之间的强强联合和协同效应，收购完成后，上市公司将通过资源整合充分发挥两者的协同效应，完善数字营销的全产业链业务体系，并借助映客直播平台，提升上市公司在整合营销传播领域的整体竞争力。

资料来源：根据公开资料整理。

3. 锁定期

按照《上市公司重大资产重组管理办法》规定，特定对象以资产认购而取得的上市公司股份，自股份发行结束之日起12个月内不得转让。属于下列情形之一的，36个月内不得转让：①特定对象为上市公司控股股东、实际控制人或者其控制的关联人；②特定对象通过认购本次发行的股份取得上市公司的实际控制权；③特定对象取得本次发行的股份时，对其用于认购股份的资产持续拥有权益的时间不足12个月。

值得注意的是，若构成借壳上市，上市公司原控股股东、原实际控制人及其控制的关联人，以及在交易过程中从该等主体直接或间接受让该上市公司股份的特定对象在本次交易完成后36个月内不得转让其在该上市公司中拥有权益的股份，除收购人及其关联人以外的特定对象自股份发行结束之日起24个月内不得转让。

4. 业绩补偿与奖励

业绩补偿是估值调整机制，是控制收购风险的有效机制，《上市公司重大资产重组管理办法》规定，采取收益现值法、假设开发法等基于未来收益预期的方法对拟购买资产进行评估或者估值并作为定价参考依据的，上市公司应当在重大资产重组实施完毕后3年内的年度报告中单独披露相关资产的实际盈利数据与利润预测的差异情况，交易对方应当与上市公司就相关资产实际盈利数不足利润预测数的情况签订明确可行的补偿协议。

因此，若交易对方为上市公司控股股东、实际控制人或其他控制关联人，应当以获得的股份和现金进行业绩补偿,若交易对方及标的公司为独立于上市公司的第三方,可不强制业绩承诺。现有并购承诺中基本为业绩补偿。

除了强制补偿外,部分情况下企业不会签订业绩补偿。如交易对方不愿意承担对赌责任,抑或在海外收购中财务投资者为过桥资金[①]方,一般不参与对赌。业绩补偿的主体一般是全体股东比例相同地进行分配,或者是部分股东以顺位补偿的方式获得补偿和担保。补偿方式一般有先股份后现金、差额确定、自主选择、按照对价比例等。

(1) 业绩补偿:当年应补偿金额 = [(截至当期期末累积承诺净利润数 - 截至到期期末累积实现净利润数)/补偿期限内各年的承诺净利润数总和] ×标的股权交易价格 - 已补偿金额。

(2) 减值补偿:如标的资产期末减值 > 补偿期限内利润补偿方已补偿股份总数×本次发行股份价格 + 补偿期限内利润补偿方已补偿现金,则利润补偿方应向公司另行补偿。另需补偿的金额 = 标的资产期末减值金额 - 补偿期限内已补偿金额。

5. 反收购防御

反收购策略,是指目标公司为防止和反击收购公司对其展开的收购活动而采取的一系列防御措施,目标公司采取的反收购策略可分为前置防御措施和过程防御措施。

前置防御策略是指在收购公司尚未发动实际的收购袭击之前,目标公司预先设置的种种反收购策略,如相互持股、"毒丸"计划(股权摊薄反收购措施)、两极再生资本化、公平价格条款、员工持股计划、"驱鲨剂"条款、黄金降落伞策略等。

(1) 相互持股,是指目标公司在收购方发动袭击之前,选择一家或几家关系密切的企业签订协议,两两互换股权,相互持有对方一定比例的股份,并且承诺未经双方同意,不可随意出售或转让对方的股份。通过这种相互持股,将大大减少目标公司流通在外的股份数额,从而达到紧紧控制股权、避免受到控股冲击的目的。

(2) "毒丸"计划(股权摊薄反收购措施),是指目标公司为避免被其他公司收购,在公司章程中预先制定一系列会使兼并者对其失去吸引力的规定,这些"规定"就是"毒丸"。它们在目标公司手中时,其"毒性"不会发作,一旦目标公司遇到收购袭击,"毒丸"计划就会启动,从而使收购公司深受其害,通过股东购股权计划稀释袭击者手中的股份,增加袭击者的收购成本。

(3) 两极再生资本化,是指目标公司将其发行的股票分成两种类别,其中一类股票每股具有超过一票的投票权,称为高投票权股票,高投票权股票的流动性差,投票权也仅限公司高级管理者使用,另一类股票的投票权只占前一类股票投票权的很少一部分,称为低投票权股票,或者干脆没有投票权,由一般股东持有。如小米等的A、B股,阿里的合伙制等。

[①] 过桥资金是一种短期资金的融通,以6个月为限,是一种与长期资金相对接的资金。提供过桥资金是为了通过过桥资金的融通,达到与长期资金对接的条件,再以长期资金替代过桥资金,是一种暂时状态。

（4）公平价格条款，公平价格条款规定，公司对发行在外的股票应提供一个公平价格，一般来说，收购者为了吸引目标公司的股东售出其手中握有的股权，往往采取溢价收购的方式。订立公平价格条款，目标公司可以要求收购者对所有股东支付相同的价格，从而增加其收购成本，阻止其溢价收购的企图。

（5）员工持股计划，是指目标公司首先设计出合适的"员工持股计划"，再由目标公司担保向银行或其他金融机构贷款，所得贷款通过"员工持股计划"向公司雇员贷款以购买本公司股票。购买的股票可以是公司新发行的，也可以是公司的库存股，一方面可以促使员工关心公司的发展，另一方面由于此类股票相对稳定，流动性差，从而可以在一定程度上抵御收购者的收购行动。

（6）"驱鲨剂"条款，为了对敌意收购行为进行有效防御，董事会可以预先召开股东大会，在公司章程中设立一些条款，增加收购者获得公司控制权的难度。如交错选举董事条款：该类条款规定每次股东大会只改选一部分董事（如最多只能改选1/3），每个董事任期三年。又如董事任职资格条款：该类条款对董事的任职资格作出详细规定，增加收购方提出合适的董事候选人的难度。

（7）黄金降落伞，当目标公司被并购接管，其董事及高层管理者被解职的时候，可一次性领到巨额的退休金（解职费）、股票选择权收入或额外津贴。灰色降落伞，主要是向下面几级的管理人员提供较为逊色的同类保证，根据工龄长短领取数月的工资和补偿金。锡降落伞，目标公司的员工若在公司被收购后两年内被解雇的话，则可领取员工遣散费。

过程防御策略指的是在收购公司发动收购袭击的过程中，目标公司所采取的种种反收购策略，包括股份回购、白马骑士、绿色橄榄、焦土政策、管理层收购、帕克曼式防御、诉诸法律、拖延进程等。

（1）股份回购，是指当目标公司遭到收购者的恶意收购时，可以在公开市场上买进本公司的股票，也可以制定高价回购股东手中的股票，从而减少目标公司流通在外的股票数额。一方面使得收购者难以收购到足以控股的股份，另一方面流通股数的减少，将会增加剩余股票的每股收益，从而使股票价格随之上升，这必然会大大增加收购者的收购成本。

（2）白马骑士，是相对恶意收购者黑马骑士而言的，它是指当目标公司遭到黑马骑士的袭击时，可选择一家关系密切且实力雄厚的公司，以更优惠的条件达成善意收购，共同抵御黑马骑士的入侵。由于收购目标公司的竞争者增加，黑马骑士将被迫提高其标购价格，从而增加其收购成本。

（3）绿色橄榄，是指当目标公司被竞争对手标购时，目标公司可以通过谈判，对收购者拥有的本公司股票以高于市场价格买回。作为交换条件，收购者同意在未来的一段时期内不再继续进行收购性的买方报价。

（4）焦土政策，是指出售目标公司最有吸引力、最有利可图的资产和部门，或者用大量现金或大额负债来购进一些垃圾资产,从而降低目标公司的吸引力,让收购者知难而退,失去收购的兴趣。目标公司董事会可以在董事会出售资产的权限内将公司大部分优质资产出售,如生产线、厂房、地产等,这种方法相当于将公司原有的固定资产夷为平地,故称为"焦土政策"。

(5)管理层收购,当目标公司遇到恶意收购时,公司的管理层通过一定的渠道筹措资金,收购其所在公司的大部分股权,达到控制目标公司的目的。管理层收购的前提是目标公司确实具有价值和发展的潜力,只是由于一时的原因导致其经营业绩较差,从而成为收购对象。

(6)帕克曼式防御,是指目标公司先下手为强的反收购策略,当获悉收购方有意并购时,目标公司反守为攻,抢先向收购公司股东发出公开收购要约,使收购公司被迫转入防御,使目标公司处于可进可退的主动位置:进可使收购方反过来被防御方进攻;退可使本公司拥有收购公司的部分股权,即使后者收购成功,防御方也能分享部分利益。这要求目标公司本身具有较强的资金实力和相当的外部融资能力,收购公司也应具备被收购的条件。

(7)诉诸法律或拖延进程,主要包括违反反托拉斯法、公开收购手续不完备、公开内容不充分引入政府因素及舆论压力等方式。

(三)谈判及融资安排

收购的谈判过程也就是双方讨价还价的过程。在一项交易过程中,交易双方的讨价还价能力是影响最终交易价格的非常重要的因素之一。而在交易谈判过程中,融资安排尤显重要,因为融资结构决定了收购方的收购成本,也就决定了收购方的讨价还价能力。因此,完善的融资计划是谈判前必须解决的问题。

(四)经营者集中——反垄断

根据《中华人民共和国反垄断法》,经营者集中包括:经营者合并;经营者通过取得股权或者资产的方式取得对其他经营者的控制权;经营者通过合同等方式取得对其他经营者的控制权或者能够对其他经营者施加决定性影响。

根据 2024 年 1 月 22 日修订的《国务院关于经营者集中申报标准的规定》,若参与集中的所有经营者上一会计年度在全球范围内的营业额合计超过 120 亿元人民币或在中国境内营业额合计超过 40 亿元人民币,并且其中至少两个经营者上一会计年度在境内的营业额均超过 8 亿元人民币,属于达到申报标准的经营者集中,经营者应当事先向国务院反垄断执法机构申报,未申报的不得实施集中。

(五)起草并签署并购协议

并购的最后一个步骤是起草并签署并购协议。在收购全部或部分股权时,买卖双方一般须签订"股份转让合同",主要条款包括:定义条款、股权转让、声明与保证、股权转让的价格、转让程序、转让后企业的股权结构、企业债权债务的处理、保密、双方的权利与义务、职工的安置、违约责任、不可抗力、合同的终止、法律适用和争议的解决、通知和送达、其他等。

四、并购整合阶段

整合阶段是并购行为程序的最后阶段,双方企业签约后,进行并购范围内的业务接管并在业务、人员、技术等方面对目标企业进行整合。并购后的整合并购程序是最后环节,也是决定并购是否成功的重要环节。

成功的并购往往建立在良好的整合工作上,为此,好的并购整合方案就显得尤为重要,通常在企业并购之前就要考虑方案设计,在并购行为实施后还要根据企业实际情况做适当调整。原因在于并购前评估和论证一般是建立在有限的财务、发展战略及人力资源等信息基础之上,它往往与并购后实际情况不同,需要我们对并购后工作要做到深入分析、调查,对可能出现的新情况、新变化适时调整,适应变化。

并购后的整合不当是企业并购后的又一风险。并购后只有对企业进行及时整合管理,才能获得真正的并购成功。否则,只有财务上操纵,将目标企业与并购企业在形式上进行融合,并不能引起公司业务的发展。并购后的整合包括人事整合、生产经营调整等。

另外,一些非正式的关系、联系和行为方式是并购整合的隐形压力。并购行为会引发双方公司在企业文化和公司氛围上的冲突,如并购后高层领导的调整、组织结构的改变、规章制度和操作规程的重新审定、工作人员的重新评价、定岗及富余人员的去留,这些均需要并购后进行专门的斟酌和规划,以使目标企业顺利地融入并购企业文化和氛围中。在并购整合阶段,主要遵循以下四条整合原则:

(1)效益原则,即并购目标是股东利润最大化;

(2)稳定原则,稳健经营是一个企业成功的前提;

(3)诚信原则,只有诚信地履行并购协议,才能让重新组合的各个股东和雇员对新的企业树立信心;

(4)互补原则,注意各部分要素的有机组合,达到互补的效果。

(一)业务整合

收购公司对目标公司的业务进行整合,需要根据目标公司在整个公司中的作用及其与其他部分的相互关系,重新设置其经营业务。将一些与本业务单位战略不符的业务剥离给其他业务单位或者合并掉,将整个企业其他业务单位中的某些业务划到目标公司。

(二)组织整合

根据战略管理理论,战略与组织的关系是组织结构要服从组织战略。企业战略决定着组织结构类型的变化,企业不能从现有的组织结构的角度去考虑制定怎样的战略,而是应当根据新制定的战略来调整原有的组织结构。并购作为企业的一项战略,在并购交易完成之后,公司的组织结构应根据并购公司的总体发展战略来进行调整。

(三) 人员整合

人事整合工作不仅包括被并购企业主要管理人员的选定,还包括并购后的人员沟通、进行必要的人事调整和稳定人才等。

(四) 文化整合

企业文化主要指企业的指导思想、经营理念和工作作风,包括价值观念、行为准则、道德规范、传统习惯、管理风格及企业形象。文化整合是企业实施并购后比较突出的问题。

【案例 3-17】 思科并购的成功经验

思科成立于1984年,目前已经成为引领当今世界 Internet 网络互联产品的巨头,互联网上80%以上的骨干路由器均来自思科。在美国《财富》杂志推出的2004年全美"最受推崇的公司"排行榜中,思科系统公司以其稳健的财务状况和经营管理方面的卓越表现排至第2位,此外,还拥有信息产业"最吸引员工的公司"以及"全球最有价值的公司"称号。

作为一家新兴高科技公司,思科并没有耗费巨资建立自己的研发队伍,而是把整个硅谷当作自己的实验室,采取的策略就是收购面向未来的新技术和开发人员,从而迅速建立起自己的研究与开发体系。成功的收购策略不仅推动了思科的高速成长,使其曾先后超越英特尔和微软等成为全球最有价值的公司,而且改变了硅谷的技术精英们对收购的看法,思科已经成为高科技领域中并购战略的样板,赢得了"并购发动机"的美誉。

思科的成功很大程度上归功于对被并购企业前期的考察以及并购后的整合,除非一家公司的文化、管理做法、工资制度与思科公司类似,否则即使对公司很重要也不会考虑收购。思科公司并购定了五条"法则":兼并对象必须与思科发展方向相同或角色互补、被兼并公司员工能成为思科文化的一部分、被兼并公司的长远战略要与思科吻合、企业文化和气质特征与思科接近、地理位置接近思科现有产业点。

思科认为对其威胁最大的并不是网络竞争中的老对手,而是不断增多的、咄咄逼人的小型创新公司。这些公司往往拥有顶级的技术开发人员,思科往往将并购的目标瞄准新兴的 IT 企业。在思科最具特色的是被兼并的公司的员工,全球员工中有30%来自被兼并的公司。思科坚持把并购公司员工的续留率作为衡量一次并购是否成功的第一条标准。在正式并购开始前公司就专门组织一个 SWAT (Special Weapons Assault Team) 小组来研究同化工作的每一个细节,尤其针对人员整合做大量准备工作。思科在1998年收购 Cerent 后两个月内,Cerent 公司原有员工都有工作,有头衔,都知道奖励办法和福利待遇,并能直接与思科公司内部的网站链接,这次并购最终获得巨大的成功,使得思科公司成为光通信网络设备市场中的新贵,为思科带来了25亿美元的年收入,Cerent公司的400名员工中只有4人离开了公司。

资料来源：根据公开资料整理。

【案例3-18】　　　　　爱尔眼科的PE并购方案

1. 并购主体——爱尔眼科

2003年,爱尔眼科医院集团股份有限公司在湖南长沙注册成立,开启了眼科连锁医院的经营战略。2009年成功地在深交所创业板上市,首次发行共募集9.38亿元,是原定计划的2.76倍,成为创业板超募资金比例最高的公司。通过和公立医院的眼科部门合作、自立门户寻求扩张、加速产业整合以求完善服务网络等措施,爱尔眼科现已成为我国医疗卫生行业最大规模的眼科医疗连锁机构。截至2019年,共建立了300余家境内专业连锁眼科医院,在美国、欧洲和中国香港开设有80余家眼科医院。

在近年来成长起来的私立眼科医院中,爱尔眼科无论是在医院数量还是营业收入上都远远超过了同行业的其他民营医院。在全国拥有近400家眼科医院,超过了其他民营眼科医院数量总和的2倍。其营业收入几乎是其他民营眼科医院的40倍。2018年的数据显示,爱尔眼科在中国大陆地区民营眼科诊疗市场的市占率已达三成,同时,在服务网络建设、品牌建设、管理体系建设和人才培养等方面也形成了巨大的优势,成为当之无愧的行业领军。

2017年和2018年年报数据显示,爱尔眼科的营业利润分别增长59.2%和40.05%,其市值从2017年年末的468.16亿元上涨至2018年年末的626.83亿元,在其上市十周年庆典后市值更是突破了1400亿元。此外,爱尔眼科的市盈率截至2019年第三季度末超过100倍。一方面,超高的市盈率使得爱尔眼科受到了部分投资人的质疑,另一方面,作为亚洲地区规模最大投资基金之一的高瓴资本却积极入股爱尔眼科,同时像安本标准等热衷于长线投资的外资基金也对爱尔眼科进行投资。

2. 爱尔眼科的布局地区分级连锁模式

2004年,爱尔眼科针对国内优势医疗资源都集中在大中城市这一特点,开创了"中心城市医院—地级城市医院—县级市医院"分级连锁模式。

在"分级连锁"的战略蓝图中(见图3-7),爱尔眼科以位于北上广深的医院为核心技术载体,在为当地消费者提供眼科医疗服务的基础上,负责为各省会和直辖市的服务中心提供技术支持,再由省会和直辖市向地级市乃至县级市发展并扩散,逐步形成一个以患者为中心的基层覆盖式服务网络。

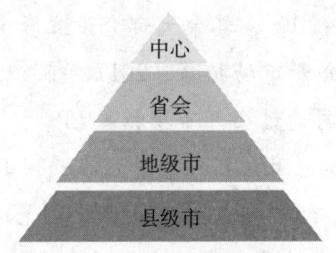

图 3-7 爱尔眼科"分级连锁"网络的结构和功能

3. 并购动因

2009年,公司首次公开发行股票募集资金,将募集资金净额8亿多元投入设立爱尔眼科医院和门诊部项目,其中,位于湖南湖北境内项目最先完成建设,这也符合爱尔眼科首先着重在其注册地湖南和邻省湖北地区网点布局的行动决策,随后,长春医院项目、南宁医院项目分别在2010年和2011年完成建设。

2011年8月,爱尔眼科宣布停止使用募集资金兴建盘锦爱尔眼科医院,并在2013年年初停止建设杭州爱尔眼科医院。

由于两地医院竞争激烈,市场总体已由供不应求转变为供过于求,各大生产要素成本明显提高,经济发展方式正在由粗放、低水平数量扩张向集约和质量效益型转变,市场需求增速下降,人们对产品、服务的质量要求提高,直接投资设立存在较大风险。

若爱尔眼科集团直接收购处于亏损状态的标的医院,则会直接影响上市公司的业绩,且要承担极大的整合不确定性所引起的风险,如果收购标的是盈利状况好的公司,则需要付出较多收购对价成本。

4. 采取全新投资方式

2014年,爱尔眼科选择通过"PE+上市公司"形成产业并购基金,通过产业并购基金进行并购的模式。该模式是指爱尔眼科和投资机构联合设立并购基金,在该基金企业中,投资机构作为PE方担任普通合伙人,爱尔眼科和外部投资者担任有限合伙人,有限合伙人集体委托普通合伙人负责合伙企业的日常管理,即投资项目的筛选、立项、管理和退出等工作。

爱尔眼科精选PE的条件是具有丰富的产业投资经验和能力,同时还能为收购——孵化——并入全过程提供资源支持的投资机构。如深圳前海东方爱尔医疗产业并购基金选择的合作方为深圳前海东方创业金融控股有限公司,这是一家20世纪90年代成立的颇具规模的老牌金融机构,具有丰富的投资、投行业务经验,不但是国务院和中国人民银行批准设立的国有独资金融机构,并且位于国家重要战略开发区——深圳前海开发区,享受前海"先试先行"政策优惠。

在合伙比例设计上,在产业并购基金平台中,均为合作PE担任GP(普通合伙人),爱尔眼科集团担任LP(有限合伙人),承担有限责任。在合伙企业设立过程中,集团与合作PE双方出资通常合计占合伙企业募集金额的10%~20%，其余大部分设立资金由其他LP投入。2017年前主要出资的LP由合作PE负责向公开市场招募，2017年及以后期间，爱尔眼科方和合作PE直接与各LP协议约定出资，不再通过公开市场招募LP。

在投资管理上，基金平台搭建完成后的经营方式为：由GP作为管理人，对具体投资业务进行管理。管理人主要负责对项目的筛选、立项、组织实施以及监督管理等。与此同时，各LP与GP共同设立投资决策委员会，在基金平台的重大事项上通过表决进行决定。投资基金成立后，专注于投资、经营、管理眼科专科医院及其供应链服务。

5. 合伙人计划：设立阶段——培育阶段——增值阶段

首先，从各大医院中选拔出优秀的核心技术人才与旗下的子公司共同出资建立有限合伙企业，由有限合伙企业与集团、产业并购基金一起投资设立新医院（方式包括新设、并购、扩建）。

在设立完成之后，进入培育阶段，该阶段大约会持续3~5年，合伙管理人在适当的时机将合伙企业的份额转让给合伙人，并对其进行实时考核，合伙人在培育阶段除了可以拿到基本工资与奖金外，还可以获得股利分红。

医院经营稳定后开始进入增值期，爱尔眼科从第二阶段培育的各个医院中选取经营状况以及盈利能力较好的眼科医院并入上市公司，而核心人才既能利用上市公司的融资平台套现，又能获得股价上涨带来的收益。

爱尔眼科采用股权激励的方式来提高医生对集团的忠诚度和个人创造力，为企业留住了一批优秀的眼科人才。

6. "孵化标的"整合

（1）经营管理整合。

爱尔眼科集团公司强化省区管理机制，推动地县一体化管理，探索区域一体化发展。集团直接控制省级、区级医院经营管理过程中的重要环节，而省会中心城市级别的医院直接对下级医院进行管理，并给予下级医院一定的核心资源支持，环环相扣，保证集团整体经营管理的一体化。爱尔眼科集团通过产业基金并购而来的子公司多为处于基层而非中心城市的公司，集团通过上述经营管理一体化流程实现对子公司的经营管理整合。

（2）人力资源整合。

集团推进省区、市、县人力资源共享机制，实现全平台优秀人才共享。

（3）医疗服务和科研能力整合。

集团中的组织职能部门的工作之一是对新建的子公司医院进行服务培训与运营指导，并根据对新医院的实际调研报告分析子公司项目的不足之处，以此提高医院的标准化水平。此外，集团还通过整合科研资源，打造爱尔整体科研优势。

（4）营销体系整合。

集团在投资标的的具体管理中植入集团的标准化优质服务体系、质量检测体系等管理体系，以此提高这些子公司医院的知名度，扩大其市场占有率。集团还进一步完善与各部门、各层级医院的常态化沟通机制，及时整合资源，形成营销合力。

（5）企业文化整合。

基金平台旗下的医院在并入基金后均需冠上爱尔眼科的名字，集团在整个孵化过程中也逐渐把爱尔眼科的企业价值观与企业文化渗透到整个连锁体系。

资料来源：根据公开资料整理。

本章小结

企业并购是企业兼并与收购的总称，并购动因包括追求利润、消除竞争、降低风险以及改善公司治理结构等，企业采取并购这一成长方式，往往是为了实现产业互补或产品、特长互补，也可能是为了狙击对手，以巩固企业的市场地位。

现有理论从不同角度对企业并购动因进行了分析，通过其中六种比较盛行的并购理论，包括效率差异论、经营协同论、价值低估论、交易成本论、委托代理理论以及市场竞争论，为正确认识企业并购动因提供了重要依据。

并购的类型复杂多样，若按被并购对象所在行业划分，可分为横向并购、纵向并购和混合并购；若按并购双方意愿划分，可分为善意并购与敌意并购；若按并购中的出资方式划分，可分为杠杆并购与非杠杆并购；按并购的内容划分，则可以分为合并与收购两种方式；同时还可以按收购主体与标的是否为上市公司划分、按并购的动因划分以及按并购后被并一方的法律状态划分。

在并购实务中，企业需要将并购分为四个不同的阶段：在并购策划阶段，制定符合企业实际的并购战略，寻找合适的目标企业，对本企业以及目标企业能力与局限性进行评估；在并购决策阶段，确定并购的目标企业，对并购进行可行性研究；在并购实施计划阶段，进行并购主体的设计与选择，同时对交易结构进行合理设计；在并购整合阶段，通过业务、人员、技术等方面对目标企业进行整合管理，以确保并购的有效性。

思考题

1. 如何理解并购和兼并的联系和区别。
2. 并购的动因是什么？
3. 并购类型的划分标准还有什么？
4. 并购方案实施完成后，并购就结束了吗？

第四章

资本运营的收缩形式

导言

资本收缩是企业为提高其运营效率、实现企业价值最大化，将自己拥有的一部分资产、子公司或分支机构转移到公司之外，从而缩小公司规模的经济行为。资本收缩通常是将企业内部规模较小、贡献较少、与公司核心业务相关性较弱的业务进行重组，实现资源优化配置，优化企业资本结构。

本章将主要讲述资本收缩的四种基本模式，其中第一节主要介绍资产剥离；第二节主要介绍公司分立，第三节主要介绍分拆上市；第四节主要介绍股票回购。

学习目标

★掌握四种资本收缩的含义；

★了解资产剥离的基础理论；掌握资产剥离的类型，理解资产剥离的动因；了解资产剥离的操作程序；

★掌握分拆上市的定义、类型、效果、条件；理解分拆上市的基础理论；了解分拆上市的程序；

★理解股票回购的定义、基础理论、类型；了解股票回购的程序。

第一节 资产剥离

【导读】

沃森生物上市至 2017 年前的发展历程是跌宕起伏的，上市高光给公司带来了大量的发展资金，公司也利用募集资金铺开了"大生物"产业布局，以期实现多元化的发展，但是在前进路上踩了河北大安和实杰生物这两个"爆雷"，给公司带来了巨额亏损。所以，公司决定回归主业，实施归核化战略，聚焦重点疫苗研发项目。沃森生物在各方的密切关注下对嘉和生物药业进行资产剥离，自 2018 年 6 月 21 日开始发布第一次股权转让公告，在 2018 年年底收回大量现金，一共历时 6 个月左右。沃森生物资产剥离后，利用现有资源以及资产剥离的收益在核心疫苗产业继续深入耕耘。

资料来源：中国管理案例共享中心。

资产剥离给企业带来的收益，需要合适的资产剥离方案才能得以实现。不同的资产剥离方式有不同的特征，适用于不同的资产剥离背景。正如企业的资产剥离动因是满足融资需求时，需要考虑剥离时机是否能及时缓解融资约束，剥离方式是否能获得现金流入，标的资产是否具有市场价值、容易剥离，交易方是否可以合作交易，等等，考虑选择合适的资产剥离方案，可以帮助企业获得资金，进而使得其偿债能力、盈利能力得到提升。

一、资产剥离的定义

由于各国经济发展和资本市场发展水平不同，对资产剥离现象的认识不同，使得中外理论界对资产剥离范畴的理解有着很大的差异。下面介绍三种观点。

第一种观点。资产剥离是指将非经营性闲置资产、无利可图资产以及已经达到预定目的的资产从公司资产中分离出去。这揭示了我国股份制改造中资产处置的实情，但实际上，越来越多的企业剥离的资产不一定是绩效差的资产，这体现的是一种资本运营的思想。因此，这种解释有失偏颇。

第二种观点。资产剥离是指公司将其现有的某些子公司、部门、产品生产线、固定资产、债权等出售给其他公司，并取得现金或有价证券的回报。这种解释认为资产剥离具有三个特征：①不存在资产的非现金转移，公司向其他公司出售其资产后通常会得到现金回报；②将资产出售给已经存在的公司，在交易后不会产生新的法律实体；③不涉及出售方及出售方公司本身的股权变化。

第三种观点。资产剥离是指公司将其分支或附属机构或自身的股份出售分配给公司股东、管理人员或其他公司。桑德萨那姆认为资产剥离是收购的另一面,也就是说,资产剥离即资产分离,剥离的形式除包括出售子公司、部门、产品生产线、固定资产等之外,还将分立(Spin–Offs)、切股(Equity–Carveout)、管理层收购(MBO)等视为剥离的不同形式①。在这种解释下,资产剥离不以现金回报为必要条件,资产可以以非现金方式转移,剥离后公司本身的股份有可能发生变化,也可能在法律上和组织上产生新的实体。

从实践的角度来看,目前我国资本市场发育仍不完善,对资产剥离的认识比较晚以及各种客观条件的限制,人们对"资产剥离"一词的理解与国际上通行的剥离含义有较大差别。上市公司所进行的资产剥离主要是以资产出售为主,资产剥离的第二种解释更接近人们使用该词的本义。因此,本书采用资产剥离的第二种解释。

资产剥离,也可以简单地理解为资产出售。出售与收购是紧密相连的,资产出售的另一面就是资产的收购。因此,资产剥离的交易可用图4–1表示。

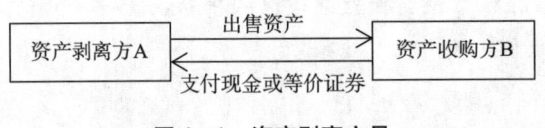

图4–1 资产剥离交易

二、资产剥离的基础理论

(一)归核化理论

归核化理论由马凯兹(1990)提出,主要是指将企业的经营重点放在具有竞争力的业务上。由于企业的资源有限,所以应将有限的资源用于具有发展潜力、竞争力且能为公司带来更高收益的业务上(见图4–2)。

企业将与核心业务相关度较低的业务剥离掉会有效提高经济效益。基于企业资源和能力的限制,企业只有将资源投资于能为企业带来最大利润的业务或者流动性比较好的业务,才能更好地促进自身的发展。管理者的精力只有放在最擅长的领域,才能发挥最大的价值。企业应该剥离掉与核心业务相关度较低的业务来支持核心业务的发展,培育核心竞争力,以核心竞争力在市场中取胜。通过资产剥离,多元化企业可以达到归核化的目的,各个业务之间的相关性得到增强,业务间的协同效应能够得到更好的发挥,有利于公司整体经营业绩的提高。

---

① 桑德萨那姆. 兼并与收购 [M]. 中国人民大学出版社,1997.

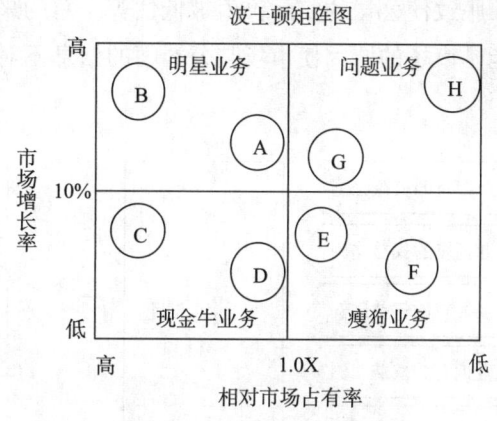

图 4-2 归核化战略概述

对于多元化经营的企业来说，随着企业经营规模的扩大，管理的复杂性在不断加剧，企业内部业务之间、部门之间可能会出现负的协同效应。此时，管理成本也会不断加大，企业进行多元化经营的整体业绩会受到影响。而剥离掉与企业核心业务相关性不大的资产不仅可以降低企业的多元化程度，减少多元化企业的折价现象，还能提高运营集中度，加强主业明晰性，提高管理效率，进而提升公司价值。

要注意的是，归核化战略不是对多元化经营的盲目否定，也不是要求经营专一化，而是当企业资金不足以支撑其涉及过广的经营范围时，应优先选择市场竞争力较强或发展前景较好的业务作为主业，将有限资源集中发展该业务。

另外，公司多元经营程度的不同，影响着"归核"战略方向，因此"归核化"战略可以分为两种：一种是"收缩性归核"，主要方式是剥离和主业不相关的业务，缩小生产规模，集中资源，其内涵是企业通过调整组织架构，精简业务单元，进一步增强核心业务的发展能力；另一种是"扩张归核"，主要方式是企业投入更多的资源以扩大主业的生产规模，进一步提升竞争力。不管是收缩还是扩张，都是资源重新配置的手段，最终达到提升企业价值的目的。

（二）企业融资理论

筹资是企业进行资产剥离的主要原因，资产剥离是企业获取生产经营所需资金的一种重要方式。对财务杠杆较高或经营业绩不佳的企业来说，进行债务融资或股权融资的负担可能较重，而资产剥离是一种比较便宜的融资方式。

对处于财务困境的企业来说，通过资产剥离所获取的收益可及时缓解企业现金压力，是企业摆脱破产危机的有效方法。因此，资产剥离能使企业获取收益，降低财务风险，有效改善企业的财务状况。

（三）价值低估理论

价值低估是指市场没有正确地评估公司的价值，使其市场价值低于本身的价值。发生价值被低估的原因可能是：市场无法获取与公司的核心价值有关的信息；公司的经营能力没有充分地展示；通货膨胀致使公司的实际价值被低估等。总的来说，既有可能是由于公司自身的原因，也有可能是市场的原因使市场与公司间的信息不对称而导致公司的价值被低估（见图4-3）。

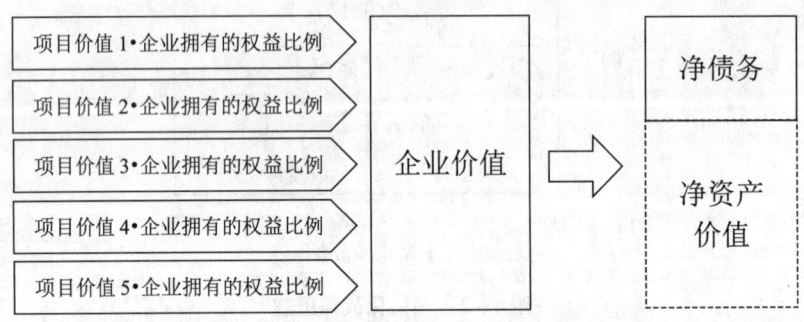

图4-3 价值低估理论概述

当公司的经营范围较广，涉及的业务繁杂，市场可能无法清晰地辨别该公司具有竞争力的业务时，可能导致其价值被低估。通过资产剥离可以将导致企业价值被低估的业务剥离出企业，凸显更能体现公司价值的业务。公司的价值长期被低估时，会影响投资者的投资决策，从而增加该公司在资本市场上的筹资成本。

投资者不仅关注公司现在的盈利情况，更会考虑公司所从事行业的前景，若公司的核心业务竞争力较强，其前景十分可观，投资者会将其视为潜力股，更愿意进行投资。所以通过资产剥离可以使市场获取有关公司更完整、更真实的信息，改善市场和公司间信息不对称的情况，使市场能充分挖掘其价值。

（四）资源配置理论

经济学中的资源优化配置是指在市场竞争中，对资源进行合理配置，实现物尽其用的效果。什么样的资源配置才是最优化的呢？"帕累托有效"可以用来解释整个社会中资源的使用效率。市场资源配置方式如图4-4所示。

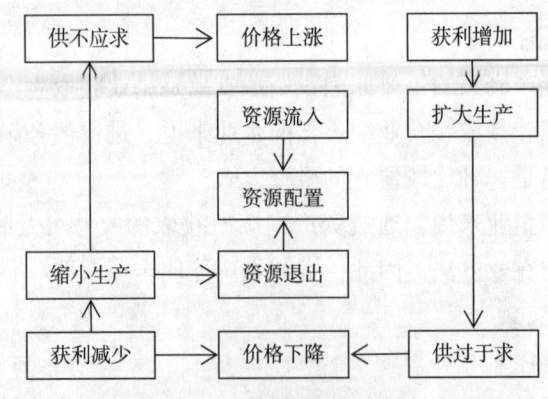

图4-4 市场资源配置方式

但是，理想的"帕累托有效"在现实中难以实现，更符合现实情况的是"帕累托改进"。其前提是不同领域间存在着没有充分利用的资源，通过不同领域间资源的优化配置，各领域的经济水平都得到了提高。

作为市场主体，企业中的资源优化配置问题讨论的是根据经营目的合理配置资源，用最少的投入获得最大的产出。当企业中存在着效益较差或相关度低的资产时，可以进行资产剥离，把这部分资产出售给其他善于经营此类资产的企业。受让方通过合理经营这部分资产可以获得利润，而出让方通过出售得到了现金，也可以为自身的发展减轻负担。因此，资产剥离可以优化配置不同企业间的资源，增加社会总体福利。

随着市场环境的改变，企业为了持续保持竞争优势必须适时改变经营方法，学会管理资源，提高资源的管理效率。企业拥有的资源是有限的，必须对内部资源进行整合，在人力、物力和财力等各个方面都要进行最优化的配置，以保障各类资源都能发挥最大效用。总之，企业在发展过程中，应当适时剥离掉阻碍企业进步的业务资源，在重新定位业务组合时也要考虑业务之间的契合度，把优质资源分配到盈利性较强的业务中，提升企业的总效用。

（五）管理效率理论

管理效率理论认为，当企业的资产规模增加、多元化经营差异性增大时，即使是管理水平很高的团队，也会出现报酬递减的情况。导致这种现象的主要原因是管理者并没有意识到不同业务类型的子公司所面临的问题和机会是独特的。

资产剥离的主要原因之一是希望以不同的方式剥离出与母公司主业关联度不高的部分，聚焦公司的资源，通过资产剥离战略，使得管理更加专业化，可以集中资源和能力于发展前景比较好的主业，从而提升企业的盈利能力和企业价值。

还有一种管理激励假说，其认为管理效率与对管理者的激励和责任问题有密切关系。财务报表的合并存在搭便车的行为，加上管理者的官僚主义，往往会存在良好的绩效表现不能得到回报，而不佳的绩效表现也得不到处罚的情况。特别是子公司的发展目标和母公司的目标不一样时，问题就会更加复杂化，例如子公司处于快速发展的新领域而母公司处于成熟行业，或者是子公司受到管制而母公司却不受管制等。同时，如果企业实施股票期权时，子公司和母公司联系在一起的股权激励计划也会成为无意义的，甚至出现反作用的情况。

管理效率理论的原则是企业价值最大化，一般在以下两种情况中管理层会选择资产剥离战略：一种情况是出售对象在剥离方和受让方之间存在不同的管理效率，如果企业不擅长经营某项业务或某部分资产，而受让方却对此业务或资产有着较高的经营管理效率，则出让该业务或资产给受让方，可以实现交易双方的共赢，从而增加社会财富；另一种是企业某项业务或资产市场份额逐渐降低，盈利能力低下，甚至出现亏损，逐步走向衰退，不再具有价值。此时，企业应对其实施整体剥离的战略，可以迅速退出该行业或者转移产业谋求新的核心业务机会。

三、资产剥离的类型

（一）按剥离是否符合企业的意愿分类

根据进行剥离是否符合公司长期发展的意愿，主要可以分为自愿剥离和非自愿剥离。自愿剥离通常是企业按照自身的长期发展的需要，主动将不利于企业良性发展、发展前景和盈利能力较差的业务剥离出去，将资金投到更有前景和竞争力的业务中，以此满足企业的发展战略，优化资源配置，提升核心竞争力。非自愿剥离是由于企业不遵守相关法律法规，或者是自身的经营难以维持，只能被迫地出售一些资产或业务。例如，企业在规模扩张后可能产生垄断，为了恢复市场竞争，政府要求处于垄断地位的企业出售其部分业务。

（二）按剥离出售资产的形态分类

按照剥离业务中所出售的资产形式，可分为出售有形资产、无形资产、子公司。有形资产主要包括部分场地、设备等固定资产，以及产品生产线等；无形资产主要包括专利权、商标权等。出售子公司，通常是将一个持续经营的实体出售给其他公司，这时，在剥离中不仅包括产品线、场地、专利等有形资产和无形资产，而且还包括相关的职能部门及其职能人员。

（三）按出售资产的交易双方关系分类

按剥离中的交易双方关系划分，可以分为关联方资产剥离、非关联方资产剥离。在关联方资产剥离方式下，进行资产剥离的双方有着较为密切的产权关联，这种方式在上市公司中表现极为普遍，其原因主要在于交易双方有关联，交易容易达成，可以节约交易成本，并且交易方式和支付方式较为灵活；相对于出售给非关联方带来的竞争和威胁，出售给关联方带来的竞争和威胁要小得多。非关联方剥离方式是指企业将资产出售给企业不存在关联的外部经济主体。

（四）按资产剥离的实现方式分类

按资产剥离的实现方式分类，可以分为纯资产剥离和资产负债剥离。纯资产剥离是指企业只对其所拥有的部分资产进行剥离，接受方以现金或等价物交换。资产负债剥离是指企业将部分资产和负债一同剥离，差额部分由接受方以现金或准现金资产支付。

（五）按资产剥离是否基于企业战略分类

如果企业进行剥离的目的仅仅是在短期内提升业绩，可以将其看作是战术性资产剥离，通常仅仅是一种短期的行为。如果资产剥离是建立在企业的理性战略规划之上的，剥离的目标也是实现企业的长期稳定发展，就将剥离称为战略性资产剥离。

资产剥离的类型归纳总结如图4-5所示。

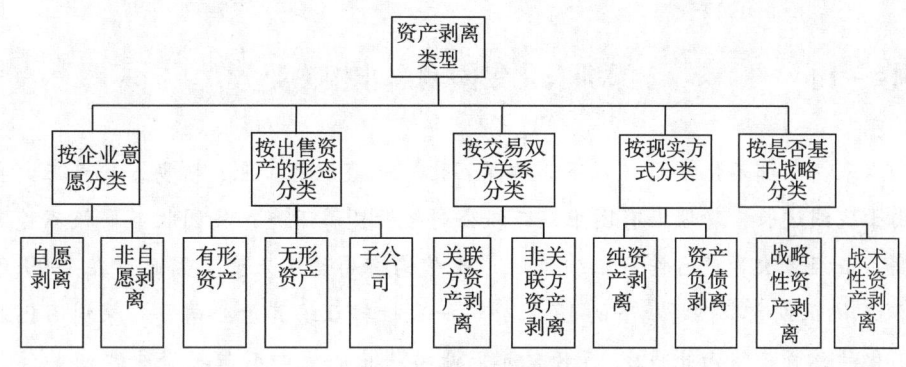

图 4-5 资产剥离类型

四、资产剥离的动因

企业进行资产剥离往往出于各种动机，不同的动机伴随着不同的操作思路（见图 4-6）。

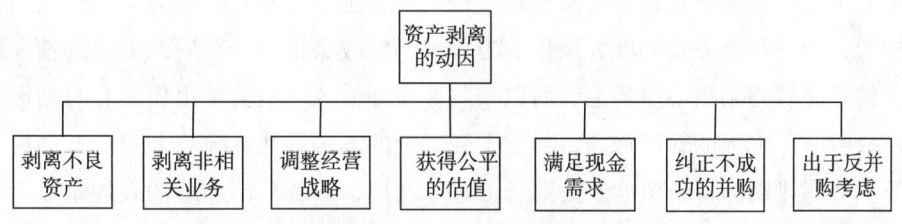

图 4-6 资产剥离动因

（一）剥离不良资产

不良资产是企业不能有效使用并获利的资产，包括收益差的子公司或分公司、亏损的生产线、闲置或半闲置资产等。如果企业不能通过改进管理、有效开拓市场等措施扭转资产状况，至少可以通过剥离来挽回企业部分投资，换取现金，寻找新的投资机会。有时改善不良资产需要大量的投资，企业由于无力筹资或风险太大也会选择将不良资产剥离，改善资产质量。

（二）剥离非相关业务

20 世纪六七十年代，美国实业界争相采取多元化发展战略。许多企业运用兼并手段实现跨行业并购，达到多元化的目的。虽然并购为企业创造了新的盈利机会，但是也存在缺乏对新业务领域的管理运作经验和能力而影响企业整体盈利水平等问题，使企业经营陷入泥沼。为了加强企业的核心竞争力，企业可以通过有计划地剥离一些与核心竞争力联系不甚紧密、不符合公司发展战略、缺乏成长潜力的业务和资产，收缩业务战线，使主业更加清晰。

【案例4-1】 深圳石化集团剥离非相关业务

长期以来，深圳石化集团（以下简称深石化）一直以其工业、贸易、地产三大主业示人。但由于战线过长，管理上有困难，二级公司经营良莠不齐，集团收益率极不稳定，负债率过高。虽经多次资产运作，但综合性产业结构格局始终未变。因此，在1999年6月19日，深石化正式宣布：将属下的17家公司一次性转让给其母公司——深圳石化综合商社。深石化的总资产将由此减少15.8亿元。此举一出，立即引起投资者广泛关注。经过此次重大产业结构调整，深石化将由综合板块的上市公司调整为以化工新材料、精细化工、生物工程为主体的技术先进、科技含量高的工业板块上市公司。深石化将在主业明晰、结构合理的基础上，为公司今后业绩的稳步提升积蓄后劲。

资料来源：金融界网：深石化"减肥"意欲何为。

（三）调整经营战略

大部分多元化企业或者企业集团的规模很大，但生存和发展的能力很弱。它们普遍没有核心能力，资产和业务是一堆大杂烩。当公司调整战略重点，在资源有限的情况下，需要将更多的资源转移到核心业务上，所以某些业务即使盈利也会被出售。有时则因为应被剥离的部分吸收了太多的管理资源，加重了管理上的不协调性，导致公司管理失控或管理效率低下。有时则因为母公司涉及的业务面过于宽广，对各分部经理的表现难以监控。有时是无暇旁顾。有时需要大量资金。

【案例4-2】 恒源祥剥离案

恒源祥作为零售商业曾经在以商业为核心业务的万象股份中居于中心地位，是万象的主要盈利部门。但是后来世茂公司收购了万象，世茂公司是以房地产为主业的公司。在世茂公司中，恒源祥被边缘化了，当刘瑞旗提出收购恒源祥的业务时，世茂很愿意用恒源祥业务换取大额现金以支持它的房地产业务。

资料来源：新浪财经。

（四）获得公平的估值

对于一个组织和资产结构复杂的公司，普通投资者很难获得对该公司大部分资产完全正确和及时的信息，从另一个角度看，在这种公司中一些资产的真实价值被掩盖了。近年来，市场对主业清晰公司的偏好，也反映出信息传递的完整性和准确性对投资者进行投资决策具有重要影响。通过资产剥离，公司能使其核心资产在市场上得到相对准确的价值评估分析。

（五）满足现金需求

当公司需要大量现金来满足主营业务扩张或减轻债务负担的需要，而通过借贷和发行股票等方式来筹集资金会面临一系列的障碍时，公司可能通过剥离出售公司部分非核心或非相关业务的方式来筹集所需的资金。最为常见的情况如在杠杆收购中为了偿还收购过程中欠下的巨额债务，收购企业通常会出售部分被收购公司的资产或业务来满足对现金流的需求。

（六）纠正不成功的并购或出于反并购考虑

并购的根本目的是获得更好的效益，希望通过并购能获得增加收益的协同效应。但是本以为可以带来协同效应的并购如果在实践中没有达到预期的效果时，将并购进来的业务或资产再剥离出去，是许多公司常常会采取的方法。

【案例4-3】 西尔斯公司剥离其收购的企业

美国著名的零售连锁商西尔斯公司在20世纪80年代初为了阻止市场份额下降、业绩下滑的颓势，采取了多元化经营的战略，曾先后收购了从事房地产业务的储蓄与贷款银行科德韦尔银行家公司和从事零售证券业务的丁威特·雷诺兹公司，希望今后可以扩展从商品零售到房地产金融、证券买卖和保险等各项业务的经营。但是，收购后由于在相关领域没有经验和优势，很快就陷入了经营的僵局，这些新购进的业务没有像预期的那样带来协同效应，西尔斯公司最终不得不将购入的业务再次出手。

资料来源：庞小伟．美国著名连锁百货店西尔斯百年历史［J］．商场现代化，2002（12）。

此外，当公司成为收购企业的目标公司时，资产剥离也不失为一种反并购的良策。20世纪80年代，美国资本市场上垃圾债券的发明使得杠杆收购十分盛行，这就迫使实施多元化经营战略的公司通过资产剥离来提高自身价值以便防御外部收购。

【案例4-4】 美国联合碳化物公司反敌意收购的剥离案

1984年，美国联合碳化物公司由于毒气泄漏事件，股价大跌，引起敌意收购。为了反击收购方咄咄逼人的气势，该公司不得不作出最痛苦的决定，出售公司最赚钱的几家企业，将出售资金用于回购股票和分红派息。这一措施最终打消了收购方的念头，联合碳化物公司赢得了控制权保卫战。但是需要指出的是，这是一种对公司本身伤害很大的措施，不到万不得已，公司不应也不会使用。

资料来源：根据公开资料整理。

五、资产剥离的操作程序

剥离一般是由企业自己发起。在剥离之前要制订详细的剥离方案,确定要出售的资产。在执行方案过程中,主要是寻找买主、商定交易价格、完成剥离。剥离后,如有必要还要帮助买方度过其过渡期,如有遗留问题,则要加以妥善处理。剥离也可以由买方发起,在这种情况下,通常是由有兴趣购买资产的企业发出购买要约,双方协商成交价,完成交易。

企业资产剥离的具体操作程序如图 4-7 所示。

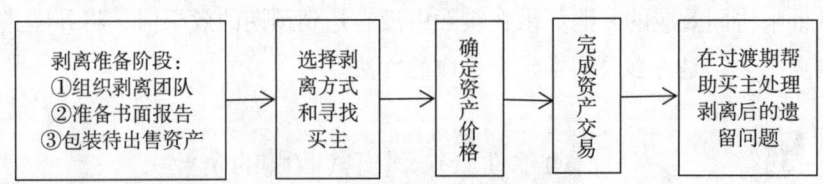

图 4-7 企业资产剥离操作程序

(一) 资产剥离的准备阶段

在准备阶段,企业首先是要组建剥离团队,团队成员一般由运营经理、财务总监、投资银行家、律师、会计师等组成,直接向负责拟剥离部门的经理报告。其次是准备一份书面报告,该报告应包括资产负债表、运营情况报告、主要的资产与负债等。最后是包装拟出售资产,如维修计划、关键资本支出等,这样可以增加拟出售资产的吸引力。

(二) 选择资产剥离方式和寻找买方

资产剥离按照不同的标准进行分类,企业可以根据每种资产剥离方式的特点和局限性,并结合拟剥离资产的特征选择合适的剥离方式。

寻找买方的途径主要是通过经纪人、投资银行等中介组织以及律师、会计师等,也可以通过广告寻找。找到潜在的买主后,要对其能力进行认真评估,包括审查买方的财务状况、资金来源、经营能力等。

(三) 确定拟剥离资产的价格

企业在估算其价值时,通常采用现金流折现法(DCF)。其精髓在于将企业资产的各期净现金流按照折现率折现,通常用净现值(NPV)来反映其价值。折现率的确定通常采用资本资产定价模型(CAPM)和资产的加权平均成本(WACC)方法。传统的价值评估方法还有基于收益的模型,即通过会计利润的某种比率(如市盈率)测量价值;基于资产的模型,即通过直接投资项目的实物资产和金融资产的销售价值或重置价值来测量价值。理论上,净现值是在理性的经济框架下计算出来的,现金流折现法具有将所有估价过程中所做的假设明确化的优点。因此,现金流折现法被广泛使用。

在确定要价时，还要考虑买卖双方的博弈关系。如果卖方想在短时间内出手，开始的要价要合理；如果买方有强烈的愿望收购资产，卖方的要价可以适当提高。

（四）完成交易

买卖双方对要剥离的资产或部门或子公司进行调查、评估、谈判后，就必须请律师为买卖双方各拟一份合同草案。在达成正式合同的过程中，通常会出现许多需要进一步协商的细节性问题。如果一切顺利的话，完成交易之日很快就会到来。产权交割之日，各种文件的交割，由买卖双方的律师和董事长执行。一般来说，需要交割的文件如下。

出售股票：①股票买卖协议书；②交易合法性评审意见书；③转让公司控制权的股权证书；④期票和有价证券工具；⑤董事会决议；⑥财产转让证书以及第三方的承诺。

资产出售：①资产买卖协议书；②交易合法性评审意见书；③卖契；④期票、抵押和有价证券工具；⑤财产转让证书以及第三方的承诺。

根据及时性原则，当有确凿的证据表明企业要实施资产剥离时，就应当从会计上分离资产剥离信息。当企业签订了具有法律效力的资产剥离协议，或者董事会已经批准并宣布了正式的资产剥离计划，就可以认定证据已经充分，此时便应当开始分离、核算资产剥离信息，并在当期的财务报告中开始披露。

（五）在过渡时期帮助买方

在资产、部门或子公司向买方转移的过渡过程中，买方通常需要卖方的帮助。需要帮助的方面包括管理、财务、制度或者公司的其他活动，如总的经营管理。有时候，买卖双方可以派出专家共同完成工作，使交易在每一个领域都能有序地进行。

（六）处理剥离后的遗留问题

剥离一个正在经营的企业，通常会在剥离完成后的一个相当长的时期内产生许多遗留问题。出售之日要对相关部门进行彻底切割来转移责任，在这一过程中会使许多有问题的交易浮出水面，尤其是应收、应付账款方面。这些应收、应付账款有可能引起卖方、买主、客户三方之间的争端，要加以妥善解决。

【案例4-5】　　　　　　　　协鑫新能源连续资产剥离

协鑫新能源控股有限公司（HK00451，以下简称协鑫新能源）的母公司为协鑫集团控股有限公司（以下简称协鑫集团），是清洁能源与新能源行业的领军企业，有近二十年的电力运营历史，是中国规模最大的非公有制电力公司，也是中国最早的光伏系统集成商和最早的能源合同管理企业。

2018年以"限规模、限指标、降补贴"为核心的光伏发电"531"新政出台后，协鑫新能源光伏电站的狂飙式发展难以继续，降低负债率成了协鑫新能源必须完成的任务。自2019年3月28日，协鑫新能源连续多次出售其子公司及光伏电站资产，交易对方为中国

> 资本运营

华能集团、国开新能源、中核（南京）能源、三峡资产管理、国家电投集团等非关联方企业。

截至2021年年底，协鑫新能源已进行光伏电站出售交易累计规模达到5GW，资产负债率降至71.11%，较2018年年底降低约13%。协鑫新能源将回笼资金全部用于偿还债务，并由此完成从一个重资产的光伏电站开发商向轻资产的光伏电站运营服务商的转型。

第二节 公司分立

【导读】

世纪城物业公司作为规模较小的中小型公司，由于近年连续亏损，公司股东有意出售所持有的部分股权，期望与大型物业公司进行收购的接洽。但近年来物业领域的收购市场呈现一个趋势，大型收购方更加青睐于收购轻资产类型的物业公司，即收购的标的公司不附带任何大型资产和负债。而世纪城物业公司旗下拥有一项大型的固定资产，这并不利于以后进行出售。因此需要通过企业分立的重组形式将该固定资产剥离出去，使原企业转化为轻资产更易于出售，且分立企业可以接受转移过来的资产进行持续经营。

资料来源：中国管理案例共享中心。

随着消费者需求的多样化以及规模不效益现象的出现，企业有必要通过企业规模的缩小或事业的分立来确保其活动的灵活性。可以说，公司分立或合并的不同组织形式的选择是为了适应不断变化的企业环境。而公司分立的最终结果是调整企业的组织结构与产品结构，是公司能动地适应市场需要，在市场竞争中求得生存和发展的重要措施。

一、公司分立的含义

公司分立（Spin-Off），也称公司分拆，是指将母公司在子公司中所拥有的股份，按比例分配给现有母公司的股东，形成一家与母公司有着相同股东的新公司，从而在法律上和组织上将子公司的经营从母公司的经营中分离出去的一种重组形式。由于现有的股东对母公司和分立出来的子公司保持着同样的权利，所以在分立过程中不存在股权和控制权向第三方转移的问题。这里的子公司可以是原来就存在的子公司，也可以是为了分立临时组建的子公司。

二、公司分立的类型和形式

(一) 派生分立和新设分立

按照分立后原公司是否存续划分,可以分为派生分立和新设分立。

派生分立,也称存续分立,是指公司以其部分财产和其他生产要素另设立一家新公司的行为。分立后,原公司仍然存在,保留法人资格,新公司依法进行工商登记后也取得法人资格。原公司债权、债务可由原公司与新公司达成的协议分担,也可以由原公司独立承担(见图4-8)。

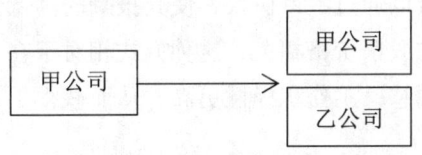

图4-8 存续分立

新设分立是指公司将其全部财产和其他生产要素分解成若干份,重新设立两个或者两个以上的新公司,原公司解散。新公司依法登记法人资格后成为独立的法人,仍然属于原来所有者,原公司的债权、债务由新公司按照所达成的协议分担(见图4-9)。

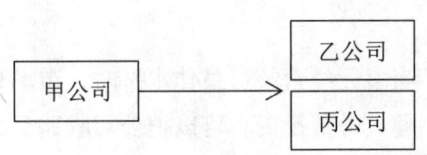

图4-9 新设分立

(二) 纯粹分立、并股和拆股

按照股东对公司所有权结构变化形式划分,可以分为纯粹分立、并股和拆股。

纯粹分立的新公司拥有独立的法人资格,且股东直接持有新公司(过去子公司)的股票,可以直接参与公司的经营管理,从而取得更大的控制权。最重要的是,在纯粹分立中不存在各利益主体之间的现金或证券支付,而这种支付在剥离中通常会发生。

并股是指母公司以其在子公司中占有的股份,向部分(而不是全部)股东交换其在母公司的股份。并股会导致两家公司的所有权结构发生变化,它需要一部分母公司的股东愿意放弃其在母公司中的利益,转向投资于子公司,所以不像纯粹分立那样经常发生。

拆股是指母公司将控制权移交给子公司的股东,与纯粹分立比较相似。拆股后,母公司所有的子公司都分立出来,母公司从此不复存在。拆股后,管理队伍会发生变化,所有权比例也可能发生变化,如何变化取决于母公司选择何种方式向其股东提供子公司的股票。

三、公司分立的动因

（一）实施管理激励

从激励机制来分析，公司分立能够更好地把管理人员与股东的利益结合起来，因此可以降低代理成本。特别是当子公司的情况与母公司很不一致的时候，比如母公司处于成熟产业而子公司处于高速成长产业，或者母公司处于非管制产业而子公司处于受管制产业，激励问题会显得更加突出。

公司分立后，管理人员能够更好地集中于子公司相对较少的业务。就直接报酬而言，分立出来的公司管理人员可以通过签订协议，使其报酬的高低直接与该业务单位的股票价格相关，而不是与母公司的股票价格相关，这种方式相对于在大公司里的部门工作，管理人员有更大的自主权和归属感，工作积极性更高，从而获得更多的利益。

（二）提高管理效率

多元化经营的企业由于其涉及的业务范围大、部门多，往往会导致业务相关性小和管理难度大的问题。相关性小会导致协同效应无法实现；管理难度大则使管理效率下降。企业管理团队的管理能力必然有其临界点，一旦超过这个临界点就会导致管理边际收益低于边际成本，导致企业价值的下降。此时，企业进行分立能让各业务部门拥有独立的管理队伍，形成简洁、有效率的管理，克服多元化经营带来的问题。

（三）实施反并购策略

从上市公司的角度看，当多元经营超过最佳水平时，市场价值可能会被严重低估，容易引起外部投资者的收购兴趣。外部投资者可以把公司收购后，再进行资产出售、分离或股权分割，使公司的整体市场价值得到较大提高，从中获得巨大利益。这迫使实施多元化经营战略的上市公司进行反收购防御，主动采取公私分离手段，在收购方采取行动之前把力量重新集中到主业提高自身价值。例如，英美烟草联合公司成为霍伊雷克财团的敌意收购目标后，通过有效分离挫败了收购。

（四）避免反垄断诉讼

企业发展壮大后能够获得规模经济或者范围经济等利益，但企业规模太大、实力太强可能会危及其他企业的生存与发展，甚至因为市场垄断等原因触犯国家反垄断法。为了避免遭到反垄断诉讼，规模太大的企业最好顺应国家法律要求和社会民意，主动通过分离等方式，将企业重新分为多个企业。这不仅可以缓解同行之间的矛盾，获得政府的肯定与支持，还可以为企业赢得良好的社会声誉，为企业未来发展创造良好的环境。

四、公司分立的程序

我国《公司法》规定，公司分立的程序大致有以下六个步骤（见图4-10）。

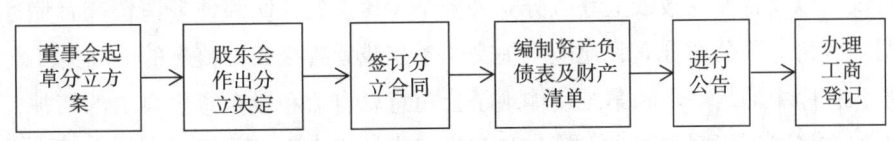

图4-10 公司分立的程序

（一）董事会起草分立方案

当企业董事会初步达成企业分立的意向后，应着手提出、起草分立草案，以便企业股东会讨论。

（二）股东会作出分立决定

不同类型的企业分立的程序有所不同，国有独资公司应由国家授权投资的机构或者国家授权的部门来作出分立决定。《公司法》规定：有限责任公司作出分立决定，须经代表2/3以上表决权的股东通过；股份有限公司的分立决议，须经出席股东大会的股东所持表决权的2/3以上通过，并经国务院授权的部门或省级人民政府批准。

（三）签订分立合同

企业分立时，应当根据股东会作出的决议签订分立合同，以便对原企业的债权、债务、权利、义务、职工等作出安排。分立合同应采用书面形式，一般包括下列内容：①分立后原公司是否存续；②存续公司或新设公司的名称与住所；③企业的财产如何分割；④原企业的债权、债务的处理方法；⑤分立后各方的公司章程内容；⑥分立时需要载明的其他事项，如企业职工的安置等。

（四）编制资产负债表及财产清单

资产负债表是反映企业在某一特定日期的财务状况的报表，它根据资产、负债和所有者权益的相互关系，按照一定的分类标准和一定的顺序排列编制而成。

企业分立时，应将分立后各方拥有的资产、负债及所有者权益情况记载于资产负债表中，并将各方分得的全部动产、不动产、债权、债务以及其他财产一一列入财产目录，编制财产清单。财产清单要准确、详实、清楚，并要保存好。

（五）进行公告

企业应当自做出分立决议之日起10日内通知债权人，并于30日内在报纸上公告3次。债权人自接到通知之日起30日内，未接到通知书的自第一次公告之日起90日内，有权要求企业清偿债务或者提供相应的担保。不清偿债务或者不提供相应担保的，企业不得分立。

（六）办理工商登记

企业进行派生分立后，新企业要履行注册登记手续，原企业如果因分立而导致有关工商登记事项发生变动的，也应该到工商管理机关进行变更登记；新设分立的，原企业不再存续，应办理注销登记，新企业要按照有关规定进行工商注册登记。登记时，应提交分立协议和决议，以及企业在报纸上登载分立公告至少3次的证明和债务清偿或者债务担保情况的说明。股份有限公司分立，还应当提交国务院或者省级人民政府的批准文件。

其中，程序中的第一步和第二步体现了公司意思自治和股东意思自治的精神，体现了主体独立的市场经济规则和要求；第三步和第五步的规定则反映了对债权人意志和利益的体现及保障。

第三节　分拆上市

【导读】

厦门钨业架构复杂，业务涉及钨钼、稀土和锂离子电池材料，同时兼营房地产开发与经营等。厦钨新能的市场价值被严重低估，协同效应无法发挥。随着2019年《科创板上市公司持续监管办法（试行）》《上市公司分拆所属子公司境内上市试点若干规定》等政策新规的相继出台，A股市场热闹非凡，分拆上市空前绝后且如火如荼地进行着，市场的利好使得各方企业摩拳擦掌，纷纷瞄准上市。2020年3月14日母公司厦门钨业发布拟分拆上市的公告，2021年8月5日正式在上海证券交易所挂牌上市。

通过本次分拆上市，厦钨新能成为独立于厦门钨业的公众公司，管理层认为其持续独立的公开信息披露能够更加清晰完整地展现其业务经营发展情况，从而有助于厦钨新能锂离子电池正极材料业务内在价值的充分释放。

资料来源：中国管理案例共享中心。

引例中，虽然厦钨新能上市，但依然任重道远，近年来其资金缺口较大、盈利水平不稳定等问题陆续产生，未来厦钨新能能否发挥分拆上市带来的效益仍是未解之谜。

一、分拆上市的含义

分拆上市，又称为股权分离，是指公司将部分业务或者某个子公司从母公司分立出来形成独立的法人实体，并在证券市场上单独上市的行为。

广义的分拆上市包括已上市公司或者尚未上市的集团公司将部分业务从母公司独立出

来单独上市；狭义的分拆上市指的是已上市公司将其部分业务或者是某个子公司独立出来，另行公开招股上市。分拆上市后，原母公司的股东虽然在持股比例和绝对持股数量上没有任何变化，但是可以按照持股比例享有被投资企业的净利润分成，而且最为重要的是，子公司分拆上市成功后，母公司将获得超额的投资收益。

【案例4-6】　　　　　　　原联想集团分拆上市神州数码

2001年，联想集团分拆神州数码在中国香港主板上市是分拆上市的著名案例。在此案中，原联想集团实际上被分拆为联想集团和神州数码两家公司，其具体的分拆模式如下。

1. 公司基本情况

联想集团有限公司是一家于1993年10月依照中国香港公司条例在中国香港成立的有限公司，其股票于1994年2月在中国香港联交所主板上市。其控股股东为中国科学院计算技术研究所全资所属的联想集团控股公司。截至分拆前，联想集团的业务包括：①联想品牌IT产品的生产、销售；②国外品牌IT产品的代理；③系统集成及其他IT相关业务。基于战略考虑，联想集团决定将国外品牌IT产品代理、系统集成、网络产品开发及销售等业务分立出去。

为此，联想集团于2001年1月25日在百慕大（Bermu-da）群岛成立了一家全资子公司——神州数码集团有限公司，由该公司之附属公司持有拟分拆出去的全部业务。

2. 神州数码分拆上市过程

2001年4月24日，联想集团有限公司董事会宣布了一项股息分配：以联想集团有限公司所持神州数码集团有限公司的全部股份（共计756181609股）支付给联想集团的全部股东作为股息。该项股息发放的条件与神州数码新股发行的条件相同。该项特殊的股息发放实际上就达到了分拆的目的。股息发放的结果是：神州数码集团有限公司不再是联想集团的子公司，原联想股东将按原有比例分派神州数码股票，联想集团的股东直接持有神州数码集团有限公司。

2001年5月，神州数码集团有限公司发行新股88260000股，6月1日，在中国香港上市。神州数码从联想中分拆出来具有一箭双雕的作用。分拆不但解决了事业部层次上的激励机制问题，而且由于神州数码独立上市，联想集团、神州数码的股权结构大大改变，公司层次上的激励机制也得到了进一步解决。

资料来源：刘育琳. 境内上市公司分立上市之难 [J]. 数字财富，2005（9）。

二、我国分拆上市发展历程

在我国，分拆上市经历了市场探索期、监管成长期、谨慎期和成熟期四个阶段，是一个从试点放开、全面禁止、限制性放开再到完全放开的发展过程（见图4-11）。

资本运营

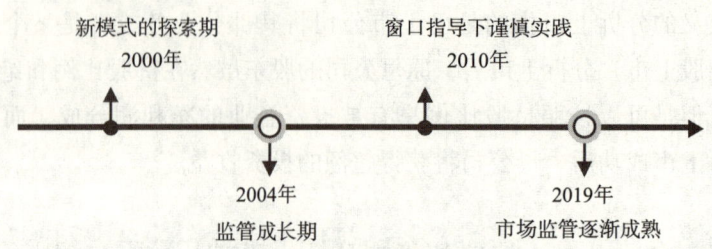

图 4-11 分拆上市发展历程

（一）阶段一：新模式的探索期（2000—2004年）

21世纪初期，分拆上市在海外已经很常见，但在我国资本市场发展初期，分拆上市的监管探索仍然处于发展初期，对"A拆A"或"A拆境外"分拆上市的相关监管还没有成文的规定可参考。2000年同仁堂分拆同仁堂科技是A股上市公司对这一模式成功的探索。

（二）阶段二：监管成长期（2004—2010年）

2004年7月21日，证监会发布了《关于规范境内上市公司所属企业到境外上市有关问题的通知》（也被称为67号文），允许A股上市公司分拆其所属企业至境外上市，也成了A股上市公司分拆上市的第一份正式监管文件。但直到2010年，A股上市公司的实践案例也很少。

（三）阶段三：窗口指导下谨慎实践（2010—2019年）

在67号文的基础上，证监会对于A股上市公司分拆子公司至A股上市通过窗口指导，完成了2010年中兴通讯（000063.SZ）对国民技术（300077.SZ）拆分，成为A股历史上第一桩"A拆A"的案例。

（四）阶段四：市场监管逐渐成熟（2019年至今）

2019年1月，《关于在上海证券交易所设立科创板并试点注册制的实施意见》，允许A股上市公司分拆至科创板上市。此前，相关政策也允许A股上市公司分拆至创业板上市。

2019年3月，《科创板上市公司持续监管办法（试行）》中明确提出符合规定的上市公司可以分拆子公司至科创板上市。

2019年12月12日，证监会发布了《上市公司分拆所属子公司境内上市试点若干规定》（被称为27号文），正式允许A股公司进行"A拆A"的相关操作，引导和规范上市公司分拆所属子公司在境内上市，同时也对能够进行分拆上市的公司设立了明确的门槛。

2020年9月23日，国务院召开国常会，强调推动上市公司做优做强，支持优质企业上市。其中特别提到了要健全上市公司资产重组、收购和分拆上市等制度，完善上市公司再融资、发债等制度。

2021年4月8日，国务院金融稳定发展委员会召开第五十次会议，要求坚持"建制度、不干预、零容忍"，继续加强资本市场基础制度建设，更好保护投资者利益，促进资本市场平稳健康发展。

2022年1月7日，为了建立健全资本市场基础制度，基于前述法规的修改和整合，《上市公司分拆规则（试行）》发布，分拆上市程序更加严格，从信息披露、分拆决议、中介机构审议再到监督管理整个流程作出详细规定，更加规范。

三、分拆上市的基础理论

（一）融资战略理论

分拆上市最大的动机就是融资，公司一般都采用债务性融资和权益性融资的方式获取企业经营需要的资金，上市是较为典型的权益性融资。仅凭借已上市的母公司融资所带来的资金可能无法支撑子公司未来的战略发展，将子公司单独分拆出去二次上市，进行融资更易筹集资金。

在公司未分拆前，由于母公司管理层、子公司管理层以及外部市场之间存在信息不对称，内部配置效率低下，子公司融资受制于内部资本市场。分拆上市后，子公司可以直接在资本市场上自由流通股票而筹集资金，拓宽了融资渠道，母公司也能通过转让其持有的子公司股票来获得自由现金流，以维持自身业务发展。因此，分拆上市不仅可以有效解决子公司资金紧张问题，而且科创企业可以利用科创板高估值的特点募集大量资金，以实现公司差异化战略。

（二）管理层激励理论

根据委托代理理论，由于信息不对称的存在，公司的所有权和经营权产生分离，产生委托代理成本，存在管理层为了一己之私损害中小股东利益的可能。缓解委托代理问题，最有效的办法就是通过股权激励来约束管理层。但是，对于未上市的子公司管理层进行股权激励没有相应的考核指标，不利于将激励效果发挥到最大。

分拆上市前，子公司的经营状况只能在母公司整体业绩中得到零星的体现，管理层对子公司的贡献不能很好地得到市场认可，并且通常情况下，股权激励计划中对所有管理层都是授予母公司股票期权，子公司管理者无法得到与付出相对应的回报，会弱化子公司高管的激励作用。而分拆上市后，子公司须独立面对市场监督，考核管理层也可将子公司股价的变动作为衡量标准，从而精确地进行股权激励，督促管理层努力改善公司的经营业绩和管理状况。

（三）市值管理理论

市值管理是上市公司进行价值创造、经营优化企业价值的战略管理行为，其目的在于实现股东利益最大化及公司的价值创造、价值经营和价值实现。价值创造是指通过一系列手段实现公司价值创造最大化。价值经营是根据由于公司内外信息不对称导致内部与市场价值不对等信息来改进经营的过程。价值实现是通过管理与投资者之间的关系来促进公司市场价值向其内在价值趋近。三部分环环相扣、形成良性循环，是市值管理有效的前提。

市值管理是公司经营理念的转型，企业经营目标从利润最大化向企业价值最大化转型。在成熟的资本市场中，企业价值最大化（即市值最大化），是公司经营的终极目标，也是衡量公司经营状况的综合性指标。而分拆上市的公司一般是多元化公司，多元化公司由于业务复杂多样，投资者对其价值难以有正确全面的衡量，一般会导致市值被低估的现象出现。分拆上市后，低估的业务得到再一次的估价机会，并且相对分拆前而言，该业务能够得到更加准确的衡量。

四、分拆上市的类型

根据分拆上市前后母公司业务与子公司业务的关联程度以及各自所处的产业链位置，可以将分拆上市分为横向分拆上市、纵向分拆上市和混合分拆上市三种类型。

（一）横向分拆上市

横向分拆是对母公司同类资产或业务分离出同质的部分，组建成一个与母公司从事同一业务的子公司，并将其进行股份制改造后首次公开募股。上市后的子公司将和母公司从事同类生产和经营，母、子公司之间不可避免地形成同业竞争关系。因此，这种类型的分拆上市很难为政策导向所支持，也很难被市场投资者所认可。

（二）纵向分拆上市

纵向分拆主要是对母公司某一行业产业链上相对独立的某个环节资产分拆出来，成立一家与母公司处于产业链不同环节的股份制公司并在证券市场发行上市。如石油行业有开采、生产、提炼和向最终消费者销售几个环节，可把销售环节分拆出来。这种分拆上市成功后，母公司由于所在产业链的上下游不可避免地与子公司进行关联交易。尽管这种类型的分拆上市对上市公司的影响没有横向分拆上市导致的同业竞争严重，但在实际运作中同样存在政策障碍，也不易被投资者所接受。

（三）混合分拆上市

混合分拆是指从事多元化经营的母公司，将与其核心业务关联度较弱的某一行业或某一类型的业务分拆出来单独上市，或将其主业分拆出来单独上市，以便母公司和子公司可以更好地集中优势资源，提高其核心业务的竞争力。本质上就是公司从内部资本市场资源配置转向外部资本市场资源配置。混合分拆的情况下，母公司集团内部实际上存在着一个多元化的产业投资组合，这些不同产业之间的资产差异性很大，不存在同业竞争或者是明显的关联交易问题。

五、分拆上市的效果

分拆上市的效果如图 4-12 所示。

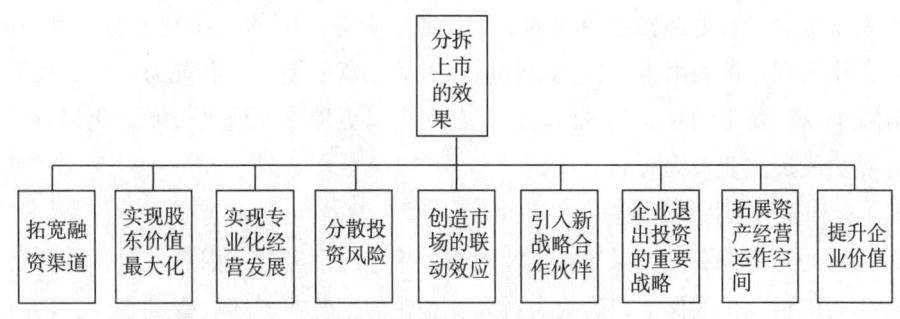

图 4-12 分拆上市的效果

（一）拓宽融资渠道

企业发展和资本运营都需要巨大的资金支持。如果母公司是非上市公司，或者母公司已经处于成熟期，面临着流动性瓶颈，无法对具有发展潜力的业务或部门注入足够的资金时，将其中的部分资产和业务独立出来单独上市，不仅可以开辟新的融资渠道，解决企业发展的资金瓶颈，而且多了一个资本运营的载体和平台。借助这些增量资金，母公司还可以不断培育新的可上市的子公司，从而形成新的循环融资体系。这对企业实现跨越式发展具有重要意义。

（二）实现股东价值最大化

分拆上市后，证券市场的价值发现功能可以使母公司迅速获得超额资本利得和投资收益，实现价值增值。母公司一般对分拆上市的子公司控股，一旦分拆上市成功，可以给母公司带来巨大的资本增值收益。对于母公司原有股东而言，前期可能免费获得分拆上市子公司的股份，或者对这些股份享有优先认购权，这样股东就可以通过变现股票获得高额回报，还可以获得母公司分配的分拆上市的投资回报和特殊盈利。此外，分拆上市也有望推动母公司的股价上升，使股东获得更大的投资收益。

（三）有效提升企业的价值

多元化经营的企业，由于市场投资者对其所涉及的复杂业务可能无法正确理解和接受，其价值评估往往是基于传统业务而产生的总体评价，并不能有效反映其新的利润增长点的真实情况。也就是说，在庞大的企业规模下，一些优质资产的价值没有能够很好地独立反映出来，其发挥的价值功能很容易被人们低估甚至不能产生应有的价值功效；反而那些不良资产在庞大规模的庇护下还会稀释企业的每股净资产收益率。

因此，多元化经营不利于新增长点的拓展。分拆上市就可以有效解决这一难题，消除企业内部的"负协同效应"，分离企业的优质资产并独立经营，集中资源实施目标聚集战略，获得财富效应。分拆上市后的公司更能够迎合投资者的投资偏好，可以有效释放企业的价值。但是分拆不适用于不符合企业长期发展战略、没有成长潜力或影响企业整体发展的低效率资产。

（四）实现专业化经营发展

在多元化扩张的浪潮下，许多企业为了追求庞大的资产规模和经营规模，出现了过分的混业经营情况，严重地透支了企业的品牌形象。业务清晰的公司越来越被市场所认同。通过分拆上市可以逐渐明晰主业，突出优质业务的经营业绩和盈利能力来吸引投资者，促进经营业绩的持续稳定增长。业务清晰后，公司可以更加有效地进行专业化经营，这对于公司集中精力发展主业极为有利。

（五）有利于分散投资风险

如果分拆的这部分资产仍保留在企业内部，一旦出现经营或财务危机，企业必须以其全部资产作为应付危机的保证，若损失过大，企业的主营业务还会受到牵连，甚至面临生存危机的考验。

因此，企业为降低风险，通常将其所拥有的部分资产分拆出来上市。分拆上市使本身置于企业内部的业务单位成为公众公司，经营风险和财务风险由母公司和新的合作伙伴以及公众投资者共同承担。目前，上市公司越来越倾向于对其以风险投资形式参与的高成长项目进行分拆上市，这在风险较大的高科技业务发展中表现得尤为突出。

（六）创造市场的联动效应

在资本市场，分拆上市及其配套的推介路演活动容易引起公众和传媒的极大关注，可以起到先声夺人的作用，从而大大提高企业的知名度。许多跨国公司往往通过分拆其国内业务到海外上市或将其在当地控制的业务就地分拆上市，加深海外市场对其业务和产品的了解与认同，迅速建立品牌效应。如上实医药科技在香港分拆上市后，大大提高了杭州青春宝及上海家化的知名度，使其系列产品在香港深入人心，树立了很好的品牌形象，为这两家企业在香港开拓产品市场、寻求合作机会打开了窗口。

（七）引入新战略合作伙伴

一些公司在整体资产上对策略和战略合作伙伴缺乏吸引力，但个别业务单位则因其增长潜力而可望吸引合作伙伴。因此一些上市公司为引入理想的合作伙伴，就会将对方感兴趣的业务单位分拆出来，吸引新股东加盟，从而为公司扩展业务注入新的血液和活力。

（八）拓宽资产经营运作空间

分拆上市使上市母公司与分拆上市子公司在资产的转让、注入及融资活动等方面更为灵活，有助于公司在两个资本市场之间或同一资本市场两个市场主体之间的资本运作实现对接，大大扩展了资产经营活动的空间。上实控股分拆上实医药科技上市后，计划将其旗下的医药业务分阶段注入分拆子公司，这不仅为上实控股带来特殊收益，更为投资者对上实医药科技的发展创造更大的想象空间。

分拆上市带来的资金和资本运营优势，有助于公司优化资产质量，进一步培育新的高成长项目。此外，上市母公司还可在没有现金流出的情况下利用分拆上市子公司的股份，通过换股方式并购其他公司的业务。

（九）企业退出投资的重要战略

分拆上市往往伴随着控股权的稀释，因此被许多企业作为逐步退出非核心业务的重要战略。在通过资产拍卖或协议转让等方式退出有关业务的情况下，业务单位的价值往往会被低估。而分拆上市则可使企业通过股权出让以市场认可的价值套现，并且上市资产具有较强的流动性，企业能在退出的时间上抢得先机。

六、分拆上市的条件

根据2022年1月7日中国证监会发布的《上市公司分拆规则（试行）》，公司分拆上市，应当同时符合以下条件：

（1）上市公司股票境内上市已满三年；

（2）上市公司最近三个会计年度连续盈利；

（3）上市公司最近三个会计年度扣除按权益享有的拟分拆所属子公司的净利润后，归属于上市公司股东的净利润累计不低于人民币六亿元；

（4）上市公司最近一个会计年度合并报表中按权益享有的拟分拆所属子公司的净利润不得超过归属于上市公司股东的净利润的50%；上市公司最近一个会计年度合并报表中按权益享有的拟分拆所属子公司的净资产不得超过归属于上市公司股东的净资产的30%。

七、分拆上市与公司分立的比较

分拆上市和公司分立的区别和联系如表4-1所示。

表4-1　　　　　　　　分拆上市和公司分立的区别和联系

		分拆上市	公司分立
区别	资金流	被分拆出来的部分组成新的法人实体，并公开上市发行股票，分拆出去的公司可以获得新的资金流入，母公司如果出售其在分拆上市公司中占有的股份则可以获得现金收益	子公司的股份被当作股票股利按比例分配至母公司的股东手中，子公司没有新的现金流
	控制权	母公司只是把子公司的少部分股权分拆出来上市，不会丧失对分拆上市公司的控制权	母公司对分立出去的子公司不再拥有控制权
联系		许多公司采取先分拆上市，再把所持有的股份分立的做法。先把该子公司的部分股权分拆上市就可以使该子公司的价值在资本市场上被充分挖掘，并且通过独立交易的股票体现出来。在这种情况下，如果分拆出去的子公司的股票表现出色，母公司再把其剩余的股权分立给母公司的股东，更容易得到股东的支持	

【案例4-7】 生益科技分拆生益电子上市

1. 分拆上市双方概况

（1）广东生益科技股份有限公司。

广东生益科技股份有限公司（生益科技），成立于1985年，公司总部在广东省东莞市。公司于1998年在上交所上市，是一家由香港伟华电子有限公司、广东省外贸开发公司、东莞市电子工业总公司等几个大股东投资建立的中外合资股份制公司。其主要业务包括设计、生产和销售覆铜板、黏结片，公司产品不仅用于线路板中，更是广泛应用于手机、电脑、航空航天工业及各种高档电子产品中。

因此，公司有广泛的优质客户群，主要客户有华为、中兴康讯、三星电子等，而且庞大的销售网络还笼罩了海外市场，70%以上的产品都是出口到东南亚、欧洲等国家和地区。

（2）生益电子股份有限公司。

生益电子股份有限公司（原东莞生益电子有限公司）于1985年由东莞市电子工业总公司与香港福民发展有限公司合资创办，是一家定位中高端应用市场，专注于印刷线路板（以下简称"PCB"）研发、生产与销售业务的信息技术制造业企业。公司在2013年被生益科技收购，成为生益科技的全资子公司。目前，生益电子不再是生益科技的全资子公司，但仍由生益科技控制。

2. 分拆上市的基本动因

（1）满足战略发展需求。

生益科技的战略发展目标为"建设成为国内品种最多、规格最齐、技术领先、产量最大、设备最先进的覆铜板生产基地"。基于此发展模式，生益科技至今已成立多家全资子公司及孙公司，导致近年长期股权投资迅速增长，生益科技的战略发展模式决定了其对资金的需求，为了满足其对子公司持续投资的资金需求，公司进行两次不同方式的融资，融资情况如表4-2所示。

表4-2 生益科技历年融资计划

公告日期	融资类型	证券种类	公开发行	融资金额（亿元）	实施进展
2010-07-30	增发	A股	否	12.21	实施
2017-03-31	可转换企业债	可转换债	是	17.73	实施

数据来源：根据公开资料整理。

然而，生益科技这两次融资所筹措的资金并未有效解决公司的资金压力。

生益科技技术力量雄厚，先后开发出多种在世界范围内广泛应用的高科技产品，公司早在2011年就由国家科技部批准组建了"国家电子电路基材工程技术研究中心",同时,公司还设立了博士后科研工作站,积极主导制定相关国际标准、国家标准和行业标准。高科技产品的开发和博士后科研工作站的设立需要大量的资金投入,2010年增发筹集的资金只能维持公司正常经营一段时间。所以,公司的第一次融资并不能很好地解决其资金压力。

另外,公司自成立至今,不断扩张投资设立新公司,目前已经对外投资的公司除已注销的还有11家子公司、6家孙公司。自2017年公司发行可转债融资起至2019年年末,公司对外投资3家全资子公司,并且在东莞生益房地产开发有限公司该子公司下还设立了全资3家孙公司,仅在此对外投资已有32.83亿元。因此,通过发行可转债所筹集的17.73亿元资金远远不够对外投资,需要公司内部资金来填补这个缺口。

因此,根据公司未来的战略发展模式,面临原材料不断上涨且研发投入比例不断增加的双重压力下,其营运资金及资本性支出将大幅增加。仅靠生益科技的现有资金不是长久之计,也无法满足公司战略规划,而作为已上市公司,资本市场对生益科技再次融资的要求更高,筹集资金的难度更大。根据融资战略理论,此时分拆非主要营业业务的生益电子上市融资,在维持母公司控股地位的同时,可以获得新的投资成本,而且由于分拆上市后信息披露度更高,为公司拓展新的融资渠道,满足母子公司未来发展战略的资金需求,缓解资金压力。所以将生益电子分拆上市来筹集资金可以维持公司正常运转和对外投资,东莞生益科技有限公司的成立很好地验证了分拆子公司上市的目的之一。

(2) 实现管理层的激励。

由于分拆上市前,生益电子是生益科技的子公司,市场投资者只能通过母公司财务报告中得到有关生益电子的零散的信息,子公司管理层和市场投资者之间信息不对称程度较大。而且生益科技股权激励是以生益科技的股票作为标的进行激励,子公司管理层对公司的贡献和得到的激励难以完全匹配,这种激励方式无法最大化地激励子公司管理层。而分拆上市后,股价直接反映管理层的贡献,以子公司股票作为标的奖励子公司管理层,形成各级管理层之间的相互攀比,达到优化管理层激励方式的目的。

(3) 提升公司整体估值。

一方面,信号传递假说认为,公司内部和市场之间存在信息的不对称,分拆所属子公司在上市前,上市公司按信息披露要求,以合并报表形式对财务报告进行披露,不会单独详细披露子公司的财务信息,对于占生益科技营业收入较大比例的生益电子而言,这会导致投资者对生益电子的估值与其实际价值产生偏差,分拆上市后,子公司单独披露财务报告,可以在一定程度上降低信息不对称性,有利于子公司实际价值得到更加公允的评估。而生益科技仍是生益电子的控股股东,需要将生益电子纳入合并财务报表范围内,从而提升母公司的估值。

另一方面,根据市值管理理论,生益电子主要经营研发、生产和销售印制电路板,而生益科技以覆铜板和黏结片的设计、生产和销售为主营业务,两者在主营业务上属于上下游企业。在分拆上市后,离开生益科技的生益电子利用生益科技的庞大客户群体,协助两个企业集中在自身的业务上,通过提升企业的专业化程度,提升企业的经营效率。分拆上市使二者业务更加独立,又互相支持运作,这种运作模式是独立且协同的,极大地释放各自产能、提升了企业经营效率,创造了企业的价值,实现公司整体增值。

3. 分拆上市的实施

自《境内分拆规定》2019年年末出台以来,凭借灵敏的商业嗅觉,生益科技发现了分拆上市对于公司自身发展的利好之处,并开始计划将生益电子分拆上市。两个多月后,生益科技于2020年2月28日晚公布关于分拆所属子公司生益电子股份有限公司至科创板上市的预案,从正式递交申请到注册同意,历经9个多月成功登陆上交所科创板。

分拆过程主要包括前期审核阶段、筹备阶段、分拆申请阶段。

(1) 前期审核阶段。

生益电子所属行业属于新一代信息技术领域,符合行业领域要求。最近三年累计研发投入金额超6000万元;营业收入的发明专利150项(超过5项);近三年收入复合增长率34.51%,超过20%,所以公司符合科创属性和科创板定位要求。

(2) 筹备阶段。

筹备阶段是为了满足分拆上市标准而对公司进行的整改,以及公司内部董事会的批准。2020年2月26日独立董事关于本次分拆发表事前认可意见,认为该提案符合公司的发展战略和股东利益,因此同意分拆上市的各项预案。次日,生益科技第九届董事会第二十三次会议以通讯表决方式召开,会议中除关联董事邓春华、许力群回避表决外,其余9名董事均同意分拆子公司至科创板上市的各项议案。生益科技的实际经营情况满足各项政策要求,因此筹备阶段需要整改的内容较少。

(3) 分拆申请阶段。

分拆申请阶段主要是召开股东大会,确定分拆方案,并向证监会提交申请。根据上海证券交易所披露的生益科技2020年第二次临时股东大会的相关资料可知,生益科技于2020年5月7日召开股东大会,确定分拆子公司生益电子上市的相关议案,并于5月27日向上交所提交申请材料,10月16日得到上交所批复,2021年1月7日,生益科技分拆上市的注册申请得到中国证监会的同意,2月5日生益电子发布上市公告,并于2月23日正式登陆上交所科创板。具体分拆上市过程如图4-13所示。

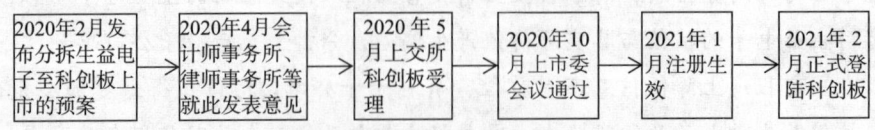

图4-13 生益电子分拆上市过程

数据来源:上海证券交易所公告。

第四节　股票回购

【导读】

作为资本运营的重要方式，股票回购具有调整与优化公司股权和财务结构、调整公司股票供给、提高公司股票价值和实施反收购维护公司控股权等作用，由此受到越来越多上市公司的青睐。公司应依据自身实际情况，并综合考虑国际国内经济情况特别是本国国民经济发展情况、证券市场变动趋势等因素，反复权衡股票回购收益与成本、收益与风险，最终决定是否采取股票回购及回购的具体方式与时机，维护公司切身利益和正常运转。切忌把股票回购作为公司财务会计报表包装的手段，以掩盖公司经营困境并博取投机收益。

【案例4-8】　网易发股票回购及现金股利计划

2012年11月15日，网易今日宣布董事会批准了一项新的股票回购计划以及特殊现金股利计划。根据回购计划，网易将在不超过12个月的期限内，通过纳斯达克全球精选公开市场交易回购总金额不超过1亿美元的流通美国存托凭证。该股票回购计划的资金来源为公司可用运营资本。

网易董事还批准了一项每普通股0.04美元，或者每股美国存托凭证1.00美元的特殊现金股利计划（每股美国存托凭证代表25股普通股）。该项特殊现金股利预计将于2013年1月18日发放给2013年1月15日登记在册的全体股东。预计该特殊股利的总支出将达到1.31亿美元。网易CEO丁磊表示，这些举措印证了网易稳健的财务状况，并能够提高股东回报和提升公司价值。

一、股票回购的含义与特征

（一）股票回购的定义

股票回购是指上市公司利用现金等方式，从股票市场上购回本公司发行在外的一定数额股票的行为。公司在股票回购完成后可以将所回购的股票注销，但绝大多数情况下，公司将回购的股票作为库藏股保留，不再属于发行在外的股票，且不参与每股收益的计算和分配。①

西方国家大多是将回购的股票当作库存股保留。库存股日后可用于发行可转换债券、实施员工持股计划和股票期权计划，还可以用于出售以增加公司资金。股票回购不仅是一种收缩性资本运营模式，还是一种调整与优化公司股权和财务结构的资本重组模式，也是提高公司股票价值和对抗敌意收购的一种有效方式。

因此，股票回购成为国外成熟证券市场中常见的一种资本运作和公司理财行为。自20世纪70年代在美国证券市场产生以来，股票回购逐渐扩展到英国、德国、日本等国，被越来越多的上市公司所使用。尤其是20世纪80年代以来，公司股票回购的金额和规模越来越大。

（二）股票回购的特征

1. 股票回购的主体是公司股东与公司本身

在股票回购关系中的一方当事人是公司，另一方当事人是股东，即股票回购是公司股东与公司本身进行的交易，是公司从股东手中买回自己股份的行为。

2. 股票回购是公司支付现金或其他对价来换取自己的股份

公司取得自己的股份可以是有偿的，也可以是无偿的。例如，没收未履行出资义务的股东的股份，因受赠、遗赠或股东抛弃持股而取得自己的股份等就属于无偿取得。股票回购仅指公司有偿取得自己发行在外的股份而不包括无偿取得。有偿取得股份支付的对价可以是现金，也可以是其他财产形式，如实物、知识产权、债权、票据、优先股等。

3. 股票回购是一种灵活的收益分配方式

上市公司通过股票回购的方式向股东返还大量的现金，可以形成对现金股利的补充或替代。与现金股利相比，股票回购特别是在公开市场上回购的时机和数量具有极大的自主性和灵活性。上市公司在公告公开市场股份回购计划时，可以只公告计划回购的数量，无须明确实际回购的数量和价格，后续可以根据公司的财务状况自主决定实施回购的时间和数量。

4. 从实施效果看，股票回购具有综合性和短暂性

上市公司通过在公开市场回购自己的股份，一方面增加自身股份的需求并向外界传递信息，实现刺激股价等目的；另一方面通过减少在外流通的股份总额，可以提高公司的盈利能力和股东回报，甚至可以适当改善公司资本结构和治理结构，最终实现公司价值的最大化。

股票回购是上市公司进行收缩型资本运作的重要工具，与公司分立、分拆上市等资本运作方式相比，股票回购可以从公司治理、资本结构等多个方面影响公司的财务指标，但这种影响多为短期的，公司真正的盈利能力和经营水平并未改变。股票回购对于上市公司的多角度影响在较大程度上体现为其在资本市场上的价值实现。

---

① 股份回购是指公司购回发行在外的股份的行为；股票回购是指上市公司购回发行在外的股票。本章主要涉及上市公司资本运营的收缩形式，因此本章研究的是股票回购。

二、股票回购的基础理论

（一）信号传递假说理论

信号传递假说是20世纪70年代末80年代初被学术界颇为认同的理论，公司将要进行股份回购的公告对投资者来说是一个信号。公司股票市价被市场严重低估时，企业就可能通过公开市场回购一部分股票，以引导市场投资者重新评估该企业，同时借以重新唤起投资者的信心。

> **信号传递理论**
>
> 信号传递理论是由斯宾塞在1974年率先提出的，他认为买卖双方在某些市场上可以通过市场传递产品质量信息的信号，并指出传递信号是需要付出成本的。随后，财务领域的研究开始逐步地应用该理论，讨论的热点集中于在信息不对称的条件下，如何通过信号传递解决逆向选择和道德风险等研究的热点问题。

迈克尔·斯宾塞
（Michael Spence，1943—）

具体来说，外部投资者仅从公司披露的相关信息，是很难对公司的实际情况和公司信息的各个方面完全了解的，如果投资者又没有其他途径可以了解公司内部的重大信息，就很可能不了解公司的真正价值，因此投资者很难去评估该公司的真实价值。

而公司的管理者则不同，他们负责公司的日常生产和经营的方方面面，对于公司财务状况了如指掌，他们知晓公司更加详细的数据以及未来公司发展的走向。正是由于信息不对称的存在，当公司管理者认为公司的价值被严重低估时，便会起草公司股票回购的预案，准备通过股票回购来减少在外流通的股票数量从而提升公司股票的价格，这代表着公司管理者对于公司未来的发展充满了信心，也向外界市场传播了公司积极的信号。

（二）财务杠杆假说理论

财务杠杆假说是指公司通过股份回购加大财务杠杆达到优化资本结构的目的。财务杠杆假说认为，公司通过股份回购可以减少权益资本，提高财务杠杆比率，以获得公司债务利息费用的抵税效应，提高每股收益，进而优化资本结构和增加公司的价值。

股东积极主义是改善公司治理的重要机制，其起源于机构投资者的日益壮大以及"用脚投票"的低效及损失，机构投资者转变为积极股东，参与公司决策，改善公司治理结构,实施监督权,充分发挥股东的作用。

由机构投资者发展而来的股东积极主义并非局限于机构投资者,同样可以适用于民营投资者甚至是个人投资者。持股比例的上升,"搭便车"行为不利于长远利益,基于成本收益的权衡,投资者将迫切要求股权与治理权对等,参与到董事会管理层,行使自身的权力,促进企业改革,改善效益。

(三)自由现金流假说理论

自由现金流是公司投资目前所有净现值为正的投资项目并考虑到未来可能发生的投资后,公司所能余下的现金流量。

自由现金流假说

自由现金流假说是关于公司资本结构的代理理论解释。1986年,由美国经济学家詹森提出。对于处于成熟期的盈利公司来说,企业拥有大量闲置现金但成长机会较少,代理人(管理层)有滥用现金资源的倾向。使用举债可以通过定期支付利息和还本向代理人施加压力,从而抑制管理层滥用现金的动机。因此,现金流稳定的公司增加财务杠杆有利于公司价值和股东利益。

迈克尔·詹森
(Michael C. Jensen, 1939—)

自由现金流假说是建立在公司所拥有的剩余现金流量的基础之上的,公司在满足了自身经营和投资的需求后仍然剩余大量的现金,如果此时外部投资回报率高,投资风险较小,可以将资金继续用来投资,如果此时投资回报率小,公司又缺乏良好的投资机会,公司的管理层很可能出现私自占用现金流的情况,这种情况下会增加代理成本。

所以出于种种考虑,为了降低公司的代理成本,上市公司常常进行股票回购,将公司剩余的现金流量分发给股东。不仅达到了降低代理成本的作用,增加了股东的财富,对公司的财富也有一定程度的提升。

(四)管理者机会主义假说理论

公司的管理者会站在自身利益最大化的角度来影响上市公司的行为,针对股票回购,虽然大部分公司公示的理由是企业价值被低估,但也存在一些公司在企业价值并没有被低估的情况下,也积极进行股票回购,目的很可能只是通过提升股票的价格,将财富转移到自身或者少数股东的手中。

管理者机会主义假说与信号传递假说虽都是为了提升公司股价,但后者则偏向提升全体股东的财富,而管理者机会主义假说则认为提出该方案的管理层的真实动机是为了实现自身的财富,将自身的利益进行最大化,利用股票回购这一工具很大程度上会对其他股东的利益有所损害。

(五)反收购假说

公司管理层为了维持自己对公司的控制权,规避敌意收购,以股份回购的形式收回一部分股权,在一定程度上能使股价上升,减少公司流通在外的股份,让公司手中持有的股份比例上升,从而导致收购方获得控制公司的法定股份比例变得更为困难。在反收购战中,股份回购使得公司流动资金减少,如果用于股份回购的资金来源于银行贷款或发行债券,则该公司的负债能力可能会被用完,减弱作为被收购目标的吸引力。

三、股票回购的动因

股票回购的动因如图4-14所示。

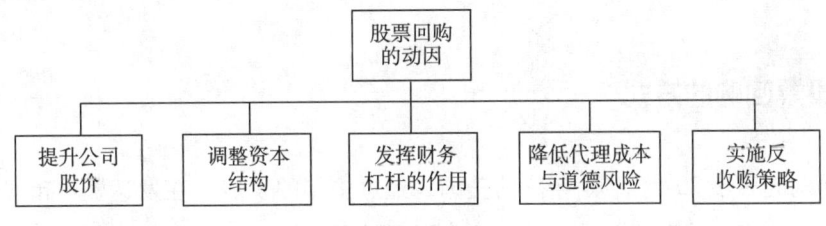

图4-14 股票回购动因

(一)提升公司股价

公司进行股票回购的目的之一是向市场传递股价被低估的信号。股票回购有着与股票发行相反的作用,股票发行被认为是公司股票被高估的信号。如果公司管理层认为公司的股价被低估,通过股票回购向市场传递了积极信息,市场反应通常是提升股价,这有利于稳定公司股票价格。如果回购以后股票仍被低估,剩余股东也可以从低价回购中获利。

(二)调整资本结构

当公司资本结构不合理,如股权比例太高时,就可以通过股票回购的方式适当降低股权比例,优化资本结构。除此之外,公司回购的股票,既可以通过换股的方式用来交换被收购或被兼并公司的股票,也可用来满足认股权证持有人认购公司股票或可转换债券持有人转换公司普通股的需要,还可以作为经理人期权和员工持股计划的股票来源,避免发行新股而稀释收益。

(三)发挥财务杠杆的作用

如果公司认为资本结构中权益资本的比例较高,可以通过股票回购提高负债比率,改变公司的资本结构,降低加权平均资本成本。虽然发放现金股利可以减少股东权益,增加财务杠杆,但两者在收益相同情形下的每股收益不同。特别是通过发行债券融资回购本公司的股票,可以快速提高负债比率。

（四）降低代理成本与道德风险

当公司可支配的现金流明显超过投资项目及维持公司正常运转所需的现金流时，自由现金流就出现了。大量自由现金流的存在，会产生公司经理层与股东之间对其使用权的矛盾，增加经理人员的道德风险。将大量自由现金流用于股票回购，既可以提高每股盈利水平，又可减少或者降低管理层与股东之间的分歧与矛盾，起到降低管理层代理成本和道德风险的作用。

（五）实施反收购策略

当公司被外部恶意收购者收购时，无论是通过动用公司自有现金还是外部举债的方式来回购股票，在减少外部流通股的数量和提高股票价格的同时，都可以大幅降低公司资产质量或者恶化公司财务的方式降低公司对外部收购者的吸引力，在一定程度上降低公司被收购的风险。

四、股票回购的方式

股票回购起源于20世纪70年代的美国，经过多年的发展，在发达资本市场上已经比较成熟，概括起来，股票回购的方式主要有以下几种。

（一）公开市场回购

公开市场回购是一种使用最普遍的股票回购方式，是公司在证券市场以等同于任何潜在投资者的地位，按照公司股票当前市场价格回购股票的行为。在美国，90%以上的股份回购采用这种方式。美国证券交易委员会对实施公开市场回购的时间、价格、数量等方面都要有严格的监管规则，制定这些规则的目的是防止价格操纵和内幕交易，尽可能地减少股份回购对股票市场价格的影响。

公开市场回购的优点是能够提高公司股票的流动性，给股价以长期的支撑，若公司无法在短时间内完成回购计划的话，可以持续较长时间进行回购。但这种方式很容易推高股价，若不能在短时间内完成回购行为，就会大大增加回购成本，另外，交易税和交易佣金方面的成本也很高。

（二）现金要约回购

现金要约回购是指公司在特定时间以某一高出股票当前市场价格的水平发出要约，回购既定数量的股票。现金要约回购可分为固定价格要约回购和荷兰式拍卖回购两种。

1. 固定价格要约回购

固定价格要约回购是指公司在回购要约中以确定的回购价格购买一定数量的股份。其优点是赋予所有股东向公司出售其所持股票的均等机会，通常情况下，公司享有在回购数量不足时取消回购计划或延长要约有效期的权力；如果股东提供的股票超过了要约回购数，公司有权决定是否购买全部或部分的超额供给，操作起来较为灵活。其缺点是难以确定恰当的要约价格，使公司既能按照计划回购到既定数量股票，又可以避免为此付出过高的代价。与公开市场回购相比，固定价格要约回购通常被市场认为是更积极的信号，其原因可能是要约价格存在高出市场当前价格的溢价。

2. 荷兰式拍卖回购

荷兰式拍卖亦称"减价拍卖"，它是指拍卖标的的竞价由高到低依次递减直到第一个竞买人应价（达到或超过底价）时击槌成交的一种拍卖。

荷兰式拍卖回购是先由公司确立计划回购的股票数量，以及愿意支付的最低与最高价格（一般最低价格稍高于现行市场价格且范围较宽）。然后，由股东向公司提出他们愿意出售的股票数量，以及在设定的价格范围内他们能够接受的最低出售价格。在接到股东的报价后，公司将它们按从低到高的顺序进行排列，然后决定能够实现事先设定的全部回购数量的最低价格，这个最低价格将用于支付给那些报价低于或等于该价格的股东。如果报价低于或等于该回购价格的股票数量多于公司事先设定的回购数量，公司可以按比例购买。如果股东提供的股票数量太少，公司可以取消这次回购，也可以设定的最高价格购买股东所提供的全部股票。与固定价格要约回购相比，荷兰式拍卖回购溢价低，选择性大，灵活性强，已日益成为一种颇受欢迎的回购方式。

（三）私下协议批量回购

私下协议批量回购是不通过公开市场进行的一种收购方式，是指公司以协议价格直接向一个或几个主要股东回购股票。协议购买的价格往往低于当前市场价格，尤其是卖方首先提出的情况下。有时公司也会以超常溢价向存在潜在威胁的非控股股东批量回购股票。但由于这种方式有别于公开市场操作，不能体现全体股东的利益，可能会产生利益输送、区别待遇等委托代理问题，损害中小股东的利益，所以这一方式通常只作为公开市场收购方式的补充而非替代措施。

（四）可转让出售权回购

在公司实施股份回购时，有些股东可能不愿意出让自己的股份，回购要约到期后这些股东不能实现任何收益，同时这些未实现要约股东的一部分财富会向实现要约的股东进行转移。为解决这一问题，人们创造了可转让出售权回购方式。可转让出售权是指实施股份回购的公司赋予股东在一定期限内以特定价格向公司出售其持有股票的权利，这一权利一旦形成，就可以同所依附的股票分离，可以在市场上自由地买卖，那些不愿出售股票的股东可以单独出售该权利，这样既平衡了全体股东的利益，又满足了各类股东的不同选择。

（五）交换要约

作为现金回购股票的替代方案，公司可以向股东发出债券或优先股的交换要约，赋予股东一种将其所持有公司股份转换为公司另一种证券的选择权。但由于债券和优先股的流动性相对差一些，公司在交换时可能需要支付较高的溢价，回购成本较高。因此，现实中绝大多数股份回购都采用现金形式进行。

根据我国《上市公司回购社会公众股份管理办法（试行）》（2005）第九条规定，上市公司回购股份可以采取以下方式之一进行：①证券交易所集中竞价交易方式；②要约方式；③中国证监会认可的其他方式。根据此规定，国际上目前可行的回购方式原则上在我国都可以应用。参见图4-15。

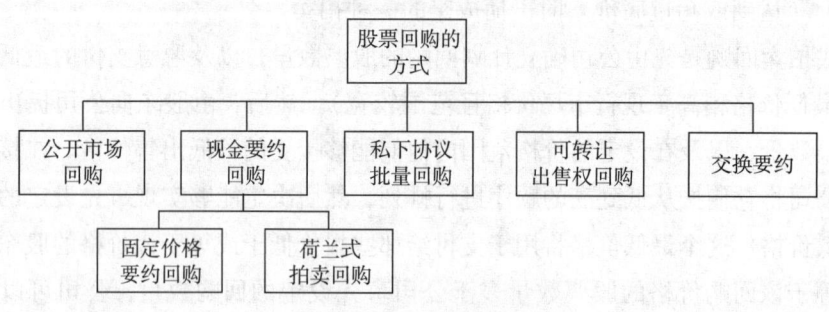

图4-15 股票回购方式

五、股票回购的程序

根据我国《上市公司回购社会公众股份管理办法（试行）》（2005），以及《关于上市公司以集中竞价交易方式回购股份的补充规定》（2008），股票回购工作主要包括以下七个步骤，如图4-16所示。

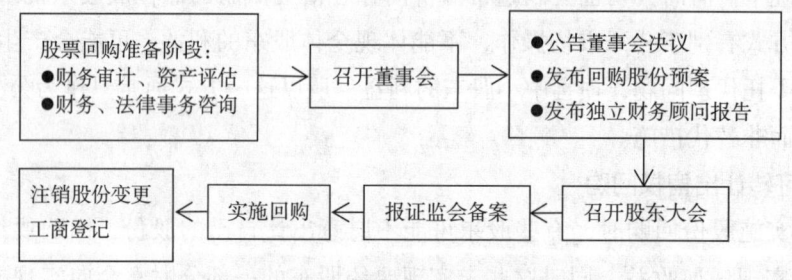

图4-16 股票回购程序示意图

（一）股票回购准备阶段

在准备阶段，为保护各方利益相关者的利益，确保公司净资产的准确性，在回购前需聘请具有证券资格的会计师事务所对公司的财务状况进行审计、聘请资产评估事务所对公司的资产进行评估。同时也要聘请财务顾问和律师事务所就股份回购事宜进行咨询，出具专业意见。

（二）召开董事会

召开董事会，对公司回购部分股份并注销股份、回购资金来源、回购方式、回购价格和金额、召开股东大会方式、时间及上报主管部门批准的有关事宜作出决议。

（三）发布公告

上市公司董事会应当在作出回购股份决议后的两个工作日内公告董事会决议、回购股份预案，并发布召开股东大会的通知。

回购股份预案至少应当包括以下内容：回购股份的目的和方式、回购股份的价格或价格区间、定价原则；拟回购股份的种类、数量及占总股本的比例；拟用于回购的资金总额及资金来源；回购股份的期限；预计回购后公司股权结构的变动情况；管理层对本次回购股份对公司经营、财务及未来发展影响的分析。

独立财务顾问应当就上市公司回购股份事宜进行尽职调查，出具独立财务顾问报告，并在股东大会召开5日前在中国证监会指定报刊公告。独立财务顾问报告应当包括以下内容：公司回购股份是否符合《上市公司回购社会公众股份管理办法》的规定；结合回购股份的目的、股价表现、公司估值分析等因素，说明回购的必要性；结合回购股份所需资金及其来源等因素，分析回购股份对公司日常经营、盈利能力和偿债能力的影响，并说明回购方案的可行性；其他应说明的事项。

（四）股东大会作出决议

上市公司股东大会对回购股份进行决议，须经出席会议的股东所持表决权的2/3以上通过。上市公司作出回购股份决议后，应当依法通知债权人。

（五）向中国证监会报送回购股份备案材料

上市公司回购股份备案材料应当包括以下文件：回购股份的申请；董事会决议；股东大会决议；上市公司回购报告书；独立财务顾问报告；法律意见书；上市公司最近一期经审计的财务会计报告；上市公司董事、监事、高级管理人员及参与本次回购的各中介机构关于股东大会作出回购决议前6个月买卖上市公司股份的自查报告；中国证监会规定的其他文件。

（六）实施股票回购

中国证监会自受理上市公司回购股份备案材料之日起10个工作日内未提出异议的，上市公司可以实施回购方案。采用集中竞价方式回购股份的，上市公司应当在收到中国证监会无异议函后的5个工作日内公告回购报告书；采用要约方式回购股份的，上市公司应当在收到无异议函后的2个工作日内予以公告，并在实施回购方案前公告回购报告书。上市公司在回购报告书的同时，应当一并公告法律意见书。

上市公司实施回购方案前，应当在证券登记结算机构开立由证券交易所监管的回购专用账户；该账户仅可用于回购公司股份，已回购的股份应当予以锁定，不得卖出。

上市公司应当在回购的有效期限内实施回购方案。上市公司距回购期届满3个月时仍未实施回购方案的，董事会应当就未能实施回购的原因予以公告。

（七）注销股份变更工商登记

回购期届满或者回购方案已实施完毕的，公司应当停止回购行为。变更工商登记结束，股份回购便可宣告结束。

【案例4-9】 歌尔股份股票回购

1. 歌尔股份公司概况

(1) 公司发展历程。歌尔股份有限公司前身为怡力达,成立于2001年6月25日,是一家依法成立的合资企业。2007年5月经批准变更为内资企业。2007年6月26日怡力达举行的第二次临时股东大会决议,歌尔集团有限公司将所持有的怡力达2940万股权转让给姜滨、姜龙等17名自然人以及廊坊开发区永振电子科技有限公司、北京亿润创业投资有限公司。2007年7月18日,歌尔集团有限公司、姜滨、姜龙等17人、永振电子科技有限公司、亿润创业投资有限公司共同签署发起人协议,按照约1:0.8的比例将2007年6月30日怡力达经审计的净资产折股后作为出资额,将怡力达通过发起设立方式整体变更为歌尔声学股份有限公司。2016年6月2日,变更歌尔声学股份有限公司名称为歌尔股份有限公司。

(2) 公司股本变动情况。根据歌尔股份公开披露的报表可知,2008年5月,其总股本由刚上市时的1.2亿股,经过五次资本公积转增股本,分别是2009年5月向全体股东每10股转增10股,合计转增股本1.2亿股;2010年3月向全体股东每10股转增5股,合计转增股本1.2亿股;2011年6月向全体股东每10股转增10股,合计转增股本3.75亿股;2013年5月向全体股东每10股转增8股,合计转增股本6.78亿股;2017年4月向全体股东每10股转增10股,并通过增发新股上市、限售股份上市以及可转债转股等方式增加股本,结合表4-3可知,截至2017年6月总股本数已经达到了32.45亿股,股本迅速扩张,短短九年时间总股本数额变化惊人,公司发展十分迅猛。

表4-3 历次股本变更状况

变更日期	总股本(亿股)	流通股份(亿股)	变更原因
2008/5/22	1.2	0.24	A股上市
2009/5/11	2.4	0.59	资本公积转增股本
2010/3/15	3.6	0.9	资本公积转增股本
2010/10/21	3.75	0.9	增发新股上市(非公开发行)
2011/5/23	3.75	2.56	限售股份上市
2011/6/3	7.51	5.13	资本公积转增股本
2011/10/21	7.51	5.44	限售股份上市
2012/4/12	8.48	5.49	增发新股上市(非公开发行)
2013/4/12	8.48	6.58	限售股份上市
2013/5/22	15.26	11.85	资本公积转增股本
2015/6/30	15.26	12.25	可转债转股

续表

变更日期	总股本（亿股）	流通股份（亿股）	变更原因
2015/9/30	15.26	12.26	可转债转股，限售股份上市
2015/12/31	15.26	12.27	可转债转股
2016/3/31	15.26	12.68	可转债转股
2016/6/6	15.26	12.68	可转债转股，期权行权
2016/6/30	15.26	12.68	可转债转股，定期报告，期权行权
2016/9/30	15.26	12.63	可转债转股
2016/12/30	15.26	12.64	可转债转股
2017/3/31	15.29	12.66	可转债转股
2017/4/28	30.58	25.33	资本公积转增股本、可转债转股
2017/6/30	32.45	27.2	可转债转股

资料来源：根据巨潮资讯网及公司年报整理。

（3）公司股权结构。歌尔股份有限公司于2008年5月在深交所上市，股票代码为002241。截至2018年6月30日，在进行股票回购之前的歌尔股份股本中，无限售条件股份占公司总股份的83.96%，前十名普通股股东持股情况如表4-4所示，最大的控股股东歌尔集团有限公司的持股比例为23.91%，第二大控股股东姜滨持股比例为15.41%，第三大控股股东姜龙持股比例为3.16%，在前十名股东中，后五名股东持股比例低，对公司大股东所做决定影响程度低，而姜滨持有歌尔集团15.41%的股份，第一大股东又受第二大股东控制，由此可见，姜滨对歌尔股份有限公司有绝对的控制权，歌尔股份的股本结构较为集中。

表4-4　　　　　　　　　歌尔股份股票回购前十名普通股股东持股情况

股东名称	股东性质	报告期末持有的普通股数量（股）	持股比例
歌尔集团有限公司	境内非国有法人	776045479	23.91%
姜滨	境内自然人	500101518	15.41%
姜龙	境内自然人	102590612	3.16%
中国证券金融股份有限公司	其他	81119511	2.50%
香港中央结算有限公司	境外法人	78838429	2.43%
歌尔股份有限公司——第三期员工持股计划	其他	55000000	1.69%
华泰证券资管—浦发银行—华泰—歌尔"家园1号"员工持股计划集合资产管理计划	其他	41411300	1.28%
挪威中央银行——自有资金	境外法人	37668484	1.16%
中国对外经济贸易信托有限公司——淡水泉精选1期	其他	36197666	1.12%
中央汇金资产管理有限责任公司	国有法人	31573800	0.97%

数据来源：根据歌尔股份2018年半年度报告整理得到。

资本运营

2. 歌尔股份公司股票回购背景

（1）全行业业绩下滑。2018 年第三季度，歌尔股份所处的电子行业市场销售规模有所增长，但是净利润和每股收益均较上年同期出现了下滑，盈利能力有所下降，如表 4-5 所示。

表 4-5　　　　　　　　　　2018 年第三季度电子行业业绩情况

	2017Q3	2018Q3
营业总收入（万元）	1155652	1358650
归母净利润（万元）	66190	65624
EPS（元）	0.34	0.28

资料来源：Wind 数据库，万联证券研究所。

对包括歌尔股份在内的 23 家电子企业进行分析，如图 4-17 所示，2018 年第三季度，这 23 家企业的总营业收入为 2686.87 亿元，同比增长 13.2%；归母净利润 134.76 亿元，同比下降 23.01%。这主要是移动电话市场的销售增长停滞甚至下滑，在 5G 投入商用之前很难有爆炸性的需求所导致的。据中国信通院统计数据显示，2018 年 9 月国内手机市场发货量为 3902 万部，同比下滑 11.7%，环比增长 19.7%，1—9 月同比下降 17%。

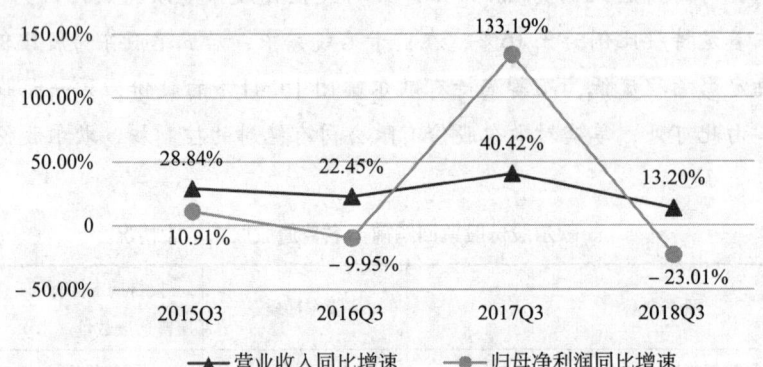

图 4-17　2018 年前三季度电子行业业绩同比增长情况

资料来源：Wind 数据库，万联证券研究所。

如图 4-18 所示，从盈利能力来看，这 23 家公司 2018 第三季度的毛利率为 18.23%，同比下降 12.8%；归母净利润为 5.01%，同比下降 32%。毛利率和归母净利润都处于近几年来的较低位置，可以看出整个产业链的盈利能力较低，并且还有下降的可能。

截至 2018 年 11 月 5 日，申万电子指数较年初以来下跌 37.03%，低于沪深 300 指数 17.98 个百分点，电子行业子板块全部下跌，行业估值接近 2010 年以来的最低值。2018 年歌尔股份所处的电子行业整体景气度不佳，但是挑战与机遇并存，需要上市公司着眼于自身优势把握机遇。歌尔股份就是在这样的行业背景中选择实施股票回购的。

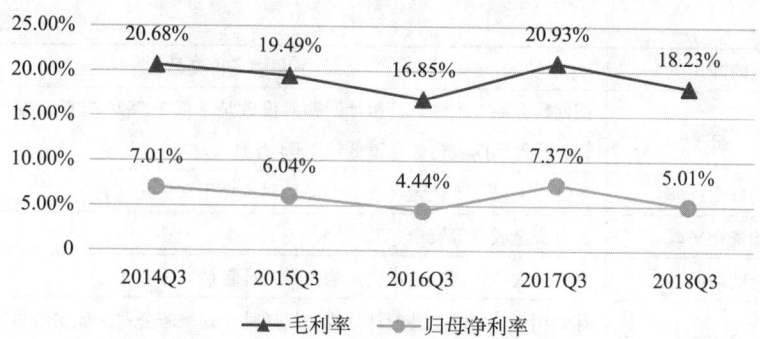

图 4-18　2014—2018 年前三季度电子行业盈利能力

资料来源：Wind 数据库，万联证券研究所。

（2）政策支持。歌尔股份股票回购的过程于 2018 年 10 月 10 日披露了《回购股份报告书》，并于当日实施了首次回购。2018 年 10 月，全国人大常委会表决通过对《中华人民共和国公司法》专项修改的决定。这次《公司法》主要的修改内容为增加了将股份用于转换上市公司发行的可转换为股票的公司债券以及维护公司价值及股东权益所必需这两类允许回购的情形；简化了股票回购实施的决策程序，加大了灵活性；建立了库存股制度；新增了披露义务，要求按照《证券法》的规定严格进行披露；增加了股票质押的限制，要求企业不得接受本公司股票作为质押权的标的。

《公司法》的修订完善了企业实施股票回购的情形，使得允许股票回购情形较少的缺陷得到了弥补，有利于规范企业股票回购行为，增加了企业实施股票回购的灵活性，促进了企业实施股票回购的积极性，同时也完善了公司治理结构，促进了我国资本市场的健康稳定发展。

歌尔股份实施股票回购与我国政策体系的支持密切相关。在 2018 年电子行业萎靡，全行业业绩下滑，市场信心低迷的外部形势下，国家在政策、法律等方面对股票回购进行"松绑"，政府部门大力支持上市公司通过实施股票回购来维护股市稳定，提升市场信心，也为歌尔股份实施股票回购铺设了政治基石。

3. 歌尔股份股票回购事件回顾

（1）股票回购计划。2018 年 8 月 22 日，歌尔股份有限公司董事会发布《歌尔股份有限公司关于回购公司股份的预案》（以下简称"回购预案"），明确披露了股票回购的方式、价格、用途、回购金额、资金来源等内容，并说明了回购的目的，如表 4-6 所示。

表 4-6　　　　　　　　　　　歌尔股份股票回购预案

回购股份的方式	集中竞价交易
回购股份的价格	不超过人民币 11.5 元/股
回购股份的种类	公司已发行的人民币普通股（A 股）
回购股份占总股本的比例	按回购金额上限测算约占公司目前已发行总股本的 2.41%；按回购金额下限测算，约占公司目前已发行总股本的 0.80%

资本运营

续表

回购股份的方式	集中竞价交易
回购股份的数量	按回购金额上限测算，预计回购股份数量不低于 7826 万股；按回购金额下限测算，预计回购股份数量不低于 2608 万股
拟用于回购资金总额	不低于人民币 3 亿元（含）且不超过人民币 9 亿元（含）
拟用于回购资金来源	自有资金或自筹资金
回购股份的期限	自股东大会审议通过本次回购方案之日起 6 个月内
回购股份的用途	计划用于公司员工持股计划或股权激励计划，若公司未能实施员工持股计划或股权激励计划，公司将依法对回购的股份予以注销

资料来源：根据歌尔股份披露公告整理。

（2）股票回购实施过程。为进一步深层分析股票回购动因，掌握公司各个阶段对股票回购的完成情况，下面对歌尔股份有限公司从 2018 年 8 月发布股票回购预案到 2019 年 3 月注销回购股票的历史进程进行梳理。歌尔股份股票回购进程如表 4-7 所示。

表 4-7　　　　　　　　　歌尔股份股票回购信息披露时间表

公告日期	公告内容	回购股数量（万股）	回购金额（万元）	占总股本比例（％）
2018/8/22	歌尔股份有限公司董事会通过《歌尔股份有限公司关于回购公司股份的预案》	—	—	—
2018/9/8	发布《歌尔股份有限公司关于回购股份事项前十名股东持股信息的公告》	—	—	—
2018/9/15	发布《歌尔股份有限公司关于回购股份的债权人通知公告》	—	—	—
2018/10/10	发布《歌尔股份有限公司回购股份报告书》《歌尔股份有限公司关于回购公司股份的进展公告》《北京市天元律师事务所关于公司回购公司 A 股股份的法律意见》	—	—	—
2018/10/11	发布《歌尔股份有限公司关于首次回购公司股份的公告》	390.87	3095.69	0.12
2018/11/2	发布《歌尔股份有限公司关于回购公司股份的进展公告》	2859.00	21509.79	0.88
2018/12/1	发布《歌尔股份有限公司关于回购公司股份比例达到 1% 暨回购进展公告》	3245.10	24241.33	1.00
2019/1/3	发布《歌尔股份有限公司关于回购公司股份的进展公告》	4001.71	29472.27	1.23
2019/2/1	发布《歌尔股份有限公司关于以集中竞价交易方式回购股份进展公告》	4927.01	35682.69	1.52
2019/3/2	发布《歌尔股份有限公司关于以集中竞价交易方式回购股份进展公告》	4927.01	35682.69	1.52
2019/3/12	发布《歌尔股份有限公司关于股份回购实施结果暨股份变动的公告》	4927.01	35682.69	1.52

资料来源：根据歌尔股份披露公告整理。

歌尔股份有限公司于 2018 年 8 月 21 日召开了第四届董事会第十五次会议、2018 年 9 月 12 日召开了 2018 年第二次临时股东大会，审议通过了《关于回购公司股份的预案的议案》等相关议案，于 2018 年 10 月 10 日披露了《回购股份报告书》，并于当日实施了首次回购。同时按照《实施细则》要求分别于 2018 年 10 月 10 日、2018 年 10 月 11 日、2018 年 11 月 2 日、2018 年 12 月 1 日、2019 年 1 月 3 日、2019 年 2 月 1 日、2019 年 3 月 2 日披露了回购股份的相关进展公告。截至 2019 年 3 月 11 日，本次回购的实施期限已满。歌尔股份通过股票回购专用证券账户以集中竞价交易方式累计回购股份 4927.01 万股，占公司总股本的比例为 1.52%，购买的最高价为 7.99 元/股、最低价为 6.60 元/股，已支付的总金额为 3.56 亿元（不含交易费）。歌尔股份首次股票回购于 2019 年 3 月 11 日准时结束，比 2018 年 8 月 22 日披露的回购预案预计的 2.41% 少了 1.18%。

本章小结

资本收缩是指企业为了提高其运营效率、实现企业价值最大化，将自己拥有的一部分资产、子公司或分支机构转移到公司之外，从而缩小公司规模的经济行为。资本收缩主要有四种基本模式：资产剥离、公司分立、分拆上市、股份回购。

资产剥离是指公司将其现有的某些子公司、部门、产品生产线、固定资产、债权等出售给其他公司，并取得现金或有价证券的回报。其动因主要包括：剥离不良资产、剥离非相关业务、调整经营战略、获得公平的估值、满足现金需求、纠正不成功的并购或出于反并购考虑。

公司分立是指将母公司在子公司中所拥有的股份，按比例分配给现有母公司的股东，形成一家与母公司有着相同股东的新公司，从而在法律上和组织上将子公司的经营从母公司的经营中分离出去的一种重组形式。公司分立可按分立后原公司是否存续划分为派生分立和新生分立；按股东对公司所有权结构变化形式划分为纯粹分立、并股和拆股。

分拆上市是指公司将部分业务或者某个子公司从母公司分立出来形成独立的法人实体，并在证券市场上单独上市的行为。分拆上市分为横向分拆上市、纵向分拆上市和混合分拆上市三种类型。

股票回购是指上市公司利用现金等方式，从股票市场上购回本公司发行在外的一定数额股票的行为。公司在股票回购完成后可以将所回购的股票注销或作为库藏股保存。股票回购的方式主要有公开市场回购、现金要约回购、私下协议批量回购、可转让出售权回购、交换要约五种。

| 资本运营

 思考题

1. 企业资本收缩包括哪些基本模式？
2. 什么叫作资产剥离，资产剥离可以分为哪些类型？
3. 企业资产剥离的动因是什么，我国上市公司进行资产剥离的动机是什么？
4. 什么叫作企业的分拆上市，有哪些类型？
5. 分拆上市与公司分立有什么联系与区别？
6. 公司股票回购的定义是什么，有哪些类型？

第五章

资本运营的重组形式

导言

资本运营的重组形式是企业拥有的或者控制的生产要素或资源的重新组合与配置，目的是通过资源与生产要素的优化配置，达到提高企业市场竞争力和经济社会效益的目的。作为资本运营方式之一，重组在企业资本运营中具有非常重要的地位与作用，它在相当程度上决定着企业资本运营的效率、效益甚至成败。

企业资本重组包括的内容很多，其定义有广义与狭义之分。广义的重组，包括企业的所有权、资产、负债、人员、业务等要素的重新组合和配置。狭义的重组是指企业以资本保值增值为目标，运用资产重组、负债重组和产权重组方式，优化企业资产结构、负债结构和产权结构，以充分利用现有资源，实现资源优化配置，具体包括资产置换和债务重组（含破产过程中的债务重组）两部分内容。企业重组涉及各方利益，并存在着各种错综复杂的矛盾与冲突，如何兼顾重组各方利益，化解矛盾与冲突，从而达到重组的预期目的，是企业重组各方都必须高度重视的问题。

学习目标

★掌握资本运营的几种重组形式；
★理解资产置换的基础理论；掌握资产置换的类型及效果；
★掌握债务重组的定义、动因及方式；了解进入破产程序前后的债务重组程序；
★掌握破产的定义；了解破产中重组的相关制度及基础理论；理解破产的程序。

第一节　资产置换

【导读】

资产置换是上市公司最为复杂的资本重组模式之一，并且在资本市场中有着举足轻重的地位。自2008年4月中国证券监督管理委员会发布《上市公司重大资产重组管理办法》以来，随着资本市场的变化和法律法规的完善，《上市公司重大资产重组管理办法》先后于2011年8月、2014年10月和2016年9月修订完善，2019年10月18日中国证券监督管理委员会发布《关于修改〈上市公司重大资产重组管理办法〉的决定》、2020年3月20日中国证券监督管理委员会发布《关于修改部分证券期货规章的决定》（2023年2月17日中国证券监督管理委员会第2次委务会议修订）。《上市公司重大资产重组管理办法》的不断完善有利于可持续发展的重大资产重组，促使市场上出现一批优秀的重大资产重组案例，对资本市场来说，也酝酿着更多的投资机会。

一、资产置换的定义

资产置换是指企业通过相互交换资产来实现企业资产结构优化的一种资源配置的方式。由于某些原因，企业一些非核心资产因效率低下而影响了企业的整体盈利能力，而这些资产却是另一家企业所急需的。双方通过资产置换能够获得与自己核心能力相协调、相匹配的资产，这一过程通常是互惠互利的双赢行为。

但在现实操作中，资产置换大多发生在上市公司和其控股股东之间，即控股股东将自己的优质资产置换上市公司的劣质资产、以主营业务资产置换非主营业务资产，以保持上市公司的稳定发展或者达到自身借壳上市的目的。

二、资产置换的基础理论

（一）效率理论

效率理论是指兼并收购和其他形式的资产重组活动会存在着潜在的社会效益，包含了管理效率的提高和获得协同效应。资产重组最大化地利用企业资源，促进社会资源形成帕累托最优。效率理论包括财务协同效应、管理协同效应、经营协同效应。

（二）信息理论

信息理论认为，无论企业资产重组是否成功，只要企业发布资产重组信息，外部人由于信息不对称性，无法详尽地了解企业的经营状况、投资状况、筹资状况，会盲目购入企业股票，导致企业股票价值提升，形成超额收益。

（三）协同效应理论

协同效应最早提出于1971年，通俗地说就是"1+1>2"的一种效应，公司通过并购重组形成联结和资源价值共享，从而实现整体效益大于各部分效益的总和。企业可能会为了进行战略布局或者取得协同效应而进行并购，即意味着可以通过并购双方的资源共享、管理层经验互通、能力知识的相关转移来为公司创造更多的价值，预期能实现的协同效应是驱动公司实现并购价值的重要因素。

（四）规模经济理论

企业希望通过资产重组整合企业资源，发挥规模优势，降低企业的生产成本、销售成本、管理成本等。首先，企业在资产重组后可以有效整合生产产业链，从产品研发设计人员、原材料采购、工厂生产环节、产品储存、产品运输等环节通过整合产生生产成本规模效应，降低单位成本；其次，由于资产重组后两个或以上的企业合并为一个主体，形成一个整体企业品牌效应优势，带来销售成本规模效益，有利于降低企业的销售成本；最后，虽然资产重组后的整合工作会消耗管理成本，但是企业管理上的协同效应产生的管理成本分摊到企业的成本更低，从而实现管理成本规模效益的增加。

（五）交易成本理论

资产重组的实质是重组双方通过资产的置换来替代在市场上收购资产的行为，资产重组的优势是可以节省交易成本，这也是企业选择资产重组的直接动因。从现代的表述来看，节约交易成本就是企业通过资产重组活动节约由直接收购所付出的交易费用。交易成本理论一般从以下两个方面解释资产重组行为，一是资产重组可以节约企业付出的市场信息成本，二是资产重组可以节约重组双方价格谈判和业绩履约成本。

（六）市场势力理论

企业资产重组的根本目的是扩大企业市场规模，形成垄断的市场势力。企业通过资产重组活动兼并竞争对手可以降低同业竞争压力，提升企业在产品市场的市场势力。因此资产重组活动很容易导致合谋和垄断，并产生垄断收益。在市场经济发达的国家，政府会通过制定一系列的法律和规章制度以避免企业垄断，保护市场的活力和竞争力。

三、资产置换的类型

（一）按资产置换中是否伴随股权的变动分类

按资产置换中是否伴随股权的变动，可分为单纯的资产置换、股权与资产置换、股权与股权置换。单纯的资产置换表现为以一部分流动资产和固定资产为代价取得另一部分流动资产和固定资产，这种交换不涉及股权的变动。

【案例 5-1】 五粮液股份有限公司与其控股股东之间的资产置换

2000年11月，五粮液将其所属的宜宾胶带瓶盖厂全部资产36102.63万元与其控股股东五粮液酒厂所属5个酿酒车间资产201830.99万元进行置换，资产差额165728.36万元由五粮液股份公司分批以现金支付给五粮液酒厂。五粮液股份有限公司与其控股股东之间的资产置换，体现了控股股东五粮液酒厂对其控股的上市公司五粮液股份有限公司实施"扶上马再送一程"的战略思维，是一种典型的控股股东支持上市公司持续健康发展的行为，这也是五粮液上市公司业绩一直比较好、形象品牌价值比较高的重要原因。这种控股股东扶持上市公司持续健康发展的资产置换方式，既需要控股股东具有长远的战略眼光和宽广的胸怀，更需要控股股东具有强大的实力。因为在短期内控股股东必须付出代价与牺牲，但长期看，上市公司发展壮大了，得益最大的还是控股股东。

资产与股权置换是指伴随有股权变动的资产交换，通常表现为上市公司以一项固定资产换取一项长期股权投资，此类置换通常与债务重组同时进行。

【案例 5-2】 济南轻骑与其控股股东之间资产与股权置换

济南轻骑（600698）于2000年11月以应收其控股集团公司14436万元的欠款与其控股集团持有的山东证券公司4140万股权、山东银座商城股份公司3000万股权进行置换。这种债权置换为股权的资产置换形式，实质也是一种债转股。济南轻骑将其持有的对其控股股东的14436万元债权，通过置换变成其直接持有山东证券公司4140万股权和山东银座商城股份公司3000万股权，不仅有效解决了我国证券市场普遍存在的上市公司控股股东拖欠上市公司债务的问题，有效盘活了债权，为上市公司发展增添了后劲，而且为我国处理上市公司与其控股股东之间复杂的债权债务关系开辟了新的渠道，不失为一种处理控股股东拖欠上市公司债务的有效方式。

股权与股权置换是交易双方交易各自股权，目的在于引入战略投资者或合作伙伴，其结果通常是实现公司控股股东与战略伙伴之间的交叉持股。

【案例 5-3】 洛阳玻璃股份有限公司所持股权与控股股东中国洛阳浮法玻璃集团有限责任公司所持股权置换

洛阳玻璃股份有限公司（以下简称洛阳玻璃）（600876）2015年8月10日晚间公告称，公司拟以持有的洛玻集团龙昊玻璃有限公司100%股权、洛玻集团飞龙玻璃有限公司63.98%股权、登封洛玻硅砂有限公司67%股权、沂南华盛矿产实业有限公司52%股权、集团矿产40.29%股权及对洛玻集团龙昊玻璃有限公司、波玻集团飞龙玻璃有限公司、洛玻集团龙翔玻璃有限公司、沂南华盛矿产实业有限公司、集团矿产的债权（包括应收账款、其他应收款和委托贷款），与控股股东中国洛阳浮法玻璃集团有限责任公司持有的蚌埠中建材信息显示材料有限公司（以下简称蚌埠中建材）100%股权进行等值资产置换。

蚌埠中建材从事超薄玻璃的研发、生产、销售和深加工。2014年该公司净利润为515.45万元，2014年前5个月净利润为561.65万元。洛阳玻璃表示，置出资产作价4.94亿元，拟置入资产作价6.75亿元。上述标的资产作价差额部分由公司向交易对方非公开发行股份并支付现金购买，发行股份的价格为6元/股。其中，现金支付金额为9072.97万元，剩余部分以发行股份方式支付，预计需发行1500万股。

在进行上述交易的同时，洛阳玻璃还计划向不超过10名特定对象增发股份，募集配套资金总额不超过2.15亿元，发行价格不低于6.69元/股，预计需发行不超过3213.75万股。所募集资金当中9072.97万元用于公司支付洛阳玻璃置入的蚌埠中建材对价，其余用于支付相关税费和补充流动资金等。

洛阳玻璃指出，蚌埠中建材是国内极少数掌握0.33毫米及以下厚度超薄玻璃基板生产技术的厂商，对于打破下游国内厂商主要进口采购超薄玻璃基板的局面、提升电子元器件产业链的民族自主化水平、促进下游企业完善供应商体系并优化成本结构均具有重要意义。

这种股权（外加债权）与股权之间的置换，不仅可以有效调整各自公司的经营方向，而且可以更好地盘活相关资产，是一种互利共赢的资产重组。

（二）按资产置换的主体的不同分类

按资产置换的主体的不同，可分为集团内部资产置换和集团外部资产置换。

集团内部资产置换是通过将上市公司的不良资产和集团内部其他子公司的优良资产进行置换来提高上市公司的业绩。然而这种不等价交换通常要以股权转让为代价，实现母公司或者集团内部其他公司"借壳上市"的目的。

集团外部资产置换是指非同一控制下的企业为了满足各自生产经营或者其他目的而双方进行资产的交换。一般表现为"买壳上市"，即非上市公司通过资产置换的方式换取上市公司的股权，然后将自身的优质资产注入上市公司，实现间接上市。

资产置换类型如图 5-1 所示。

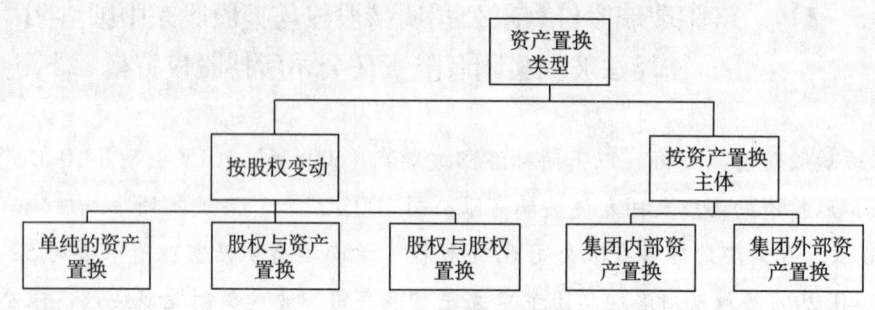

图 5-1　资产置换类型

四、资产置换的效果

（一）提高上市公司的竞争力

上市公司和其他控股公司在共同发展的过程中，如果上市公司业绩不佳，集团公司可以将自己的优质资产和上市公司的劣质资产进行置换，或者变更上市公司的主营业务资产，使上市公司的主营业务更加突出和壮大，利润来源更加稳定，核心竞争力增强。

（二）实现再融资的目的

根据监管部门的要求，上市公司再融资必须满足一定的条件，其中财务盈利能力指标相当重要。通过大股东与上市公司之间或者新股东和上市公司之间的资产进行置换，可以使上市公司在短期内达到监管部门再融资的要求，实现再融资目的。

（三）实现间接上市

由于我国法律体制等原因，很多业绩好的公司要经过长时间的排队等候才能实现上市，使很多公司无法在短期内申请上市。而资产置换为公司上市提供了另一种途径，即通过股权置换的方式，将自身的优质资产注入上市公司，剥离出上市公司的劣质资产，逐渐控股上市公司，实现自身间接上市。如集团公司通过与上市公司资产置换以达到母公司整体上市的目的。

第二节　债务重组

【导读】

企业经营不善，就有可能导致企业陷入财务困境，甚至可能导致企业破产。在企业发生财务困难的情况下，企业有必要实施债务重组。本节主要介绍了债务重组的基本内容，包括债务重组的含义、动因、方式和程序等内容。

根据《企业会计准则第 12 号——债务重组》，债务重组，是指债务人发生财务困难的情况下，债权人按照其与债务人达成的协议或者法院的裁定作出让步的事项，主要方式包括以资产清偿债务，将债务转为资本，修改其他债务条件如减少本
金、减少利息等，以及以上三种方式的组合等。根据这一定义，按照处于法律程序的不同阶段，债务重组可以分为进入破产程序前的重组和进入破产程序后的重整。

一、进入破产程序前的重组

在没有进入破产程序前的重组，债务人财务发生困难的情况下，债权人按与债务人达成的协议作出的让步，通常称为债务重组。债务重组是会计上的概念，具有协议、协商、自愿等特征，整体的债务重组安排适用于债务关系简单、债务金额明确的企业，若企业涉刑、涉众、涉大量民间借贷，通常难以通过债务重组彻底摆脱困境。

（一）债务重组

债务重组中的"债务人发生财务困难"是指债务人出现资金周转困难或者经营陷入困境，导致其无法或者没有能力按原定条件偿还债务。"债权人作出让步"是指债权人同意财务发生困难的债务人现在或者将来以低于重组账面价值的金额或者价值偿还债务。债务人发生财务困难是债务重组的前提，债权人作出让步是债务重组的必要条件。

债权人作出的让步一般包括减免部分本金或者降低债务的利率等。债务重组是重新变更债务偿还条件，只要修改了原定债务偿还条件的，即债务重组时确定的债务偿还条件不同于原协议的，均作为债务重组。

但下列四种情形不属于债务重组：第一，债务人发行的可转换债券是按照原有条件进行，没有改变条件转为其股权的，不属于债务重组；第二，债务人破产清算时发生的债务重组不属于债务重组；第三，债务人进行改组，权利与义务没有发生实质性变化，不属于债务重组；第四，债务人借新债偿旧债也不属于债务重组，因为借新债与偿旧债实际上是两个过程，旧债偿还的条件并未发生改变。

债务重组的方式主要有四种：一是以低于债务账面价值的现金清偿债务；二是以非现金资产清偿债务；三是债务转为资本；四是修改其他债务条件。其中前三种属于即期清偿债务，最后一种属于延期清偿债务。它是通过部分债务减免、停息挂账、展期还款及改变债权债务关系等方法，重新安排债务。

（二）债务重组的动因

1. 债权人视角

（1）加速资金周转。企业应收账款属于企业的流动资产，长时间占用会导致企业流动资产周转性下降，形成大量的呆账、坏账损失。通过资产重组虽然债权人损失了部分债务，但从另一个侧面来讲，也使债权人减少部分应收账款，加快企业资金周转速度，进而提高企业资金的增值能力，增强了企业资产的真实性。

（2）降低资金使用成本。通过债务重组，债权人可以收回一定量的货币资金或有效的非货币资产，从而可以减轻由于债务人拖欠而导致的资金紧张，也可以减少因债务人拖欠而必需的举债，减少财务费用负担，还可以收回部分由于收入和债权的同时确认而增加的资金垫付，如垫支的税金等。

（3）提高损益真实性。通过债务重组降低债务人由于资不抵债导致破产的可能性，减轻债务人的经济负担也使得债权人避免更大程度的损失（丧失全部求偿权）。若债权人被拖欠账款数额过大，时间过长，便会形成潜亏的可能性，从而降低企业盈利的真实性。债务重组可以实现部分债权，增强损益的真实性，有助于提高企业的社会形象以及企业的长期发展。

2. 债务人视角

（1）降低企业资产使用成本。根据我国企业会计准则，可以通过修改有关债务条件来实现债务重组，比如减少债务本金或利息，通过债务条件的改变，能够减少债务人未来的经济负担，降低其资产使用成本，提升公司盈利能力，让公司能够获得更多的发展空间。

（2）增加企业净利润。根据企业债务重组的方式，企业在债务重组过程中可以获得两种形式的收益：企业债务重组利得和资产处置收益。由于营业外收入、部分流动资产抵债造成的营业收入（以存货原材料抵债等）及处置部分投资造成的投资收益（交易性金融资产等）的增加，会导致企业当期净利润的上升，从而也增加了债务人的收益。

（3）盘活部分闲置资产。非现金资产抵偿债务是企业债务重组的重要方式之一。债务人可以使用部分闲置资产来抵债，实现债务重组进而盘活闲置资产，有效降低资产闲置水平，提高资产使用率。从一定程度上来说，有利于企业的长远发展。

（三）债务重组的方式

1. 债务减免

债务减免即债权人对债务人企业确实难以偿还的部分债务进行减免，债务人只偿还部分债务，债权人放弃要求债务人偿还全部债务的权力。债务减免的目的是帮助债务人渡过难关，同时也可以防止债务人因还债压力过大而对全部债务都不予偿还。

【案例5-4】　　　　　　PT双鹿债务重组案例

PT双鹿从1996年连续5年亏损，连续3年停产，亏损额高达7.1亿元，每股净资产-1.16元，债务高达7.04亿元。面临退市压力，PT双鹿各方债权人为了避免PT双鹿破产而颗粒无收，最大债权人华融资产管理公司对其减免3.184亿元债务，仅用偿还5219万元，减免额高达2.6621亿元，减免比率为84%。

2. 停息挂账

停息挂账,即债务人企业享受政府政策优惠,债务人企业欠银行债务只还本金,利息一般不予归还。

【案例5-5】　　　　　　清华同方成功重组江西无线电厂

1998年3月,清华同方以承担债务方式并购江西无线电厂。在重组中,清华同方承担江西无线电厂1.4亿元债务中的1亿元债务,实行停息挂账,7年还本,另外0.4亿元债务新组建的公司以应付账款方式分期逐年偿还。

3. 债转股

(1) 债转股的含义。债转股是指债权人将无法收回的债权作为投资,与债务人企业协商后按照一定比例转化为债务人企业的股权,成为其股东,参与其生产经营管理,以获得股息或在公司效益好转时再出售转让收回债权的行为方式。债转股在我国包括政策性债转股和商业性债转股两种基本方式。

(2) 债转股的形式。政策性债转股是指国家组建金融资产管理公司,收购银行的不良资产,把原来银行与企业间的债权债务关系,转变为金融资产管理公司与企业间的控股(或持股)与被控股的关系,债权转为股权后,原来的还本付息就转变为按股分红。国家金融资产管理公司实际上成为企业阶段性持股的股东,依法行使股东权利,参与公司重大事务决策,但不参与企业的正常生产经营活动,在企业经济状况好转以后,通过上市、转让或企业回购形式回收这笔资金。

政策性债转股不意味着国家或有国家背景的金融机构把企业的烂账认下来,而是淘汰落后产能、调整产权结构、促进技术设备更新,以及在全社会的空间实现资源优化配置。它通过把银行不良资产分离出去,转为企业的股权,大大提高了银行的信用地位,从而盘活银行资金。同时,金融资产管理公司参与企业管理,促使企业重组,改变单一的国有资本,增加国有资本的活力。另外,由于债转股兼顾了财政、银行、企业三方面的利益,社会震动小,容易得到各方支持。

在我国,并不是所有的企业都有机会享受到政策性债转股的利益。政策性债转股的重点:一是集中解决在经济发展中起举足轻重作用的大型、特大型国家重点企业问题;二是支持近十余年来承担国家重点项目的企业减轻债务包袱,促使其尽早达产达效,产业升级。

商业性债转股是指债务人企业与其债权人经过充分交流与协商,就债务人企业欠债权人的债务按照一定比例转换为债务人企业股权的行为。它是一种完全按照市场经济进行交易的行为。

(3) 债转股的一般法律要求。企业债转股必须符合国家法律法规的相关规定。具体来讲，企业债转股必须符合我国法律法规规定的身份资格、出资方式、货币计量、转换比例、资产评估、变更注销等法律要求，不符合相关法律法规规定的不得将其债务转换为股权。

(4) 政策性债转股的风险。政策性债转股仅国有企业特别是大中型国有企业才能够享受，所以，政策性债转股存在一定风险。具体来讲：一是可能演变为政府行为，而不是市场行为，即谁能够参与政策性债转股、债务如何转换为股权等重大决策不是由债务人企业与债权人之间协商确定，而是由政府主观意志确定，这将不可避免扭曲债转股本来意义，演变为政府行政干预，降低债转股应有的效果；二是会助长部分企业赖账思想，把债转股看成国有企业最后的晚餐，看不到银行债权人的宽容，只看到政府的恩赐。大中型国有企业认为，债务无论有多少，最后政府都会通过债转股等方式处理掉，这种思想导致企业不会通过改进技术和提升经营管理水平的方式提高企业经济效益来偿还债务，可能助长部分国有企业的赖账思想。

【案例5-6】　　　　　　　北京水泥厂债转股

北京水泥厂是日产2000吨水泥的国有大型骨干企业，但该厂过去在投资建设期间，曾向建设银行贷款5.1亿元，到1998年年底本息总额已达9.68亿元。过重的债务负担，使这家工厂的生产经营面临严重困难。

1999年9月2日，中国信达资产管理公司与北京建材集团共同签订了北京水泥厂债转股协议书。北京水泥厂也由此成为中国首家债转股试点企业。

北京水泥厂的母公司北京建材集团经过与中国信达资产管理公司的友好协商，在对北京水泥厂进行资产评估、企业财务评价的基础上，就北京水泥厂债权转股权的原则、转股金额、股权回购等问题达成了一致意见，并确定了转股方案。据悉，实施债权转股权后，北京水泥厂1999年就实现扭亏为盈。自2000年起，每年可实现利润2000万元以上。资产负债率由原来的80.1%下降为32.4%。同时，企业通过资产剥离、减员增效并成立由北京建材集团和中国信达资产管理公司为股东的有限责任公司，建立现代企业制度，完善公司法人治理结构，促进企业经营机制的转换，使企业步入良性循环。

4. 其他偿还方式

(1) 用非现金偿还。以非现金偿还债务包括债务人企业以企业的自有资产、产品、劳务等方式偿还债权人债务。用非现金偿还债务一般适用于债务人的资产质量好、产品和服务市场需求前景广阔、变现能力强，或者债务人的资产、产品或服务是债权人特别需要的情况。

(2) 展期偿还。展期偿还是指债务人经与债权人协商并经债权人同意，推迟偿还债务期限的偿还方式。一般适用于债务人营业利润因为内外部因素发生重大变化而导致大幅下降，短期内无力全部偿还债务，但稍作展期，债务人渡过困难期，经营情况变好后可以如数偿还剩余债务的情况。

(3) 修改其他债务条件的债务重组。修改其他债务条件的债务重组，一般是通过减少债务本金、降低利率、减少或免除债务利息的方式完成的债务重组。在实务领域，通过这种方式完成的债务重组非常灵活，但何时确认债务损益变得尤为关键。

【案例5-7】 澳柯玛股份有限公司2012年4月债务重组

2012年4月25日，中国农业银行青岛市北区第一支行（甲方）、本公司（乙方）、该贷款的担保方青岛澳柯玛集团总公司（丙方）三方共同签署了《中国农业银行贷款利息减免协议》。协议主要条款：①甲方同意乙方所欠的下列贷款可以根据本协议减免所欠部分利息，贷款总金额28235万元，贷款结欠利息总计18012.219945万元（截至2011年12月31日）。②甲乙双方同意乙方在2013年1月6日前偿还贷款本金28235万元整，利息1500万元整，具体还款期限、金额根据约定的还款计划执行。③甲方同意在乙方履行上述还款义务后，免除乙方所欠剩余利息16512.219945万元（截至2011年12月31日）及至本息清偿日止新生利息。④如乙方未按照约定期限偿付贷款本金、利息及相关费用，甲方有权终止本协议，对剩余贷款本金及利息进行追偿。

澳柯玛股份有限公司的这项债务重组属于修改其他债务条件的债务重组，其特点在于：在债务重组日，是否会免除利息，取决于该公司在2013年1月6日能否履行偿还义务，如果不能偿还，则这项债务重组是不能带来债务重组收益的。另外，根据双方协议，免除的利息由两部分组成：一是已计提的利息16512.219945万元；二是至本息清偿日止新生利息，这部分金额不确定，取决于偿还本金的进度，所以在债务重组日，重组收益的金额不确定。

(四) 债务重组的程序

债务重组的程序包括非法定债务重组操作程序和法定债务重组操作程序。

1. 非法定债务重组操作程序

非法定债务重组操作程序包括四个阶段：重组前策划、签订债务重组协议、完成债务重组、进行债务重组处理四个阶段。

(1) 重组前策划。重组前策划是指债权方和债务方双方进行债务重组的财务可行性分析以及重组时间、重组方式等内容的选择与设计。这个步骤是与双方的协商及彼此了解相伴而行的，交织着债权方和债务方以及各自出资方的博弈，双方各自拟定重组策划书，报各自出资方审核批准，涉及国有资产的，还须取得相关国资管理部门的批准。

（2）签订债务重组协议。债权方和债务方双方经过协商，就债务重组内容（债务重组的具体方式、金额、时间等）达成一致，签订协议书，以法律形式明确双方的权利与义务关系，以防止日后造成经济纠纷。涉及国有资产的，还须取得相关国资管理部门的批准。协商签订后双方按照协议约定组织实施协议约定事项。

（3）完成债务重组。债权方和债务方双方组织重组资产的交付，履行相关法律程序，及时进行产权手续的变更，并按照要求进行公告，完成重组事项。

（4）进行债务重组账务处理。在重组资产交付完成以及相关产权转移手续办结后，清理和收集重组资产相关资料，确认相关价值数据，按照准则的规定核算企业在债务重组日（债务重组完成日）的债务重组损益，并进行相关账务处理。跨年度的，须按照相关法律法规的规定确定其期间归属，并按规定进行追溯调整。

2. 法定债务重组操作程序

法定债务重组操作程序一般须经过以下程序：法定债务重组申请；法院的调查和裁决；组成重组机构；制订重组计划；完成重组。

（1）法定债务重组申请。企业面临财务困难、经营混乱或面临停业危险时，应由符合法律规定的董事会、股东、债权人或其他机构向法院提出重组申请，在申请书中载明申请人的名称、申请资格企业名称、住址和负责人姓名、申请重组的原因及事实、经营业务状况、企业的资产、负债、损益、其他财务状况以及对企业重组的意见。

（2）法院的调查和裁决。法院收到申请后，应选派对企业经营业务比较熟悉、具有专门知识和管理经验的非重组关系人作为调查人进行调查，并在法定期限内将调查结果报告法院。调查内容包括：债权人和股东姓名、住址、债权及股份总额；企业经营状况、财务状况及资产估价情况；企业负责人对经营管理有无玩忽职守或失职行为及相应责任；申请事项中有无弄虚作假行为。调查后，由法院对申请作出肯定裁决或驳回。如果申请手续不符合法律规定、重组申请有不实事项、企业已被宣告破产或已解散、企业已没有重建的希望，法院则驳回申请。如果没有驳回申请的理由，则应作出准许重组的裁决。

（3）组成重组机构。在实施阶段，法院应选派监督人、重组人，召开关系人会议，并决定债权、股权的申请期限及场所，对所申报的债权和股权进行审查的期限和场所及第一次关系人会议的日期及场所，同时应发布重组公告。

（4）制订重组计划。重组计划是指以维持债务人的继续经营、清理债权债务关系、制定挽救手段为内容的协议。重组计划一般由重组人拟定，计划的制订必须坚持公正和可行的原则。公正是指对同类债权或股权应一视同仁，可行是指计划的实行必须有恰当的措施和手段加以保证。

重组计划的主要内容包括：①变更一部分或全部债权人或股东的权利，为了达到重组的目的，重组债权人或股东应对企业作出一定的让步，包括按比例减少股份，免除部分债权、债权延期、降低利率等;②变更经营范围,改变经营内容,并针对以往经营失利的管理原因,提出更高管理水平的措施;③处置财产,确定债务清偿办法及资金来源;④确定企业资产的估价标准和评估办法;⑤变更公司章程;⑥发行新股或债券;⑦裁决或调动企业职工;⑧确定重组执行期限;⑨其他必要事项。

重组计划拟定后,应将企业业务情况及财务报告、重组计划一并提交关系人会议通过后,重组人应将重组计划提请法院,由法院认可后,即可付诸实施。

(5)完成重组。重组人必须在重组计划规定的期限内完成重组工作,召开重组后的股东大会,确认修改后的公司章程,并选举新的董事和监事,然后再由重组人向法院申请批准完成重组的裁决,并向登记机关申请变更登记。

债务重组的程序如图5-2所示。

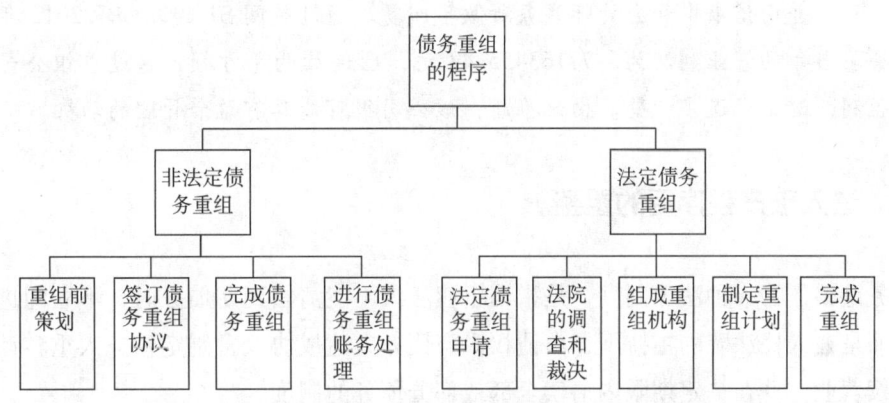

图5-2 债务重组程序

【案例5-8】　　东盛科技有限公司2013年6月债务重组

2013年6月13日,东盛科技有限公司及其子公司陕西东盛医药有限责任公司、安徽东盛制药有限公司分别与中国长城资产管理公司石家庄办事处签署了《债务减让协议》,根据协议的约定,东盛科技有限公司及其子公司陕西东盛医药有限责任公司、安徽东盛制药有限公司向中国长城资产管理公司支付15456.46万元后,中国长城资产管理公司将减免公司利息债务2525.54万元。

因中国长城资产管理公司于2013年4月持有东盛科技有限公司流通股股份1220000股,占公司总股本的5%,为公司第二大股东,其分支机构中国长城资产管理公司石家庄办事处属于《股票上市规则》规定的上市公司关联法人,故上述行为构成关联方交易。本次交易所产生的收益对东盛科技有限公司当期利润不产生影响,但会增加公司资本公积2525.54万元,对公司未来财务状况将带来积极影响。

资本运营

【案例5-9】　　　　ST 西北轴承2012年6月的债务重组

西北轴承股份有限公司（以下简称西北轴承）与第二大股东中国长城资产管理公司就借款本金2.37亿元截至2011年12月31日的利息7277.10万元进行债务重组，西北轴承支付上述利息的10%后，免除剩余的90%利息。西北轴承认为，本次债务重组属于市场化交易行为，并非股东的出资行为，故将此项债务重组利得82147071.88元计入营业外收入。

此案例也属于关联方之间（与控股股东间）的债务重组，与上一个案例有些类似，但ST西北轴承判断此次债务重组具有商业实质，故将债务重组利得确认为当期损益而非计入资本公积，并由信永中和会计师事务所做了回复。通过查阅ST西北轴承2012年的年度报告，公司当年的营业利润为-77163455.43元，已连续两年亏损，通过重组公司第三年实现了盈利，避免了退市预警。由此推断，该公司很可能具有盈余管理的动机。

二、进入破产程序后的重整

债务重整作为一种法律制度，是指当企业法人不能清偿到期债务时，不立即进行破产清算，而是在人民法院的主持下，由债权人与债务人达成协议，制定债务人重整计划，债务人继续营业，并在一定期限内清偿全部或部分债务的制度。

（一）重整申请

债务人或者债权人可以依照《中华人民共和国企业破产法》规定，直接向人民法院申请对债务人进行重整。债权人申请对债务人进行破产清算的，在人民法院受理破产申请后、宣告债务人破产前，债务人或者出资额占债务人注册资本1/10以上的出资人，可以向人民法院申请重整。人民法院经审查认为重整申请符合破产法规定的，应当裁定债务人重整，并予以公告。

（二）重整期间

自人民法院裁定债务人重整之日起至重整程序终止，为重整期间。在重整期间，经债务人申请，人民法院批准，债务人可以在管理人的监督下自行管理财产和营业事务。有前款规定情形的，依照破产法规定已接管债务人财产和营业事务的管理人应当向债务人移交财产和营业事务，破产法规定的管理人的职权由债务人行使。

在重整期间，对债务人的特定财产享有的担保权暂停行使。但是，担保物有损坏或者价值明显减少的可能，足以危害担保权人权利的，担保权人可以向人民法院请求恢复行使担保权。债务人或者管理人为继续营业而借款的，可以为该借款设定担保。

在重整期间，有下列情形之一的，经管理人或者利害关系人请求，人民法院应当裁定

终止重整程序,并宣告债务人破产:

1. 债务人的经营状况和财产状况继续恶化,缺乏挽救的可能性;
2. 债务人有欺诈、恶意减少债务人财产或者其他显著不利于债权人的行为;
3. 由于债务人的行为致使管理人无法执行职务。

(三)重整的方式

按重整后是否保留原有上市公司的经营业务,可以分为经营保留模式和借壳上市模式。

经营保留模式是重组方通过引入更为优质的资源、调整企业债务和改善企业管理模式等,使其恢复经营并保留原上市公司的主营业务。这种重整模式也被称为"再生性重整",这种模式体现了破产重整的立法本意:企业的"持续经营价值"大于"破产清算价值"。在这种模式下,对重整方的要求较高,除具有雄厚的资金外还需具有相关行业的业务和经验,可以使企业能够较快地恢复生产经营,并且保留原公司的大部分职工,这种模式也更容易得到当地政府的支持。

而借壳上市模式下,重整方只需要其作为上市公司的"壳"资源,彻底剥离原有的经营业务,将自有资产注入企业,以此实现上市。在我国股票市场上,一家上市公司的上市资格所带来的价值是重整方最为看重的,并且壳资源在我国原来的审核制度下是稀缺资源。

【案例 5-10】　　　　中南文化的重整

中南文化是一家曾以管系加工及压力容器制造为主业的民营企业,上市之后跨界进军影视文化行业,一时风生水起。2018 年公司控股股东质押的近 2 亿股权跌破平仓线,随后被爆出内部控制存在巨大漏洞,公司陷入债务危机并引发重大财务风险及法律风险。2020 年 4 月公司因"连续两个会计年度经审计的净利润为负值"被证监会实施退市风险警示。命悬一线,中南文化存焉亡焉?危急时刻,地方政府伸出"支持之手"。中南文化结合企业财务特征,最终选择资本公积转增股本、股权抵偿债权的方式完成重整,顺利实现了扭亏为盈。

(四)重整计划的制定和批准

债务人或者管理人应当自人民法院裁定债务人重整之日起六个月内,同时向人民法院和债权人会议提交重整计划草案。重整计划草案应当包括下列内容:①债务人的经营方案;②债权分类;③债权调整方案;④债权受偿方案;⑤重整计划的执行期限;⑥重整计划执行的监督期限;⑦有利于债务人重整的其他方案。

人民法院经审查认为重整计划草案符合前款规定的,应当自收到申请之日起三十日内裁定批准，终止重整程序，并予以公告。前款规定的期限届满，经债务人或者管理人请求，有正当理由的，人民法院可以裁定延期三个月。如果未按期提出重整计划草案的，或者重整计划草案未获得通过且未依照破产法第八十七条的规定获得批准，以及已通过的重整计划未获得批准的，人民法院应当裁定终止重整程序，并宣告债务人破产。

【案例 5-11】 特种钢公司破产重整

1. 公司概况

2013年上半年以来，浙江友谊特种钢有限公司（以下简称特种钢公司）受行业不景气、钢材价格下跌等因素影响，同时企业依赖银行贷款规模扩张过快，涉及关联企业十多家，财务成本增加，导致资金链断裂。自2013年以来，企业停止向债权人清偿债务并停止经营，债权人纷纷向法院、仲裁机构进行诉讼、仲裁并申请强制执行。2015年3月5日，绍兴中院根据特种钢公司的申请裁定受理特种钢公司破产清算案，后经浙江省高级人民法院批复，于2015年4月17日裁定将该案件移交诸暨市人民法院审理，同日，通过竞争方式指定管理人。

2. 受理过程

2015年7月4日，诸暨法院召开第一次债权人会议。会议审核了申报的债权，裁定确认了100笔无争议债权并确定了32笔临时债权，共涉及金额近13亿元。在供给侧结构性改革背景下，结合特种钢公司自身情况，经向政府职能部门了解，诸暨法院发现特种钢公司所生产的钢材系合金钢，市场需求巨大，且特种钢公司大量资产已经设定抵押，在资产处置后职工债权清偿比例低，普通债权清偿率为零。另外，公司生产特种钢的资质系专属"隐性"资产，具有较高的市场价值，但若公司被破产清算，则该资质将难以保留。

鉴于上述原因，诸暨法院及时调整特种钢公司破产案件的办案思路，指导管理人开展了下述工作。(1)多管齐下，一是通过各大媒体寻找投资人，二是向行业内企业进行重点推介，招募重整投资人。(2)继续接受债权申报，及时与各债权人取得联系，就重整事项进行沟通并取得债权人的支持。(3)将新的企业处置思路及时与债务人及相关股东进行沟通。此后，管理人刊登招募公告，在2015年7月29日至2016年8月16日期间，先后与三家投资人进行了磋商。特种钢公司实际控制人和股东也向管理人表示为推进重整计划顺利进行愿意将自身股权作清零处理。2017年4月20日，杭州龙昊实业投资有限公司通过竞价被确定为重整投资人。2017年5月18日，特种钢公司的股东依法提出破产重整申请。

重整计划草案有三个重点：(1)投资人支付1.185亿元偿债资金，获得100%股权，并取得了新公司所必需的土地、机器设备及资质。(2)未纳入重整范围的资产通过成立新的公司进行统一处理。(3)未纳入重整范围的资产及其处置后的所得和投资人投入的偿债资金向各债权人清偿。

2017年5月31日，诸暨法院裁定特种钢公司由破产清算转入破产重整程序。2017年6月3日，召开第二次债权人会议，经过两次投票表决通过重整计划。2017年6月12日，诸暨法院裁定批准重整计划并终止重整程序。

资料来源：全国企业破产重整案件信息网。

（五）重组和重整的区别

重组和重整的区别如表5-1所示。

表5-1　　　　　　　　　　　重组和重整的区别

	重组	重整
定义不同	不是一个严谨的法律概念，而是一个约定俗成的称谓	重整是一个严谨的法律概念，其内涵、程序、效率后果均由法律明确规定
自主性不同	由于没有法律框架约束，股东、债权人之间的协商都是自愿的，没有任何强制	由法院主导，属于法庭内的重整，受到法律框架的约束
司法保护程度不同	由于不是法律程序，不存在司法保护的情形	法律提供了一定的司法保护
对企业经营现状的影响不同	完全属于自愿，即使没有达成一致意见，对各方当事人的权利义务也没有任何影响	重整成功的，债权人的债权需受到重整计划的约束
计划方案的通过条件不同	完全属于自愿，必须取得所有债权人的同意，否则重组方案对不同意的债权人无效	不需要所有的权益人同意

三、破产

（一）破产的概念与意义

破产是指在债务人不能清偿其到期债务时，由法院强制执行其全部财产，公平清偿全体债权人；或者在法院监督下，由债务人与债权人达成和解协议，整顿复苏企业，清偿债务，避免倒闭清算的经济行为。

企业破产是市场经济发展的客观要求。首先，市场经济的竞争法则就是优胜劣汰，在竞争中获胜的企业得到发展，在竞争中没有获胜的企业则被淘汰、破产，市场机制这只"看不见的手"调整和引导着企业的行为，形成优质产品取代劣质产品、高效企业取代低效企业的良性循环，实现资源要素的优化配置。其次，企业破产是经济结构调整的一个有效途径，破产可以使社会有限的资源在企业间重新组合，从而带来产业结构、产品结构和企业组织结构的有效调整，促进经济的有效发展。最后，企业破产是维护债权人和债务人利益，维护经济秩序的重要手段。

(二)破产界限

破产界限是指法院宣告债务人破产的法律标准,在国外统称为破产原因。

破产界限主要有两种立法方式:一种是列举方式,即在法律中列举若干表明债务人丧失清偿债务能力的具体破产行为,凡存在这些行为者,便认定达到破产界限。另一种是概括主义,即对破产界限作抽象的概括规定。它着眼于破产发生的一般原因,而不是具体行为,通常有三种概括:①不能清偿或无力支付;②债务超过资产,即资不抵债;③停止支付。我国破产法采用的是概括主义立法方式,也有国家将两种立法方式结合使用。

《中华人民共和国企业破产法》规定,"企业因经营管理不善造成严重亏损的企业,不能清偿到期债务的,依照本法规定宣告破产"。从上述规定可以看出,破产界限的实质标准是不能清偿到期债务,因丧失清偿能力而无法偿还的客观经济状况。

(三)破产程序

债务人或债权人可以依照破产法规定,直接向人民法院申请和解、清算、重整。如果未达成和解、清算、重整,则宣告破产。

破产程序大概可以分为以下五个阶段。

1. 开始程序

破产程序因当事人申请而开始,债权人和债务人都可以提出破产申请。提出申请时,必须讲明破产原因。破产案件一般归债务人营业所所在地的法院管辖;无营业所的,归债务人普通审判籍所在地的法院管辖;无营业所与普通审判籍的,归债务人不动产所在地的法院管辖。对当事人提出的破产申请,法院要进行审查,有正当理由的,予以受理,否则即予驳回。

2. 宣告程序

破产由法院宣告。宣告破产前,必须对破产案件进行审理。审理方法由法院决定,可以依职权调查,可以进行言辞辩论,也可以两种方法同时采用。审理后,确认具备以下条件的,即可宣告破产:①具备法定的破产原因;②债权人具有申请破产的权利;③债务人具有破产的能力。

宣告破产要使用书面裁定。破产裁定书必须记明宣告破产的具体时间,确定呈报债权时间,确定调查债权和召开第一次债权人会议的日期,宣布扣押命令,采取保全措施。

3. 进行程序

法院宣告债务人破产后,应从熟悉会计或者法律业务的人员中,选任破产管理人,并发出公告宣布下列事项:破产裁定的主要内容;破产管理人的姓名、住址;报明债权的时间;第一次债权人会议的日期;命令破产人的债务人和财产持有人,不得向破产人清偿债务或者交付财产,而应向破产管理人说明情况,听候处理。

在执行程序中,可以清算和分配的破产人的财产,叫作破产财产。在破产宣告时和破产程序进行中,一切属于破产人的财产,以及将来可以行使的财产请求权,都属于破产财产。破产财产由破产管理人占有、管理、变价和分配。

4. 终结程序

结束破产案件的法律程序。结束破产案件的原因是分配、强制和解与破产终止。

①分配。是终结破产程序的主要形式。破产管理人应当根据破产财产的变价情况，按照破产债权的性质和数额，依据平等分配的原则，制作破产财产分配表，经破产人会议同意和法院批准，进行分配。

②强制和解。是指破产人与债权人达成协议，以解决他们之间的债务纠纷。强制和解须经债权人会议讨论，得到出席会议的过半数债权人（其债权数额超过破产债权总额3/4）的同意。即可决议通过，对全体债权人发生效力，不同意此项办法的少数债权人也得遵守。债权人会议讨论通过的和解协议，须经法院审查，作出许可或者不许可的裁定。许可裁定确定后，即终结破产程序。

③破产终止。经全体破产债权人的同意，或者因破产财产的财产太少，不足以偿付破产程序费用的可以进行破产终止，但破产终止须法院裁定确定。

5. 复权程序

复权是恢复破产人因破产宣告而被限制的各种权利。复权的申请，由破产人向法院提出。破产人在清偿债务后，或者依其他方法免除债务时，才有权提出申请。破产债权人有权提出异议，没有提出异议或者异议无理由的，法院作出准予复权的裁定，恢复破产人受到限制的各种权利。

破产是一种用来帮助企业在财务困境中解决债务问题的法律程序。通过破产程序，各方利益相关者可以以公平、透明和合法的方式进行债务的偿还和财产的处置。然而，破产可能会对企业的声誉和各方关系产生负面影响，因此在决定申请破产之前，企业应该充分考虑通过债务重组或债务重整等解决方案。

债务重组流程如图5-3所示。

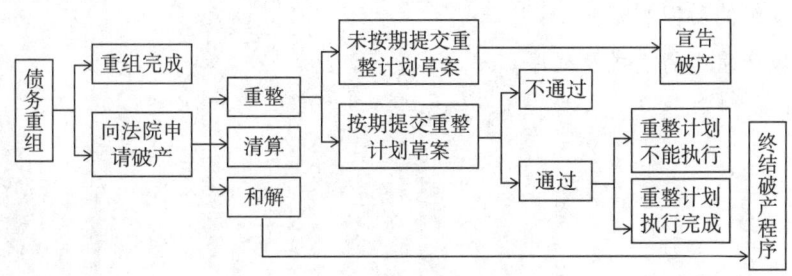

图5-3 债务重组流程

本章小结

重组是指企业以资本保值增值为目标，运用资产重组、负债重组和产权重组方式，优化企业资产结构、负债结构和产权结构，以充分利用现有资源，实现资源优化配置。

资产置换是指企业通过相互交换资产来实现企业资产结构优化的一种资源配置的方式。资产置换可按资产置换中是否伴随股权的变动划分为单纯的资产置换、股权与资产置换、股权与股权置换；按资产置换的主体的不同划分为集团内部资产置换和集团外部资产置换。

债务重组是指债务人发生财务困难的情况下，债权人按照其与债务人达成的协议或者法院的裁定作出让步的事项，主要方式包括以资产清偿债务，将债务转为资本，修改其他债务条件如减少本金、减少利息等，以及以上三种方式的组合等。

债务重整作为一种法律制度，是指当企业法人不能清偿到期债务时，不立即进行破产清算，而是在人民法院的主持下，由债权人与债务人达成协议，制定债务人重整计划，债务人继续营业，并在一定期限内清偿全部或部分债务的制度。

债务人或债权人可以依照破产法规定，直接向人民法院申请和解、清算、重整。如果未达成和解、清算、重整，则宣告破产。破产程序包括开始程序、宣告程序、进行程序、终结程序、复权程序。

思考题

1. 资本运营的重组形式有哪些？
2. 资产置换的类型有什么？效果如何？
3. 债务重组的动因有哪些？
4. 简述破产重组的模式及程序。

第六章

资本运营的虚拟形式

📖 导言

信用货币的普遍使用和虚拟资本时代的到来是市场信用在历史选择下发展的必然结果,是市场经济体制下生产关系再生产过程中信用货币优于金银货币经济规律的具体反映。对市场经济而言,一部虚拟资本的形成演化史其实就是一部金融史。贯穿虚拟资本发展史的两个动力为:一是资金融通是为促进市场的交易效率,如资金形式的发展由牛羊等一般等价物到金银、再到货币和国家纸币,再从金银货币和国家纸币到信用货币和如今特殊形式的电子货币;二是进行风险评估或风险分摊,通过金融机构帮助愿意承担市场风险的人获取市场信用或降低他们在经营中的风险,如股份制、保险公司、银行、证券交易所的产生均缘于此。

本章将分两节讲述虚拟资本,其中,第一节重点介绍虚拟资本的相关概念,第二节将基于虚拟资产的分类,分别对股票、债券、资产证券化和风险投资进行介绍。

🎯 学习目标

★ 掌握虚拟资本的定义及类型;
★ 掌握股票的分类、发行、定价和发行审核制度;
★ 掌握债券的定义、基本要素、特征及种类;理解公司债券的发行目的;
★ 理解资产证券化的概念、特点、类型、参与主体及基本流程;
★ 理解风险投资的定义、特征;了解风险投资的运作机制及运作过程。

第一节 虚拟资本概述

【导读】

20世纪末，国内外经济形势日趋复杂多变，虚拟形式的资本运营已经越来越多地影响着人们的经济活动。亚洲金融危机，引起了专家学者的反思。当前世界上金融品交易量与实体经济是严重脱节的。1998年，世界外汇市场上的交易额约为世界进出口贸易总额的60倍。国际外汇市场上日均2万亿美元的交易额大多与实际的贸易活动无关。事实表明，虚拟资本的加速扩张是全球金融局势动荡不安的重要原因之一。

20世纪90年代中后期，发达国家掀起了一股大企业跨国兼并的浪潮，国际性的资本配置正在与实体经济的生产能力配置日益脱离。1999年初，国际石油价格跌破了10美元/桶的30余年来的历史低点，然而时隔仅8个月，北海布伦特原油价格甚至一度又上涨突破25美元/桶，后来又涨至30美元以上。在国际垄断资本与国际投机资本的双重作用下，虚拟形式的资本运营对实体经济价格的影响日益加大，且波动幅度已经远远地超出了实体经济领域供给与需求之间对比关系的变动范围。

在我国改革过程中发展起来的股市、债市上，价格涨落过程经常表现为一种与实体资产和真正价值无关的相对独立运动过程。在此背景下，产权成了一种虚拟的交易对象。人们可以切身体会到虚拟形式的资本运营正在影响着实体经济的发展，甚至影响到自身的就业前途、收入增长以及货币资产的购买力。

一、虚拟资本的定义

马克思在《资本论》中曾提出"虚拟资本"的概念，它包括银行的借贷信用、有价证券等。马克思认为"虚拟资本"本质上是资本主义商品经济中信用制度和货币资本化的产物，信用化的过程即虚拟化的过程。

随着资本市场的出现，大量的货币转换为股票、债券等各种有价证券。货币的资本化标志着货币属性和职能的跳跃性变化。本质上看，它是货币在更高层次和更大范围的信用化，使得以资金和资本流动为代表的金融业向与实体经济背离的方向又迈出了一大步。

二、虚拟资本的分类

马克思在《资本论》中提及的虚拟资本的典型形式有：没有黄金作保证的银行券、不能买卖的商业证券（即汇票）、不能买卖的公共有价证券（如国家债券、国库券、各种股票）等，它们以生息资本的存在为前提，并根据利息和利率计算出资本量。但进入到20世纪70年代以后，随着金融创新的发展，许多新的虚拟资本形式相继产生。据此，许多学者在马克思虚拟资本形式分析的基础上，对虚拟资本进行了比较系统的分类。

如国内最早研究虚拟资本及虚拟经济问题的刘骏民教授在其《从虚拟资本到虚拟经济》一书中，依据虚拟化程度将虚拟资本划分为四类：第一类虚拟资本——股票和债券；第二类虚拟资本——政府债券，第三类虚拟资本——证券化和ABS，第四类虚拟资本——金融衍生物，并将前两类称为旧有的虚拟资本，而后两类是虚拟资本的新发展。

从虚拟资本的性质来看，作为一种权益的凭证，虚拟资本具有资本的虚拟性及其价值增值的虚拟性。从经济运行的微观角度来看，较为常见的虚拟资产主要有股票、债券、证券化资产、风险资本，因此本书将做重点介绍。

第二节 虚拟资产的资本运营

【导读】

随着现代市场经济的发展，使生产日益社会化、市场日趋一体化，为虚拟资本经营创造了越来越多的条件，大规模、全球化地出现了企业资产、权益、借贷的证券化，企业拥有的知识、技术甚至名誉和地位，都可证券化，虚拟资本的内容也随  现代市场经济的发展而不断发展，尤其是当代金融创新的出现，使虚拟资本的内容和表现形式变得越来越复杂和丰富。

自2023年6月1日起，香港证监会发布的《适用于虚拟资产交易平台营运者的指引》及《打击洗钱指引》正式实施。即日起，香港证监会开始接受虚拟资产交易平台运营者申领牌照，并允许零售投资者使用持牌虚拟资产交易平台。这标志着香港大力推进的全球虚拟资产中心建设取得重大进展。在保护投资者方面，允许零售投资者使用持牌虚拟资产交易平台，但是虚拟资产交易平台需要遵循规定，建立起一系列涵盖与客户建立业务关系、管治、披露以及代币尽职审查和纳入的妥善的投资者保障措施。这些举措的核心在于保护投资者的利益，散户投资者在虚拟资产市场中常常面临信息不对称、风险高和诈骗活动的威胁。通过加强监管，投资者可以更加信任和依赖合规的交易平台，降低投资风险。同时，平台对投资者的评估要求将增强投资者的风险意识和知识水平，促使他们更加谨慎地进行投资决策。

一、股票发行

(一) 股份、股票及其种类

1. 股份、股票及其关系

股份作为我国《公司法》中的一个基本概念,具有两层含义:第一,股份是股份有限公司资本的基本构成单位,是公司资本的计算单位。按照《公司法》的规定,公司的资本划分为股份。公司的全部股份,根据公司章程的规定择一采用面额股或者无面额股。采用面额股的,每一股的金额相等。这样,所有股份的总额就是公司的资本总额。第二,股份是股东权利、义务的产生根据和计算单位。发起人、出资人只有出资缴纳股款,拥有公司股份,才能成为公司的股东。同时,股东在公司中享有权利、履行义务也与其拥有股份直接相关。股东按照其持有的股份数额行使股东权利,如表决权、分红权、剩余财产分配权、新股认购权等。

股票是公司签发的证明股东所持股份的凭证,股票一经发行,购买股票的投资者即成为公司的股东。股票的概念包括以下三层含义。

第一,股票是证明股东权利的有价证券。股票通过其记载事项表明其所有人或者持有人在公司中所享有的权利;股票所代表的股东权利含有财产权的内容,如要求股份有限公司按规定分配股息和红利的请求权等;股票可以流通并可以设置质押。因此,股票是一种有价证券,是证明股东权利的凭证。

第二,股票是一种要式证券。按照《公司法》有关条款的规定,股票必须由公司签发,出资证明书由公司的法定代表人签名,并由公司盖章。同时,股票的形式、记载事项等必须符合法律的规定。如果缺少规定的要件,股票就无法律效力。

第三,股票是一种资本证券。发行股票是股份公司筹措自有资本的手段。因此,股票是投入股份公司资本份额的证券化,属于资本证券。但是,股票又不是一种现实的资本,股份公司通过发行股票筹措的资金,是公司用于营运的真实资本。股票独立于真实资本之外,在股票市场上进行着独立的价值运动,是一种虚拟资本。

股票是股份的表现形式,作为法律概念的股份在具体生活中的表现形式就是股票。股份是股票的价值内容,股票是股份的存在形式。

2. 股票应载明的内容及形式

股票应当载明下列主要事项:(1)公司名称;(2)公司成立日期;(3)股票种类、票面金额及代表的股份数量;(4)股票的编号。发起人的股票,还应当标明"发起人股票"字样。

《公司法》规定,股票采用纸面形式或者国务院证券监督管理机构规定的其他形式。在电脑技术出现以前,传统的资本证券都采用纸面形式,即在纸制品上载明应当记载的事项，并以此纸制品作为证明或者设定权利的凭证。人们通常将纸面形式的证券称为实物券。

20世纪80年代以后，随着计算机技术引入证券市场，证券逐渐朝无纸化方向发展。无纸化证券不再采用纸面形式，而是将有关事项输入电脑，以证券登记结算机构的电子记录作为股权或债权的法律凭证，并通过证券账户记载证券权利及其变动。由于这种通过现代信息技术手段建立起来的证券的存管、登记以及交易清算系统，具有高效、保密、费用低等特点，无纸化证券代替纸质证券已成为不争的趋势。

我国自20世纪90年代组建沪深证券交易所时就引入并大力推行无纸化证券，目前我国的各种上市证券已经实现了全面无纸化。证券交易当事人买卖的证券可以不采用纸面形式，但采用其他形式的，该形式必须是国务院证券监督管理机构规定的形式，以防止欺诈行为的发生，从而保护投资者的合法权益。

3. 股票的种类

（1）按股票上是否记载股东姓名或名称可分为记名股票和不记名股票。

记名股票是指在股票票面和股份有限公司的股东名册上记载股东姓名的股票。不记名股票则是股票票面和股东名册均不记载股东姓名的股票。通常，公司发行的股票可以为记名股票，也可以为不记名股票。但向发起人、法人发行的股票，必须为记名股票，并应当记载该发起人、法人的名称或者姓名，不得另立户名或者以代表人姓名记名。

不记名股票与记名股票的差别不在股东权利等方面，而在股票的记载方式上。《公司法》规定，有限责任公司发行记名股票的，应当置备股东名册，记载下列事项：（1）股东的姓名或者名称及住所；（2）股东认缴和实缴的出资额、出资方式和出资日期；（3）出资证明书编号；（4）取得和丧失股东资格的日期。发行不记名股票的，公司应当记载其股票数量、编号及发行日期。发行不记名股票的，公司应当记载其股票数量、编号及发行日期。

相比不记名股票，记名股票在股东权利行使与股票转让上存在更多条件和限制。《公司法》规定，记名股票仅由股票上记载的股东行使股东权利，其他人即使合法持有该股票，也不得行使股东权利；而不记名股票，只要是合法持有该股票的人，均可以行使股东权利。涉及股票转让时，记名股票需由股东以背书方式或者法律、行政法规规定的其他方式转让，并在转让后由公司将受让人的姓名或者名称及住所记载于股东名册。而不记名股票的转让，由股东将该股票交付给受让人后即发生转让的效力。

（2）按股东承担风险和享有权利的不同可分为普通股和特别股。

普通股是股份有限公司发行的最普通、最重要也是发行量最大的股票种类。普通股股东所享有的股东权利和义务一般由法律进行规定，在股息和红利分配、剩余财产分配以及表决权行使等方面不存在优先权或者限制。因此，普通股股票的股息和红利收益不确定，随公司经营状况和盈利水平波动。

特别股是指公司发行的设有特别权利、特别限制的股份。特别股的股东权利一般在公司章程中予以确定，通常指其股东在公司盈余分配、公司剩余财产分配以及表决权行使等方面不同于普通股的股东。在公司某些事项上享有优先权的特别股，称为优先股。按照优先权所针对事项的不同，优先股又可以分为表决权优先股、公司盈余分配优先股以及公司剩余财产分配优先股等。在公司某些事项上受到特别限制的特别股，一般称为劣后股，其中又包括盈余分配劣后股和剩余财产分配劣后股等。当然，这种区分只是理论上的，实践中的特别股往往兼有多种性质。例如，在公司盈余分配上享有优先权的特别股，在公司表决权的行使上往往就处于劣后于普通股的地位。

（3）按股票认购主体和上市场所的不同可分为 A 股、B 股、H 股等。

A 股，又称人民币普通股票，它是由股份有限公司依法在我国境内发行，以人民币标明面值，供投资者以人民币认购和交易，在境内证券交易所上市交易的普通股股票。它的投资者最初限于内地机构、组织或个人（不含我国港、澳、台地区的投资者），2002 年年末我国实行合格境外机构投资者（QFII）制度，允许合格境外机构投资者买卖 A 股。

B 股，又称人民币特种股票，是指由股份有限公司在我国境内发行，以人民币标明面值，供投资者以外汇认购和交易，在境内证券交易所上市交易的股票，属于境内上市外资股。上海证券交易所的 B 股以美元认购，深圳证券交易所的 B 股以港币认购。它的投资者最初限于外国自然人、法人和其他组织，我国港、澳、台地区的自然人、法人和其他组织，定居在国外的中国公民。2001 年 2 月 19 日，我国证监会宣布对内开放 B 股市场，准许持有合法外汇的境内居民自由开户买卖 B 股。

H 股是指在我国境内注册的股份有限公司以人民币标明面值，供境外投资者用外币认购，在香港联合交易所上市，取上市地香港（Hong Kong）英文首字母命名的股票，属于境外上市外资股。依此规律，N 股是指在境内注册、在纽约发行上市的股票；L 股是指注册地在境内，上市地在伦敦的股票；S 股是指在新加坡上市的外资股。

红筹股是指境外注册，在香港上市但主要业务在中国内地或大部分股东权益来自中国内地的股票，因中华人民共和国在国际上被称为"红色中国"而得名。红筹股不属于外资股，它与 H 股的区别在于注册地不同。

存托凭证（Depository Receipt，DR），是指在一国证券市场流通的代表外国公司有价证券的可转让凭证，属公司融资业务范畴的金融衍生工具。存托凭证是这样产生的：某国的某一公司为使其股票在外国流通，就将一定数额的股票，委托某一中间机构（通常为一银行，称为保管银行或受托银行）保管，由保管银行通知外国的存托银行在当地发行代表该股份的存托凭证，之后存托凭证便开始在外国证券交易所或柜台市场交易。从投资人的角度来说，存托凭证是由存托银行发行的几种可转让股票凭证，证明一定数额的某外国公司股票已寄存在该银行在外国的保管机构，而凭证的持有人实际上是寄存股票的所有人，其所有的权利与原股票持有人相同。按发行或交易地点的不同，存托凭证被冠以不同的名称,如美国存托凭证(American Depository Receipt,ADR)、欧洲存托凭证(European Depository Receipt,EDR)、全球存托凭证(Global Depository Receipt,GDR)及中国存托凭证(Chinese Depository Receipt,CDR)等。其中,美国存托凭证出现最早,运作最规范,流通量也最大,我国一些公司曾经采用这种方式,作为进入美国资本市场的有效途径。

(二)股票的发行

1. 股票发行的原则

股票发行是指符合条件的发行人按照法定程序,向投资者或原股东发行股份或无偿提供股份的行为。在我国,股票的发行人必须是具有股票发行资格的股份有限公司,包括已经成立的股份有限公司和经批准拟成立的股份有限公司。按照发行目的,可将股票发行分为设立发行和增资发行两种情形。设立发行是指在设立股份公司过程中或经改组、变更而成立股份公司时,为筹集资本而发行股份的行为。增资发行是股份有限公司成立后,以增加资本为目的发行股票的行为。

在我国,股票的发行要遵循公开、公平、公正的原则,必须同股同权,同股同利。同种类的每一股份应当具有同等权利;同次发行的同种类股票,每股的发行条件和价格应当相同;任何单位或者个人所认购的股份,每股应当支付相同价额。按照发行对象的不同,可将股票发行方式分为公开发行和非公开发行两种。

2. 股票发行的类型

(1)公开发行。公开发行是发行人采用公开方式,向社会公众发行股票的行为,根据《证券法》规定,有下列情形之一的,为公开发行:①向不特定对象发行证券;②向特定对象发行证券累计超过二百人,但依法实施员工持股计划的员工人数不计算在内;③法律、行政法规规定的其他发行行为。公开发行证券,必须符合法律、行政法规规定的条件,并依法报经国务院证券监督管理机构或者国务院授权的部门核准;未经依法核准,任何单位和个人不得公开发行证券。发行人申请公开发行股票,依法采取承销方式的,应当聘请具有保荐资格的机构担任保荐人。

①首次公开发行股票(Initial public offerings,IPO)。首次公开发行是公司成立后发行人通过证券交易所首次将其股份面向社会投资者出售的行为,通过首次公开发行股票的注册,发行人就可以向证券交易所申请上市资格进而成为上市公司。

②向不特定对象发行证券。向不特定对象发行证券包括上市公司向原股东配售股份、向不特定对象募集股份和向不特定对象发行可转换公司债券(以下简称可转债)。

向原股东配售股份(简称配股),是公司按股东的持股比例向原股东分配公司的新股认购权,其优先认购股份的方式。即按老股一股配售若干新股,以保护原股东的权益及其对公司的控制权。

向不特定对象募集股份(简称增发),是股份公司向二级市场上的普通投资者公开募集股份的一种再融资方式。增发的目的是向社会公众发行股份、募集资金,扩大股东人数,分散股权,增强股票的流通性,并可避免股份过分集中。公募增资的股票价格大多以市场价格为基础,是常用的增资方式。

发行可转债,是指上市公司依法发行、在一定期间内依据约定的条件可以转换成股份的公司债券,通常是转化为普通股。公司发行可转债的主要动因是增强证券对投资者的吸引力,能以较低的成本筹集到所需的资金。可转换债券一旦转换成普通股票,能使公司将原来筹集的期限有限的资金转化成长期稳定的股本,扩大股本规模。

公开发行方式的优点是:发行范围广、面对的发行对象多,易于足额募集资本;股票的变现性强,流通性好,对投资者具有较大的吸引力;股票的公开发行还有助于提高发行公司的知名度和扩大其影响力。但这种发行方式也有缺点,主要是公开发行的手续十分繁杂,审查极为严格,而且需要聘请中介机构,发行成本高。

(2) 非公开发行。非公开发行又称为定向增发、私募发行,是指仅向少数特定的对象直接发行股票。这种增资方式会引起上市公司股本结构、每股收益及控制权等方面的变化,直接影响公司原股东利益,需经股东大会特别批准。《上市公司证券发行注册管理办法》规定:"上市公司向特定对象发行证券,发行对象应当符合股东大会决议规定的条件,且每次发行对象不超过三十五名。"定向增发方式常用在上市公司针对战略投资者发行股票,实施员工持股计划等。

非公开发行方式的优点是发行弹性较大,且不需经中介机构承销,发行成本较低。但发行范围小,股票变现性也差。企业非公开发行股票,不得采用广告、公开劝诱和变相公开方式。

(三)股票发行定价

股票发行价格是指投资者认购新发行的股票时实际支付的价格。在股票发行的实际操作中,确定股票的发行价格是一件很重要也很复杂的工作。发行价格过高,势必影响股票的顺利发行,不仅难以及时筹得资本,而且还会增加发行费用;发行价格过低,则会使企业失去本来可以筹得的资本,而且还会影响股票在股市上的信誉,因此公司在发行股票时,必须认真进行测算,确定合适的发行价格。

1. 股票发行定价的原则

(1) 内在价值原则。股票的内在价值,是由发行企业的盈利情况、资产增值情况和经营管理水平等因素决定的股票价格,是对股票未来收益的贴现值,即股票的理论价值。根据经济学理论,股票市场中股票的价格是由股票的内在价值决定的,股票的价格总是围绕其内在价值波动。股票的发行价格应该反映股票的内在价值,一般可用现金流贴现法、相对估价法、经济附加值法等进行计算。

(2) 市场化原则。股票的发行价格应以市场化取向为原则来确定,充分反映市场的供求关系,使股票的供给和需求达到均衡,以准确地反映市场对股票价值的认可,也就是说,股票发行价格应考虑发行时整体股票价格水平、供求状况等,兼顾各方利益。

新股发行定价必须考虑满足发行人筹资需要。筹集企业所需的资金是发行人发行新股的目的之一,因此,新股发行定价应考虑发行人的筹资需要,最大限度地满足发行者的筹资需求。若新股发行价格过低,在发行量不变的情况下,则企业筹资规模会比较小,这不仅损害了原有股东的利益,也不利于公司成长。

【案例 6-1】 上纬新材 IPO 抑价

2020 年 9 月 15 日,上纬新材料科技股份有限公司(简称"上纬新材")披露其科创板发行公告,确定发行价为每股 2.49 元,对应发行后市值为 10.04 亿元,市盈率为 12.83 倍,募集资金净额 7004.27 万元,甚至低于公司上年的净利润,创下科创板最低发行市盈率、最低募资金额、最低募资净额三项纪录。

这一超低定价固有上纬新材自身经营状况不佳,基本面不乐观,导致投资者对其信心不足的原因,但其中更引人注目的是 399 家询价机构一致给出的每股 2.49 元的报价。若发行价再低 1 分钱,对应的市值将变成 9.99936 亿元,低于科创板最低一档 10 亿元总市值的上市标准,将意味着发行失败。399 家询价机构"抱团压价",许多解读将原因指向了当时科创板 IPO 询价制度中存在的"高价剔除"规定,为了减少因报价离群而被剔除的风险,机构投资者不愿报出高价。

从上纬新材最终募集情况来看,由于募集结果远不及预期拟募集资金用途 21550 万元的 1/3,2020 年上纬新材短期借款增加约 6559 万元,极有可能是为了弥补 IPO 募集资金不足所带来的资金短缺。

资料来源:根据公开资料整理。

新股定价也必须考虑投资者和承销商的利益。出于投资成本考虑,投资者希望新股价格低,若新股发行价格太高,将会增加其投资成本,打击其投资信心。同时,过高的发行价格也提高了承销商的发行责任和风险,给二级市场增加压力,从而损害上市公司的形象,降低上市公司再次增资扩股的能力。

【案例 6-2】 成大生物 IPO 破发

2021 年,成大生物从新三板转板至科创板上市,10 月 17 日确定发行价格为 110 元/股。相比停牌前的最高价 45.45 元/股高出 2 倍不止,对应发行市盈率 54.24 倍也明显高于行业最近一个月平均静态市盈率 38.11 倍。看似被市场寄予厚望的成大生物却在 10 月 28 日的首发当天破发,首日开盘价为 89.99 元,低开 18.19%,截至收盘报价为 80 元,收跌 27.27%,创 2021 年新股破发纪录,换手率高达 53%,一半的投资者选择出逃。对于二级市场股价的持续低迷，一级市场过高的定价难辞其咎。

资料来源：根据公开资料整理。

一般来说，定价是否合理，在股票上市后一段时期即能表现出来，大幅度的涨落均系不正常，上涨5%~20%通常被认为是比较正常的。如果定价不留余地，则股票上市后在二级市场的定位将会发生困难，影响公司的声誉。因而股票发行价格在确定时要注意给二级市场的运作留有适当的余地。

（3）定性与定量相结合的原则。股票价格由于其特殊性，其构成因素有许多无法确定或很难确定，因此在价格制定中，应充分考虑影响新股的可量化因素和不可量化因素。对可量化因素进行定量分析，而对不可量化因素则进行定性分析，将定量分析和定性分析有机结合起来才能准确合理地制定价格。

股票发行价格受到国家宏观经济环境、企业行业特点、公司财务状况、公司基本情况等各方面因素的影响，因此，新股定价是一个比较复杂的系统工程，需要价格制定者运用定价原理，结合企业的实际情况，综合考虑市场环境，经过科学的定价程序，才能得到一个相对合理的发行价格。

2. 股票发行价格的形式

根据股票的发行价格与票面标明金额（即股票面值）的关系，可以将股票发行分为以下形式：

（1）溢价发行。溢价发行是发行人按高于股票面值的价格发行股票，可以使发行人用较少的股份筹集到较多的资本，获得高出股票面额的那一部分溢价增资收益，又可以降低股票筹资成本，使公司的资本得到低成本扩张。溢价发行又可分为时价发行和中间价发行。时价发行也称市价发行，是指以同种或同类股票的流通价格为基准来确定股票发行价格，股票公开发行通常采用这种形式。中间价发行是指以介于面值和时价之间的价格来发行股票。在市价和面值之间采取一个折中的价格发行，实际上是将差价收益一部分归原股东所有，一部分归公司所有，用于扩大经营。我国股份公司对老股东配股时基本上都采用中间价发行。

股票发行采取溢价发行的，以超过股票票面金额的发行价格发行股份所得的溢价款以及国务院财政部门规定列入资本公积的其他收入，应当列为公司的资本公积。

（2）平价发行。即按照股票面值的价格发行。平价发行的优点在于发行者只需支付规定的手续费给承销商，就能收到股票票面价值总和的资金，成本低，发行简单。

（3）折价发行。它是股份有限公司以低于面值的价格出售新股的发行方式。目前，我国《公司法》规定：股票发行价格可以按票面金额，也可以超过票面金额，但不得低于票面金额。因为折价发行会使公司实有资本少于公司应有的资本，致使公司资本中存在着虚数，不符合公司资本充实原则。

3. 新股发行定价的主要方式

新股发行定价是指确定股票发行价格的过程和制度安排。市场化的新股发行定价一般都是根据投资者实际需求情况,由发行人和主承销商协商确定发行价格。投资者实际认购需求往往是新股发行定价的决定因素。但在征集投资者认购需求之前,主承销商必须在发行人的配合下,估算反映发行人公司市场价值的参考价格,作为投资者作出认购决策的依据。在完成发行新股的估值工作以后,主承销商将根据新股发行的具体情况选择合适的新股发行定价方式,保证新股发行工作顺利完成,并使最终确定的发行价格充分反映市场需求情况。

我国《证券法》规定:股票发行采取溢价发行的,其发行价格由发行人与承销的证券公司协商确定。从我国当前证券市场的实践来看,新股定价主要包括直接定价和询价两种方式。

(1) 直接定价。直接定价是指发行人与承销商自主协商后直接确定发行价格的定价方式。《证券发行与承销管理办法》规定,首次公开发行股票发行数量在2000万股(份)以下且无老股转让计划的,发行人和主承销商可以通过直接定价的方式确定发行价格。首次公开发行股票采用直接定价方式的,全部向网上投资者发行,不进行网下询价和配售。

(2) 询价。询价是指作为发行方的发行人与承销商通过向网下投资者征询购买股票价格意向来确定证券发行价格的定价方式。根据《证券发行与承销管理办法》的有关规定,询价方式具有如下的特征。

①询价是股票发行方(发行人及其承销商)与网下投资者的双向行为,包括投资者报价和发行方确定发行价格(或价格区间)的行为,通过双向互动,可以使股票发行定价更加市场化。

②发行方征询价格的对象(报价者)称为网下投资者,网下投资者应当具备丰富的投资经验、良好的定价能力和风险承受能力,向中国证券业协会注册,接受中国证券业协会的自律管理,遵守中国证券业协会的自律规则。网下投资者主要包括证券公司、基金管理公司、期货公司、信托公司、保险公司、财务公司、合格境外投资者和私募基金管理人8类专业机构投资者,首次公开发行并在主板上市的,还包括其他法人和组织、个人投资者。

③发行方在投资者报价基础上确定股票发行价格。网下投资者报价后,作为发行方的发行人和主承销商应当剔除拟申购总量中报价最高部分,然后根据剩余报价及拟申购数量按照一定的程序和方式来协商确定发行价格。首次公开发行股票价格确定后,提供有效报价的投资者方可参与申购。

④采取询价方式定价的,发行股票必须同时采取网上公开发行和网下发行的方式。网上公开发行对象是不特定的投资者,网下发行对象是特定的投资者。由于询价的征询对象是网下符合条件的特定投资者,网下投资者通过网下报价参与定价过程并进行了申购,股

票发行应当考虑到这部分投资者的投资意愿和购买利益，因此，询价发行股票在采取网上公开发行方式的同时，都应采取网下配售方式来发行一定比例的股票。投资者选择参与网下发行的，不得同时参与网上发行。

上述新股发行定价方式各有所长。直接定价发行成本低、发行周期短、效率高，但缺乏市场反馈，价格发现能力弱，对承销商的定价能力有较高要求；询价发行则定价相对公允，发行成功概率高，券商和投资者激励效果好，但缺点是发行成本高，发行周期长，承销商权力大，有很大的操作空间。2023年2月17日，A股进入"全面注册制"新时代，我国开始全面实行以市场化询价方式定价为主体，以直接定价为补充的定价机制。

2021年12月16日，中国证券业协会发布《北京证券交易所股票向不特定合格投资者公开发行与承销特别条款》，北交所公开发行上市确定发行价格方式将采用网上竞价、直接定价、网下询价三种方式并行。竞价发行是北交所独有的发行定价方式，它由投资者以公开透明的规则竞价新股，出价在中标价以上的投资人将获得新股。

竞价发行是发行人和主承销商根据竞价结果协商确定发行价格，所有合格投资者均可在网上报价申购新股，按价格从高到低加总申购量，达到发行量的价格作为有效价格，报价在有效价格之上的投资者中标获得新股。

从理论上来说，竞价发行是最理想的新股发行方式，它拥有发行效率高，价格发现充分，市场化程度高，与后续二级市场交易价格连续性更强等优点，但理想与现实存在着一定距离，竞价发行同时也存在因投资者理性不足、发行人信息披露不够透明导致发行人定价困难，或碰到投资情绪过热时，若投资者为入围推高发行价格，风险增加的缺点。对此，《北交所承销特别条款》规定，股票公开发行并在北交所上市，采用网上竞价方式发行的，发行人和主承销商应当至少采用互联网方式向公众投资者进行公开路演推介，主承销商应当公开披露投资价值研究报告，保证发行过程公开透明，路演资料、企业信息披露充分。

（四）我国股票发行的审核制度

1. 审批制

中国在股票市场的发展初期，为了维护上市公司的稳定和平衡复杂的社会关系，采用行政计划的办法分配股票发行的指标和额度，由地方政府或行业主管部门根据指标推荐企业发行股票。审批制下公司发行股票的竞争焦点主要是争夺股票发行指标和额度。

2. 核准制

核准制是介于注册制和审批制之间的中间形式。其取消了指标和额度管理，引进证券中介机构的责任，判断企业是否达到股票发行的条件；证券机构同时对股票发行的合规性和适销性条件进行实质性审查，并有权否决股票发行的申请。证券监管机构对申报文件的真实性、准确性、完整性和及时性进行审查，对发行人的营业性质、财力、素质、发展前景、发行数量和发行价格等条件进行实质性审查，并据此作出发行人是否符合发行条件的价值判断和是否核准申请的决定。

3. 注册制

注册制是在市场化程度较高的成熟股票市场所普遍采用的一种发行制度。证券监管部门公布股票发行的必要条件，只要达到所公布条件要求的企业即可发行股票。

证券监管机构的职责是对申报文件的真实性、准确性、完整性和及时性做合规性的形式审查，而发行人的质量留给证券中介机构来判断和决定。对发行人、证券中介机构和投资者的要求都比较高。

2020年10月9日，国务院印发《关于进一步提高上市公司质量的意见》，提出将"全面推行、分步实施证券发行注册制，支持优质企业上市"，全面实行股票发行注册制正式实施。这一重大改革意味着注册制推广到全市场，标志着新一轮资本市场改革迈出了决定性的一步，为资本市场服务高质量发展打开了更广阔的空间。

二、债券发行

（一）债券的含义

债券是一种资本证券，是各类经济主体为了筹集资金而向投资者发行并承诺的按照一定利息定期或者到期还本付息的债权债务凭证。

债券发行人与投资者之间的关系是债务人与债权人关系，发行人是筹集资金的债务人，必须按照承诺定期或者到期还本付息，而投资者是债权人同时也是资金供给者，有权利要求发行人定期或者到期还本付息。

（二）债券的基本要素

债券作为一种虚拟资本证券，是一种要式证券，必须具备法律规定的基本条件才能成为受到法律保护的合法凭证，债券的票面要素就是其成为合法凭证的基本条件。

1. 票面价值

债券的票面价值必须首先标明币种和票面金额。一般来说，在国内发行的债券是以本币作为计值货币，在国外市场上发行时一般是以债券发行地国家货币或者供给货币作为计值货币。另外，债券必须标明票面金额，它既是投资者购买时候的依据也是到期日发行人还本付息的依据，债券的票面金额一般是100或者其整数倍。

发行人应该综合考虑发行成本、筹集金额和投资者分布等情况确定债券票面金额。如果票面金额太大，超过大部分小投资者的能力，销售面就会变窄，这就可能导致发行失败。

2. 偿还期限

偿还期限一般分为短期（一年以下）、中期（1—10年）和长期（10年以上）三种情况。债券偿还期长短主要应该根据债券发行人的资金需求情况决定，同时还应该考虑资金市场利率变化情况及债券的变现能力。如果发行人资金需求时间长、市场利率趋于下降且债券市场发达，可考虑发行期限比较长的债券，相反，如果发行人仅是临时性资金短缺、未来市场利率走高且债券市场不太发达，则应该发行短期债券。

3. 票面利率

债券利率是债券利息与票面价值的比率，是债券发行人获得资金而支付给投资者的代价，一般以年利率表示。在实际经济生活中，债券利息有单利、复利和贴现利率等形式。

发行人在确定利率的时候应该综合资金市场利率水平、发行人市场资信和债券期限等要素。如果债券发行时资本市场利率比较高，则债券票面利率应该相应提高，否则投资者就不会购买，相反，则应该降低；发行人资金市场资信如果比较高，则利率可稍微低，相反，则应该提高；另外，在其他条件相同的情况下，债券期限越长，利率越高，相反，则越低。

4. 债券发行人

债券发行人是发行债券筹集资金的债务主体，是债券投资者到期索要本金和利息的对象。

以上四个方面是债券票面的基本构成要素，除此之外，还包括债券的还本付息方式、发行人违约责任等，但它们一般都没有必要在实际债券上印刷出来，特别是随着有价证券的电子化、虚拟化和无纸化进程加快，传统的纸质凭证已基本上退出市场。

（三）债券的特征

1. 偿还性（期限性）

债券与股票不同，它是一种债务凭证，有期限，发行人到期必须还本付息，从而了结债权债务，保持资信。对债券发行人来说，债券是财务硬约束，必须到期还本付息，否则将失去信用，从而被关闭资本市场融资大门。

2. 流动性

流动性是所有有价证券的共同特征，也是有价证券区别于无价证券的最主要标志。债券的流动性强弱受到债券发行人资信、债券市场发育程度、期限等多种因素影响。一般来讲，国债流动性强、金融债券次之、公司债券稍差。

3. 收益性债券

投资者购买债券的目的是获得收益，即利息，拥有债券可到期索回本金并获得利息。另外，债券投资者也可在中途将债券在市场上出售而提前获得收益。债券收益大小主要受到资金市场利率变动情况、发行人资信和债券期限长短等要素的影响，但一般来讲，通过利息而取得的收益率不高。

4. 安全性

债券是发行人承诺到期还本付息的债务工具，对发行人来讲是财务硬约束，到期必须还本付息，否则将失去资信而被关闭资本市场融资大门。因此，发行人一般都不会违约。

相对于股票和其他金融投资工具的高风险性，债券具有安全性，特别是国债。

（四）债券的种类

1. 按发行主体分类

（1）政府债券。政府债券是政府为筹集资金而发行的债券。主要包括国债、地方政府债券等，其中最主要的是国债。国债因其以国家财政收入作为还本付息的保证、免税待遇、信誉好、利率优、风险小而又被称为"金边债券"。

（2）金融债券。金融债券是由银行和非银行金融机构发行的债券。在我国目前金融债券主要由国家开发银行、进出口银行等政策性银行发行。

（3）公司（企业）债券。公司债券是企业依照法定程序发行，约定在一定期限内还本付息的债券。公司债券的发行主体是股份公司，但也可以是非股份公司的企业发行债券，所以，一般归类时，公司债券和企业发行的债券合在一起，可直接称为公司（企业）债券。

2. 按付息方式分类

（1）贴现债券。贴现债券指债券券面上不附有息票，发行时按规定的折扣率，以低于债券面值的价格发行，到期按面值支付本息的债券。贴现债券的发行价格与其面值的差额即为债券的利息。

（2）零息债券。零息债券指债券到期时和本金一起一次性付息、利随本清，也可称为到期附息债券。付息特点一是利息一次性支付，二是债券到期时支付。

（3）附息债券。附息债券指债券券面上附有息票的债券，是按照债券票面载明的利率及支付方式支付利息的债券。息票上标有利息额、支付利息的期限和债券号码等内容。持有人可从债券上剪下息票，并据此领取利息。附息国债的利息支付方式一般是在偿还期内按期付息，如每半年或一年付息一次。

（4）固定利率债券。固定利率债券就是在偿还期内利率固定的债券。浮动利率债券是指利率可以变动的债券。这种债券的利率确定与市场利率挂钩，一般高于市场利率的一定百分点。

3. 按计息方式分类

（1）单利债券。单利债券指在计息时，不论期限长短，仅按本金计息，所生利息不再加入本金计算下期利息的债券。

（2）复利债券。复利债券与单利债券相对应，指计算利息时，按一定期限将所生利息加入本金再计算利息，逐期滚算的债券。

（3）累进利率债券。累进利率债券指年利率以利率逐年累进方法计息的债券。累进利率债券的利率随着时间的推移，后期利率比前期利率更高，呈累进状态。

4. 按利率确定方式分类

（1）固定利率债券。固定利率债券指在发行时规定利率在整个偿还期内不变的债券。

(2) 浮动利率债券。浮动利率债券是与固定利率债券相对应的一种债券，它是指发行时规定债券利率随市场利率定期浮动的债券，其利率通常根据市场基准利率加上一定的利差来确定。浮动利率债券往往是中长期债券。由于利率可以随市场利率浮动，采取浮动利率债券形式可以有效地规避利率风险。

5. 按偿还期限分类

（1）长期债券，一般说来，偿还期限在10年以上的为长期债券。

（2）中期债券，期限在1年或1年以上、10年以下（包括10年）的为中期债券。

（3）短期债券，偿还期限在1年以下的为短期债券[①]。

6. 按债券形态分类

（1）实物债券（无记名债券）。实物债券是以实物债券的形式记录债权，券面标有发行年度和不同金额，可上市流通。实物债券由于其发行成本较高，将会被逐步取消。

（2）凭证式债券。凭证式债券是一种储蓄债券，通过银行发行，采用"凭证式国债收款凭证"的形式，从购买之日起计息，但不能上市流通。

（3）记账式债券。记账式债券指没有实物形态的票券，以记账方式记录债权，通过证券交易所的交易系统发行和交易。由于记账式国债发行和交易均无纸化，所以交易效率高，成本低，是未来债券发展的趋势。

7. 按募集方式分类

（1）公募债券。公募债券指按法定手续，经证券主管机构批准在市场上公开发行的债券。这种债券的认购者可以是社会上的任何人。发行者一般有较高的信誉。除政府机构、地方公共团体外，一般企业必须符合规定的条件才能发行公募债券，并且要求发行者必须遵守信息公开制度，向证券主管部门提交有价证券申报书，以保护投资者的利益。

（2）私募债券。私募债券指以特定的少数投资者为对象发行的债券，发行手续简单，一般不能公开上市交易。

8. 按担保性质分类

（1）有担保债券。有担保债券指以特定财产作为担保品而发行的债券。以不动产如房屋等作为担保品，称为不动产抵押债券；以动产如适销商品等作为提供品的，称为动产抵押债券；以有价证券如股票及其他债券作为担保品的，称为证券信托债券。一旦债券发行人违约，信托人就可将担保品变卖处置，以保证债权人的优先求偿权。

（2）无担保债券。无担保债券亦称信用债券，指不提供任何形式的担保，仅凭筹资人信用发行的债券。政府债券属于此类债券。这种债券由于其发行人的绝对信用而具有坚实的可靠性。除此之外，一些公司也可发行这种债券，即信用公司债。与有担保债券相比，无担保债券的持有人承担的风险较大，因而往往要求较高的利率。但为了保护投资人的利

[①] 我国企业债券的期限划分与上述标准有所不同。我国短期企业债券的偿还期限在1年以内，偿还期限在1年以上5年以下的为中期企业债券，偿还期限在5年以上的为长期企业债券。

益,发行这种债券的公司往往受到种种限制,只有那些信誉卓著的大公司才有资格发行。

(3) 质押债券。质押债券是指以其有价证券作为担保品所发行的债券。我国的质押债券是指已由政府、中央银行、政策性银行等部门和单位发行,在中央国债登记结算有限责任公司托管的政府债券、中央银行债券、政策性金融债券,以及经人民银行认可、可用于质押的其他有价证券。

(五)公司债券发行目的

1. 筹集企业发展资金

企业发行债券首要的目的就是募集资金。企业常用的融资方式有银行融资、股票融资和债券融资。银行短期融资能解决企业的短期资金需求,但无法解决企业的长期资金需求,而银行长期融资则对资金用途有极其严格的限制。企业通过发行股票融资虽然也可以满足资金需求,但与债券相比,投资者的投资风险高于债券,也难以保证稳定的收益。因此,债券成为企业筹集资金的一种有效方式。

2. 维护企业的控制权

与股票融资相比,债券融资不涉及企业股权的变动,投资者也不得干预企业的经营管理和决策,因此,债券融资不会影响企业的控制权。特别是那种发展前景好、市场潜力大但目前资金困难的企业,最适合采取债务(债券)融资方式筹集企业发展资金。

3. 有效降低融资成本

债券的期限性和偿还性特点能促使企业针对实际需要,确定恰当的融资规模及偿还期限,避免资金过剩或不足,有效控制融资成本。同时,债券融资具有较大的灵活性,企业能通过发行可转换债券等形式,把债券融资与股票市场有机结合起来,并且,债券的票面利率往往低于同期银行贷款利率,这将有利于降低企业的筹资成本,增强其债务偿还能力。

三、资产证券化

(一)资产证券化的概念

资产证券化最早是由美国投资银行家在讨论抵押贷款过手证券时提出的,此后,资产证券化随着其业务的不断发展逐步推广开来,其内涵也不断丰富和完善。比较有代表性的定义有以下几种。

从产品运作原理的角度,把资产证券化定义为一个过程,通过这个过程将具有共同特征的贷款、消费者分期付款合同、租约、应收账款和其他不流动的资产包装成可以市场化的、具有投资特征的带息证券。

从资产转换的角度,美国证券交易委员会将资产证券化定义为通过将无法在短时间内变现的、流通能力不强的资产或未来可预见的收入,进行组合、打包,转变成未来可以在市场销售流通的金融投资产品，即将原有的收益性资产变为证券资产的过程。

从信誉匹配的角度，市场学派将资产证券化定义为使储蓄者与借款者通过公开金融市场进行信誉匹配的过程或工具。

从金融发展角度，将资产证券化定义为对传统债务金融中介的一种替代，可实现高效率低成本的金融发展。

可见，广义上的资产证券化是指将某一资产或资产组合转化为证券资产这一价值形态进行运作的方式，即一切以证券作为媒介的一般化现象都可视为资产证券化。而狭义上的资产证券化内涵则更具体、更丰富。

根据我国证券监督管理委员会2014年发布实施的《证券公司及基金管理公司子公司资产证券化业务管理规定》第二条，资产证券化业务定义为：以基础资产所产生的现金流为偿付支持，通过结构化等方式进行信用增级，在此基础上发行资产支持证券的业务活动。

从具体实践来看，资产证券化就是将原始权益人拥有的一组同质性强、能够产生稳定现金流但是缺乏流动性的资产，出售给专门从事资产证券化业务的特殊目的机构（SPV），通过结构化的安排组成资产池，并实施一定的信用增级手段，最终将其转化成以基础资产的现金流为偿付支持的可出售、可流通的证券产品的过程。这种资产支持证券不仅可以满足原始权益人的融资需求，同时也为金融市场提供了新的投资品种。

（二）资产证券化的特点

资产证券化提供了将相对缺乏流动性的、个别的资产转变成流动性高、可在资本市场上交易的金融商品的手段。作为金融创新和金融工具，资产证券化有如下特征。

1. 基于资产信用融资

资产证券化根据基础资产的未来收益能力来融资，基础资产的信用水平与原始权益人的信用水平分离开来，投资者更多地关注资产池中基础资产的质量和水平、未来产生现金流量的能力以及资产证券化交易结构的严谨性和有效性，而原始权益人自身的信用等级则处于相对次要的地位。资产证券化为发起者提供了更加有效的、低成本的筹资渠道。

2. 表外融资

表外融资是指不在资产负债表上反映而仍然能够达到举借资金目的的融资安排。资产证券化融资通过出售资产换取资金，其基础资产的未来现金流并不出现在资产负债表中，不影响资产负债表中的资产项目，属于表外融资。资产证券化使原始权益人得以用出售资产的方式融资，而不增加资产负债表上的负债，有助于改善企业的财务结构。

3. 融资风险

资产证券化创造了SPV，发起人将拟证券化资产通过真实销售转移给SPV，实现与发起人的破产风险隔离。这一结构保证投资者在发起人发生财务危机甚至破产时，也能取得稳定的收益。就像在企业与投资者之间构筑了一道坚实的"防火墙"，其风险不会传递给投资者，资产的信用风险与企业的经营风险无关，而只与基础资产的预期现金流相关。

4. 融资成本相对较低

通过资产证券化市场筹资比通过银行或其他资本市场筹资的成本要低许多，这主要是因为：发起者通过信用增级，具有比其他长期信用工具更高的信用等级，等级越高，发起者付给投资者的利息就越低，从而降低了筹资成本。投资者购买由资产担保类证券构成的资产组合的整体信用质量，而不是资产担保类证券发起者的信用质量。

（三）资产证券化的类型

1. 国外资产证券化的种类

在国外，尤其是欧美发达金融市场上，根据基础资产的不同，一般将资产证券化产品分为抵押贷款支持证券（MBS）、资产支持证券（ABS）和担保债务凭证（CDO）三大类。有的也将 CDO 算作 ABS 的一种。

（1）抵押贷款支持证券（MBS）。MBS（Mortgage-backed Security），是最早在 20 世纪 60 年代的美国产生的资产证券化产品，是指由多个住房抵押贷款组成的抵押贷款资产池作为基础资产而发行的证券。抵押贷款支持证券又包括个人住房抵押贷款支持证券（RMBS）和商业地产抵押贷款支持证券（CMBS）两种类别。

个人住房抵押贷款支持证券（RMBS）是以零售住房贷款为主，金额小、笔数多、同质化强；商业地产抵押贷款支持证券（CMBS）是以可产生租金收益的大型不动产抵押贷款为主，金额大、笔数少、差异性强。

（2）资产支持证券（ABS）。ABS（Asset-backed Security），是一种广泛类型资产支撑的证券化产品，包括以学生贷款、汽车贷款、设备贷款、信用卡账款、贸易应收款、设备租赁款、旅游门票收入、基础设施收费、俱乐部会费收入、保单收入、中小企业贷款等资产作为基础资产，利用其产生的未来现金流支持的证券化产品。ABS 是一种以资产信用为支持的证券，向投资者支付的本息来自基础资产池产生的现金流或剩余权益。

（3）担保债务凭证（CDO）。CDO（Collateralized Debt Obligation），是指将一系列信贷资产组合成资产池，然后以该资产池所产生的现金流为基础，向投资者发行不同组合的证券。根据基础资产类型的差异，CDO 又可分为现金型 CDO 和合成型 CDO 两种。

现金型 CDO 是直接以债务资产作为基础资产发行证券，包括担保债券凭证（CBO）和担保贷款凭证（CLO）。担保债券凭证（CBO）以债券为基础资产，将市场上流通的债券经过结构化重组实现资产的证券化；担保贷款凭证（CLO）以贷款为基础资产，将信贷资产经过结构化重组实现资产的证券化。

合成型 CDO 是建立在信用违约互换（CDS）基础上的一种担保债务凭证形式。是发起人汇集一些债权并将其包装成债权群组，并将债权群组交给特殊目的机构（SPV），SPV 以自身名义发行资产支持证券进行融资，再将所筹集到的资金用于偿还购买发起人基础资产的价款。

此外，西方资本市场上还按照结构性重组将资产支持证券产品分为过手证券、资产担保证券和转付证券三种。

过手证券（Pass Through Security）是指所有权发生转移的证券，资产池的所有权、本金和利息都直接转移到投资者账户，原始权益人仅保留对贷款的服务权。由于这种证券会给投资者带来较大的风险，较少被采用，是属于早期的证券化交易结构。

资产担保证券（Mortgage Backed Bonds）是指资产池所有权不转移，仅作为担保来发行证券，投资者因此规避了提前偿还和违约风险，但难以有效隔离风险。

转付证券（Pay Through Security）是将资产池的所有权和现金流直接过手给投资者，类似过手证券，投资者虽然仍需承担提前偿还风险和违约风险，但由于采用内部信用增级方法，一定程度上降低了投资者的风险，因此风险匹配度较为合理。这也成为目前资产证券化的主流模式。

2. 我国资产证券化的主要类型

由于我国金融行业原本实行银行、证券、保险三大行业分业监管体制，因此我国的资产证券化业务根据监管体制及监管规则的不同被分为信贷资产证券化、企业资产证券化和非金融企业发行的资产支持票据三大类。

（1）信贷资产证券化。根据中国银行业监督管理委员会《金融机构信贷资产证券化试点监督管理办法》（2005）第三条的规定，信贷资产证券化是指在中华人民共和国境内，以银行业金融机构作为发起机构，将信贷资产信托给受托机构，由受托机构以资产支持证券的形式向投资机构发行受益证券，以该财产所产生的现金支付资产支持证券收益的结构性融资活动。可见，信贷资产证券化是指银行为降低自身的贷款风险，改善贷款的流动性，将流动性不足但具有一定共性、能够在可预见的未来产生稳定现金流的信贷资金进行组合并通过结构化运作，以金融产品的形式在二级市场发行，最终达到风险转移的目的。

目前在我国，信贷资产证券化主要由国家金融监督管理总局、中国人民银行监管。信贷资产证券化的基础资产是银行等金融机构的信贷资产及金融租赁资产。信贷资产支持证券一般在全国银行间债券市场上发行和交易，投资者主要是银行间投资机构和金融机构。按照法律、行政法规和国家金融监督管理总局等监督管理机构的有关规定可以买卖政府债券、金融债券，也可以在允许的范围内投资资产支持证券。

（2）企业资产证券化。企业资产证券化主要是指证券公司、基金管理子公司以专项资产管理计划（以下简称专项计划）为特殊目的载体，以计划管理人的身份面向投资者发行资产支持受益凭证。计划管理人按照约定用受托资金购买原始权益人缺乏即期流动性但能够产生可预期的、稳定的未来现金流的基础资产，并依托该基础资产的未来现金流发行可流通的收益凭证，再将该基础资产的收益分配给受益凭证的持有人。可见，企业资产证券化是一种以专项计划为载体的企业未来收益权或既有债权证券化的融资方式，也是企业融资方式变革的一个方向。

企业资产证券化主要受中国证券业监督管理委员会和中国基金业协会监管。企业资产证券化的基础资产是符合法律法规，权属明确，可以产生独立、可预测的现金流的可特定化的财产权利和财产，包括各项财产权利（如应收款项、租赁债权、信贷资产、信托受益权等）、动产及不动产收益权（如基础设施、商业物业等），以及证监会认可的其他财产或财产权利。企业资产支持证券一般在证券交易所、全国中小企业股份转让系统、机构间私募产品报价与服务系统、证券公司柜台市场以及中国证监会认可的其他证券交易场所进行挂牌交易和转让。投资者一般为符合国务院于2023年发布的《私募投资基金监督管理条例》规定条件的合格投资者。

（3）资产支持票据。资产支持票据一般是指非金融企业在银行间债券市场上发行的，以其基础资产所产生的现金流作为还款支持，并约定在一定期限内还本付息的债务融资工具。其基础资产为符合法律法规规定，权属明确，能够产生可预测现金流的财产、财产权利或财产和财产权利的组合，不得附带抵押、质押等担保负担或其他权利限制。资产支持票据由银行间市场交易商协会监管，可以面向银行间市场所有投资者公开发行，也可以面向特定机构投资者非公开发行。

（四）资产证券化的参与主体

资产证券化交易比较复杂，涉及的当事人较多，一般而言，下列当事人在证券化过程中具有重要作用。如表6-1所示。

表6-1　　　　　　　　　　资产证券化的参与主体

主体	定义
发起人	发起人也称原始权益人，是证券化基础资产的原始所有者，通常是大型工商企业，但中小型企业也可以作为发起人
特殊目的机构（SPV）	这是指接受发起人转让的资产，或受发起人委托持有资产，并以该资产为基础发行证券化产品的机构。SPV的原始概念来自防火墙的风险隔离设计，它的设计主要为了达到"破产隔离"的目的。SPV的业务范围被严格地限定，所以它是一般不会破产的高信用等级实体。SPV在资产证券化中具有特殊的地位，它是整个资产证券化过程的核心，各个参与者都将围绕着它来展开工作
资金和资产存管机构	为保证资金和基础资产的安全，特定目的机构通常聘请信誉良好的金融机构进行资金和资产的托管
信用增级机构	此类机构负责提升证券化产品的信用等级，为此要向特定目的机构收取相应费用，并在证券违约时承担赔偿责任。有些证券化交易中，并不需要外部增级机构，而是采用超额抵押等方法进行内部增级
信用评级机构	如果发行的证券化产品属于债券，发行前必须经过评级机构进行信用评级
承销人	承销人是指负责证券设计和发行承销的投资银行。如果证券化交易涉及金额较大，可能会组成承销团
证券化产品投资者	即证券化产品发行后的持有人。除上述当事人外，证券化交易还可能需要金融机构充当服务人，服务人负责对资产池中的现金流进行日常管理，通常可由发起人兼任

（五）资产证券化的基本流程

资产证券化交易结构如图 6-1 所示。

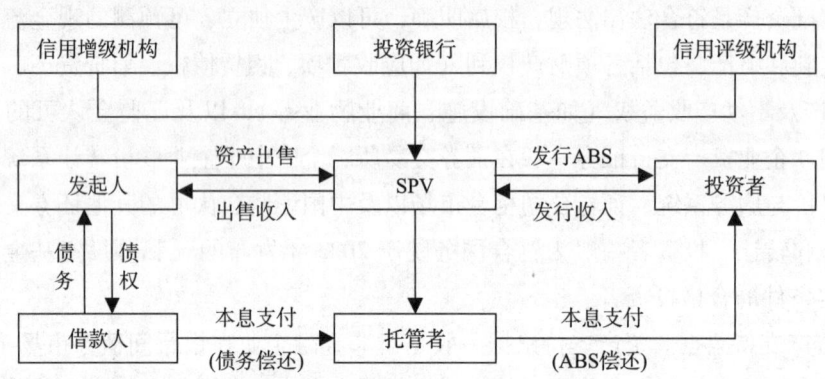

图 6-1 资产证券化交易结构图

1. 发起人通过基础资产的捆绑组合形成资产池

发起人根据自身的融资需求和现有资产的情况，选择适合证券化的资产作为基础资产。一般而言，证券化资产不限于一种，通常把多种资产组合起来，形成资产池。资产池必须具有一定的规模，以减少非系统风险，达到资产证券化交易的规模效应。

2. 设立特殊目的载体（SPV）

在标准的资产证券化运作过程中，SPV 是一个专门为实现资产证券化而设立的特别法律实体，没有固定的组织形式和运作架构，发起人通过签订买卖合同将资产池出售给 SPV。SPV 在法律上是独立于基础资产的原始权益人的，原始权益人的风险不会影响证券化资产，从而实现了破产隔离。

3. 发起人将基础资产出售给 SPV

发起人将基础资产出售给 SPV 时，双方需要签署金融资产书面担保协议，法院根据此协议裁定该资产是否属于真实出售，只有真实出售以后才能保证原始权益人其他资产的风险与基础资产的风险相隔离，基础资产不受原始权益人破产的影响，以达到风险隔离的目的，降低对投资者利益的损害。

4. 对资产支持证券进行信用增级

信用增级的目的是保证资产支持证券能够被及时足额地偿付，提高证券的信用等级。信用增级降低了投资者的风险，增加了资产支持证券对投资者的吸引力，有利于证券的顺利发行和畅销。信用增级提高了证券的信用等级，有利于降低融资费用。SPV 会聘请评级机构对证券化交易进行评估，以确定需何种程度的信用增级，一般是多种信用增级形式并用。

5. 信用评级

信用增级完成之后，SPV 将再次聘请信用评级机构进行信用评级，并向投资者公布结果。信用级别越高,证券的发行成本越低,发行条件就越好。在资产证券化过程中信用评级机构只对基础资产未来产生现金流的能力进行评估,而不需要对发行人整体资产进行评估,因此选择优质的资产并将其从整体资产中剥离出来,配以一系列信用增级措施,就可获得远高于原始权益人自身信用等级的信用评级。

6. 证券设计与发行

证券的设计与发行由证券承销商来完成,SPV一般委托投资银行作为承销商。投资银行在设计证券时要充分了解发起人的目标和要求,熟悉政治经济环境、投资环境、金融市场环境、法律和税务环境,掌握必要的技术和手段,选择合适的证券交易品种并发行上市。

7. 现金流管理及偿付

证券发行上市以后,SPV从证券承销商处获得的现金收入将用来支付各种款项,包括证券化资产的购买价款,评级机构、投资银行等中介机构的服务费用等。SPV需要聘请专门的服务商对资产池进行管理和处置,包括负责收取、记录由基础资产产生的全部收入,用于对投资者的还本付息。服务商可以是资产的原始权益人即发起人,也可以是专门聘请的有经验的资产管理机构。

8. 清偿证券

按照证券发行时的约定,待资产支持证券到期后,由资产池产生的收入在还本付息、支付各项服务费之后,若有剩余,按协议规定在发起人和SPV之间进行分配,整个资产证券化过程即告结束。

【案例6-3】　　　　　京东白条资产证券化项目

2015年10月28日,京东白条应收账款债权资产支持专项计划(以下简称京东白条ABS)在深圳证券交易所(以下简称深交所)正式挂牌,这是市场上第一个基于互联网消费金融的资产证券化产品。从深交所网站和《京东白条应收账款债权资产支持专项计划说明书》披露的内容来看,京东白条ABS发行总额为8亿元人民币,分为优先01级、优先02级和次级三档。

1. 背景

2014年2月京东商城上线隶属京东金融的京东白条产品,该产品服务对象主要是京东商城会员,服务内容是为其提供延期支付和分期支付。在延期支付上,京东白条提供30天免息期,用户可以享受"先消费,后付款"服务。在分期支付上,京东白条提供3月、6月、12月和24月的分期支付服务,服务费按每月0.5%~1.2%的费率计算,逾期后按日0.05%费率收取罚金。

随着京东商城交易额的快速增长,京东白条在使用人数和使用金额上都获得了大幅提升,成为京东金融最重要的产品之一。目前,京东白条的应用范围已经从京东商城扩展至住房、旅游、装修、购车等京东商城以外的多个场景。

自 2014 年京东白条上线以来,京东世纪贸易利用自身平台优势虽然可以获得供货方的账期优惠服务,但该产品仍会占用京东集团大量自有和运营资金。从市场准入角度来看,京东金融由于不具备银行、证券、消费金融等方面牌照,金融机构定位并不明确,因此获取资金的渠道较少且成本较高。从主观意愿来看,为降低资金成本、拓宽资金渠道、扩大京东白条业务规模,京东集团具有实行资产证券化的强烈意愿。从客观条件来看,在新一届政府"盘活存量,用好增量"的金融改革思想指导下,自 2012 年起,资产证券化试点规模迅速扩大,配套政策日益完备,市场条件逐渐成熟,这为互联网金融资产证券化项目成功实施奠定了相应的基础。

2. 交易流程

京东白条 ABS 交易结构如图 6-2 所示,其操作流程如下:

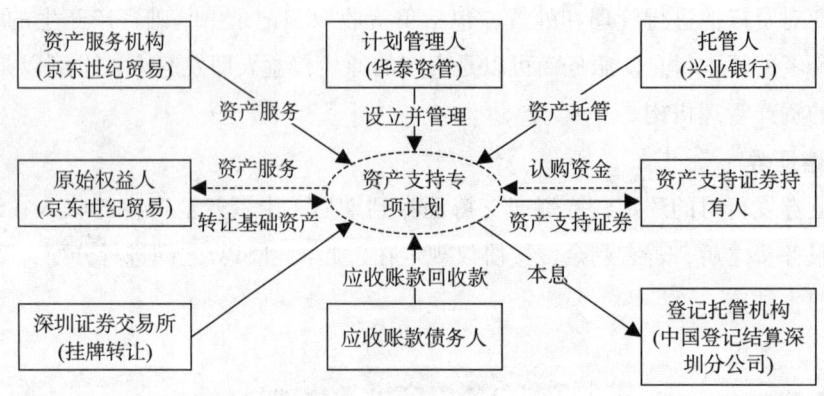

图 6-2 京东白条 ABS 交易结构图

(1) 原始权益人京东世纪贸易在其存量京东白条应收账款债权资产中遴选出符合"合格标准"的白条应收账款债权形成最初的基础资产池。

(2) 计划管理人华泰资管设立并管理资产支持专项计划(SPV),投资者通过与计划管理人签订《认购协议》并缴付认购资金,取得资产支持证券,成为资产支持证券持有人。

(3) 计划管理人运用专项计划资金购买原始权益人(资产转让方)应收账款债权资产,即原始权益人(资产转让方)在专项计划设立日转让给专项计划的、原始权益人对用户的应付货款及服务费的请求权和其他附属权利。

(4) 计划管理人委托基础资产转让方作为资产服务机构,对基础资产进行管理,包括但不限于基础资产资料保管、对用户应还款项进行催收、运用前期基础资产回收款滚动投资后续资产包等。其中,运用前期基础资产回收款滚动投资后续资产包属于循环购买设计,具体是指,在循环期内,前期基础资产回收款项后,并不分配给资产支持证券持有人,而是用于购买新的符合"合格标准"的基础资产,进行再投资。

(5) 托管人兴业银行依据《托管协议》的约定,管理专项计划账户,执行计划管理人的划款指令,负责办理专项计划名下的相关资金往来。

(6) 京东白条用户向资产服务机构偿还白条本息,资产服务机构将其划付至专项计划账户,计划管理人按照合同的约定将基础资产的收益分配给专项计划资产支持证券持有人。

(7) 登记托管机构(中国登记结算深圳分公司)负责交易本息划付。

3. 资产池构成

京东白条证券化的基础资产为京东提供白条服务所产生的符合条件的应收账款债权资产。白条应收账款产生于原始权益人京东世纪商城与用户之间的买卖合同法律关系,且限定该债权资产不存在其他第三方主张获取该资产所有权的权利,从而保证证券投资者未来可以获取本金及预期收益的权利。由于赊销期限较短,基础资产与京东白条证券化发行的产品存续期间之间存在期限错配问题,该结构的资产池采用了再循环购买、动态资产池模式。循环期内,资产服务机构可将基础资产到期回收的现金流扣除必要税金费用与收益之后继续用于购买基础资产,使资产池维持相对稳定的规模。当循环期结束进入摊还期时,消费金融贷款资产池产生的现金流归集后按照约定顺序先支付税费,后向各层级资产支持证券持有者偿付本金和收益。

4. 信用增级安排

该专项计划选用内部信用增级安排,通过优先、次级分层结构实现信用增级。具体根据资产支持证券所具有的不同的风险、收益顺序,可以将资产支持证券分为优先01级(AAA 评级)、优先02级(AA–评级)和次级资产支持证券(未评级)三种。原则上优先01级、优先02级和次级资产支持证券的比例为75∶13∶12。优先级由投资机构完成认购,次级资产支持证券则由原始权益人全部认购,不参与发行流通。优先级证券在循环期按季度分配利息,摊还期按月摊还本息,次级证券只在摊还期优先级证券本金清偿完毕后获得剩余收益,只有在原始权益人自行认购的次级证券完全承担后仍存在亏损的情况下才会由优先级证券承担。此外,根据测算,专项计划的存续期间优先级和次优先级资产支持证券的现金流覆盖率超过110%,可实现超额现金流覆盖的信用增级效果。

5. 加速清偿机制

若资产池应收账款逾期率和坏账率达到一定比例时将触发加速清偿机制,基础账户内记录的资金不再用于购买原始权益人符合合格标准的资产,证券化服务账户现有全部资金将转入专项计划账户用于对证券持有人的分配。该信用触发机制能够实现违约情况下对归属于原始权益人的资产与归属于专项计划的资产的有效隔离。

6. 小结

京东白条 ABS 作为首个互联网消费金融的资产证券化产品,以电商平台赊销产生的应收账款作为基础资产，而且为了实现短期应收账款资产与长期的资产支持证券实现期限匹配，还设计了循环购买机制，具有一定的市场示范意义。

对于京东世纪贸易来说，京东白条 ABS 的意义还在于盘活大量沉淀的应收账款债权，为企业提供流动性。京东以初次入池的 8 亿元应收账款债权回笼了 7 亿多元资金，最终只持有 9600 万元的次级产品，为企业带来了大量的现金流，这不仅对于京东完善自有物流体系、拓展自营业务有重要作用，同时也为京东发展金融创新业务提供了资金。

资料来源：根据公开资料整理。

四、风险投资

（一）风险投资的定义

风险投资一词属于外来语，它所对应的英文是"Venture Capital"，简称 VC，也可翻译为风险资本、创业投资，属于投资范畴，是资本运营方式之一。风险投资在我国是一个约定俗成的、具有特定内涵的概念，具有广义和狭义两种定义。

广义的风险投资泛指一切具有高风险、高潜在收益的投资，其突出特点在于"高风险、高收益"，强调其有强烈的"承受风险"的特征，同时以得到中长期高投资收益的机会作为高投资风险的回报。与传统投资的回避风险相比，广义风险投资的不同之处在于试图驾驭风险。风险投资一旦看准某个公司或项目有发展前景，就会投入资本，甚至会帮助所投资的公司进行经营管理。

狭义的风险投资是指以高新技术为基础，生产与经营技术密集型产品的投资，其侧重点不仅仅在于"高风险、高收益"，还在于投资对象主要是那些处于启动期或发展初期却快速成长的新兴技术型企业，并主要着眼于那些具有发展潜力的高科技产业。现在看来，狭义的风险投资定义更为理论界和实务界所接受。例如，美国风险投资协会将风险投资定义为，由职业金融家投入到新兴的、迅速发展的、有巨大竞争潜力的企业中的一种权益资本。下文的风险投资指的都是狭义的风险投资。

从资本运营的角度来看，风险投资是指向具有高增长潜力的创业企业进行股权投资，并通过提供创业管理服务参与所投资企业的创业过程，以期在所投资企业发育成熟后通过股权转让实现高资本增值的资本运营方式。

（二）风险投资的特征

风险投资与一般投资活动相比，既有共性，也有其特殊之处。综合考虑风险投资的投资对象特征、投资特性和风险投资者的作用三方面，风险投资具有如下五个特征。

1. 高风险性

风险投资的高风险性是由风险投资的对象决定的。传统投资的对象往往是成熟产品，社会地位、信誉、技术、市场和管理等风险均已得到克服，因而风险很小；而风险投资的对象主要是高科技中小企业的技术创新活动,它看重投资对象潜在的技术能力和市场潜力,因而具有很大的不确定性,即风险性。从新产品的研究和开发到推向市场过程较长,其中每一个环节都可能面临许多失败的风险。这种风险表现为管理风险、市场风险、政策风险、财务风险、技术风险的组合。因此,一着不慎,就会满盘皆输。

从投资回报上看,大多数的风险投资项目都是失败的。在美国硅谷,有一个广为流传的所谓"大拇指定律",即在10个由风险投资支持的创业公司中,有3个会垮台,3个会勉强生存,还有3个能够上市并有不错的市值,只有1个能够脱颖而出。

2. 高收益性

根据风险价值理论的观点,高风险必然以高收益作为回报。事实证明,风险投资作为一种经济机制之所以能经受长时间考验,并没有因为高风险而衰败,反而蓬勃发展,关键是其所带来的补偿甚至超额补偿机制。

(1) 风险投资公司选择的投资企业是由非常专业化的风险投资家经过严格的程序筛选的。选择的投资对象一般是潜在市场规模大、高风险、高成长、高收益的创新事业或投资计划,如信息技术、生物工程等高增长领域的企业。投资企业一旦成功,就会为投资者带来少则几倍,多则百倍甚至上千倍的投资收益。

(2) 风险投资家能获得投资企业较多股份。因为处于发展初期的小企业资本结构以自有资本为主,而非借贷资本。而风险投资恰恰能够提供该资金。

(3) 投资企业股票上市(IPO方式)是风险投资收益实现的最佳形式。从成功的投资中退出时所缴纳的资本收益税低于企业所得税,税收差异会使投资产生更大的收益。

(4) 风险投资不但提供资金,还会带来丰富的管理经验,从而弥补了一些企业家管理经验的不足,增加了企业快速取得成功的机会。

3. 投资过程高度专业化和程序化

由于风险投资主要投向高新技术产业,而且风险投资为了分散风险一般以基金的形式投资于一个包含10个项目以上的项目群,利用成功项目所取得的高回报来弥补失败项目的损失并获得收益。同时由于单个项目风险较大,这就要求风险资本具有很高的专业水准,项目的选择要求高度专业化,并且要求通过严格的决策程序,精心组织、安排和挑选,尽可能地减少投资风险。

4. 中长期性

风险投资属于长期权益资本,这是由投资对象的特点决定的。高新技术的产业化通常分为技术酝酿与发明、技术创新、技术扩散和工业化大生产四个阶段,与之相适应的风险投资投入也分为四个阶段即种子期、导入期、成长期和成熟期,如图6-3所示,即风险投资不会将创业资本一次性投入创业企业,而是随着企业的发展分阶段注入。

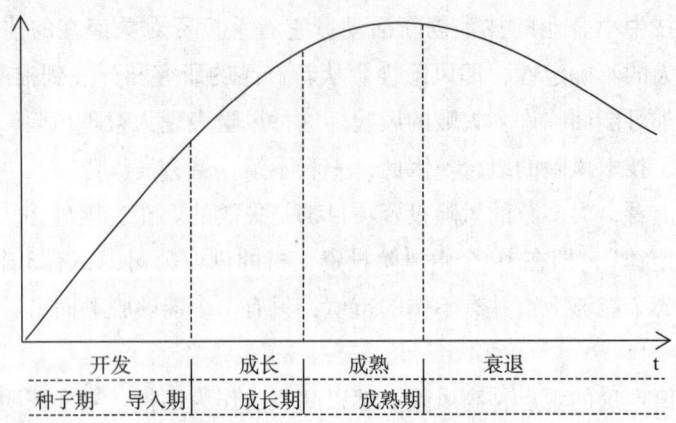

图 6-3　企业生命周期及风险投资阶段

风险投资从最初的投入到最后退出，通常需要 3—7 年的时间甚至更长。因此，风险投资会在被投资企业滞留很长时间。

5. 高度参与管理

与传统投资只提供资金而不介入企业或项目的管理不同，风险投资者在向高技术企业投入资金的同时，也参与企业或项目的经营与管理，因而表现出很强的"参与性"。

一方面，参与管理是风险投资在公司治理结构方面的制度创新，由于投资的高风险特征，风险投资家为了有效地降低风险，会参与风险企业的管理，主要形式有组建、主导风险企业的董事会，策划追加投资，监控财务业绩和经营状况，物色、挑选和更换管理层，处理风险企业的危机事件。

另一方面，风险投资家一般对于所投资领域具备丰富的经验、具有各类人才网络，这就保证了获得投资公司的同时能够在管理方面得到及时的指点和所需的人才资源。有关研究表明，由于风险投资者介入管理，使风险企业的企业价值增大，得到风险资本支持的企业比没有得到风险资本的类似企业表现得更为出色，风险企业公开上市后，其股票也更加受人关注。

(三) 风险投资的运作机制

风险投资的运作机制主要包括融资机制、投资决策机制、管理机制和退出机制。

1. 融资机制

风险投资的运作必然要以风险资本的筹集为前提，即解决"钱从哪儿来"的问题。拓宽风险投资的融资渠道，筹集到足够的资金对风险投资的运行和发展具有重要意义。

(1) 融资渠道。风险资本主要来源于政府、机构投资者和个人投资者。在风险投资行业最发达的美国，投资者主要以机构投资者和个人投资者为主，包括养老金、捐赠基金、投资银行及银行附属机构、保险公司、企业以及富有的个人等，资本来源多元化。目前在美国形成了政府以市场化利益机制驱动个人和家庭、机构投资者和产业资本等积极参与并成为主要资金提供者,以支持风险投资资金需求的融资机制,为其他国家风险资本筹集提供了可借鉴的成熟标本。

目前,我国风险投资的资本来源渠道相对单一,主要表现为政府资金在风险投资资本中占比过高,而养老基金和保险公司等金融机构参与度过低。这就直接导致风险资金规模较小,投资能力较弱。只有明确政府在风险投资中的引导和辅助作用,通过投融资体制的改革和社会信用体系的健全,才能促使更多的民间投资主体参与风险投资,为我国的风险投资行业开辟多元化的筹资渠道。

(2) 融资环节。在融资开始前,风险投资的发起人首先要预估和设定基金规模,以便制定最有利于形成双赢局面的融资策略。融资策略确定后,由发起人撰写融资计划书,包括基金名称、基金规模、基金结构、基金期限、基金类型、管理费、业绩提成、投资策略、市场机会、核心团队、过往业绩、投资流程、风险控制、拟投项目等。融资计划书是和出资人沟通的第一步。

融资阶段不仅是风险投资家与风险投资者双向选择的过程,更是风险投资者选择、甄别风险投资家的过程。在这个过程中,风险投资者和风险投资家要商定风险投资基金运行机制的具体环节,包括选择风险投资基金的组织模式、确定决策机制、设立激励机制、限制条件以及附加条款等,这将在风险投资基金的发起协议中安排完成。风险投资基金的发起协议一旦签订,就代表着风险投资人和风险投资家之间的委托代理关系正式建立。

2. 投资决策机制

风险投资决策就是要选择好的投资项目进行投资。由于风险投资面临的风险较高,因而项目质量的高低对风险投资的成败有直接影响。这也是风险投资流程中最为重要的一个环节。风险投资家是风险投资项目的管理人员,整个投资项目的盈亏都与风险投资家的决策息息相关。在投资前能否正确地评估投资项目并作出正确的投资决策,对于降低风险和提高投资成功率起着至关重要的作用。风险投资机构要作出正确的投资抉择,就要建立科学的决策程序,运用评估人员的专业知识与丰富的经验,充分利用信息网络对拟投项目进行甄选、初评和终评。

(1) 寻找投资项目来源风险。投资项目一般可以通过以下三种渠道获取:一是由风险投资机构运用自身的人脉和产业网络关系主动寻找投资项目,这种方式寻找投资项目更具针对性,且关系网络越广,可选择的项目就越多,项目品质也就较高;二是由项目的创业者主动提出融资申请,这种投资项目具有较高的风险性,所以风险投资机构通常会加大对其的筛选和评估;三是由风险投资公司主要投资者或关系人等第三方推荐,此类项目大多是经过分析调查后才进行推荐,所以风险相对较低,通过率也较高。风险投资机构寻找到的投资项目数量越多,风险投资基金就越容易成功。

(2) 对投资项目进行筛选。风险投资机构获得投资项目后,要按照自己的战略与投资政策对投资项目的商业计划书进行初步筛选。主要的筛选标准有产业领域与性质、投资项目的发展阶段、区位特征、投资规模和投资金额等。符合风险投资机构要求和风险偏好的投资项目则通过筛选，进入项目评价环节。

（3）对风险投资项目进行初评。对风险投资项目的初评主要是评价项目的预期风险和预期投资收益是否达到风险投资机构的接受范围。主要评价内容包括以下几个方面：一是风险企业商业计划书的完整性、合理性和可行性；二是管理团队的工作经验、对行业与市场的掌握情况、创业者的诚信和人格特征，以及风险投资家与风险企业管理团队的共识程度；三是市场规模与潜力的大小；四是产品与技术实力的强弱，如产品或技术的创新性、产品的功能特性、研发风险、专利与知识产权，以及技术商业化的实际可行性等；五是项目投资的财务计划与投资报酬的状况。

（4）对投资项目进行终评。为了提高风险投资决策的准确性，风险投资机构还要对通过初评的投资项目进行终评。终评阶段一般要对风险企业进行尽职调查。调查的内容主要包括公司的基本信息、财务状况信息、重大经营活动、组织运营模式、技术产品、商务模式等，并重点考察投资经营环境、经营管理、市场与营销、技术与制造、财务状况等各个方面的情况。在尽职调查中往往需要对风险企业进行实地考察，甚至对企业的客户进行调查，以更加全面地了解风险企业。有的尽职调查还需雇佣第三方专业机构协助进行。只有对风险企业进行深入的了解和客观的评估，才能作出谨慎的投资选择。

3. 管理机制

为确保风险投资目标的实现，风险投资机构会对投资企业或项目进行管理和监督。风险投资的管理和监督存在于投资协议签订后到风险投资退出风险企业这一过程中，构成风险投资区别于其他投资的一项特征。风险投资者和风险企业家通过参与风险企业董事会和追踪监控风险企业等方式间接地对风险企业进行管理，并且有针对性地为其提供各种经营上的帮助，以减少投资风险，提高风险企业的成功率。可见，风险投资后的管理并不是为了控制和拥有风险企业，而是风险投资机构为了实现风险资本的最大增值而对风险企业提供的一种增值服务。风险投资管理机制从内容上可分为对风险企业的监督活动和管理增值活动。

（1）风险投资后的监督。为防止在投资期内出现信息不对称现象，风险投资机构会要求投资企业定期提供详细的财务报表、运营数据和其他相关信息，以对投资企业的经营状况、财务状况、股权变动状况、资金动向等进行监控；通过在投资企业占有董事席位，拥有投票权，参与投资企业发展战略、投资追加、管理层聘用和解雇、资产重组等重大决策；通过向投资企业委派财务总监，进行财务监督的同时帮助企业构建健全的财务体系和制度。

（2）风险投资后的管理。创业企业在发展的早期往往拥有强烈的创业热情和精神，但缺乏资金、管理经验、行业经验以及外部关系网络等创业成功必不可少的一些重要资源，而且这些资源很难在短时期内自行获得。风险投资后的管理就是通过向投资企业提供这些稀缺资源，帮助其成长的方式来实现创业投资的增值服务。

这种增值服务主要包括：风险投资家为投资企业的重大决策提供建议和帮助，为企业发展战略的制定提供咨询；协助投资企业规范公司治理和财务制度；帮助投资企业遴选关键管理人员，提供人力资源支持；帮助投资企业安排后续融资；帮助投资企业设计激励约束机制，与企业家建立情感支持；为投资企业提供外部关系网络资源支持，如企业关系网络、政府关系网络、金融关系网络、服务咨询网络、专家网络和信息资源网络等，改善投资企业的经营环境。以各种可能的形式对创业企业提供投资后的管理也符合风险投资机构的投资回报最大化利益。

4. 退出机制

风险投资的退出是回收风险资本并兑现资本增值收益的过程。这是风险投资的最后阶段。风险投资的退出本质上是一种股权售出，即将所投的资金由股权形态全部或部分地转化为资金形态。由于风险投资人更加关注风险资本的短期效益和安全退出，与企业追求长期持续发展的经营目标难免产生冲突。因此，风险投资的退出时机和退出方式对于整个风险投资流程的收益有重要影响。如果在退出时机和退出方式上选择不合适，则有可能造成整个投资的损失。

（1）风险投资的退出时机。风险投资的成功退出是实现投资收益，补偿投资风险，促进投资循环的必要环节。

风险投资的退出一般发生于以下两种情况：一是当投资企业发展成熟时，为了兑现资本增值并避免利润率下降选择退出；二是投资企业不能再继续健康发展时，为了降低投资损失选择退出。

对于风险投资机构而言，退出太早不利于得到理想回报，也不利于风险资本的有效利用；退出太晚则会因影响风险资本的循环投资而造成较高的机会成本，并且可能错过最佳回报期。一个成功的退出机制需要考虑宏观因素和投资企业微观因素这两个重要因素。在宏观因素中，主要考虑经济形势、市场环境、行业属性、金融周期等；在微观因素中，主要考虑投资企业的成长阶段、收益水平及发展趋势等。

此外，风险投资家的风险承受能力也会对风险投资的退出时间产生影响。风险偏好型投资家可能会为了获取较高的增值收益选择投资后期退出，风险规避型投资家则会倾向于在早期退出，以实现安全收益。

（2）风险投资的退出方式。风险投资的退出方式主要有公开上市、并购、股权回购和清算。这四种退出方式在回报率、退出周期、退出成本和操作的难易程度等方面有很大差异。风险企业资本运营管理主要行业的投资家可以根据自身的风险偏好，结合风险企业的实际情况来选择合适的退出方式。

①公开上市退出。公开上市退出是指风险投资机构通过在风险企业首次公开发行时或

上市后的一段时期内转让出售其所持股份,实现风险资本从风险企业的退出,并获得高额投资回报。风险企业既可以选择在主板上市,也可以选择在创业板上市。

公开上市退出方式的优势在于:第一,把股票一级市场和二级市场有效地连接起来,不仅可以保持风险企业的独立性,而且可以大幅度提升风险企业股票的流动性;第二,可以为风险企业开辟更为多元化的融资渠道,便于风险企业利用证券市场这个高效的融资平台进行大规模融资;第三,有利于提升风险企业的形象,促使风险企业建立和保持完善的治理体系,实现持续发展;第四,首次公开上市时风险企业较高的股权溢价可以使风险投资机构获得极高的资本增值收益。因此这种方式被视为最为理想的风险投资退出方式。

但是,公开上市退出方式也存在以下弊端:第一,退出手续烦琐,周期长,交易成本高;第二,会受到资本市场成熟度的限制和市场行情的影响;第三,信息披露较多,不利于保护风险企业的商业机密和交易数据;第四,受到公众和监管部门监督等因素的影响,风险企业的投资决策受限、效率降低;第五,公开上市后股票交易限售期的存在使得风险投资机构面临着投资回报额的不确定性,增加了其时间成本和变现风险。

②并购退出。并购退出是指通过使其他企业兼并或者收购风险企业以实现风险资本退出的目的。这是除通过公开上市方式外,最受欢迎的风险投资退出方式。

风险投资机构通过并购退出风险企业主要有两条途径。一是风险投资机构将被投资企业整体出售给其他企业或集团公司,实现风险企业所有权和控制权的转移,完成风险资本的一次性退出。这种退出方式关系到风险企业创始人和管理层的切身利益。二是风险投资机构将股份转让给另一家风险投资机构或战略投资者,原风险投资机构撤出企业,新的风险投资机构与企业创始人共同组成新的合作关系,完成对风险企业的管理和后续投资。这种退出方式的投资收益不高,因此只在风险投资基金的存续期到期,或者由于后续投资资金不足迫使风险投资机构将部分股权变现,以及风险投资家与风险企业家出现分歧难以继续合作时采用。

并购退出方式的优势有:第一,退出时间灵活,手续较公开上市更为简便,退出费用低,可以迅速收回成本,大大降低退出风险;第二,股权转让门槛低,费用低,受限少;第三,股权出售的对象和方式都有较大灵活性;第四,不论风险企业的类型和发展规模如何,风险资本都可以较快实现一次性全额转让以撤回投资。

但是,并购退出方式也存在一些缺陷:第一,通过并购一次性退出风险资本可能导致风险企业创始人失去控制权,进而影响风险企业的独立性,因此该退出方式通常会遭到风险企业创始人和所有者的反对;第二,非公开交易会导致企业价值被低估,从而降低平均收益率;第三,并购后,双方在业务整合上出现的不协调情况,会对并购的整体经济效益有一定的影响。

③股份回购退出。股份回购退出也称为管理层收购退出,是指风险企业家或风险企业

的管理层以现金或有价证券的形式购回风险投资机构所持有的风险企业股份,从而使风险投资机构实现投资收益的退出方式。

股份回购可以分为主动回购和被动回购两类。主动回购也称为意愿回购,是指风险企业管理层为保住企业的控制权和决策权,主动要求用现金资产回购风险投资机构所持有的股份。这种回购方式可以保持风险企业的独立性。被动回购也称为协议回购,是指风险企业根据最初与风险投资机构签署的协议,在一定投资期限后以确定的价格和方式回购风险投资机构的股份。大多数风险投资机构在最初与风险企业签订协议时,都将股份回购作为一种后备退出方案。如果风险企业无法完成业绩承诺,或者没能按照原定计划和设想快速发展,为了尽量避免风险投资的损失,风险投资机构会要求风险企业在一定期限内回购股份,以确保风险投资机构顺利收回成本和实现投资回报。

股份回购退出方式仅涉及风险投资机构和风险企业管理层两方,受限少、费用低、手续简单、退出迅速,同时可以很好地保持风险企业的独立性和管理层的控制权,对风险投资机构和风险企业来说是一种双赢模式。然而,由于这种退出方式的股权接受对象相对单一,所接受的股价一般不会很高,风险投资机构的谈判能力非常有限,因此风险投资机构的投资回报率也相对较低。此外,这种方式使风险企业的股份过分集中,影响风险企业的进一步发展。

④清算退出。清算退出是在风险投资失败或者达到协议中约定的清算条款时采取的一种风险资本退出方式。当风险企业的经营状况与预计目标相差较大,发展方向背离协议中的约定目标或者财务状况恶化、发展陷入绝境,且无法通过公开上市、并购或股份回购实现风险资本退出时,风险投资机构就会对风险企业的财产、债权或债务进行清算,以收回部分投资。

清算退出主要有破产清算和解散清算两种方式。风险投资本身就具有较高的风险性和失败率,一旦投资项目失败,清算就成为风险投资机构控制投资风险的重要手段。清算退出周期短,风险投资者一般能够较快得到清算后的资金,而且在有效防止损失扩大方面有着其他退出方式不可替代的优势。但清算退出的回报率最低,且会让风险投资机构和风险企业双方都面临损失。

(四)风险投资运作过程

一般化的风险投资运作过程可分为以下六个主要环节:建立风险投资基金、寻找投资机会;筹集风险资金以供投资;识别和筛选有潜力的投资项目;评估、谈判和达成投资协议;风险投资家和创业家通力合作发展风险企业;策划、实施风险投资退出风险企业,如图6-4所示。

1. 建立风险投资基金、寻找投资机会

风险投资以基金方式运作,由于风险投资承担风险企业的各种风险,因此风险投资建立后,为了最大限度地降低投资风险,风险投资公司需要搜寻一定数量的投资项目,并对

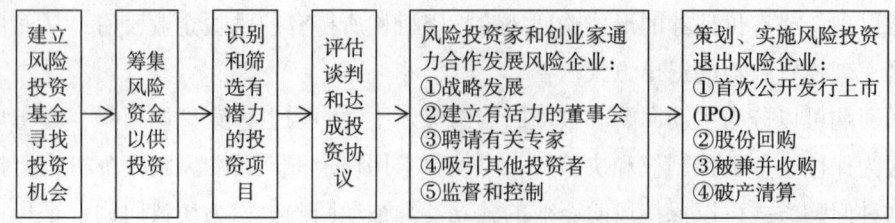

图 6-4 风险投资的基本过程

寻求投资的投资项目进行非常严格的筛选和评审,从而确定潜质较好的投资项目。实践中投资机会的获取主要有三种:第一种是企业家主动提出投资申请及相应的商业计划;第二种是推荐,也就是通过银行、投资中介者或其他风险投资者,后者可能是出于分散风险的主动寻找潜在的投资机会,考虑寻找联合投资者;第三种是由风险投资者通过洽谈会、展览会、学术会等各种机会寻找。

2. 筹集风险资金以供投资

风险资金的来源较多,国外主要包括退休基金、保险公司、公司财务基金、银行控股公司、富有家庭和个人、捐赠基金、投资银行及部分非银行金融机构等。而国内比较成熟的出资人主要有三类:机构投资者、政府和企业及富裕的个人。目前,国内机构投资者中比较有代表性的就是全国社会保障基金会,即社保基金。相比社保基金,我国的保险公司、证券公司和商业银行则由于政策原因尚未涉足风险投资基金的出资。而政府出资包括两种:一种是追求投资回报的政府出资,另一种则是带有政府引导性质的财政性出资。

3. 识别和筛选有潜力的投资项目

风险投资家根据企业家提供的项目计划书,对项目进行初次审查,包括创业家的基本素质、投资项目的市场前景、产品技术的可行性、公司管理水平等方面。通过认真、仔细和综合地考察和了解,从大量寻求风险投资加入的风险企业中,筛选出真正具有发展潜力的少数企业,作为公司进行风险投资的初选企业。

4. 评估、谈判和达成投资协议

运用专业方法对初选企业提供的项目计划书和产品市场前景预测,如果风险投资家对申请项目做出肯定的技术和经济评价,双方便会进入谈判阶段。谈判中主要解决的问题有:风险投资家投资的数额和股权分配、风险投资的分段投资时间、企业组织结构和管理层职务安排、双方权益和义务的界定等,并最终达成投资协议。

5. 风险投资家和创业家通力合作发展风险企业

风险企业协议签订后,风险投资者开始进入风险企业,投资生效后,风险投资家便有了风险企业的股份,并在其董事会中占有席位。多数风险投资家在董事会中扮演着咨询者的角色。风险投资家和风险企业需共同解决众多问题,主要包括:建立风险企业的董事会和管理层、制定企业发展战略、设计企业的盈利模式、聘请外部专家、吸收其他的投资者以及企业的监督和控制等。

6. 策划、实施风险投资退出风险企业

退出风险企业是风险投资的最终目标，是风险投资成功与否的关键。经过投资项目的发展，最初的风险资本已得到增值，投资收益的实现方式就是退出。退出的方式主要有四种：公开上市（IPO）、股份回购、被兼并收购和风险企业清算。其中 IPO 方式退出的平均收益最高，但并不是每个企业都有这样的机会，风险投资应根据实际情况选择退出方式，以保证资金能够顺利循环运作。

【案例6-4】　　　　　　　风险投资与硅谷

说起高新技术和技术创新，人们自然会想起"硅谷"，因为当今世界上许多著名的高新技术公司总部都设在硅谷，如全球 IT 领跑者惠普（HP）、世界上最大的互联网设备制造公司之一——思科（CISCO），微电子领域的霸主英特尔（INTEL）等。硅谷作为信息技术革命最早的产业核心，在科技创新的历史上具有无可争辩的领导地位。

为什么一个小小的硅谷能取得举世瞩目的成就？许多专家学者从不同的角度来解析它成功的内因和外因，把硅谷成功的经验归纳起来得出了这样的观点：首先，硅谷的成功归结于以斯坦福大学为首的科研院所和硅谷聚集的大量技术精英；其次，硅谷有自主创新和创业的制度环境；再次，硅谷有不断促进创新和创业的风险投资市场，NASTAQ 为硅谷技术产品提供了良好的定价机制与风险资本的退出机制；最后，硅谷有完善的市场机制，以及高效而专业化的技术市场服务体系。

在硅谷成功的因素中，专家学者尤其强调风险投资机制在硅谷发展中的重要作用，认为风险投资是硅谷科技创新和产业化的前提，正因为硅谷有了世界上最完善的风险投资机制，有上千家风险投资公司和 2000 多家中介服务机构，有以斯坦福大学为首的科研院所与充裕的风险资本的结合，才缔造了今天硅谷发展的辉煌。我们可以从硅谷发展的历程和影响硅谷发展的重要事件来说明这一点。

硅谷的形成可以追溯到 1955 年，肖克利（William Shockly）在帕罗（Palo Alto）地区成立肖克利半导体公司，随之也引来了大批半导体和电子公司，如 IBM、施乐公司也先后进入该地区，使该地区成了半导体和电子产品的聚集地。1973 年，《电子信息报》（Electronic News）命名该地区为"硅谷"。1959 年进入硅谷的科研人员在 6000 人左右，而到了 1989 年，美国硅谷从事研究与开发的人员增加到 33 万人，其中自然科学家和工学博士达到 6000 多名。1997 年硅谷研究中心的数量为 861 个，每百万人口中拥有研究中心的数量为 132 个，居全美首位。由于跨国公司的集中和研究与开发中心的建立，硅谷 1998 年取得专利数量为 8280 项，也居全美首位，并超过了第二名波士顿所获专利数 3687 的 2 倍。1999 年，硅谷首次公开上市的企业达到 72 家，有 130 亿美元的风险投资涌向这一地区，占美国风险投资总额的 1/3，今天，硅谷聚集了大约 7000 家高科技公司，其发展最快的

> **资本运营**

时期，每星期诞生10多家公司。硅谷共有40多个诺贝尔奖奖金获得者，有上千名科学家和工程院院士。在硅谷，造就了大批世界上科技领袖型的公司，从而最终形成创业者创新和冒险的文化，即人才、资金和鼓励创新的文化，硅谷成为世界上绝无仅有的地方，成为人类有史以来单位土地面积和单位大脑创造财富最多的地段，成为全世界IT人瞩目的焦点。而促成硅谷发生这一巨变的一个重要事件就是风险投资型企业苹果电脑公司的上市。

在20世纪70年代之前，风险投资在硅谷与高科技公司很少接触，更不用说进行风险投资了。而开创这一先河的就是美国著名的投资银行——摩根士丹利。1980年摩根士丹利将苹果电脑公司推荐在NASTAQ上市，使最先介入的风险投资获得了巨额的投资回报：在最初以5.75万美元进行风险投资所获得的苹果公司的股票，在不到3年的时间内，市值达到了1400多万美元，风险投资获得了巨大的成功。这一风险投资与高科技公司结合产生的成功典范，掀起了风险投资进入硅谷的浪潮。摩根士丹利1983年在靠近硅谷的地方建立了一个永久性的分支机构，高盛公司等其他著名的投资银行也接踵而至，纷纷开展了硅谷的风险投资业务。到了20世纪90年代，在硅谷进行风险投资业务的投资银行数量急剧增加，形成了几个投资群体。第一个群体是以摩根士丹利、高盛、美林等为代表的美国本地的大型投资银行；第二群体是专门从事兼并收购或融资业务的小型投资银行；第三个是一些国外大型跨国投资银行，如德意志摩根建富、瑞士联合银行等。这些投资银行在硅谷进行风险投资或融资几乎到达了疯狂的程度。比如，德意志摩根建富在硅谷不到10年的风险投资中，股权交易金额高达180亿美元，并购交易高过140亿美元。

风险投资如潮水一般涌入硅谷，极大地满足了高新技术公司对资金的需求，使高新技术公司迅速发展壮大，很多原有的小型袖珍公司，不到几年就发展成为市值数十亿、百亿甚至上千亿的大中型公司。而在这些公司发展壮大的同时，也需要更多的金融服务，包括公开发行股票、私募、收购、发行债券等一系列金融服务。如，德意志摩根建富在1997年13项最大的高新技术并购中独揽了其中的8项，涉及攀登通信公司37亿美元收购瀑布公司、路森特18亿美元收购奥科托尔。摩根士丹利通过23次股票发行为一些高科技公司上市融资，筹集资金高达46亿美元。

在硅谷，一方面，风险投资为高新技术公司融资，使其迅速壮大，风险投资也在其发展壮大过程中获得高额的投资回报；另一方面，高新技术公司发展壮大后，又为投资银行提供更多的业务，帮助投资银行发展壮大。硅谷就在这种风险投资和高新技术产业相互需要、相互促进的良性循环中不断走向巅峰。

资料来源：高成亮．风险投资运作。

本章小结

从虚拟资本的性质来看,作为一种权益的凭证,虚拟资本具有资本的虚拟性及其价值增值的虚拟性。从经济运行的微观角度来看,较为常见的虚拟资产的主要有股票、债券、证券化资产、风险资本等,各类虚拟资产对应的资本运营即为发行股票、发行债券、资产证券化和风险投资等。

股票发行是指符合条件的发行人按照法定程序,向投资者或原股东发行股份或无偿提供股份的行为。按照发行对象的不同,可将股票发行方式分为公开发行和非公开发行两种。

债券是一种资本证券,是各类经济主体为了筹集资金而向投资者发行并承诺的按照一定利息定期或者到期还本付息的债权债务凭证。债券的基本要素包括票面价值、偿还期限、票面利率、债券发行人。债券的特征有偿还性、流动性、收益性债券和安全性。债券可以根据发行主体、付息、计息、利率确定、偿还期限、形态、募集方式和担保性质八个方面进行分类。

资产证券化是指以特定基础资产或资产组合所产生的现金流为偿付支持,通过结构化方式进行信用增级,在此基础上发行资产支持证券的业务活动。我国的资产证券化业务根据监管体制及监管规则的不同被分为信贷资产证券化、企业资产证券化和非金融企业发行的资产支持票据三大类。

风险投资是指向具有高增长潜力的创业企业进行股权投资,并通过提供创业管理服务参与所投资企业的创业过程,以期在所投资企业发育成熟后通过股权转让实现高资本增值的资本运营方式。风险投资具有高风险性、高收益性、投资过程高度专业化和程序化、中长期性、高度参与管理五个特征。

思考题

1. 虚拟资本的定义是什么?有哪些类型?
2. 股票的发行方式有哪些?其发行制度有哪些?
3. 公司发行债券的目的是什么?
4. 资产证券化的基本流程是什么?
5. 风险投资的特征有哪些?

下篇

▼

资本运营专题

第七章

组建企业集团

导言

在现实经济生活中,资本是以特定的企业为载体来增值的,从资本发展的历史看,资本为了达到增值的目的不断推动企业组织形式的发展和创新,而同时企业组织形式的每一次创新又为资本追求更大的增值提供了新的基础。

当前,资本增值的载体正由传统的单一企业向多企业联合发展,资本间的关系正由小范围的竞争向大范围的协作联合,进而向参与更大市场的竞争方向发展。企业集团正是资本联合追求更大增值的特殊资本组织形式,也是资本重组的重要方式和必然取向。

本章将主要讲述组建企业集团的相关内容,其中,第一节重点介绍企业集团的相关概念与理论基础;第二节主要介绍企业集团的组建与管理;第三节主要介绍企业集团的资金管理。

学习目标

★了解企业集团的概念、特征与类型;
★理解企业集团组建的理论基础;
★了解企业集团组建的原则、途径与基本管控模式;
★了解企业集团资金管理的两种基本模式。

第一节　企业集团的特征与类型

【导读】

作为一种常见的企业组织形式，企业集团既广泛存在于新兴经济体如土耳其、韩国、印度、泰国，也常见于发达国家如日本、德国。在中国，企业集团是民营上市企业的主力，而伴随着国有企业改革的深入推进，国有企业集团也不断发展壮大。

康采恩（Konzern）是企业集团的音译，是一种通过由母公司对独立企业进行持股而达到实际支配作用的垄断企业形态。日本在第二次世界大战之前存在的各大康采恩集团也称为"财阀"，比较有名的有三井财阀、三菱财阀、住友财阀等。今天的韩国财阀更甚，该国最大的三星集团能贡献22%的税金，并由其分公司包办小至医疗保险，大至军火制造的全方位产业垄断。

一、企业集团的概念

企业集团实际是一种大型企业联合体，更确切地讲，企业集团是若干个公司联合在一起，相互有着某种直接的或间接的经济利益联系的企业组织形式。

《企业集团财务公司管理办法》指出：企业集团是指以资本为联结纽带、以母子公司为主体、以集团章程为共同行为规范，由母公司、子公司、参股公司及其他成员企业或机构共同组成的企业法人联合体。办法所称成员单位包括：母公司及其作为控股股东的公司（以下简称控股公司）；母公司、控股公司单独或者共同、直接或者间接持股20%以上的公司，或者直接持股不足20%但处于最大股东地位的公司；母公司、控股公司下属的事业单位法人或者社会团体法人。

从世界上其他国家的情况来看，所谓的企业集团并不叫企业集团，而应该用其他称谓。比如，在日本称为株式会社、综合商社，而美国称为大型财团等。但无论称谓如何，其内涵是相似的。从历史角度看，19世纪以来，作为特殊企业组织形式的联合企业有四种类型：卡特尔（Cartel）、辛迪加（Syndicate）、托拉斯（Trust）和康采恩（Konzern）。现在所称的企业集团与这些类型都有相近之处，理解这些类型的含义有助于企业集团概念的深入把握。

卡特尔（Cartel）是一个法语词汇，其含义是"协议""联盟"，是指具有明显垄断倾向的、一种初级形态的企业联合形式，是一种比较松散的企业联合体。它是生产同类产品的各个独立企业通过签订销售协定而实现在商品生产终端市场的联合，这一组织侧重于统一规定价格和划分销售市场。其最大的优越性在于能够把同行业内的竞争限制在最低程度，有效地控制市场，以维持生产经营者较高的价格和利润水平。但由于成员企业的独立性，协定往往因企业间的利益冲突而被打破，所以极不稳定。

辛迪加（Syndicate）也是一个法语词汇，其含义是"组合"。它是生产同类产品的少数大企业为了获取更大的利润而在商品销售和原材料采购方面实现的联合。参加联合的企业在生产方面仍保有独立自主权，而供销业务则由辛迪加的总部统一办理。从这个意义上，辛迪加的总部实际上只是充当了一个供销公司，由它来控制辛迪加各个企业的购销业务，以降低单个企业的采购和推销成本，从而获得垄断价格和利润。辛迪加的各个企业与市场没有直接的联系，在生产中仍然是一个独立的法人实体，各个成员企业为了争夺产品销售和原料供应配额，存在利益之争。

托拉斯（Trust）是一个英语词汇，其含义是"信托""托管"。它指的是企业之间通过股份形式组成的大公司。托拉斯是资本集中化和经济集约化的产物。很显然，随着生产集中程度的提高和竞争的加剧，流通领域内高度发展的垄断联合（辛迪加）必然要向生产领域延伸，由若干生产同类型产品或彼此在生产上联系密切的企业通过实行统一生产和统一销售而结为一体，其中的各参加者实际上已失去了产销自主权而变成持股者，企业的所有权与经营权已经分离，这就是托拉斯。

康采恩（Konzern）是一个德语词汇，其含义是"多种企业的集团"。它是一个企业单方面控制同行业或非同行业的企业的组织。康采恩的各个成员企业在法律上和经济上是各自独立的，各方联结的纽带是资本的所有权。在国际上，康采恩的核心往往都是大型工业企业或大银行，它们除了经营自身的业务外，一般还是控股公司，通过持有其他企业的股权，可以控制比它本身的资本额高若干倍的企业群体。形象地说，康采恩就是以资金、技术、产品实力最强的大企业为龙头，通过并购、控股、联营等途径带动若干中小企业发展的企业集团。

通过上述对各种企业联合类型的特点和发展的阐述，可以发现如下规律。

（1）企业联合的类型经历了销售的联合——供、销的联合——供、产、销的联合——资本联合的发展过程。

（2）企业联合的类型包含资本增值的环节和内容越多，其联合的稳定性越高，越能为其参与者带来更大的利益。

（3）企业联合的高级形态——以资本为纽带的企业集团的出现和发展，是由资本追求增值这一内因和由环境变化而导致的竞争加速这一外因联合推动的必然结果。

二、企业集团的特征

通过上述分析，我们认为现代大企业集团应具备如下特征。

(一)以资本或紧密的经济利益相关联

以资本为纽带是其主要特征,也是企业集团得以稳定和发展的基础,但是不排除因紧密经济利益关系的存在而自愿联合的可能。这里所指的以资本为纽带是指企业集团的参与者之间存在着广泛的持股、控股或参股关系。紧密的经济利益关系是指参与者之间在供、产、销的各环节,或者在技术开发、产品创新、信息共享等方面的相互依存、难以分开或者分开对双方均不利。

(二)以集团章程作为共同的行为规范

集团章程是规范集团内各参与者行为的最高依据,它会载明集团的名称,母公司的名称、住处、集团的宗旨,企业集团成员之间的生产经营联合与协作方式,集团管理机构的组织和股权,集团管理机构负责人产生的程序、任期和职权,参加、退出企业集团的条件和程序,企业集团的终止,章程修改程序等重要事项,并由全体成员签署或者认可。

(三)企业集团不具备独立的法人资格

企业集团是一个企业群体的概念,其内部组成部分是具有独立法人资格的公司,具有相对独立的经营地位和决策权,但企业集团本身不是法人。企业集团名称可以在宣传和广告中使用,这有利于为其成员单位带来好处,但不得以企业集团名义订立经济合同,从事经营活动。

三、组建企业集团的理论基础

20世纪80年代,在政策的引导下,企业纷纷组建企业集团,导致企业集团大量涌现。在诸多经济学理论中,制度经济学的交易成本理论和资源理论是企业集团研究中应用最为广泛的两大支柱理论[1]。

(一)交易成本理论

交易成本理论继承了早期经济学家的市场失效或者市场不完全理论,并引入交易成本解释企业集团存在的合理性。根据制度经济学理论,交易成本本质上是一系列制度成本(包括信息成本、谈判成本、拟定和实施契约的成本、界定和控制产权的成本、监督管理的成本和制度结构变化的成本)。市场交易成本的高低与产权制度、监督和执行契约的法律制度乃至市场中介组织的完善程度密切相关。

由于包括中国在内的许多国家都是在第二次世界大战以后才开始走向工业化,其市场发育的时间较短,而且与市场交易相关的制度,特别是法律制度,仍然处于发展阶段。这种外部市场经济制度的不完善导致市场(特别是要素资源配置市场)失效,或者市场交易

---

[1] 吕源,姚俊,蓝海林. 企业集团的理论综述与探讨[J]. 南开管理评论, 2005 (04): 17-20+24.

费用过高。在缺乏有效的外部市场的制度背景下，企业被迫寻找其他降低交易成本的治理机制交换相关产品和生产要素。

同时，制度经济学家认为发展中国家的政府往往通过国家计划或者行政手段积极干预，甚至直接参与经济活动的方法力图推动当地经济发展。类似的政府干预行为极大地阻碍了发展支持市场运作的制度体制。这里需要指出的是，发展中国家或者新兴市场经济中的市场失效或者失灵不仅包括一般经济学理论中讨论的市场结构失效，而且包含由于制度缺陷造成的市场"空缺"。例如，政府往往通过直接的行政裁决取代有利于执行契约的法律制度。在这些国家里，有关市场的信息或空缺可能被政府或者个别组织垄断控制，使交易双方无法获得充足的信息进行决策。在外部市场制度不完善的情况下，企业需要某种机制协调个体之间的交换活动。

而企业集团恰恰能通过集团内部计划和协调机制来协调企业间交易活动，从而降低企业间经济交换的交易成本。企业集团替代外部市场的作用表现在五个方面：①资金；②管理人才；③产品和投入市场；④跨境交易活动；⑤分担或者承担风险的市场，例如为创业者提供的风险金融市场等。因此，企业集团可以看作是替代市场，成为在企业间进行资源配置的"微观体制"。

【案例7-1】　　　　　　上海复星集团化运作

上海复星高科技（集团）有限公司（简称"复星集团"），创建于1992年11月。在成立初期，复星主要从事医药及房地产咨询等实业经营。当时，我国资本市场尚处在发展初期，资本市场的资源配置功能未能有效发挥，同时，金融体制方面，关系贷款、人情贷款、所有制歧视等普遍存在，因此，我国民营企业普遍遭遇融资困境，1992—1998年，复星集团的融资特征无论从融资平台、融资渠道、还是融资方式来看，都表现出明显的单一性：融资渠道狭窄，发展资金严重依赖于资本金及内部积累，外源融资比例严重过低，且完全集中于银行贷款，而且贷款以全额抵押担保为主，筹资平台也基本局限于复星实业（复星医药前身）。

自1998年以来，复星不断强化以资本运作为核心的投资扩张业务，逐步形成以资本为纽带的大型控股企业集团。在复星集团化过程中，其产业布局就始终围绕着扩大资金来源这个动机，其收购的目标企业要么是资产规模大、融资能力强、现金投资收益高的钢铁企业（南钢），要么是经营性现金流充沛、有大量现金盈余的商业流通企业（豫园股份），再者就是有助于维持集团资金运转以及能提供融资便利的证券公司（德邦证券），并且借助集团内部资本市场的统一安排，通过相互担保，放大申贷能力，通过关联运作，实现资金在集团内转移，有效缓解了集团在高速扩张过程中的资金约束。目前，复星已发展成为中国最大的民营控股企业集团之一，旗下拥有100多家公司，遍布生物制药、啤酒白酒、房地产、金融证券、航空旅游以及钢铁采矿等众多领域。

资料来源：李焰，陈才东，黄磊. 集团化运作、融资约束与财务风险——基于上海复星集团案例研究 [J]. 管理世界，2007，No. 171（12）：117-135。

（二）资源理论

随着20世纪90年代彭罗斯（Penrose E. T.）的资源基础理论在战略管理学中的复兴，有学者开始从资源整合的角度讨论企业集团的竞争优势。资源理论认为，企业是不同资源与能力的集合，企业的竞争优势在于占有不同的资源或能力，或者以不同的方式组合现有资源或能力。

根据资源理论，企业集团集中、发展和储存了某些从外部市场无法获得的关键资源。在这些资源中，有些属于发展中国家在工业化阶段的稀缺资源，如创业家、职业经理阶层、资金、技术、知识等，有些属于与集团所在国制度环境相关的要素，如通过与政府的关系获得的政策资源和集团建立的社会关系等。这些稀缺资源具有通用性的特点而且很难通过市场或者跨组织转移，如收购兼并。资源积累的结果是推动企业不断进入新的行业，形成多元化经营模式，从而产生了众多单个公司，这些在各个不同行业的单个公司的集合形成了集团这种组织形式。

资源理论并不否定外部资源市场（主要是生产要素投入市场）失效，但是强调内部资源的不可传递特性才是集团组建和扩张的根本原因。

四、企业集团的典型组织形式

一般来说，企业集团具有多层次的组织结构，其一般模式如图7-1所示。

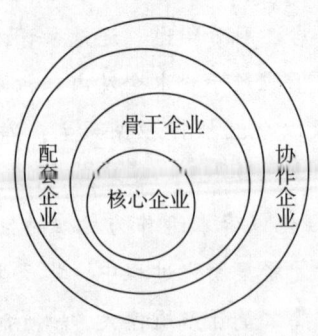

图7-1 企业集团的多层次组织结构

企业集团的多层次组织结构，可以从多个侧面来加以区分。比如，从企业间相互结合的地位来看，可以理解为核心企业、骨干企业、配套企业和协作企业；以资本控制程度的不同，可以理解为起投资中心作用的控股公司、被控股公司、被参股公司以及基本没有资本参与但可以进行资本融通的关系公司。

如果将核心层称为母公司,则其余三个层次可以分别理解为子公司、孙公司及关系公司。如果从企业间相互结合的不同地位来考虑,各层次具有如下基本特征。

(一)核心企业

每个企业集团至少应有一个核心企业,它处于企业集团的核心层。其特征是:每个核心企业都是企业法人;拥有雄厚的实力;对核心层以外的企业控股(或参股);核心企业间相互持股。

(二)骨干企业

每一个企业集团都应有一批骨干企业,共同组成企业集团的紧密层。骨干企业的特征是:每一个骨干企业都是法人企业,独立核算,自负盈亏;骨干企业与核心企业是子公司和母公司的关系;每个骨干企业的控股权掌握在某一核心企业手中;骨干企业之间可以相互持股。

核心企业对骨干企业的控股,骨干企业之间的相互持股,形成纵横交错的资本纽带,这是保证集团凝聚力的重要基础。一般来说,相互持股率越高,集团的凝聚力也就越强。

(三)配套企业

集团内某些核心企业及所有骨干企业,各自都有一批固定的配套企业,形成了企业集团的半紧密层。配套企业的特征是:专业化程度高;与某个骨干企业(有时也包括某个核心企业)有固定协作配套关系;经济上、法律上独立,是法人企业;配套企业与骨干企业一般是子公司和母公司的关系。配套企业在集团中的影响相对前两个层次而言要小,通常是中、小企业居多,但其量大面广。

(四)协作企业

协作企业与配套企业的最大区别在于:配套企业是"固定"的,而协作企业多是"不固定"的。通常,集团很少甚至没有掌握协作企业的权(参股),集团与协作企业主要在生产技术领域发生联系,因此协作企业是集团的松散层,通常是作为非成员企业来看待的,在财务会计上也不必纳入合并报表。但协作企业是处于集团的影响范围之内的,有时出于强化协作的考虑,也会转化成配套企业。一般来说,协作企业是一些小企业,但却是高度专业化的。上述四个层次的位置不是固定不变的,是随着生产经营的发展和相互持股量的变化而动态变化的。

五、企业集团的类型

企业集团的类型从不同角度分析,可以有多种划分方式。

(一)按核心层企业的性质划分

1. 产品集团型

这种企业集团一般以核心层企业生产的名优产品为"龙头"来组建。它的特点是通过契约形式进行名优产品生产经营的横向经济联合。参加联合的非核心层企业，有完全的经营管理自主权，但依据长期契约与核心层保持紧密的经济关系。为了加强集团的凝聚力，其发展取向是核心企业通过兼并、接管、收购等形式把它们之间的契约性联系转化成资本纽带。这类企业集团能够降低成本，增强市场竞争力，获取较大的规模经济效益。

2. 行业集团型

它是以同行业的几个大中型骨干企业为核心，带动一批企业组成的企业集团。它具有如下特点：以同行业几个骨干企业为核心，达到一定的行业集中程度后，由骨干企业进行各自的横向经济联合；产品品种多，联合的企业多；在组织结构中，大企业集团内包含着带有独立性的小企业集团，即多个中心，这类企业集团能够进行技术、信息互补，研究和开发新产品的速度快，有利于各自核心能力的联合、推动产品的系列化和多样化，取得规模经济效应。

3. 混合集团型

这种类型是以实力雄厚的大中型骨干企业为核心，联合相关行业的工业企业、商业企业和科研单位，组成以生产为主，同时开展多种经营活动的企业集团。它的特点是集团内成员企业之间处于相关行业，彼此以资本为纽带或以契约联结起来；一业为主，多种经营。这种类型的企业集团有利于降低经营风险，但管理的难度较大。

4. 职能集团型

它是由不同部门的设计、科研单位或第三产业部门的企业组成的以提供某种服务为内容的企业集团。职能集团一般不生产产品，而是向社会广泛地提供某种服务，因而其具有服务性、社会性、专业性、开发性的特点。其一般模型是不同职能的服务部门联合形成的专业横向联合体。

（二）按组成方式划分

1. 生产联合型

它是以一个大型骨干企业的名优产品为龙头，通过兼并、托管、收购等形式向外扩张，联合生产，形成多层次的配套网络。这种类型的企业集团发展较早，数量较多，适用于大批量、专业化的生产企业。

2. 多元配套型

它是以几个大型骨干企业及相关设计单位为主体，实行从设备成套设计、制造、供应、安装、调试到人员培训，到提供备品备件等的配套承包。这类企业集团适用于房地产开发、大型机械制造业的企业联合。

3. 生产科研型

它是以同行业多个大型企业及相关的科研设计单位为主体，集中技术优势，运用系统工程，开发高技术产品，组织专业化系列生产。这种类型的企业集团适用于进行应用研究、技术开发的设计单位和技术密集型产业的横向经济联合。

4. 产供销一体化型（纵向联合）

它是以一个或几个大型企业的相同产品为主体，联合上下游的企业，形成产、供、销的一体化网络。

5. 售后服务型

它是由若干个工业、商业、贸易、信息企业联合起来，形成互相提供市场信息、扩大销售服务范围的企业集团。

6. 资金辐射型

它是以实力雄厚的银行为核心，吸收其他金融机构参加，通过资金向外辐射，形成以国内外金融业为主的企业集团。

此外，还可以根据其组织机构设置的特点，划分为单元主体型和多元复合型。单元主体型是以一个大型企业为核心，联合众多企业所组成的企业集团；多元复合型则是以多个骨干企业为核心，联合众多企业所组成的集团。还可以根据成员企业所在行业的相关性，划分为纵向一体化集团、横向联合企业集团、混合企业集团；根据集团企业之间的结合方式，划分为契约型、股份型；等等。

从这些类型的划分来看，无论何种行业的优势企业都有向集团化发展的可能，采取适当的方式走向集团化是提高竞争地位的客观要求。

第二节　企业集团的组建与管理

【导读】

亚普公司成立于1988年，专业从事汽车燃料系统开发、制造，是国内最大的汽车塑料油箱供应商。自2001年开始实施集团化管理，然而在集团管理的初期，亚普犯了很多企业的通病，就是将"集团化管理"简单地与"多元化管理"画上了等号。在创业初期小有成就后，亚普一度独资、控股、参股了近10个涉及不同行业的项目，导致对外投资局部失控，主业不突出，管理混乱。面对激烈市场竞争实现多元化发展策略和采用集团化企业运作模式中的困境，"精干主业，收缩投资"的决策和创建集中化信息管理系统使企业走上健康快速发展的轨道。

资料来源：中国管理案例共享中心。

组建大型企业集团，既是当前我国企业改革和经济结构调整的现实需要，也是我国企业发展壮大、参与国际竞争、与国外大企业抗衡的客观需要。然而，企业集团的组建与管理需要遵循一定的原则，不可贪大图快，盲目组建。

资本运营

一、企业集团的组建原则

企业集团在筹建过程中应当按照客观经济规律办事，从大局出发，坚持经济合理、自愿联合、互利互惠、讲求实效的原则。

（一）经济合理原则

企业集团不是多个企业的简单堆砌，而是一个有机整体。它通过联合，集各方优势于一体，会产生相应的协同效应。因此，组建企业集团必须能够使协同效应得以切实实现，必须坚持经济合理原则。所谓经济合理，是指企业的联合要与生产经营的实际需要相适应，和企业的发展战略相适应，以实现诸生产要素的优化组合。因此，特别要在以下几个方面作出正确选择。

1. 成员单位的选择

这是组建企业集团中颇为关键的问题，必须根据集团的宗旨和经营方向，择优选择成员单位。择优选择，一要体现成员单位生产要素的互补性，通过联合能够取长补短，使原有分散的生产要素得以优化配置；二要强调成员单位之间生产与经营的内在联系性，使组建企业集团成为各成员单位的相互需要。

2. 集团规模的确定

企业集团是资本的联合，而资本能否实现最大的增值受制于边际效应递减规律。在一定范围内，扩大集团的规模可以带来规模经济效益，但规模过大、超过了有效的经济规模时，不但不能扩大资本增值，相反，会使资本增值下降。因此，企业集团的规模应当是一种适度的经济规模，这种适度规模从经济角度讲即保持规模效益递增这个变化过程内的规模；从社会的角度讲，即保持合理竞争关系、防止垄断而需要的规模。

3. 组织形式的选择

集团内部成员之间的组织形式是特定经济发展水平的产物，参加集团的成员在经营方式、组织方式、所有制性质方面均不同，这就决定了企业集团的组织形式应是不同的。它既可能是以资本为纽带的股权联合，也可能是依靠生产经营契约而形成的协作联合。虽然我们倡导以股权联合为主体，但不应搞"一刀切"，从而否定其他形式联合的可能性和必要性。究竟采用哪一种组织形式，应完全根据企业集团生产发展的内在要求和所依赖的客观条件，不能离开特定的环境而抽象地肯定哪种形式或否定哪种形式，针对不同的成员也应采取区别对待的处理方法，而且随着时间和环境的变化，组织形式也不是一成不变的。

4. 经营方向的选择

企业集团的经营方向无非是要在选择主导产品或主导业务和选择多样化经营问题上做出选择。实践证明，一个或几个质量高、信誉好、市场潜力大的产品，对企业集团的长远发展具有重大意义。

企业集团的产品种类可能很多，关键是要选择能代表集团的技术水平和经济实力，并在市场上有竞争能力的主导产品。主导产品一般应具有以下几个特点：①适销对路，具有相当大的市场需求；②能较好地发挥集团本身生产经营条件的优势；③关联性强，能以此作为维系集团成员关系的主线，并且该产品的发展能带动整个集团生产经营水平和经济实力的提高。

企业集团可以实行"一业为主，多种经营"，但必须围绕自己的主业来进行，按照"工艺相近、结构相似、原理相通、技术共享、供销共荣"的要求，向新的经营领域扩展。如果在根本不熟悉的行业经营，就会分散主业，削弱自己的优势。

（二）自愿联合原则

坚持自愿联合的原则，首先，要使企业切实享有自主联合权，使这种联合成为经济利益驱动下的行为，而不是政府行为。其次，自愿联合原则要求组建企业集团能够激发各企业的活力。只有在自愿基础上的联合，才能使企业产生向外扩展的愿望，使组织起来的集团具有凝聚力。最后，也只有自愿基础上的联合，才能够同生产经营的内在要求相吻合，符合生产经营发展的客观要求。

目前，企业自主联合权不能真正落到实处的主要原因来自主管部门不适当的行政干预。例如，由企业主管部门圈定联合的对象和范围，搞"拉郎配"式的拼凑；把劣势企业划归优势企业，搞"劫富济贫"式的合并；为了本地区、本部门的利益，搞行业封锁、地区封锁，阻碍下属企业的自愿联合等。这些做法违背了企业自愿联合的原则，与发展市场经济的内在要求和经济体制改革的方向是背道而驰的。

此外，应该说明的一点是，坚持自愿联合，同大企业通过竞争，依靠经济实力对其他企业进行并购、参股、控股等并不矛盾。竞争必然趋向联合，是商品经济发展的普遍规律。在商品经济条件下，企业自愿联合和通过竞争趋向联合，是互为表里的同一命题。换言之，没有竞争这种外在的压力，企业自愿联合也就失去了基础，且往往是不可能的。只有把企业出于对自身经济利益的追求而产生的联合的外在动力结合起来，形成一股合力，自愿联合才有可能。

在目前的经济体制转轨过程中，由于长期的计划经济思维惯性的存在，有相当一部分人还没有认识到自愿联合的必要性，还在为自愿联合设置重重障碍。因此，实力雄厚的大企业运用经济力量，对其他企业实施兼并、收购和控制，是形成企业集团的重要途径。

（三）互利互惠原则

企业集团是企业的联合体，但其中各成员单位作为独立主体的经济利益要求还是存在的。各个企业利益的满足程度，直接决定着它们参加企业集团的态度，经济利益既是推动企业集团组建的内在动力，也是维系集团稳定的主要因素。因此，贯彻互利互惠原则，正确处理集团中各方的经济利益，对组建企业集团有特别重要的意义。

首先，贯彻互利互惠原则，是企业集团实现物质利益目标的必要条件。因为在企业集

资本运营

团中，各方原有的生产要素按集团的宗旨做了重新组合和配置，生产经营组织也相应进行了调整，与此同时，它们的物质利益也不同程度地产生了转移或再分配。在这种情况下，如果不兼顾各方的利益，就势必影响它们的积极性，影响集团的凝聚力。

其次，贯彻互利互惠原则，是实现企业自愿联合的条件。很显然，如果联合的利益小于联合前各自的独立利益，自愿联合是难以实现的。

最后，贯彻互利互惠原则，也是企业集团得以巩固和发展的关键。当前，一些企业集团集而不团的重要原因，无一不是经济利益。

要做到互利互惠，其中几个问题值得注意：① 在联合的过程中，各种资产的清理、作价和产权应合理界定。由于企业集团中各方产权的大小是其日后分配的重要依据，产权界定不清势必造成利益分配不均；② 内部结算价格的科学合理。企业集团成员之间的交易属于集团内部交易，在理论上应按市场规律办事，以市场价格为参照。而由于专业化的分工，有时很难界定合理的价格，或者基于集团共同利益的考虑，内部价格偏离市场价格的情况是会经常出现的，这就需要在合理制定内部价格的同时，通过内部利润返还、再次分配等手段，尽可能剔除由价格因素造成的苦乐不均；③ 以长远利益的均衡为大局，以长远利益的互利互惠为着眼点。

（四）讲求实效原则

首先，要明确组建集团不是贪大求全而是为了实现优势互补、共同提高经济效益和资源利用效率，那些违背这一原则的盲目"堆大个儿"的做法是不可取的。

其次，组建企业集团的步子要稳，成熟一个，组建一个，不可盲目扩大规模、搞运动，更不能什么企业都往"集团"的口袋中装。从发展方向看，企业集团将是企业组织形式的重要一方，但无论何时，还会有大量的非集团企业存在，这是由生产力发展水平的客观差异决定的。

最后，组建企业集团必须以提高经济效益为中心，经济效益的大小应当是判别组建企业集团是否可行的根本标准。

二、企业集团的组建途径

组建企业集团，必须有一个强有力的核心层，而其形成方式有两种：一是企业按照市场规律不断发展壮大起来的；二是国家进行投资，重点扶持形成的。

企业建成后，要扩展成企业集团，有两条路可走：一是不断投资，建立新的企业，或者与其他企业联营、合资等，通过构筑自身的子公司、孙公司体系而完成；二是采取外部扩张的战略，通过并购等方式对现存的企业进行重组，将其纳入公司的体系，或者根据自愿的原则以契约的形式进行联合，走集团化经营的路子。

很显然，第一条路不太适合我国的国情，因为我国在计划经济下铺的摊子已经不少了，社会上存在着众多效率低下的企业，配置着众多的资本存量，而且这一条路面临着时间的挑战，我们已没有更多的时间和精力去新建企业了。

而第二条路是我们所倡导的，是推动资本存量合理流动，优化资源配置，推动企业升级，进而提高资本的利用效率所必需的。我们倡导走第二条路，但不否定第一条路在长时期内的必要性。因为计划经济时期所留下的企业摊子是非均衡的，一些技术含量高、投资大、收益不确定的新兴产业，或者对全局的发展有基础性推动作用的企业或产业还是欠缺的、不足的，这需要新的投资、新的资本注入。即使从长远的观点来看，企业集团也必须两条腿走路。

在我国当前情况下，组建企业集团的途径按政府参与的程度还可以划分为两种模式：市场方式和产权划拨方式。市场方式是指集团母公司通过投资入股、兼并收购等方式取得另一法人企业的全部或者部分产权，使其成为母公司的全资子公司或者控股子公司，从而形成企业集团的母子公司产权关系体系；产权划拨方式是指政府将一个企业的全部或者部分国有产权授权给集团母公司持有，形成母子公司的产权关系。一般来说，集团公司内部的产权关系涉及不同所有制企业时，应以市场方式为主；国有企业之间母子公司产权关系的建立既可以采用市场方式，也可以采用产权划拨方式。

概括来说，就目前的情况而言，组建企业集团可以通过以下几条来完成：

（1）推进企业的改制进程，让优势企业能够借助资本市场大规模融资，并进而夯实基础。在此基础上对相关产业内的企业或上下游企业进行并购，逐渐走向集团化经营。

（2）实行国有资本委托授权经营，使某行业中的优势企业在自愿的基础上接管相关领域内的企业，在适当的时候，将授权的资本转化成国家对企业集团控股公司的投资、控股公司对托管企业的资本投资，以此构筑企业集团的资本纽带。

（3）以企业间的"强强联合"为突破口，形成更强的大公司，并以此为核心，并购弱小企业。这种组建大公司进而组建大集团的发展模式，不仅符合中国产业发展方向，也符合中国企业的现状和国情。

（4）在企业并购中，对于被并购的国有企业，如其净资本不足以偿还债务，可采取分立破产、先破产后兼并的办法，或通过返还所得税的办法，对资不抵债的部分予以补偿；对被并购企业所欠银行的债务（包括本金和利息）进行缓期归还；对并购亏损严重、负债率高、贷款本息确实难以偿还的国有企业，经核准，可免除罚息和缓计部分或全部贷款利息，本金在一定期限内停息挂账，以此给企业的发展提供优惠。

不论采取哪一条组建企业集团，都应遵循以资本为基本纽带、经济合理、自愿联合、互利互惠、讲求实效的基本原则。

三、企业集团的管控模式

集团管控模式是指企业集团总部对下属成员单位的管理控制方式。在企业集团中，存在着广泛的投资与被投资、控制与被控制的关系,众多的成员单位既有自身的经济利益要求,又必须服从集团的整体利益,因此集团的有效管控是保证集团化效益实现的关键。

从集权与分权的角度,根据总部对分部的授权程度,企业集团可以划分为财务管控型、战略管控型和运营管控型(Gold 等,2004①;汤谷良等,2009②),如图 7-2 所示。

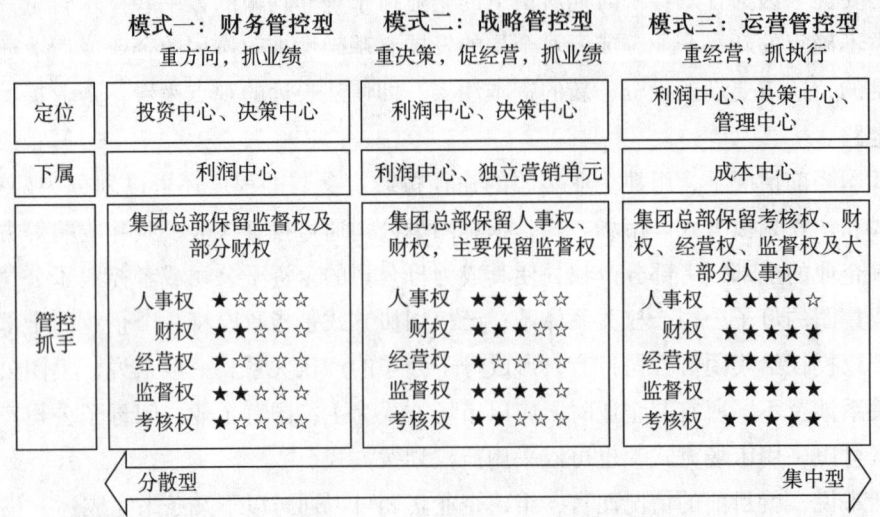

图 7-2 企业集团管控模式

(一)财务管控型

财务管控是一种倾向于分权的管控模式,集团总部主要从财务角度对整个企业集团进行管理控制,只负责集团整体的财务规划、资产运营、投资决策和实施监控,以及对外部企业的收购、兼并工作,追求投资回报、投资业务组合的结构优化和公司价值最大化。

集团总部通常会将日常财务决策权与管理权通过分权设置或职能分解下放给下属子公司,子公司只需将一些决策结果提交集团母公司备案,集团母公司不会指令性干预子公司的战略规划和经营运作,更不会插手具体业务环节执行。

但财务管控模式的分权并不意味着所有权力的下放,集团总部负责集团内母公司拥有了公司重大财务事项的决策权,并通过财务指标对子公司经营活动进行管理和考核,从而实现对子公司的财务管控。

实行这种管控模式的集团中,各下属企业业务的相关性可以很小,集团可以同时进行多种不相关产业的投资运作。但是,财务型管控对下属企业的人员能力要求较高,需自主开展公司运营与风险监控,要求各职能人才完备且具有自主经营能力,否则,权力

---

① Gold, M., Campbell, A. and Alexander, M. Corporate - Level Stategy [J]. John Willy&Sons, Ltd, 2004: 394 - 395.

② 汤谷良,王斌,杜菲,等.多元化企业集团管理控制体系的整合观——基于华润集团 6S 的案例分析[J].会计研究,2009,No. 256 (02): 53 - 60 + 94.

下放会对企业经营产生较大的影响。同时，过分强调分权可能会牺牲集权产生的协同和高效。

（二）战略管控型

战略管控是一种相对集权的管控模式，它的特点是"抓大放小"，集团母公司主要从战略高度对整个企业集团进行管理控制，关注整个集团的战略规划、领导班子建设和绩效考核等重要工作，以战略规划进行管理和考核，追求公司组合的协调发展、投资业务的战略优化和协调、战略协同效应的培育。

在实行战略管控模式的企业集团里，集团通过财务控制、战略规划与控制和人力资源控制的方式完成子公司的管理。集团母公司制定整体发展战略，通过控制子公司的核心经营层，使子公司的业务活动服从于集团整体战略活动，但通常母公司很少干预子公司的具体日常经营活动。各子公司要制定自己的业务战略规划，并提出达到规划目标所需要投入的资源，由集团总部审批子公司的计划并给予适当有效的意见和建议，再交给子公司来执行。

这种管控模式下，为了保证各个下属企业目标的实现以及集团整体利益的最大化，集团总部的规模并不会很大，主要集中在进行综合调控、提高集团的综合效益上。如平衡各企业间的资源需求、协调各下属企业之间的矛盾、高级主管的培育、品牌管理、最佳典范经验的分享等。

（三）运营管控型

运营管控是一种高度集权的管控模式，大到战略制定、小到业务执行，集团总部均会对下属子公司实施控制，追求各子公司经营行为的统一和优化、集团整体协调成长、对行业成功因素的集中控制与管理。

这种管控模式下的集团母公司是各子公司的经营决策中心和生产指标管理中心，母公司通过财务控制、战略规划与控制、采购控制、销售控制、人事控制等方式对子公司的日常经营活动进行全面管理。决策权大部分集中在集团母公司，所有子公司必须严格执行集团总部的决策，且只负责短期财务规划和日常经营管理。

在实行这种管控模式的企业集团中，为了确保集团的决策能及时落实并能解决各种问题，总部的各种职能管理非常到位，相应的职能部门较为完善，职能人员的规模也较为庞大，适用于单一产业领域内的运作。同时，集权的管控模式对系统支撑的要求更高，只有企业的信息化水平相对较高，实现流程线上化、自动化，甚至智能化地支撑经营决策，才能有效推动企业有效运转。

四、数字经济下的"共生态"企业集团

数字技术的发展打破了企业的边界、产业的边界，更打破了传统企业集团组织以股权

为纽带的边界。在数字经济时代下，顾客在哪里，组织的边界就在哪里，顾客不再是单纯的消费对象，而是组织的共生部分。从基于竞争目的组建和管理企业集团，到向共生逻辑过渡，搭建、运营以"共生态"为底层逻辑的企业集团是数字经济时代企业集团运营管理必须考虑的。

以互联网为依托，数字资源为核心要素、信息技术为内生动力、融合创新为典型特征的数字经济，作为一种新的经济形态革故鼎新，大势已现。AR（增强现实技术）、AI（人工智能）、区块链等信息技术发展突飞猛进，信息技术已经成为新一轮组织竞争的制高点。

（1）移动互联网的高速发展，加速了新兴组织对顾客生活的改变速度。传统组织塑造品牌需要很长时间的历练，通常需要十几年乃至更长时间，但互联网的信息传播能力，把这个时间极大压缩。越来越多的互联网年轻组织只需要几年的时间便会在世界范围内的用户心中留下品牌画像。其根源就在于顾客已经因互联网的发展而"实时在线"和"互动"。

与品牌成长速度的改变相反，产品的生命周期却出现加速缩短的趋势。不论是全面改进人们日常生活的电子消费品，还是维持基本生活需求的日常消费品，在技术驱动创新和顾客体验提升的要求下，更新换代的速度越来越快。

（2）数字化驱动发展。技术的创新应用重构了组织、顾客以及合作伙伴之间的价值关系，重组了商品交易的分工模式，在更深层次上事实上重新定义了人们的工作和生活方式。人们不但可以超越时空限制，更加快捷地进行信息传递和交流、反馈，而且可以享受数字技术带来的生活便利性和参与感。

（3）人工智能技术突飞猛进。人工智能可以比人类更高效、更高标准地完成很多工作：工厂的流水线交给机器、工程决策交给大数据大脑。人工智能和大数据将人类从更多的标准化、流程化、琐碎化、重复性的工作中解放出来。

数字化带来的变化，已经不仅仅停留在技术层面，也不仅仅是商业层面，而是在本质上让人们以一种更加和谐的方式与世界共存、不被地域阻隔、不受时间限制；他让人们以更加开放的心态看待世界，更平等地理解世界的多元性和多样性；他让人们用更加包容的态度面对不同，理解和尊重每个人的权利。

这些数字经济时代的改变，使个体与组织间的关系由传统的交易关系、服从关系，转变为共享、共创、共生关系。针对企业集团的管理和运营也是如此，要从传统的管人事、管资金、管市场等功能性管理，向管文化、管顾客体验、管数据方面延伸。企业集团以股权关系为纽带和支撑的管理与分配体系，也必然会向以"币权"（Token）关系为基础，按照为顾客共创的价值贡献而管理和分配转移。数字经济时代中持续发展的企业集团，将会是构筑在产业互联网基础上的共生体，或许用"系"来表述更为贴切，像目前高速增长的"阿里系""腾讯系""小米系"；等等。

第三节　企业集团的资金管理

【导读】

资金是企业经营循环的重要保障，资金的收益性和风险性是企业关心的两大问题。企业集团是现代企业的高级形式，具有规模庞大、组织复杂等特点，其资金集中管理问题，在企业经营战略中处于核心地位。陕西延长石油集团有限责任公司隶属于陕西省人民政府，是集石油、天然气、煤炭、岩盐等多种资源一体化综合开发、深度转化、循环利用的大型能源化工企业。作为进入世界500强的地方国有龙头企业，陕西延长石油集团有限责任公司在其经营发展过程中，进行过多次业务重组和转型，其资金管理模式也进行过多次调整，目前形成了以财务中心和财务公司并存但各司其职的企业集团资金集中管理模式。

资料来源：中国管理案例共享中心。

从资本运营来看，企业集团存在的最大理由是资本集中，在实务上就是放大了采取一致行动的资金的量级，进而提升企业集团资金使用效率，使闲置资金可产生更大的收益，因此，企业集团资金管理是发挥企业集团优势的重要方面。从国内外实践来看，企业集团资金管理的模式主要有两种：财务公司和结算中心。

一、企业集团财务公司

企业集团财务公司是在20世纪80年代伴随国家实施"大公司、大集团"战略而诞生的一类具有中国特色的非银行金融机构，它以加强企业集团资金集中管理和提高企业集团资金使用效率为目的，依托企业集团、服务企业集团，为企业集团成员单位提供金融服务，有力地支持了我国企业集团的发展壮大，在企业集团资源配置和风险管控过程中发挥了不可或缺的重要作用。

（一）财务公司的设立

设立财务公司，应当报经银保监会批准。一家企业集团只能设立一家财务公司。依据《企业集团财务公司管理办法》第八条和第九条规定，设立企业集团财务公司应具备如下条件和要求：（1）符合国家政策并拥有核心主业；（2）具备2年以上企业集团内部财务和资金集中管理经验；（3）最近1个会计年度末，总资产不低于300亿元人民币或等值的可自由兑换货币，净资产不低于总资产的30%；作为财务公司控股股东的，最近1个会计年度末净资产不低于总资产的40%；（4）财务状况良好，最近2个会计年度营业收入总

资本运营

额每年不低于 200 亿元人民币或等值的可自由兑换货币，税前利润总额每年不低于 10 亿元人民币或等值的可自由兑换货币；作为财务公司控股股东的，还应满足最近 3 个会计年度连续盈利；（5）现金流量稳定并具有较大规模，最近 2 个会计年度末的货币资金余额不低于 50 亿元人民币或等值的可自由兑换货币；（6）权益性投资余额原则上不得超过本企业净资产的 50%（含本次投资金额）；作为财务公司控股股东的，权益性投资余额原则上不得超过本企业净资产的 40%（含本次投资金额）；国务院规定的投资公司和控股公司除外；（7）正常经营的成员单位数量不低于 50 家，确需通过财务公司提供资金集中管理和服务；（8）母公司具有良好的公司治理结构或有效的组织管理方式，无不当关联交易；（9）母公司有良好的社会声誉、诚信记录和纳税记录，最近 2 年内无重大违法违规行为；（10）母公司最近 1 个会计年度末的实收资本不低于 50 亿元人民币或等值的可自由兑换货币；（11）母公司入股资金为自有资金，不得以委托资金、债务资金等非自有资金入股；（12）银保监会规章规定的其他审慎性条件。

设立财务公司法人机构应具备的条件：（1）确属集中管理企业集团资金的需要，经合理预测能够达到一定的业务规模；（2）有符合《公司法》和银保监会规定的公司章程；（3）有符合规定条件的出资人；（4）注册资本为一次性实缴货币资本，最低限额为 10 亿元人民币或等值的可自由兑换货币，银保监会根据财务公司的发展情况和审慎监管的需要，可以调整财务公司注册资本金的最低限额；（5）有符合任职资格条件的董事、高级管理人员，并且在风险管理、资金管理、信贷管理、结算等关键岗位上至少各有 1 名具有 3 年以上相关金融从业经验的人员；（6）财务公司从业人员中从事金融或财务工作 3 年以上的人员应当不低于总人数的 2/3、5 年以上的人员应当不低于总人数的 1/3，且至少引进 1 名具有 5 年以上银行业从业经验的高级管理人员；（7）建立了有效的公司治理、内部控制和风险管理体系；（8）建立了与业务经营和监管要求相适应的信息科技体系，具有支撑业务经营的必要、安全且合规的信息管理系统，具备保障业务持续运营的技术与措施；（9）有与业务经营相适应的营业场所、安全防范措施和其他设施；（10）银保监会规章规定的其他审慎性条件。

（二）财务公司的业务范围

《企业集团财务公司管理办法》第十九条规定，财务公司可以经营下列部分或者全部本外币业务：（1）吸收成员单位的存款；（2）办理成员单位贷款；（3）办理成员单位票据贴现；（4）办理成员单位资金结算与收付；（5）提供成员单位委托贷款、债券承销、非融资性保函、财务顾问、信用鉴证及咨询代理业务。

《企业集团财务公司管理办法》第二十条规定，符合条件的财务公司，可以向银保监会及其派出机构申请经营下列业务：（1）从事同业拆借；（2）办理成员单位票据承兑；（3）办理成员单位产品买方信贷和消费信贷；（4）从事固定收益类有价证券投资；（5）从事套期保值类衍生产品交易；（6）银保监会批准的其他业务。

银保监会在2022年对《企业集团财务公司管理办法》的修订中，着重优化了企业集团财务公司的业务范围，如在取消成员单位债券承销的前置审批的同时，取消财务公司的金融债券发行业务，并将有价证券投资限定为固定收益类有价证券投资。证券发行、投资是券商的典型业务，而债券承销则一般由银行负责。此部分调整减少了财务公司的券商色彩，进一步强化了财务公司的主责主业，使财务公司"集团内部银行"的功能定位更趋鲜明，体现了监管对企业集团财务公司专注服务集团内部，回归服务实体经济本源的要求。

二、企业集团财务结算中心

结算中心是随着企业集团管理需求应运而生的内部资金管理机构，是企业集团内部设立的用于为集团内部全资子公司或绝对控股公司办理现金收付、往来结算和存贷款业务的专门机构。它不是一个独立核算、自负盈亏的经济实体，也不同于财务公司以营利为目的的运作模式，只是一个为集团下属公司提供金融管理服务的职能部门。其主要职能是集中集团资金优势，加快资金周转，防范资金风险，降低资金成本等。

（一）结算中心运作的特点

结算中心的作用主要体现为企业集团通过结算中心这个管理系统达到控制资金流向的目的。它有利于资金的统筹安排，合理调节；有利于企业集团集中财力，减少内部的资金积压，盘活沉淀资金，减低银行贷款和贷款利息；有利于减少资金的体外循环，加快资金的周转。

各公司有自己的财务部门，有独立的账号，进行独立核算，拥有资金合理的经营权和决策权；减少因分散管理而导致的资金沉淀，加快资金的周转，提高资金的使用效率；集团公司对资金进行集中控制、管理；授信融资主要采用统借统还，下属公司在特殊情况下经同意可直接向金融机构融资，但资金仍集中管理。

（二）结算中心管理的核心内容

1. 账户管理

集团下属公司的银行账号纳入结算中心的管理范围，由结算中心代为管理，并由结算中心开立内部结算账号，其结算业务通过内部账号进行。未经集团公司许可和委托，任何人不得使用企业名义及银行账户对外开展或发生其他经济业务，亦不得使用企业名义提供经济担保或其他负有法律责任的担保。

2. 结算管理

对于货币资金国内结算的管理，除现金结算范围外，企业的经济活动一律通过结算中心在开户银行进行转账结算；对于货币资金国际结算的管理，现行企业进出口贸易货款的现汇结算方式主要有三种：信用证结算、托收结算及汇付结算。

3. 融资授信管理

融资业务由结算中心与各金融机构统一开展，集团下属公司根据资金状况向结算中心申请内部借款和还款,其内部融资额度由结算中心在年初根据集团和其预算情况予以确定。内资企业内部贷款额度,原则上其最高限额不超过该企业注册资本的50%;外地企业原则上仍保持其在当地银行的授信额度,如需向当地银行融资,需事前征得结算中心同意。

4. 资金预算和资金计划管理

结算中心应全盘了解公司的资金状况,根据集团的生产经营、投资、科研等计划,同时依据各下属公司的资金计划和财务预算,可进行短、中、长期的资金预测和制定预算,使集团决策者能及时准确地把握信息,为其决策提供依据。

三、组建财务公司和结算中心的利弊分析

结算中心与财务公司本质的区别在于:财务公司是企业集团出于资金管理需要而设立的非银行金融机构,是一个独立的法人组织,而结算中心仅仅是企业集团的内部管理机构,不具备独立法人和金融机构身份。

财务公司与结算中心作为企业集团资金集中管理的两种代表性方式,各自都具有一定的优势和劣势①。与结算中心相比,财务公司在金融功能性和资金管理专业性上都具备一定的优势,特有的金融机构身份使财务公司可天然地对资金流入和流出进行期限错配,操作更加灵活,流动性管理更加方便,平均资金成本也相对更低。但作为非银行金融机构,财务公司受银保监会监管,根据《企业集团财务公司管理办法》的有关规定,财务公司需要按照中国人民银行的规定存缴存款准备金,一定程度上限制了资金的使用效率。同时,财务公司具备一套独立完整的公司体系架构和治理制度,但同时也意味着更高的运营成本。而结算中心虽然作为企业内部管理部门而运营成本相对较低,但非金融机构的身份使其缺乏对外融资、中介、投资等功能,并且在资金成本、税务风险上都存在一定的劣势。

随着企业集团的发展,如何加强资金管理成为至关重要的课题。积极探索财务公司与结算中心的内在规律,结合企业的实际情况建立合适的管理体制,是企业集团资金组织设计者的当务之急。

 本章小结

企业集团是一种特殊的企业组织形式,它以资本为纽带,以母子公司为主体、以集团章程为共同行为规范,由母公司、子公司、参股公司及其他成员企业或机构构成多层次的组织结构。企业集团以内部市场替代外部市场,以较低的交易费用使成员企业获得产品或

---

① 周骏,黄嵩,张俊超. 财务公司还是结算中心?——企业集团资金集中管理模式的角度 [J]. 上海金融, 2020(02): 64-70.

者要素资源，实现各成员企业更大的利益。因此，组建企业集团是资本重组的重要方式。

组建企业集团应遵循经济合理、自愿联合、互利互惠、讲求实效四项原则。不管是以内部投资新设还是外部兼并扩张的途径组建企业集团，都应遵循这四项组建原则。组建企业集团后，对于企业集团下属成员单位的管控，根据集权与分权的程度，主要有财务管控型、战略管控型和运营管控型三种模式。

企业集团资金集中管理的模式主要有财务公司和结算中心两种，主要区别在于公司属性与部门属性、金融机构身份与非金融机构身份的不同。企业应结合自身实际，建立合适的资金集中管理体制。

思考题

1. 从广义和狭义两个方面怎样理解企业集团的定义？
2. 企业集团的构成层次一般包括哪几个部分？如何进行区分？
3. 按照不同的标准，企业集团模式一般分为哪些类型？
4. 我国企业集团的特征是什么？

第八章

股份改制与上市

导言

资金是企业运营与发展最重要的资源之一。当企业自有资金不能完全满足其资金需求时，便需要向外部筹资。对外筹资可以有两种方法：一是资金需求者直接通过金融市场向社会上的资金盈余单位和个人筹资；二是向银行等金融中介机构申请贷款等。第一种方式被称为直接融资；第二种方式则称为间接融资。随着我国多层次资本市场的不断完善以及我国企业不断融入国际资本市场的实践，股份制与上市已成为我国现代企业资本运营的主要方式之一。

本章将主要讲述股份改制与企业上市，其中，第一节重点介绍股份有限公司的组建；第二节主要介绍股票上市的方式及上市的基本程序；第三节主要介绍股票退市的相关情况。

学习目标

★理解股份制的特点；了解股份有限公司设立的方式、条件及基本流程；熟悉股份有限公司的组织结构；

★掌握首次公开发行股票并上市的相关标准与规定；熟悉境内股票市场的不同定位；

★了解股票退市相关概念。

第八章 股份改制与上市

第一节 股份有限公司的组建

【导读】

世界上最早的股份有限公司是在英国成立的莫斯科公司。1553—1554 年，英格兰航海者钱塞勒从东北方向航抵阿尔汉格尔斯克，并到莫斯科拜见沙皇伊凡四世，被允准与俄进行贸易。伦敦部分商人获伊丽莎白女王的特许状，1555 年英国成立第一个以入股形式进行海外贸易的特许公司"莫斯科公司"，它的成立标志着真正的股份制度的产生。

随着以建立社会主义市场经济体制为目标的经济体制改革的深入和对所有制实现形式认识的深化，1997 年党的十五大报告对股份制这一现代企业的资本组织形式给予了明确肯定，作出了重大的理论突破，表明了所有制和所有制实现形式是两个

不同的概念，股份制可以是所有制的实现形式，其本身不姓"社"也不姓"资"。在这样的精神指导下，股份制企业发展速度很快。目前，股份制已逐渐成为我国公司所有制的主要形式。

一、股份制的特点

股份制是适应商品经济发展和社会化大生产的需要而产生的。在小商品生产条件下，生产规模很小，技术简单，所需资本少，靠生产经营者个人就可以解决资本问题。以后随着生产规模的扩大和技术水平的提高，单个生产经营者由于资本不足，才产生了由几个人共同出资合伙经营的形式。当商品生产进入大机器生产阶段时，生产规模迅速扩大，采用大量技术设备，这时需要巨额资本，而巨额资本难以从某个人或几个人那里获得，例如铁路修建、轮船制造、矿山开采和新兴工业建立等，只靠个别资本积累，在很长时期内都难以完成，因而逐渐出现了股份制。

股份制的基本特点是公司的全部注册资本分为若干股份，由各股东分别出资。资本通过股份（特别是通过股票）形式表现出来，是经济和企业经营的一大进步，是人们在资本运营方面的智慧达到了一个很高水平的标志。由于资本股份化、证券化，一般货币持有者可以很方便地变为资本的所有者，社会公众可以参与到企业资本运营中来，许多小资本可以联合起来变成大资本。股份制便于资本集中，解决了资本分散化和生产社会化的矛盾。

股份制在资本配置方面具有其他途径无法比拟的优越性。由于资本股份化、商品化、货币化和证券化，股份有限公司的股份（股票）可以自由转让，不需要经过其他股东同意，也不用面临其他股东"优先购买权"等问题，股份制为企业股权流转扫清了障碍，使产权可以流动，便于资本联合，形成以资本为纽带的跨所有制、跨地区、跨行业和跨国的紧密型企业集团。

从资本形态上说，股份制将资本分为现实（实物）资本和虚拟资本，现实资本即实物形态，以法人财产权的形式存在，由股份制公司掌握；虚拟资本，即实物资本的权益形态，以股权的形式存在，由出资者——股东掌握。

资本二重化使企业的财产分离为实物所有权与价值所有权，这有利于所有权和经营权走向分离和独立。企业的所有权也即股权，归股东所有，股东行使股权赋予其的权利，包括参与管理、出资受益、选择经营者三项权利，权力大小取决于股东持有股份的多少，并以出资额为限承担责任；经营者享有企业资产经营权，负责企业的日常经营管理，产权明晰、权责分明。股份制是现代企业的一种资本组织形式，有利于提高企业和资本的运作效率。

二、股份有限公司的设立

（一）设立方式

公司设立是指公司设立人依照法定的条件和程序，为组建公司并取得法人资格而必须采取和完成的法律行为。公司设立不同于公司的设立登记，后者仅是公司设立行为的最后阶段；公司设立也不同于公司成立，后者不是一种法律行为，而是设立人取得公司法人资格的一种事实状态或设立人设立公司行为的法律后果。所以，公司设立的实质是一种法律行为。股份有限公司的设立，可以采取发起设立或者募集设立的方式。

发起设立，是指由发起人认购公司应发行的全部股份而设立公司。采取发起设立方式设立的股份有限公司，其注册资本为在公司登记机关登记的全体发起人认购的股本总额。在缴足前，不得向他人募集股份。

募集设立，是指由发起人认购公司应发行股份的一部分，其余股份向社会公开募集或者向特定对象募集而设立公司。股份有限公司采取募集方式设立的，注册资本为在公司登记机关登记的实收股本总额。

由于募集设立的股份有限公司资本规模较大，涉及众多投资者的利益，故各国公司法均对其设立程序严格限制。为防止发起人完全凭借他人资本设立公司，损害一般投资者的利益，各国大多规定了发起人认购的股份在公司股本总数中应占的比例。我国《公司法》中规定比例不得少于35%。

（二）设立的基本流程

在不同设立方式下，设立股份有限公司的程序也有所不同，区别主要在于募集方式，尤其是公开募集设立需要经过向社会公开招募股份的相关程序。除此之外，无论是发起设立，还是募集设立，需经过的基本程序大致相同（见图 8-1）。

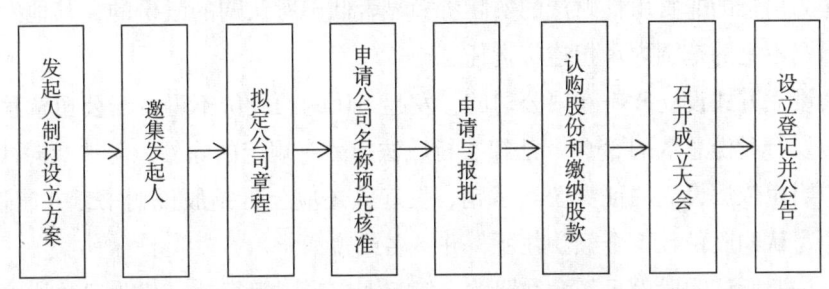

图 8-1 设立股份有限公司的程序

1. 签订发起人协议

股份有限公司发起人承担公司筹办事务。在明确拟设立的股份有限公司的设立方式、股本规模、业务范围等内容后，各发起人应当签订发起人协议，明确各自在公司设立过程中的权利和义务。发起人协议应包括各个发起人的基本情况、认缴股份数额、认缴股份方式等基本内容。

2. 制定公司章程

公司章程是公司设立的必备条件之一，也是体现公司自治规则和自治手段的一个文件。公司章程应由发起人共同制定，是对公司、股东、董事、监事、高级管理人员具有约束力的调整公司内部关系和经营行为的公司规范性文件。此外，公司章程应是一个公开性的文件，其记载的内容是公开的，股东、债权人以及有关人士可以通过不同的途径进行查阅。

股份有限公司章程应当载明下列事项：（1）公司名称和住所；（2）公司经营范围；（3）公司设立方式；（4）公司注册资本、已发行的股份数和设立时发行的股份数，面额股的每股金额；（5）发行类别股的，每一类别股的股份数及其权利和义务；（6）发起人的姓名或者名称、认购的股份数、出资方式；（7）董事会的组成、职权和议事规则；（8）公司法定代表人的产生、变更办法；（9）监事会的组成、职权和议事规则；（10）公司利润分配办法；（11）公司的解散事由与清算办法；（12）公司的通知和公告办法；（13）股东会认为需要规定的其他事项。

公司法中没有明确规定的内容，主要授权由公司章程规定。如在股东出资上，《公司法》规定，股东可以用货币出资，也可以用实物、知识产权、土地使用权、股权、债权等可以用货币估价并可以依法转让的非货币财产作价出资，法律、行政法规规定不得作为出资的财产除外。但公司法对何时缴纳出资没有明确规定，因此，股份有限公司可以按照公司业务发展计划对资金的需求，在公司章程中列明各个发起人缴纳出资的期限和顺序。

3. 发起人出资

发起人出资缴纳股款、认购股份。以发起设立方式设立股份有限公司的，发起人应当认足公司章程规定其认购的股份,并在公司成立前按照其认购的股份全额缴纳股款。以非货币财产出资的,则应依法办理财产权的转移手续。发起人不按照其认购的股份缴纳股款,或者作为出资的非货币性财产的实际价额显著低于所认购的股份的,其他发起人与该发起人在出资不足的范围内承担连带责任。

以募集设立方式设立股份有限公司的,发起人认购的股份不得少于公司章程规定的公司设立时应发行股份总数的35%,法律、行政法规另有规定的除外。若涉及向社会公开募集,股份应当由依法设立的证券公司承销,发起人还应公告招股说明书,并制作认股书,由认股人填写认购股份数、金额、住所,并签名或盖章。

认股人按照所认购股份足额缴纳股款。发起人应当同银行签订代收股款协议,由银行代收和保存股款,向缴纳股款的认股人出具收款单据。向社会公开募集股份的股款缴足后,必须经依法设立的验资机构验资并出具证明。

4. 组建公司机关、召开成立大会

以发起设立方式设立股份有限公司的,在发起人认足公司章程规定的出资后,应当选举董事会和监事会。

以募集设立方式设立股份有限公司的,发起人应当自股款缴足之日起三十日内主持召开公司成立大会。发起人应在成立大会召开前十五日将会议日期通知各认股人或者予以公告,确保有持有表决权过半数的认股人出席。

成立大会主要讨论以下事项:(1)审议发起人关于公司筹办情况的报告;(2)通过公司章程;(3)选举董事、监事;(4)对公司的设立费用进行审核;(5)对发起人非货币财产出资的作价进行审核;(6)发生不可抗力或者经营条件发生重大变化直接影响公司设立的,可以作出不设立公司的决议。

成立大会作出的决议,必须经出席会议的认股人所持表决权过半数通过。

5. 设立登记并公告

董事会应当授权代表,于公司成立大会结束后三十日内向公司登记机关申请设立登记。经登记机关登记,取得公司营业执照后,股份有限公司即告成立。公司营业执照签发日期即为公司成立日期。

三、股份有限公司的组织结构

(一)股东会

(1)股份有限公司股东会由全体股东组成。股东会是公司的权力机构,依照《公司法》行使职权。《公司法》规定,股东会行使下列职权:①选举和更换董事、监事,决定有关董事、监事的报酬事项;②审议批准董事会的报告;③审议批准监事会的报告;④审议批准公司的利润分配方案和弥补亏损方案;⑤对公司增加或者减少注册资本作出决议;

⑥对发行公司债券作出决议；⑦对公司合并、分立、解散、清算或者变更公司形式作出决议；⑧修改公司章程；⑨公司章程规定的其他职权。

（2）股东会应当每年召开一次年会。公司出现《公司法》规定的特定情形的，应当在两个月内召开临时股东会会议。股东会会议由董事会召集，董事长主持；董事长不能履行职务或者不履行职务的、由副董事长主持；副董事长不能履行职务或者不履行职务的，由半数以上董事共同推举一名董事主持。召开股东会会议，应当将会议召开的时间、地点和审议的事项于会议召开二十日前通知各股东；临时股东会会议应当于会议召开十五日前通知各股东。

（3）股东出席股东会会议，所持每一股份有一表决权，但是，公司持有的本公司股份没有表决权。股东会作出决议，必须经出席会议的股东所持表决权的过半数通过，但是，股东会作出修改公司章程、增加或者减少注册资本的决议，以及公司合并、分立、解散或者变更公司形式的决议，必须经出席会议的股东所持表决权的2/3以上通过。

股东会应当对所议事项的决定作成会议记录，主持人、出席会议的董事应当在会议记录上签名。会议记录应当与出席股东的签名册及代理出席的委托书一并保存。

（二）董事会、经理

（1）股份有限公司设董事会，其成员不少于三人。董事会成员中可以有公司职工代表。董事会中的职工代表由公司职工通过职工代表大会、职工大会或者其他形式民主选举产生。董事任期由公司章程规定，但每届任期不得超过3年。董事任期届满，连选可以连任。

（2）董事会对股东会负责，行使下列职权：①召集股东会会议、并向股东会报告工作；②执行股东会的决议；③决定公司的经营计划和投资方案；④制订公司的利润分配方案和弥补亏损方案；⑤制订公司增加或者减少注册资本以及发行公司债券的方案；⑥制订公司合并、分立、解散或者变更公司形式的方案；⑦决定公司内部管理机构的设置；⑧决定聘任或者解聘公司经理及其报酬事项，并根据经理的提名决定聘任或者解聘公司副经理、财务负责人及其报酬事项；⑨制定公司的基本管理制度；⑩公司章程规定或者股东会授予的其他职权。

（3）董事会设董事长一人，可以设副董事长。董事长和副董事长由董事会以全体董事的过半数选举产生。

董事长召集和主持董事会会议，检查董事会决议的实施情况。副董事长协助董事长工作，董事长不能履行职务或者不履行职务的，由副董事长履行职务；副董事长不能履行职务或者不履行职务的，由半数以上董事共同推举一名董事履行职务。

（4）董事会每年度至少召开两次会议，每次会议应当于会议召开前十日通知全体董事和监事。

代表1/10以上表决权的股东、1/3以上董事或者监事会，可以提议召开临时董事会会议。董事长应当自接到提议后10日内，召集和主持董事会会议。

（5）董事会会议应有过半数的董事出席方可举行。董事会作出决议，必须经全体董事的过半数通过。董事会决议的表决，应当一人一票。

董事会应当对会议所议事项的决定作成会议记录，出席会议的董事应当在会议记录上签名。

董事应当对董事会的决议承担责任。董事会的决议违反法律、行政法规或者公司章程、股东会决议，致使公司遭受严重损失的，参与决议的董事对公司负赔偿责任。但经证明在表决时曾表明异议并记载于会议记录的，该董事可以免除责任。

（6）股份有限公司设经理，由董事会决定聘任或者解聘。公司董事会可以决定由董事会成员兼任经理。

（三）监事会

（1）股份有限公司设监事会，其成员不得少于3人。

监事会应当包括股东代表和适当比例的公司职工代表，其中职工代表的比例不得低于1/3，具体比例由公司章程规定。监事会中的职工代表由公司职工通过职工代表大会、职工大会或者其他形式民主选举产生。

监事会设主席一人，可以设副主席。监事会主席和副主席由全体监事过半数选举产生。监事会主席召集和主持监事会会议；监事会主席不能履行职务或者不履行职务的，由监事会副主席召集和主持监事会会议；监事会副主席不能履行职务或者不履行职务的，由半数以上监事共同推举一名监事召集和主持监事会会议。

董事、高级管理人员不得兼任监事。

（2）监事的任期每届为3年。监事任期届满、连选可以连任。

（3）监事会可依《公司法》行使下列职权：①检查公司财务；②对董事、高级管理人员执行职务的行为进行监督，对违反法律、行政法规、公司章程或者股东会决议的董事、高级管理人员提出解任的建议；③当董事、高级管理人员的行为损害公司的利益时，要求董事、高级管理人员予以纠正；④提议召开临时股东会会议，在董事会不履行《公司法》规定的召集和主持股东会会议职责时召集和主持股东会会议；⑤向股东会会议提出提案；⑥依照《公司法》第一百八十九条的规定，对董事、高级管理人员提起诉讼；⑦公司章程规定的其他职权。

监事可以列席董事会会议、并对董事会决议事项提出质询或者建议。监事会、不设监事会的公司的监事发现公司经营情况异常，可以进行调查。必要时，可以聘请会计师事务所等协助其工作。监事会行使职权所必需的费用，由公司承担。

（4）监事会每六个月至少召开一次会议。监事可以提议召开临时监事会会议。

监事会的议事方式和表决程序，除《公司法》有规定的外，由公司章程规定。监事会决议应当经半数以上监事通过。监事会应当对所议事项的决定作成会议记录，出席会议的监事应当在会议记录上签名。

（四）上市公司组织机构的特别规定

(1)《公司法》所称上市公司，是指其股票在证券交易所上市交易的股份有限公司。

(2) 上市公司在一年内购买、出售重大资产或者向他人提供担保金额超过公司资产总额30%的，应当由股东会作出决议，并经出席会议的股东所持表决权的2/3以上通过。

(3) 上市公司设独立董事，具体办法由国务院证券监督管理机构规定。独立董事是指不在公司担任除董事外的其他职务，并与其所受聘的公司及其主要股东不存在可能妨碍其进行独立客观判断关系的董事。其职责是按照相关法律、行政法规、公司章程，认真履行职责，维护公司整体利益，尤其要关注中小股东的合法权益不受损害。独立董事应当独立履行职责，不受公司主要股东、实际控制人或者与公司存在利害关系的单位或个人的影响。

(4) 上市公司设董事会秘书，负责公司股东会和董事会会议的筹备、文件保管以及公司股东资料的管理，办理信息披露事务等事宜。

(5) 上市公司董事与董事会会议决议事项所涉及的企业有关联关系的，不得对该项决议行使表决权，也不得代理其他董事行使表决权。该董事会会议由过半数的无关联关系董事出席即可举行，董事会会议所作决议须经无关联关系董事过半数通过。出席董事会的无关联关系董事人数不足3人的，应将该事项提交上市公司股东会审议。

四、股份改制

根据我国现行《中华人民共和国证券法》（以下简称《证券法》）《公司法》的规定，只有股份有限公司才被允许发行股份并在资本市场上市交易。因此，对于一个寻求上市的非股份有限公司来说，首先要让企业成为合格的上市主体，进行股份制改造，这是必不可少的一个环节。股份制改造是非股份有限公司基于A股上市或新三板挂牌等需要，在财务顾问、会计师事务所、律师事务所、资产评估机构等专业机构的协助下，将组织形式整体变更为股份有限公司的过程，实务中简称"股改"[①]。

股份有限公司是拟上市企业的最终组织形式。因此，进行股改，使企业变更为股份有限公司后，基本标志着企业已经完成了围绕上市相关的法律、财务、行业等各方面实质问题的梳理和整改，后续企业将以崭新的面貌，比照上市公司的运行和治理规范来经营运作。

下面对股份制改造的条件和程序进行简单介绍。（因在实务中，有限责任公司改制为股份有限公司的情况最为普遍，以下仅基于此种情形进行说明，见表8-1。）

---

① 雷霆. 图解并购重组：法律实务操作要点与难点 [M]. 北京：法律出版社，2019.

资本运营

表8-1　　　　　　　　　　　《公司法》有关股改的规定

法条	概述	具体规定
第十二条	股改应符合股份公司	有限责任公司变更为股份有限公司,应当符合本法规定的股份有限公司的条件
	债券、债务承继	有限责任公司变更为股份有限公司的,公司变更前的债权、债务由变更后的公司承继
第五十九条	股改方案需经有限责任公司股东会以特别决议批准	股东会行使下列职权:……(七)对公司合并、分立、解散、清算或者变更公司形式作出决议
第六十六条		股东会作出修改公司章程、增加或者减少注册资本的决议,以及公司合并、分立、解散或者变更公司形式的决议,应当经代表2/3以上表决权的股东通过
第六十七条	股改方案应由有限责任公司董事会拟定	董事会行使下列职权:制订公司合并、分立、解散或者变更公司形式的方案
第一百零八条	公司净资产额折股	有限责任公司变更为股份有限公司时,折合的实收股本总额不得高于公司净资产额
	股改时公开发行股份	有限责任公司变更为股份有限公司,为增加注册资本公开发行股份时,应当依法办理

我国现行法律对于股份制改造的规定主要在《公司法》中体现。现行的《公司法》在2005年修订时,删除了有限责任公司变更为股份有限公司需要"依照本法有关设立股份有限公司的程序办理"的规定。此后,有限责任公司变更为股份有限公司的操作缺乏法律层面的直接对应的具体规定。根据《公司法》第十二条规定,有限责任公司变更为股份有限公司,应当符合规定的股份有限公司的条件。这意味着,有限责任公司股份制改造需满足股份有限公司设立的条件。股改的一般流程如图8-2所示。

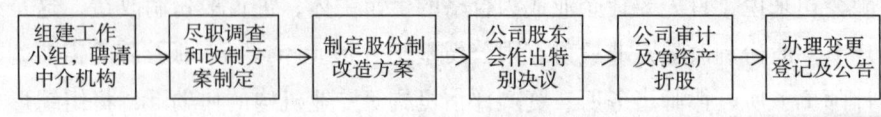

图8-2　股改的一般流程

(1) 组建工作小组,聘请中介机构。股份制改造是一项综合性、系统性、专业性极强的工作,需要设立专门的小组进行统筹,统一协调和安排改制工作。小组由公司抽调行政办公室、财务及熟悉公司历史、生产经营情况的人员组成,其主要工作包括:①全面协调企业与省、市各有关部门、行业主管部门、中国证监会派出机构以及各中介机构的关系,并全面督察工作进程;②配合中介机构工作,按照要求提供系列详尽资料,完成各机构安排的各项工作;③负责投资项目的立项报批工作和提供项目可行性研究报告;④完成各类董事会决议、公司文件、申请主管机关批文,并负责新闻宣传报道及公关等活动。

需要聘请的中介机构主要包括保荐机构、会计师事务所、律师事务所及资产评估机构。企业在选择中介机构时应该注意以下几个方面：一是中介机构需具有从事证券业务的资格；二是中介机构的执业能力、执业经验和执业质量；三是中介机构之间能够进行良好的合作；

（2）尽职调查和改制方案制定。尽职调查是中介机构进场后的首要工作内容。尽职调查的目的是正确制定改制方案和确定工作时间，侧重于了解公司是否符合股份有限公司的要求。对公司的尽职调查范围包括公司的控股子公司、对公司生产经营业绩具有重大影响的非控股子公司以及其他关联公司。

在该阶段，各家中介机构应该共同协助公司完成以下工作。①中介机构（会计师事务所、律师事务所、券商）出具尽调报告；②拟定改制方案及上市整体方案；③持股平台（员工股权激励）设置并办理行政变更；④确定发起人、出资形式、签订发起人协议，并拟订股份公司章程草案；⑤进行审计、评估，并出具审计报告、资产评估报告等相关报告；⑥取得关于资产评估结果的核准及国有股权管理方案的批复（若需要）。

（3）制定股份制改造方案。《公司法》第六十七条规定，"制订公司合并、分立、解散或者变更公司形式的方案"属于董事会的职权范围。因此，应当由公司董事会拟定变更公司形式的方案。公司变更方案一般包括下列内容。①变更后公司的名称和经营范围；②变更的规定和条件；③将原有限责任公司股东的投资份额转换成股份有限公司股份的方式和依据；④变更公司章程的声明；⑤有关公司变更的其他条款。

股份制方案设计是股改的核心内容，一般情况下由公司列明股改要点，然后由中介机构主要是律师事务所协助完成。

（4）公司股东会作出特别决议。根据《公司法》第五十九条及第六十六条的规定，有限责任公司应召开股东会，对董事会制订的股份制改造方案进行审议，对是否进行股份制改造作出决议；而该决议由于涉及变更公司形式，必须经代表2/3以上表决权的股东通过。同时，公司章程的变更必须经代表2/3以上表决权的股东通过，并经公司登记机关登记后，章程的变更才发生法律效力。

（5）公司审计及净资产折股。有限责任公司股东会作出股份制改造决定后，应当由改制公司聘请审计机构对公司会计报表进行审计，以确定公司的净资产额，并以之作为折股依据，折合的股份总额不得高于公司净资产额。如股份制改造的同时吸收新的股东增加注册资本的，公司应当设立验资账户，新股东在签署发起人协议后，应即缴纳全部货币出资；以实物、知识产权或者土地使用权等非货币资产出资的，应当依法办理其财产权的转移手续。

（6）办理变更登记及公告

依据《中华人民共和国市场主体登记管理条例》，主体类型属于市场主体的一般登记事项，市场主体变更登记事项，应当自作出变更决议、决定或者法定变更事项发生之日起30日内向登记机关申请变更登记。

第二节　股票上市

【导读】

1602年，荷兰成立了世界上第一家公开上市交易和发债的股份制公司——东印度公司，进行远洋贸易活动。为筹措资金，规避风险，开始向社会发行股票。股票筹集的资金使东印度公司拥有充足的资本金，足以应对频繁的远航，滚动的资金为股东和投资者带来了巨额收益。

近代中国引入公司制度之初，便是看到了公司集股融资的组织优势。股份制公司则是最能发挥集股功能的组织形态，股票是股份制公司特有的金融工具。经过长时间的发展与技术进步，发行股票、上市融资已经成为当今股份制公司的最重要融资方式。

一、直接上市

（一）股票发行上市概述

股票上市是指依法发行的股票通过一定的程序进入证券交易所挂牌交易的过程。按照我国《证券法》关于证券上市的规定，证券上市是由一系列程序构成的实践过程，在符合证券交易所上市规则规定的上市条件的前提下，证券必须通过提出申请、签订协议、信息披露等一系列法定程序才能进入证券交易所挂牌交易。

1. 股票上市与股票发行、交易间的关系

股票发行、股票上市、股票交易体现了不同的法律关系。股票发行属于"一级市场"范畴，体现的是发行人与投资者的关系，是发行人首次将该证券出售给投资者；股票上市和股票交易属于"二级市场"范畴，股票上市体现发行人（也包括投资者）与证券交易所的关系，股票交易体现交易双方当事人（投资者与投资者）的关系。依法发行的股票经证券交易所批准后，在证券交易所公开挂牌交易和流通，即股票上市。通过股票上市，发行股票的公司成为上市公司，发行的股票成为上市股票，可以依法通过证券交易所系统实现流通转让，从而使股票交易的范围大大扩充，效率也大大提高。因此，股票上市是连接股票发行和股票交易的"桥梁"。我国《证券法》规定，非依法发行的证券，不得买卖。这也意味着，股票上市是股票进入证券交易所交易的必经环节。

尽管股票发行与股票上市是两种不同性质的行为和两个不同的阶段，但目前在我国，股票上市主要采取了"直通车"的方式，公司在申请公开发行的同时也申请其获准发行的流通股在交易所上市交易，股票公开发行往往与股票上市密不可分，间隔时间很短。

2. 股票上市与公司上市

在我国，股票上市与公司上市是同一的。我国《公司法》第一百三十四条规定："本法所称上市公司，是指其股票在证券交易所上市交易的股份有限公司。"由此可见，股票上市是上市公司最本质的特征，股票上市必然意味着作为股票发行人的股份有限公司成为上市公司；同理，股票被终止上市就必然会产生公司退市的后果。在这个语境下，上市公司与股票上市、上市公司退市与其股票被终止上市都是对同一事实的不同描述。

（二）首次公开发行股票并上市

1. 首次公开发行股票并上市概述

首次公开发行股票并上市（IPO），是发行人首次公开发行股票并在证券交易所上市的过程，是公司历次股票发行上市中最重要也是最复杂的一次，对公司的发展具有十分特殊的意义。

首先，在可预期的时间内，通过 IPO 发行股票可以一次性募集规模较大——相当于企业数年经营积累才能取得的资金。通过对募集资金的合理使用，公司能够获得超越同行的快速发展契机。

其次，在我国，公司发行股票的所有情形中，首次公开发行股票并上市是条件最严格，程序最复杂，受到法律规制最多的一种形式，拟上市主体必须在主体资格、规范运行及财务指标等方面满足一定的条件。获准上市往往意味着该企业的行业地位、经营业绩、财务数据等相较而言都比较有竞争力，自身业务和财务的对抗风险能力总体而言强于一般的企业，是对企业实力的肯定。因此，上市能大大提高发行公司的地位和社会形象，是其发展的一个重要里程碑。上市后，通过法定信息披露、证券交易所每日行情揭示、新闻媒体的行情揭示和股评等公开信息，也能给上市公司带来巨大的广告效应。

同时，在成为公众公司以后，上市公司需要时刻面临来自资本市场和社会公众的审视和监督，必须让公司更加合法合规地运行，有利于形成更加现代化的企业治理结构和内控体系。

最后，实现 IPO 以后，公司成功进入了更大、更高的资本市场。一方面，上市公司可以利用资本市场广阔的融资平台，通过增发新股、配股或发行可转换公司债券等多种方式筹集资金，快速高效地获取公司发展所需要的资金，为可持续发展提供了保障。另一方面，上市公司可以开展适当的股权激励设计（如股票期权、限制性股票等），根据经营业绩带动公司股价在二级市场上涨来达到激励管理人员和经营骨干的目的。此外，资本市场还可以成为上市公司资本运作的平台，上市公司可以用自身的股权作为支付手段，通过换股的方式进行并购活动。这时，上市公司新发行的股票相当于购买其他公司的一种"货币"，上市公司的这种能够增发股票的权利也被市场视为一种"铸币权"。

【案例 8-1】 广汽集团上市后积极利用资本市场的直接融资机制

广州汽车集团股份有限公司（以下简称"广汽集团"），于 2005 年完成整体股份制改造，建立了产权清晰的现代企业制度。股改完成后，也为广汽集团在资本市场上市铺平道路，2007年，广汽集团在经营工作会议上提出，要实现由资产经营向资本运营的跨越，同年6月，广汽集团正式启动"A+H"股上市工作，并最终于2010年和2012年分别完成了港交所和上交所的IPO。

在相继完成H股和A股上市后，广汽集团相当于打通了境内外资本市场运作平台，成为国有大型汽车集团中首家实现"A+H"股整体上市的公司，是通过资本市场促进实体经济发展的范例。借助资本运作平台，广汽集团后续直接融资工作取得了非常显著的成绩：2013年获批60亿元公司债、2014年注册110亿元短融、2015年获批41.0558亿元可转债、2016年启动150亿元非公开发行项目。同时，广汽集团充分利用"A+H"资本市场优势，采用"企业请客、市场买单"的方式，不断尝试各类股权激励计划，有效地将股东利益、公司利益和员工利益结合在一起，使各方共同关注公司的长远发展。

资料来源：《中国资本市场改革与发展三十年》编写组. 中国资本市场改革与发展三十年：上交所上市公司案例集［M］. 北京：中国经济出版社，2021。

2. 股票上市过程中涉及的机构

企业上市是一项系统工程，需要企业与相关机构共同努力，主要涉及的机构如下。

（1）中介机构。股票上市过程中涉及的中介机构主要包括保荐机构（具有保荐业务资格的证券公司）、会计师事务所、律师事务所及资产评估机构。

保荐机构是最重要的中介机构，是企业改制上市过程中的总设计师、各中介机构的总协调人、文件制作的总编撰。保荐机构负责证券发行的主承销工作，依法对发行人的申请文件和信息披露资料进行审慎核查，督导发行人规范运行，对其他中介机构出具的专业意见进行核查，对发行人是否具备持续盈利能力、是否符合法定发行条件做出专业判断，向证监会出具保荐意见，并确保发行人的申请文件和招股说明书等信息披露资料真实、准确、完整、及时。保荐机构应当尽职推荐发行人证券发行上市，在发行人证券上市后，保荐机构应当持续督导发行人履行规范运作、信守承诺、信息披露义务。

具备证券从业资格的会计师事务所负责协助企业完善财务管理、会计核算和内控制度，就改制上市过程中的财务、税务问题提供专业意见，协助申报材料制作，出具审计报告和验资报告等。

律师事务所负责解决改制上市过程中的有关法律问题，对股票发行与上市的各种文件的合法性进行判断，并对有关发行上市涉及的法律问题出具法律意见，协助企业准备报批所需的各项法律文件，出具法律意见书和律师工作报告等。

具有证券从业资格的资产评估机构负责股票发行之前的公司资产评估。资产评估具有严格的程序，整个过程一般包括申请立项、资产清查、评定估算和出具评估报告。

（2）证券监管机构。主要包括证监会、各地证监局。证监会主要负责拟订在境内发行股票并上市的规则、实施细则，对交易所审核工作进行统筹协调和监督，为拟上市公司履行注册程序并监管其发行上市活动。

各地证监局是证监会的派出机构，主要承担对企业改制上市辅导验收、依法查处辖区内监管范围的违法违规案件、办理证券期货信访事项、联合有关部门依法打击辖区非法证券期货活动等职责。

（3）相关政府部门。主要包括当地上市办、行政职能部门及当地金融办。在上市过程中，企业需地方政府及相关部门协调解决的问题主要有：①股权形成的合法性认定；②各种无重大违法行为的证明及认定；③土地相关审批、国有股划转的协调等。地方政府一般通过当地金融办等机构对企业上市工作进行归口管理，协调处理企业上市相关问题，推动企业顺利申报材料。

（4）证券交易所。在交易所审核环节，证券交易所承担全面审核判断企业是否符合发行条件、上市条件和信息披露要求的责任，并形成审核意见。此外，证券交易所还承担着企业改制上市培育、组织董秘与独董培训、上市后续监管等职责，在推动企业上市方面发挥着重要作用。

3. 首次公开发行股票上市及一般程序

公司股票发行与上市必须符合法定的程序，并遵守《证券法》《公司法》和中国证监会于2023年2月7日修改公布的《首次公开发行股票并上市管理办法》和《首次公开发行股票并在创业板上市管理办法》的相关规定。股票发行与上市的一般程序如图8-3所示。

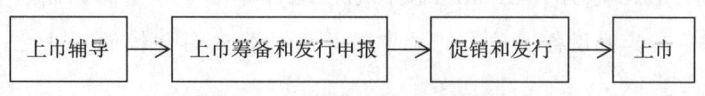

图8-3 公司股票发行与上市程序

（1）上市辅导①。上市辅导是指有关机构对拟发行股票并上市的股份有限公司进行的规范化培训、辅导与监督。发行与上市辅导机构由符合条件的证券经营机构担任，原则上应当与代理该公司发行股票的主承销商为同一证券经营机构。上市辅导的意义在于使公司建立比较完善的法人治理结构，让公司董事、监事、高级管理人员以及其他相关人员等全面系统地理解和掌握与发行上市有关的法律法规、证券市场规范运作和信息披露要求，进而使公司基本具备进入证券市场的条件。

在取得营业执照之后，股份公司依法成立。按照《证券发行上市保荐业务管理办法》（中国证券监督管理委员会第207号令）的有关规定，拟公开发行股票的股份有限公司在向中国证监会提出股票发行申请前，发行人应当聘请具有保荐机构资格的证券公司履行保荐职责。保荐机构在推荐发行人首次公开发行股票并上市前和推荐发行人向不特定合格投资者公开发行股票并在北交所上市前，应当对发行人进行辅导。保荐机构辅导工作完成后，应由发行人所在地的中国证监会派出机构进行辅导验收。上市前辅导程序如图8-4所示。

---

① 上海市投资促进服务中心，上海市中小企业上市促进中心. 中国中小企业改制上市操作手册[M]. 北京：中国经济出版社，2020.

图 8-4 上市前辅导程序

辅导内容包括：对发行人的董事、监事和高级管理人员、持有5%以上股份的股东和实际控制人（或者其法定代表人）进行系统的法规知识、证券市场知识培训，使其全面掌握发行上市、规范运作等方面的有关法律法规和规则，知悉信息披露和履行承诺等方面的责任和义务，树立进入证券市场的诚信意识、自律意识和法治意识，以及中国证监会规定的其他事项。

依据《首次公开发行股票并上市辅导监管规定》，辅导期原则上不少于3个月。但也存在特殊情况，首批科创板就出现辅导期少于3个月的情况，例如：①中微半导体设备（上海）股份有限公司科创板上市辅导期大致为2019年1月至3月（辅导团队：海通证券、长江证券+普华永道会计师事务所+方达律师事务所）。②杭州启明医疗器械股份有限公司科创板上市辅导期大致为2019年3月至4月（辅导团队：中金公司+安永华明会计师事务所+金杜律师事务所）。

【案例8-2】 中微半导体申报科创板辅导

中微半导体设备（上海）股份有限公司（以下简称中微公司）成立于2004年5月，主要为集成电路、LED芯片、MEMS（微机电系统）等半导体产品的制造企业提供刻蚀设备、MOCVD设备及其他设备，是第一批申报并成功登陆科创板的企业之一。公司的辅导期情况大致如下：

辅导机构于2019年1月与中微公司签订了辅导协议。辅导机构根据《证券发行上市保荐业务管理办法》等相关规定，结合公司的实际情况，制定了切实可行的辅导计划及实施方案。2019年1月8日，辅导机构向上海证监局报送了中微公司辅导备案登记材料，确定中微公司正式进入辅导程序，辅导备案时间为2019年1月8日。辅导期内，辅导机构根据法律法规及中国证监会的有关规定，本着勤勉尽责、诚实信用、突出重点、责任明确的原则，对中微公司董事、监事、高级管理人员和部分财务管理人员及持股5%以上股份的股东等辅导对象进行了系统全面的辅导培训，使辅导对象理解并掌握股票发行上市有关法律法规、证券市场规范运作、信息披露和履行承诺等的相关要求。

辅导机构组织辅导对象于2019年3月15日进行了书面考试，题目类型包含单项选择题、多项选择题及判断题。辅导对象均以优异的成绩通过了书面考试。辅导机构于2019年3月27日公示了《中微半导体设备（上海）股份有限公司首次公开发行股票并在科创板上市辅导工作总结报告》。中微公司3个月内即完成了整个上市辅导的必要流程，可见，上市辅导的质量与效率可以兼顾。

资料来源：上海市投资促进服务中心，上海市中小企业上市促进中心．中国中小企业改制上市操作手册［M］．北京：中国经济出版社，2020。

(2) 上市审核及注册。在交易所审核环节，由交易所承担全面审核判断企业是否符合发行条件、上市条件和信息披露要求的责任，并形成审核意见。交易所审核过程中，发现重大敏感事项、重大无先例情况、重大舆情、重大违法线索的，应当及时向中国证监会请示报告，中国证监会及时明确意见。

企业上市申报应当根据自身定位选择合适的板块进行上市申报。一般企业在上交所、深交所上市流程（北交所流程除审核时限更短外大致相同，不再单独阐述）主要分为：上市申报，交易所受理，审核问询及回复，上市委审议，向证监会申请注册，同意注册，发行股票等过程。如图8-5所示。

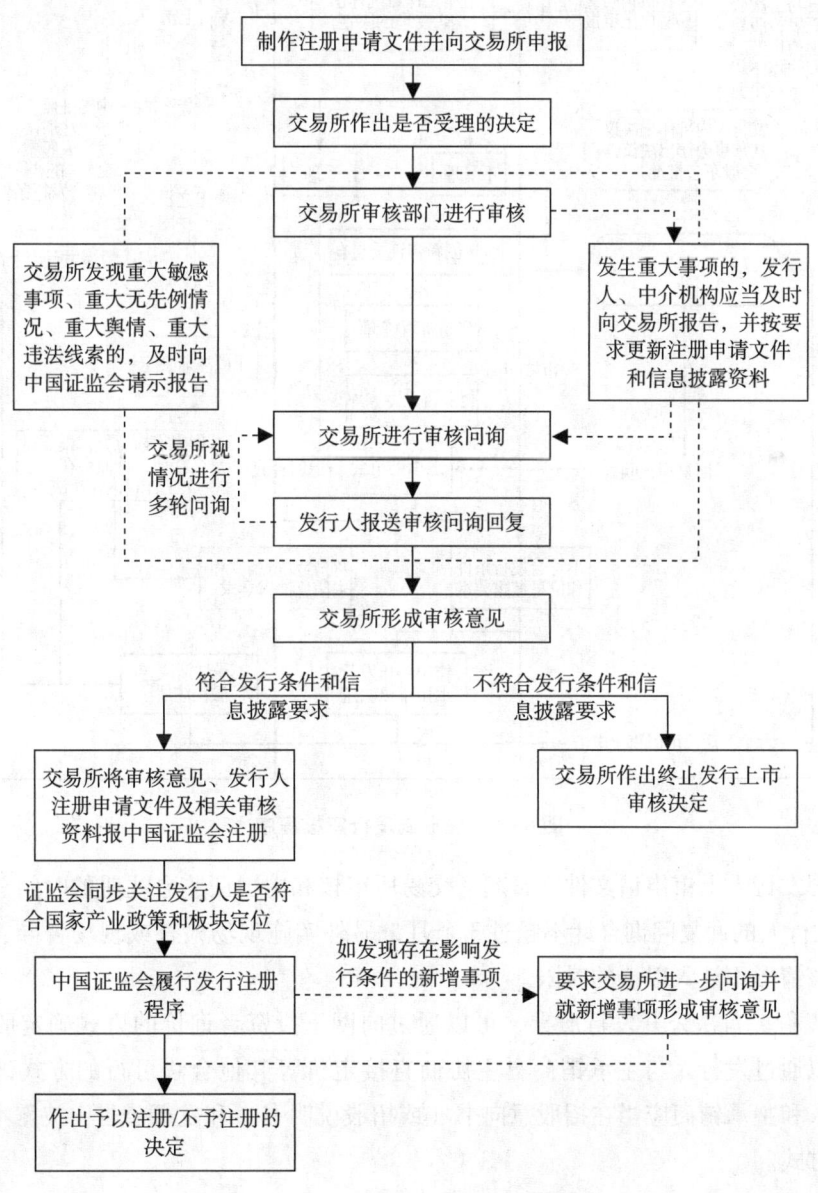

图8-5 上市审核注册基本流程

资本运营

全面注册制下,所有上市材料均由上交所和深交所负责审核,并在证监会进行注册。通常,交易所自收到企业递交申请后5个工作日内作出是否受理的决定,自受理之日起20个工作日内,向发行人提出首轮审核问询,审核期间包括交易所问询、企业回复、再次问询及回复、抽取现场检查、提交上市委审议等程序,最后向证监会报送审核意见,证监会在20个工作日内对发行人的注册申请做出同意或者不予注册的决定(见图8-6)。

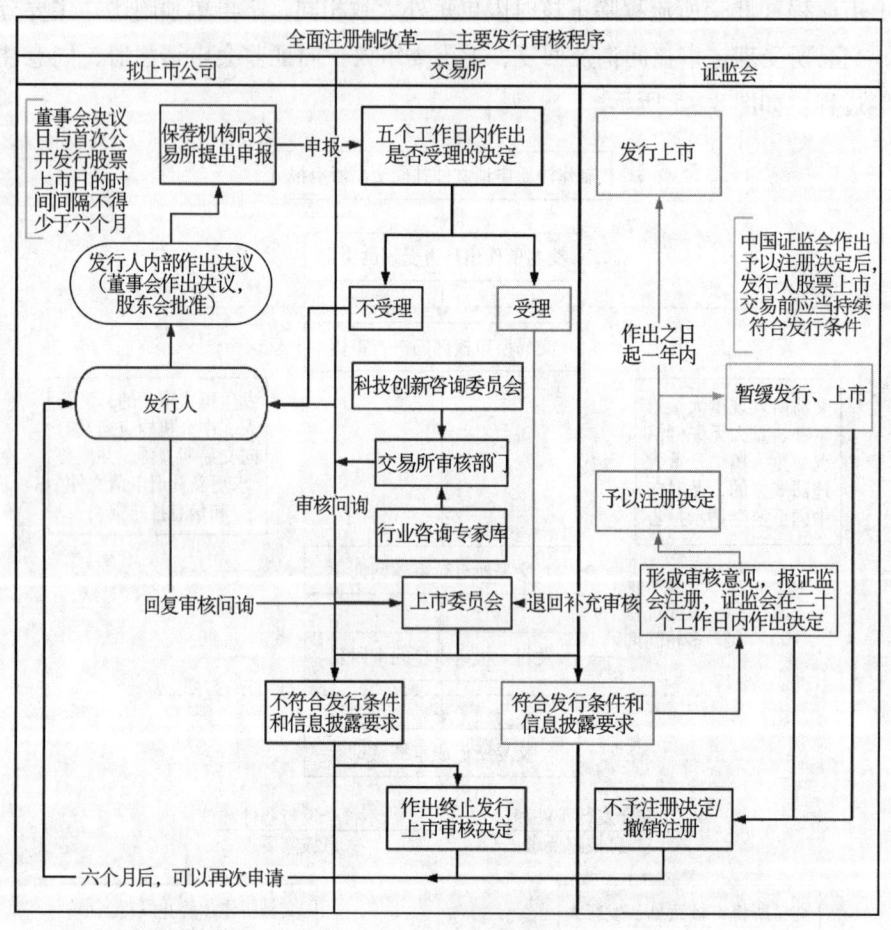

图8-6 注册制发行审核程序

自受理发行人上市申请文件之日起,交易所审核和中国证监会注册的时间总计不超过3个月,发行人的回复问询合计不超过3个月,另外实施现场检查或现场督导、财报更新等中止审核情形不计入以上的时限。

(3)发行。首次公开发行股票,可以通过向网下投资者询价的方式确定股票发行价格,也可以通过发行人与主承销商自主协商直接定价等其他合法可行的方式确定发行价格。发行人和主承销商应当在招股意向书(或招股说明书)和发行公告中披露本次发行股票的定价方式。

在发行准备工作已经基本完成,并且发行审查已经原则通过(有时可能是取得附加条件通过的承诺)的情况下,主承销商(或全球协调人)将安排承销前的国际推介与询价,此阶段的工作对于发行、承销成功具有重要的意义。

拟上市企业根据询价或者直接定价结果,根据不同交易所规定,进行网上公开发行、网下配售(包括战略投资者配售、保荐机构相关子公司跟投等)。

(4)上市。①拟定股票代码与股票简称。股票发行申请文件通过发审会后,发行人即可提出股票代码与股票简称的申请,报证券交易所核定。②上市申请。发行人首次公开发行股票经中国证监会同意注册并完成股份公开发行后,向沪深交易所提出股票上市申请的,应当提交下列文件:上市申请书;中国证监会同意注册的决定;首次公开发行结束后发行人全部股票已经中国证券登记结算有限责任公司登记的证明文件;首次公开发行结束后会计师事务所出具的验资报告;发行人、控股股东、实际控制人、董事、监事和高级管理人员等根据沪深交易所相关规定要求出具的证明、声明及承诺;首次公开发行后至上市前,按规定新增的财务资料和有关重大事项的说明(如适用);沪深交易所要求的其他文件。

证券交易所在收到发行人提交的全部上市申请文件后7个交易日内,作出是否同意上市的决定并通知发行人。发行人在收到上市通知后,应当与证券交易所签订上市协议书,以明确相互间的权利和义务。披露上市公告书发行人在股票挂牌前3个工作日内,将上市公告书刊登在中国证监会指定报纸上。申请上市的股票将根据证券交易所安排和上市公告书披露的上市日期挂牌交易。一般要求,股票发行后7个交易日内挂牌上市。

(5)持续督导。持续督导是指保荐机构遵循勤勉尽责、诚实守信的原则,对与之签订《持续督导协议》的上市公司的日常经营、持续运营特别是公司治理、信息披露等方面进行专业的规范、引导和督促。保荐机构履行持续督导职责时,上市公司应该予以配合。

首次公开发行股票并在主板上市的,持续督导期间为股票上市当年剩余时间及其后2个完整会计年度,在创业板、科创板和北交所上市的,持续督导期间为股票上市当年剩余时间及其后3个完整会计年度。

持续督导期内,保荐人及其保荐代表人应当重点关注上市公司是否存在如下事项:①存在重大财务造假嫌疑;②控股股东、实际控制人及其关联人涉嫌资金占用;③可能存在重大违规担保;④控股股东、实际控制人及其关联人、董事、监事和高级管理人员涉嫌侵占公司利益;⑤资金往来或者现金流存在重大异常。

【案例8-3】 中国农业银行IPO案例分析

一、公司背景

中国农业银行是我国四大国有商业银行之一,在国民经济和社会发展中扮演着十分重要的角色。虽然在1951年,中国农业银行已经成立,当时称为农业合作银行,但是由于中国农业银行长期担负着中国"三农"发展问题,各种政策性业务制约着其发展。因此,农行真正的商业化道路起步很晚,在2010年,农业银行在完成政策性业务及不良资产的剥离以及股份制改造后,在A股和H股同时成功上市。

二、农行IPO前的准备

农行上市前的准备可以分为商业化改革、对不良资产的剥离、补充资本金和股份制改造四个过程。

1. 商业化改革过程

1980年,农行开始进行商业化改革。1994年,中国农业发展银行成立。农业银行把农业政策性贷款和负债余额向农业发展银行进行划转。1997年,农业银行确立以利润为核心的经营目的,从此农业银行正式步入现代商业银行的行列。

2. 对不良资产的剥离过程

1998年,农行开始在政府的指导下,逐渐剥离其不良资产给四大资产管理公司,除此之外,农行还通过对外打包出售,资产证券化,提取呆账准备金等方式,对其不良资产进行处置。截至2009年年底,农行不良贷款率已经降低到2.91%,已经低于国有银行上市要求的10%。

3. 补充资本金的过程

除了政府向农业银行注资外,农业银行还通过其他途径来补充资本金。2008年,中央汇金投资公司向农业银行注资1 300亿元。2009年,农业银行发行了500亿元次级债,以此来提高资本充足率,增强营运能力,提高抗风险能力。

4. 股份制改造过程

2009年1月15日,中国农业银行整体改制为中国农业银行股份有限公司,注册资本为2 600亿元人民币,此时中央汇金投资有限责任公司和财政部代表国家各持有中国农行股份有限公司50%股权。中国农业银行股份有限公司按照国家有关法律法规,制定了新的公司章程,以"三会分设、三权分开、有效制衡"为原则,形成"三会一层"(股东大会、董事会、监事会和高级管理层)的现代公司法人治理架构。2009年11月,中国农业银行股份有限公司在香港成立农银国际控股有限公司,成为其全资附属机构,注册资本近30亿港元。

三、农行上市情况

农行上市可分为上市策划、承销商选择、上市定价和最终上市四个过程。

1. 上市策划

农业银行的主要业务是立足于大陆本土的,且肩负了支持三农这样的政策性任务,在国内进行募股融资也将是一个必然的选择。在国际化方面,周边地区如香港、东南亚等将是农行走向国际的重点区域。选择在香港联交所上市将是必然选择。之前上市的国有银行积累的A+H上市的经验使得农行在克服上市过程中可能出现的在不同市场要同股、同权、同价等技术问题有了一定的应对准备。在充分考虑了这些因素之后,农行选择了同时在A股和H股IPO上市融资的上市策划方案。

2. 承销商选择

在农行IPO开始遴选承销商的时候,预计超过200亿美元募资额将使得农行IPO成为世界上最大的IPO案例之一,若按2.5%的费率计算,参与的投行将可分享约5亿美元的佣金,因此,争夺农行IPO承销商的大战在农行上市之前便显得异常激烈。最后,高盛、中金公司、摩根士坦利、摩根大通、德意志银行、麦格理和农银证券等机构将承销农行H股。中金公司、中信证券、国泰君安以及银河证券入选为农行A股承销商。

3. 上市定价

农行上市时机并不是很好。2010年,中国市场不景气,各大银行的市盈率不高,因此在定价时,农行的股票价格比当年中行、建行以及交行更低。但是,由于农行有其自身的优势,在路演推介阶段,农行以"中国网点最多的商业银行""盈利增长最快的商业银行"为卖点,最终,在市场和承销商的博弈之下,A股首次公开募股价定在每股人民币2.68元,同时H股首次公开募股价定在每股3.2元港币。

4. 最终上市

2010年7月15日,中国农业银行A股在上海证券交易所挂牌上市,同时于7月16日H股在香港证券交易所上市。另外,由于农行首次公开发行股票数量远远超过4亿股,因而农行及其主承销商可以在发行方案中采用"超额配售选择权",即"绿鞋机制",用来稳定大盘股上市后的股价走势,防止股价大起大落。最终,农行A+H两股的新股集资总额合共为221亿美元,成为当时全球最大的集资记录。

四、上市后农行经营情况

上市后农行经营情况良好,主要体现在两个方面:经营业绩大幅提升和资产质量显著提高。

1. 经营业绩大幅提升

截至2010年年底,中国农业银行实现营业收入2904亿元,同比增长30.7%,实现净利润949亿元,同比增长46%,增速位居四大国有银行之首。农行2010年实现归属于母公司股东的净利润948.7亿元,高于招股说明书中预测的829.1亿元,为公司股东创造了超出预期的利润,保持了强劲的增长势头。

2. 资产质量显著提高

农行的资产质量不断提高,风险抵御能力不断增强,为其以后的成长打下坚实的基础。从表8-2可以看出农行资产结构在上市后逐渐好转。

表8-2　　　　中国农业银行2011年度与2012年度部分财务指标

项 目	2011年度	2012年度
基本每股收益(元)	0.3754	0.4467
每股净资产(元)	2	2.31
净资产收益率——加权平均(%)	20.46	20.74

续表

项　　目	2011年度	2012年度
总资产报酬率（%）	1.11	1.16
净资产比率（%）	5.56	5.66
固定资产比率（%）	1.13	1.07

五、农行上市成功原因分析

（1）在经济不景气的环境下，科学发行方案的设计是农行上市成功的关键。农业银行上市发行的股份配售采取了科学、合理的发行机制和分配模式。在发行机制方面，农业银行在股票发行过程中还引入了"绿鞋"机制，为稳定发行价格起到了保驾护航的作用。

（2）高密度且全面覆盖的IPO预路演和科学合理的定价也为农行成功上市奠定了基础。

资料来源：曾江洪. 资本运营与公司治理（第三版）［M］. 北京：清华大学出版社，2019.

（三）境内股票市场

1. 板块定位

相对于海外资本市场按照企业规模和发展阶段划分板块，注册制改革后A股市场偏向于根据企业的特色定位，以及国家对资金的引导方向进行板块划分。我国主要上市板块如表8-3所示。

表8-3　　　　　　　　　　　我国主要上市板块

事项		主板	科创板	创业板	北交所
定位		突出"大盘蓝筹"特色，重点支持业务模式成熟、经营业绩稳定、规模较大、具有行业代表性的优质企业申请上市	面向世界科技前沿、面向经济主战场、面向国家重大需求，支持符合国家战略、拥有关键核心技术、科技创新能力突出，主要依靠核心技术开展生产经营，具有稳定的商业模式，市场认可度高，社会形象良好，具有较强成长性的企业	深入贯彻创新驱动发展战略，适应发展更多依靠创新、创造、创意的大趋势，服务成长型创新创业企业，支持传统产业与新技术、新产业、新业态、新模式深度融合	主要服务于专业化、特色化、精细化、新颖化的创新型中小企业，重点支持先进制造业和现代服务业等领域的企业，推动传统产业转型升级，培育经济发展新动能，促进经济高质量发展
行业要求	支持		支持新一代信息技术、高端装备、新材料、新能源、节能环保、生物医药及其他符合科创板定位的领域		符合国家产业政策的企业

续表

事项		主板	科创板	创业板	北交所
行业要求	限制		限制金融科技、模式创新企业在科创板上市	农林牧渔业；采矿业；酒、饮料和精制茶制造业；纺织业；黑色金属冶炼和压延加工业；电力、热力、燃气及水生产和供应业；建筑业；交通运输、仓储和邮政业；住宿和餐饮业；金融业；房地产业；居民服务、修理和其他服务业。（与互联网、大数据、云计算、自动化、人工智能、新能源等新技术、新产业、新业态、新模式深度融合的创新创业企业除外）	
	禁止		禁止房地产和主要从事金融、投资类业务的企业在科创板发行上市	禁止产能过剩行业、《产业结构调整指导目录》中的淘汰类行业，以及从事学前教育、学科类培训、类金融业务的企业在创业板发行上市	不支持金融业、房地产业企业申报发行上市，且不得为产能过剩行业、《产业结构调整指导目录》中规定的淘汰类行业，以及从事学前教育、学科类培训等业务的企业
评价细则	指标		①研发投入②研发人员占比③相关发明专利数量④营收复合增长率/营收规模以及能够证明科技创新能力特别突出的情形	①研发投入②营收复合增长率/营收规模等角度	
	文件		《上海证券交易所科创板企业发行上市申报及推荐暂行规定》等	《深圳证券交易所创业板企业发行上市申报及推荐暂行规定》	

2. 上市条件

股票上市条件，是指股票进入证券交易所交易的具体要求，同时也是指股票发行人成为上市公司的条件。《证券法》第 47 条规定："申请证券上市交易，应当符合证券交易所上市规则规定的上市条件"，说明证券上市的条件主要由证券交易所规定。该条第 2 款还规定："证券交易所上市规则规定的上市条件，应当对发行人的经营年限、财务状况、最低公开发行比例和公司治理、诚信记录等提出要求"。

依据沪深证券交易所在 2023 年 8 月修订的《股票上市规则》的有关规定来看，除符

资本运营

合《证券法》、中国证监会规定的发行条件以及证券交易所要求的其他条件外，首次公开发行的股票上市，应当符合如表8-4所示的各项条件。

表8-4 普通股首次公开发行并上市的条件

	主板	科创板	创业板	北交所
一般企业：				
年限	• 依法设立，持续经营三年以上的股份有限公司 • 有限责任公司按原账面净资产值折股整体变更为股份有限公司的，持续经营时间可以从有限责任公司成立之日起计算	• 持续经营三年以上		• 全国股转系统连续挂牌12个月的创新层挂牌公司（挂牌条件：持续经营不少于2个会计年度，特定行业不少于1个会计年度）
股本	• 发行后股本总额≥5000万元	• 发行后的股本总额≥3000万元		
公开发行比例	• 公开发行的股份达到公司股份总数的25%以上；公司股本总额超过4亿元的，公开发行股份的比例为10%以上			
市值及财务标准	标准一：持续盈利+营收/现金流 • 近三年净利润为正 • 近三年净利润累计≥1.5亿元 • 近一年净利润≥6000万元 • 近三年经营活动现金净流量累计≥1亿元或营业收入累计≥10亿元	标准一（1）：市值+持续盈利 • 预计市值≥10亿元 • 近两年净利润为正 • 近两年累计净利润≥5000万元 标准一（2）：市值+盈利+营收 • 预计市值≥10亿元 • 近一年净利润为正 • 近一年营业收入≥1亿元	标准一：持续盈利 • 近两年净利润为正 • 近两年累计净利润≥5000万元	标准一（1）：市值+盈利 • 预计市值≥2亿元 • 近两年净利润均≥1500万元 • 近两年加权平均净资产收益率平均≥8% 标准一（2）：市值+盈利 • 预计市值≥2亿元 • 近一年净利润均≥2500万元 • 近一年加权平均净资产收益率≥8%
		标准二：市值+营收+研发 • 预计市值≥15亿元 • 近一年营业收入≥2亿元 • 近三年累计研发投入占累计营业收入的比例≥15%	标准二：市值+盈利+营收 • 预计市值≥10亿元 • 近一年净利润为正 • 近一年营业收入≥1亿元	标准二：市值+营收+研发 • 预计市值≥8亿元 • 近一年营业收入≥2亿元 • 近两年研发投入合计占营业收入合计比例≥8%

续表

	主板	科创板	创业板	北交所
市值及财务标准	标准二：市值+盈利+营收+现金流 • 预计市值≥50亿元 • 近一年净利润为正 • 近一年营业收入≥6亿元 • 近三年经营活动现金净流量累计≥1.5亿元	标准三：市值+营收+现金流 • 预计市值≥20亿元 • 近一年营业收入≥3亿元 • 近三年经营活动现金净流量累计≥1亿元		标准三：市值+营收+现金流 • 预计市值≥4亿元 • 近两年营业收入平均≥1亿元 • 近一年营业收入增长率≥30% • 近一年经营活动产生的现金流量净额为正
	标准三：市值+盈利+营收 • 预计市值≥80亿元 • 近一年净利润为正 • 近一年营业收入≥8亿元	标准四：市值+营收 • 预计市值≥30亿元 • 近一年营业收入≥3亿元	标准三：市值+营收 • 预计市值≥50亿元 • 近一年营业收入≥3亿元	
		标准五：市值+研发 • 预计市值≥40亿元 • 主要业务或产品市场空间大，目前已取得阶段性成果，并获知名投资机构一定金额的投资。医药行业企业需取得至少1项核心产品获准开展二期临床试验。其他符合定位的企业需具备明显的技术优势并满足相应条件		标准四：市值+研发 • 预计市值≥15亿元 • 近两年研发投入合计≥5000万元

注：市值及财务指标至少符合标准中的一项即可。

上述规则主要是针对一般企业的普通股股票上市做出，具有特殊形式，如红筹企业、拥有特别表决权的股份（简称特别表决权股份）的股票上市，沪深交易所另有特殊规定。

红筹企业是指注册地在境外、主要经营活动在境内的企业。符合《国务院办公厅转发证监会关于开展创新企业境内发行股票或存托凭证试点若干意见的通知》（国办发〔2018〕21号）等有关规定的红筹企业，即"符合国家战略、掌握核心技术、市场认可度高，属于互联网、大数据、云计算、人工智能、软件和集成电路、高端装备制造、生物医药等高新技术产业和战略性新兴产业，且达到相当规模的创新企业"，可以在沪深证券交易所申请首次公开发行股票并上市。对比一般普通股股票上市条件，红筹股的区别在于市值及财务指标标准，如表8-5所示。

特殊表决权股份是指在一般规定的普通股份之外，发行拥有特别表决权的股份。通常，每一特别表决权股份拥有的表决权数量大于每一普通股股份拥有的表决权数量。沪深

表8-5　　　　　　　　　　　　红筹股上市的条件

		主板	科创板	创业板	备注
已在境外上市的红筹企业	标准一： • 市值≥2000亿元				2023年2月17日发布的《创业板股票上市规则》取消了关于红筹企业申请在创业板上市需满足"最近一年净利润为正"的要求。 "营业收入快速增长"应当符合下列标准之一： （1）最近一年营业收入不低于5亿元的，最近三年营业收入复合增长率10%以上； （2）最近一年营业收入低于5亿元的，最近三年营业收入复合增长率20%以上； （3）受行业周期性波动等因素影响，行业整体处于下行周期的，发行人最近三年营业收入复合增长率高于同行业可比公司同期平均增长水平。 处于研发阶段的红筹企业和对国家创新驱动发展战略有重要意义的红筹企业，不适用"营业收入快速增长"的上述要求
	标准二： • 市值>200亿元 • 拥有自主研发、国际领先技术，科技创新能力较强，在同行业竞争中处于相对优势地位				
未在境外上市的红筹企业	标准一： • 预计市值≥200亿元 • 近一年营业收入≥30亿元		—	—	
	标准二： • 预计市值≥100亿元 • 营业收入快速增长 • 拥有自主研发、国际领先技术，在同行业竞争中处于相对优势地位				
	标准三： • 预计市值≥50亿元 • 近一年营业收入≥5亿元 • 营业收入快速增长 • 拥有自主研发、国际领先技术，在同行业竞争中处于相对优势地位				

交易所对特别表决权股份申请发行上市的特殊条件规定如下。

（1）发行人具有表决权差异安排的，市值及财务指标应当至少符合表8-6中标准中的一项。

表8-6　　　　　　　特别表决权股份申请发行上市的特殊条件

	主板	科创板	创业板
市值及财务标准	标准一： • 预计市值≥200亿元 • 近一年净利润为正	标准一： • 预计市值≥100亿元	
	标准二： • 预计市值≥100亿元 • 近一年净利润为正 • 近一年营业收入≥10亿元	标准二： • 预计市值≥50亿元 • 近一年营业收入≥5亿元	

（2）发行人首次公开发行并上市前设置表决权差异安排的，应当经出席股东会的股东

所持 2/3 以上的表决权通过。发行人在首次公开发行并上市前不具有表决权差异安排的，不得在首次公开发行并上市后以任何方式设置此类安排。

（3）持有特别表决权股份的股东应当为对上市公司发展或者业务增长等作出重大贡献，并且在公司上市前及上市后持续担任公司董事的人员或者该等人员实际控制的持股主体。持有特别表决权股份的股东在上市公司中拥有权益的股份合计应当达到公司全部已发行有表决权股份的 10% 以上。

（4）上市公司章程应当规定每份特别表决权股份的表决权数量。每份特别表决权股份的表决权数量应当相同，且不得超过每份普通股份的表决权数量的 10 倍。

（5）除公司章程规定的表决权差异外，普通股份与特别表决权股份具有的其他股东权利应当完全相同。

3. 上市板块的选择

随着全面注册制的深入推行，各板块首发上市申报制度、申报周期、审核效率等持续趋于一致，发行定价机制和交易机制等也将逐步缩小差异。多层次资本市场体系下的板块基本定位，应是不同企业选择上市板块的核心和根本出发点。

首先，板块定位代表着多层次资本市场不同板块对于企业画像的不同要求，在支持实体经济高质量发展的大背景下，不同板块已经对不同行业和不同发展阶段的企业做出了初步区分。其次，不同板块的差异化定位，形成了各具特色的审核理念与审核标准。最后，不同板块的差异化定位，形成了特色鲜明的估值体系和投资者偏好。目前，各板块已初步形成了特色产业、行业集群，通过产业集群，找到适合企业的板块，也就是找到了最公允的估值体系，实现企业价值最大化。

对于一些企业而言，其行业属性可能同时符合多个板块的范围，在选择上市板块时，可进一步关注各板块上市条件差异、估值水平、二级市场流动性、投资者结构等。比如，在上市条件方面，各大板块在持续经营、会计基础、独立性以及合规性等方面的标准虽已基本一致，但在持续经营、业绩要求等方面仍有差距。

【案例 8-4】　　　蚂蚁集团因不符科创定位被暂缓上市

2020 年 7 月 15 日，蚂蚁金服运营主体浙江蚂蚁小微金融服务集团股份有限公司正式变更为蚂蚁科技集团股份有限公司（简称蚂蚁集团），开始寻求在科创板上市。8 月 24 日，蚂蚁集团正式提交 IPO 招股说明书，并于 9 月 18 日正式过会，前后用时仅 25 天。但随后，11 月 3 日，上交所发布关于暂缓蚂蚁科技集团股份有限公司原申请于 11 月 5 日在上海证券交易所科创板上市的决定，引人注目的蚂蚁集团上市被按下暂停键。

暂缓上市背后，是蚂蚁集团"科技"定位的争议。蚂蚁集团申请在科创板上市，显然是将自身定位于科技创新企业。在招股说明书中，蚂蚁集团一再强调自己是"科技公司"

"中国领先的数字支付提供商和领先的数字金融科技平台""致力于推动全球现代服务业的创新和数字化升级,为消费者和小微企业提供普惠、绿色、可持续的服务",公司所属行业为"互联网和相关服务"。但招股说明书同时表明,蚂蚁集团的收入主要来源于数字金融科技平台、数字支付与商家服务,蚂蚁集团持有金融牌照的控股子公司——天弘基金、国泰保险、蚂蚁商城、蚂蚁小微等是其中重要的收入来源。

在资本市场上,科技公司估值一般高于金融公司。选择强调"科技"属性,蚂蚁集团自然是希望在资本市场获得更好估值。然而,金融科技的本质是技术驱动的金融创新。无论叫金融科技还是科技金融,始终不能规避金融的本质属性,不能违背金融运行的基本规律。蚂蚁集团不仅不符合科创板定位,更存在规避金融监管之嫌。

资料来源:根据公开资料整理。

本小节只介绍了境内股票市场相关内容,境外股票市场详见本书相关章节。

二、间接上市

(一) 借壳上市

1. 借壳上市的定义

法律意义上的借壳是指取得上市公司控制权同时,上市公司向收购人购买资产达到上市公司上年末资产总额的100%的交易行为,从而实现非上市企业间接上市。买壳上市也属于借壳上市的范畴,其不同之处在于买壳上市的企业首先需要获得对一家上市公司的控制权,而借壳上市的企业已经拥有了对上市公司的控制权。与直接上市相比,借壳上市有以下好处:

(1) 改善上市公司的经营状况,保持良好的融资渠道,从控股集团公司获得优质资产,可以使上市公司获得良好的经营项目,进一步提高经营业绩,保持再融资的可能性;

(2) 节省时间,操作得好,可能一步到位,不用排队;

(3) 避免复杂的财务、法律障碍,打算直接上市的公司必须有长期、稳定的盈利记录,且需花费大量的人力和财力来完成"企业清洁";

(4) 如果拟上市业务采用首发上市难以被市场看好,而公司又具备足够的实力,选择借壳上市就更有优势。

【案例8-5】   中远买壳上市

中远置业是中远集团于1997年3月27日成立的大型控股公司,中远置业这次行动是在中远集团支持下完成的。中远集团是1993年组建的以中国远洋运输公司为核心的企业。

1997年5月27日，中国远洋运输集团旗下的中远置业发展有限公司以协议方式受让了占上海众城实业股份有限公司总股本28.7%的发起人法人股，成为该上市公司的第一大股东。众城实业后来改名为"中远发展"。中远置业后来又分别从上海陆家嘴金融贸易区开发股份有限公司和中房上海房地产开发总公司协议受让共39.67%的股权，这样中远置业共持有众城实业68.37%的股权，成为众城绝对控股方。这一并购重组案例是上海房地产业的第一起"买壳上市"案，同时为大中型国企利用证券市场发展壮大自己探索了一条新道路。

中远花巨资买壳是一次战略举动，注重的是长期效应，是其战略布局的重要一着，其最主要的目的是在上海抢占"桥头堡"，为其业务转至上海并进行扩张做好准备。收购上市公司还可以迅速提高中远的名气，为其节约了大量广告费用，以及以上市公司的形式来评估其在长期发展过程中被低估的资产，达到内部资源的优化配置。

资料来源：根据公开资料整理。

2. 借壳上市的主要程序

一个典型的借壳上市的运作路径可以概括为：选壳——买壳——价款支付——资产置换——挂牌（复牌），其中最重要的两个交易步骤是买壳和资产转让。买壳交易是指非上市公司股东以收购上市公司股份的形式，绝对或相对地控制一家已经上市的股份公司。资产转让交易是指公司收购非上市公司而控制非上市公司的资产及营运。

借壳上市涉及上市公司的重大购买、出售与资产置换等运作，必须符合《公司法》《证券法》《上市公司收购管理办法》《上市公司重大资产重组管理办法》《公开发行证券的公司信息披露内容与格式准则第26号——上市公司重大资产重组申请文件》（2023年修正）等有关规定，履行信息披露义务和申报程序，并经中国证监会批准。买壳上市的具体步骤如下。

（1）选壳。首先，挑选目标壳公司最重要的一条就是选择一些比较干净的壳。所谓比较干净的壳是指那些没有任何债务，公司经营历史比较清楚，没有任何法律纠纷和其他遗留问题的壳公司。其次，目标壳公司的股本规模要小。小盘股具有收购成本低、股本扩张能力强等优势。特别是流通盘小，易于二级市场炒作，获利机会较大。再次，是要股权相对集中。由于二级市场收购成本较高，而且目标公司较少，因此大都采取股权协议转让方式。股权相对集中易于协议转让，而且保密性好，从而为二级市场的炒作创造了条件。最后，是目标壳公司有配股资格。证监会规定，上市公司只有连续三年平均净资产收益率在10%以上（最低为6%）时，才有配股资格。买壳上市的主要目的就是配股融资，如果失去配股资格，也就没有买壳上市的必要了。

（2）买壳，即收购或受让股权。收购股权有以下两种方式：一种方式是场外协议收购上市公司大股东持有的股权或受让上市公司的新定向增发股份,这是我国买壳上市行为的主要方式。这种收购方式成本较低,但操作困难较大,其原因是同时要得到股权原持有人和主管部门的同意,以及中国证监会的批准。另一种方式是在二级市场上直接购买上市公司的股票。这种方式在西方流行,但是由于中国的特殊国情,只适合于流通股占总股本比例较高的公司或者"三无公司"。二级市场的收购成本太高,除非有一套详细的操作计划,才能从二级市场上取得足够的投资收益,来抵消收购成本。获得合适的壳公司之后,便可对壳公司进行接管,改组上市公司的董事会、监事会和管理层等。

(3) 价款支付。目前,有六种价款支付方式,包括现金支付、资产置换支付、债权支付方式、混合支付方式、零成本收购、股权支付方式。前三种是主要支付方式,但是现金支付对于买壳公司是一笔较大的负担,很难一下子拿出数千万元甚至数亿元资金,所以目前倾向于采用资产置换支付和债权支付方式或者加上少量现金的混合支付方式。

(4) 资产置换。①净壳。对于不太干净的壳公司,如不良资产较大、效益不佳的壳公司,需要将其原有的不良资产剥离出来,卖给关联公司,从而将不干净的壳公司变成"净壳"公司。如果原有的壳公司较为干净,也可以考虑在买壳后逐步剥离不良资产。②换壳。将优质资产注入壳公司,提高壳公司的业绩,从而达到配股资格,实现融资目的。

(5) 复牌。在借壳上市期间,为避免股价异常波动,按照中国证监会的规定,上市公司应停牌。买壳上市完成并披露信息后再复牌交易。

【案例8-6】　　　　　圆通速递借壳上市

近年来,伴随着我国经济的发展和科技的进步,得益于互联网经济和电子商务的支撑,我国快递行业呈爆发式增长,快递企业尤其是民营快递企业的数量激增,规模持续壮大。但由于该行业进入门槛低,同质化严重,市场竞争不断加剧,行业毛利率下降,利润空间逐渐缩小。经过十多年的发展,我国的快递行业已经形成了较高的行业壁垒,依靠降低成本获取市场占有率的做法已经难以奏效,各大快递企业尤其是大型民营快递企业面临着转型升级的巨大压力。快递企业想获得更多的利润,就要加快标准化和智能化建设,增加多元化经营,获取新的收入增长点。这个过程需要借助资本市场获取大量的资本投入。2016年可谓是我国快递企业的上市元年,圆通、申通、韵达、顺丰四家快递企业纷纷完成借壳上市。

圆通速递创立于2000年5月,历经十余年的发展,已经构建了集团化、网络化、规模化、品牌化的经营格局,是一家集成速递、航空、电商业务,致力于为客户提供一站式服务的大型集团。从2009年开始,圆通速递正式步入战略转型阶段,重点提升网络覆盖管理能力以及服务质量。但是，面对竞争日益激烈的局面，尤其是在申通速递宣布要借壳新海股份上市之后，圆通速递感觉到了前所未有的竞争压力。为了尽早登陆证券市场，圆通也开始从准备 IPO 挂牌转变为借壳上市。2016 年 9 月 14 日，圆通速递借壳大杨创世登陆资本市场，成为我国继申通之后第二家借壳上市的快递企业。圆通的股权结构清晰，借壳上市前圆通的股本为 26138.4305 万股。蛟龙集团作为圆通的控股股东，持股比例达到 63.6993%。实际控制人为喻渭蛟、张小娟夫妇，两人为一致行动人。

被借壳方大连大杨创世股份有限公司成立于 1992 年 12 月，前身是组建于 1979 年 9 月的杨树房服装厂。公司于 2000 年 6 月在上交所正式挂牌上市。主营业务为服装制造，市场定位于中高端的正装市场。公司的主要产品除了西服外，还有运动系列、游泳系列等各类产品。品牌主要有"创世""凯门""YOUSO-KU"等。经多次资本公积转增股份及股权分置改革，截至此次重大资产重组前，大杨创世总股本变更为 33000 万股，其中大杨集团持有 13200 万股，其他股东持有 19800 万股。受人工成本及原料成本不断上涨，大杨创世的利润水平逐年降低，再加上大杨创世的大部分业务收入来自海外市场，受汇率波动的影响较大，这两方面的原因导致大杨创世的业务发展和成长空间受到严重制约，公司的盈利状况连年恶化。

圆通速递借壳大杨创世的交易方案主要包括重大资产出售、发行股份购买资产和募集配套资金几项内容。其中资产出售和大杨创世发行股份购买圆通资产同时进行、互为前提。截至 2015 年 12 月 31 日，以此为评估基准日，大杨创世的全部资产及负债作价 12.34 亿元出售给圆通股东蛟龙集团、云锋新创，其中蛟龙集团、云锋新创以现金方式支付对价，蛟龙集团支付 11.35 亿元、云锋新创支付 0.99 亿元。出售的资产由大杨创世直接支付第三方。大杨创世以 7.72 元/股向蛟龙集团、阿里创投、云锋新创、喻渭蛟等 9 名对象定向增发 22.67 亿股购买圆通速递 100% 股权。本次交易的双方以 2015 年 12 月 31 日圆通资产的评估值为基础，双方协商作价 175 亿元。根据《上市公司重大资产重组管理办法》第十三条所规定的条件，该交易构成借壳上市。此次重组方案中还约定大杨创世向圆通速递的喻渭蛟等 7 名特定对象发行不超过 23 亿元。募集资金的去向主要用于中转站建设、智能物流平台、运输网络建设等项目上。在此次借壳上市方案中，双方还约定了业绩承诺，即在借壳上市完成后，圆通速递在 2016 年度、2017 年度、2018 年度承诺归属于母公司所有者的净利润分别不低于 110010 万元、133290 万元和 155250 万元。

资料来源：根据公开资料整理。

（二）被上市公司并购

被上市公司并购是指非上市公司通过购买上市公司发行的股份，拟注入资产至上市公司成为股东，进而完成上市。根据《中华人民共和国证券法》规定，收购行为完成后，收购人与被收购公司合并，并将该公司解散的，被解散公司的原有股票由收购人依法更换，实现间接上市。

非上市公司一方面可以通过寻求被收购，从而得到资金流富余的并购方的资本保障，可能会获得更低的内部资本成本优势。另一方面是被并购企业由于实现规模经济或母公司担保等原因，可以提升公司的管理效率、获得更高的经营能力和更强的举债能力，最终提高绩效水平。

这是因为并购行为能够在并购各方之间形成内部融资市场，并且外部融资成本相对低廉的收购方公司也能够为外部市场融资存在障碍的被收购方企业提供融资保障，进而减轻目标方公司的融资约束程度。被并购公司在获取资金投入项目的同时也能够带来更大的价值，进而缓解其融资约束。

因此，当企业被收购之后，使自身能从内部资本市场以及外部投资人获取资金，便可以有足够的资金来维持自身的运营和管理，从而提高公司生产管理能力，或者公司有更多的投资项目，也可以利用资金杠杆获取更多的资本，加大投资和扩张，进而提高公司的运营管理水平、偿债能力和盈利能力等。

【案例8-7】　　　　放弃IPO选择被并购，金宝电子"曲线上市"

宝鼎科技2022年3月17日披露，公司将以发行股份作为对价支付的方式，向永裕电子、招金集团、青岛相兑、深圳国宇、昆山齐鑫等13家交易对手收购其合计持有的金宝电子63.97%股份，交易完成后，金宝电子将成为宝鼎科技控股子公司。

金宝电子成立于1993年12月，是一家专业从事电子铜箔、覆铜板设计、研发、生产及销售的高新技术企业，注册资本8700万元。

从金宝电子来看，放弃IPO选择被上市公司并购，有诸多益处。其一，被并购上市后，企业通过上市公司平台可以获得更多的资金支持，有利于企业快速发展，有利于提升企业知名度。其二，被并购上市，把非上市公司股份置换成上市公司股份，也规避了IPO的不确定性，可以缩短投资回报周期，并且收购估值一般都有溢价，尽管溢价不如IPO，但对原股东也是个不错的选择。

资料来源：根据公开资料整理。

（三）股票上市的方案对比

股票上市的方案对比如表8-7所示。

表 8-7 股票上市的方案对比

项目	IPO	并购上市	
		借壳上市	被上市公司收购
审核政策	目前 IPO 审核政策较严，要求较高，随着注册制落地，审核政策有所放宽	借壳上市审核政策同 IPO	非借壳上市政策较为宽松
所需时间	目前 IPO 即报即审，所需时间适中（据统计审核约需 472 天）	总体时间较长，法规硬性规定了转板的等待时间	一般 3—6 个月即可完成，时间快
成本	IPO 成本相对较高	非借壳上市成本较低	借壳上市成本与 IPO 类似
估值	较高	较低	较低
对企业品牌推广效应	较大	较小	较小

第三节 股票退市

【导读】

退市新规自发布以来，正日益发挥着积极作用。接下来通过*ST 爱迪案例具体说明。

2024 年 1 月 8 日开盘，昔日"深市珠宝第一股"*ST 爱迪一字跌停，股价报 0.59 元，该股票收盘价已连续 11 个交易日低于 1 元/股。在接下来的 9 个交易日中，*ST 爱迪即便连续涨停也无法在第 20 个交易日重返 1 元，公司退市几乎已成定局。

根据《深圳证券交易所股票上市规则》第 9.2.1 条规定，上市公司出现下列情形之一的，决定终止其股票上市：（一）仅发行 A 股股票或仅发行 B 股股票的上市公司，连续 20 个交易日的每日股票收盘价均低于人民币 1 元。2024 年 2 月 8 日，因*ST 爱迪公司收盘价连续 20 个交易日低于 1 元/股，触及《深圳证券交易所股票上市规则》第 9.2.1 条第（一）项规定的应予终止上市的交易类强制退市情形。

资料来源：根据公开资料整理。

一、股票退市的概念

退市，即终止上市，是指上市公司公开发行的普通股票退出证券交易场所，失去在原有证券交易场所交易、流通资格的情形。

值得说明的是，退市是终止上市公司股票在证券交易所交易的资格，并不直接影响公司民事主体的存在和存续，上市公司终止上市后仍然是一个依法存续的股份有限公司，此时其发行的股票还可以在其他层级的证券交易场所或通过其他合法途径进行交易。如珠海市博元投资股份有限公司（*ST博元，600656）是我国证券市场首家因触及重大信息披露违法情形被终止上市的公司，2016年3月，上海证券交易所作出终止其股票上市的决定，退市后珠海市博元投资股份有限公司的股票转入全国中小企业股份转让系统挂牌转让。

二、上市公司退市的合理性与必要性

对于上市公司而言，通过对上市地位维持成本收益的理性分析考量发展战略、维护合理估值、稳定控制权等因素，或者为充分利用不同证券交易场所的比较优势，或者为便捷、高效地对公司治理结构、股权结构、资产结构、人员结构等实施调整，或者为进一步实现公司股票的长期价值，认为不再需要继续维持上市地位，主动申请其股票退市，这在成熟资本市场是正常现象，也是成熟证券市场普遍采用的方式，有利于资本市场功能的充分发挥。

对于交易所而言，为维护公开交易股票的总体质量与市场信心，如果公司股票交投活跃度太低、股权分布不合理、市值过低，不适于继续留在市场上公开交易，终止其上市地位也具有经济合理性。

对资本市场而言，上市公司退市也有存在的必要性。正所谓"流水不腐，户枢不蠹"，一个持续健康有序的资本市场，应当有畅通的"入口"，允许符合条件的优秀公司能够便捷地进入市场进行融资和交易；也应当有完善的"出口"，充分发挥市场优胜劣汰的功能，使不再具备上市条件的公司退出资本市场，形成有进有出、良性循环的市场生态，提高上市公司的整体质量，使社会投入资金流向业绩好、成长性高的行业和企业，充分发挥资本市场资源配置和资本枢纽的功能。

反之，如果退市机制缺位，"不死鸟"的故事经常上演，那么抱有"反正怎么着也退不了"心态的投机行为就会盛行，市场对垃圾股、ST股的炒作屡见不鲜，一方面不利于上市公司管理层聚焦主业经营，另一方面也使得稀缺的金融资源难以得到有效运用，容易引发"劣币驱逐良币"的现象，优秀的企业得不到溢价，劣质企业反而估值虚高，难以形成有效的证券市场价值体系，严重损害资本市场资源配置的功能。

【案例8-8】　　　　　　　　　　*ST长油退市

由于2010—2012年三年连续亏损，*ST长油股票自2013年5月14日起暂停上市。2014年3月22日，*ST长油披露的2013年年度报告显示，2013年度归属于上市公司股东的净利润为-59.22亿元，公司仍未能挽回经营颓势，触发退市红线。2014年4月11日，上交所发布关于*ST长油终止上市的决定。*ST长油成为2012年退市制度改革以来上交所第一家被强制退市的上市公司,第一家进入退市整理期的上市公司股票,第一家央企退市公司。作为"央企退市第一股",*ST长油退市具有较大的示范效应,显示出监管层严格执行退市制度的决心。

资料来源:根据公开资料整理。

三、股票退市的类型

根据《公司法》规定,退市包括主动终止上市和强制终止上市两种情形。主动退市是上市公司主动、自愿选择放弃其股票在证券交易所交易的资格。在这种情形下,上市公司按照自己的意愿决定终止上市,主动作出退市决定,向相关监管部门主动申请退市,得到批准后,即可进入退市流程。主动退市可以进一步细分为"撤回上市"和特定情形下的"下市"。

撤回上市是指公司完全自主决定的退市。公司根据自身状况权衡后认为无须维持现有的上市资格,由股东会作出决议,主动撤回其股票在证券交易所的交易,或是不再在该交易所交易,或是转而申请在其他交易场所交易。

下市,是指公司在出现特定情形时依照法定程序主动向证券交易所申请退市。这里的特定情形包括:(1)回购情形,即上市公司向所有股东发出回购全部股份或部分股份的要约,导致公司股本总额、股权分布等发生变化不再具备上市条件;(2)收购情形,即上市公司股东或其他收购人向所有股东发出收购全部股份或部分股份的要约,导致公司股本总额、股权分布等发生变化不再具备上市条件;(3)合并情形,即上市公司因新设合并或者吸收合并,不再具有独立主体资格并被注销;(4)解散情形,即上市公司股东会决议公司解散。

【案例8-9】　　　　　　二重重装的主动退市之路

中国第二重型机械集团有限公司(简称"二重重装")是我国成立较早、行业领先的重型机械制造企业,曾于2010年在上交所上市,但上市后因受到经济环境和行业需求减弱等综合因素影响,二重重装面临系统性风险,处于阶段性行业波谷,公司业绩下滑至连续亏损,面临被强制退市的风险。

若执行强制退市,二重重装将会提前进入退市整理期,长达30个交易日,其间,公司的股价可能会出现大幅波动、连续下跌,将会严重损害中小投资者的利益,届时企业可能面临中小股东维稳压力,并将导致债权人、客户及职工信心丧失等严重后果。若债权人丧失信心,要求企业破产清算,或客户对企业失去信心,取消订单,则二重重装东山再起的难度将进一步增加。

由于被迫退市对企业而言弊大于利，二重重装选择了较为少见的主动退市。根据2015年1月修订的《上海证券交易所退市公司重新上市实施办法》，强制退市的公司根据退市原因不同有不同的申请时间限制，若主动退市，二重重装可以避免强制退市的烦琐流程，并为日后重新上市铺平道路，有利于公司债务重组及经营状况的改善。此外，二重重装可以跳过退市整理期，直接退出主板市场，避免股价波动，保护中小投资者的利益。

在上交所的指导下，二重重装开始为主动退市做准备。按照当时《证券法》相关规定，二重重装只需要收购社会公众股的7.5%以上，就具备主动退市条件。为了达成这一条件，二重集团开始进行要约收购，但响应者寥寥。通过要约收购实现主动退市的计划失败后，2015年，二重重装在上交所的指导下通过股东大会决议方式完成主动退市。对于股东对企业未来发展预期不看好或要约收购价格较高的企业，要约收购执行退市会相对较为容易；但是如果股东仍看好企业未来发展，则需要向股东及时披露切实可靠的改革方案等，并与股东进行充分沟通。

资料来源：《中国资本市场改革与发展三十年》编写组. 中国资本市场改革与发展三十年：上交所上市公司案例集［M］. 北京：中国经济出版社，2021。

被动退市也被称为强制退市。被动退市是指上市公司仍有继续在股票市场融资的愿望（出于A股市场的历史原因，保住上市资格往往隐藏着巨额红利，所以一般情况下主观上愿意退市的公司少之又少），但是出于某些重大违法违规事件或者公司经营管理方面出现严重问题，继续上市可能会带来巨大风险的情况下，证监会等监管机构会按照相关法律规定对这类上市公司实施吊销许可证的强制措施，主要原因包括财务状况异常、信息披露不规范、投资者结构不符合要求等。

四、股票退市标准

上市公司主动退市的，由公司内部决议，上市公司自主履行决策、实施程序；上市公司被动终止上市的，强制退市情形的认定标准主要由证券交易所规则来规定，2020年退市新规出台后，沪深两市各板在主要退市指标、退市流程等安排上已基本保持一致。根据股票上市规则，沪深交易所将退市标准主要分为四大类，即交易类、财务类、规范类和重大违法类。

（一）交易类强制退市

上市公司存在以下情形之一的，其股票应当被终止上市：

（1）仅发行A股股票的上市公司，连续120个交易日累计股票成交量低于500万股，或者连续20个交易日的每日股票收盘价均低于1元；

（2）仅发行B股股票的上市公司，连续120个交易日累计股票成交量低于100万股，

或者连续20个交易日的每日股票收盘价均低于1元;

(3) 既发行A股股票又发行B股股票的上市公司,其A、B股股票的成交量或者收盘价同时触及前两项规定的标准;

(4) 上市公司股东数量连续20个交易日(不含公司首次公开发行股票上市之日起20个交易日)每日均低于2000人;

(5) 上市公司连续20个交易日的每日股票收盘总市值均低于人民币3亿元;

(6) 其他情形。

【案例8-10】中弘股份——深沪两市首起因股价连续低于面值被强制退市案例

中弘控股股份有限公司(以下简称"中弘股份")于2009年4月完成借壳上市。2018年9月13日至2018年10月18日,中弘股份通过深交所交易系统连续二十个交易日的每日收盘价均低于股票面值(1元),触及退市标准。2018年11月8日,深交所作出终止上市决定,12月28日,中弘股份退市。

表面来看,中弘股份退市是因为触发了股价低于面值的退市指标。实际上,中弘股份上市两年后,业绩便一直下滑,退市前三年营业收入、净资产收益率均呈大幅下滑态势,经营净现金流量均为负值。2017年巨亏25亿元,2018年上半年又巨亏13亿元,基本面恶化。与此同时,中弘股份上市以来进行了四次高送转,公司总股本从5.6亿股急剧膨胀至83.9亿股,缺乏业绩支撑的高送转加剧了股价下行的风险,最终导致中弘股份触发面值退市标准。

资料来源:根据公开资料整理。

(二) 财务类强制退市

上市公司出现下列情形之一的,交易所对其股票实施退市风险警示:

(1) 最近一个会计年度经审计的净利润为负值且营业收入低于1亿元,或者追溯重述后最近一个会计年度净利润为负值且营业收入低于1亿元;

(2) 最近一个会计年度经审计的期末净资产为负值,或者追溯重述后最近一个会计年度期末净资产为负值;

(3) 最近一个会计年度的财务会计报告被出具无法表示意见或者否定意见的审计报告;

(4) 中国证监会行政处罚决定书表明公司已披露的最近一个会计年度经审计的年度报告存在虚假记载、误导性陈述或者重大遗漏,导致该年度相关财务指标实际已触及第一项、第二项情形的;

(5) 交易所认定的其他情形。

（三）规范类强制退市

上市公司出现下列情形之一的，交易所对其股票实施退市风险警示：

（1）因财务会计报告存在重大会计差错或者虚假记载，被中国证监会责令改正但公司未在规定期限内改正，公司股票及其衍生品种自前述期限届满的次一交易日起停牌，此后公司在股票停牌2个月内仍未改正；

（2）未在法定期限内披露半年度报告或者经审计的年度报告，公司股票自前述期限届满的次一交易日起停牌，此后公司在股票停牌2个月内仍未披露；

（3）因半数以上董事无法保证公司所披露半年度报告和年度报告的真实性、准确性和完整性，且未在法定期限内改正，公司股票自前述期限届满的次一交易日起停牌，此后股票停牌2个月内仍未改正；

（4）因信息披露或者规范运作等方面存在重大缺陷，被本所限期改正但公司未在规定期限内改正，此后公司在股票停牌2个月内仍未改正；

（5）因公司股本总额或股权分布发生变化，导致连续20个交易日不再具备上市条件，此后公司在股票停牌1个月内仍未解决；

（6）公司可能被依法强制解散；

（7）法院依法受理公司重整、和解和破产清算申请；

（8）交易所认定的其他情形。

（四）重大违法强制退市

重大违法强制退市，包括上市公司存在欺诈发行、重大信息披露违法或者其他严重损害证券市场秩序的重大违法行为，其股票应当被终止上市的情形；或者公司存在涉及国家安全、公共安全、生态安全、生产安全和公众健康安全等领域的违法行为，情节恶劣，严重损害国家利益、社会公共利益，或者严重影响上市地位，其股票应当被终止上市的情形。

上市公司因上述违法行为，导致证监会作出行政处罚决定，或被人民法院作出有罪裁判时，往往也将触发重大违法强制退市。

【案例8-11】博元投资——深沪两市首起因重大违法行为被强制退市的案例

2014年6月17日，博元投资因涉嫌信息披露违法违规行为被广东证监局立案调查。经查，博元投资2011年4月29日公告的控股股东华信泰已经履行及代付的股改业绩承诺资金38452.845万元未真实履行到位。为掩盖这一事实，博元投资在2011年至2014年期间，多次伪造银行承兑汇票，虚构用股改业绩承诺资金购买银行承兑汇票、票据置换、贴现、支付预付款等重大交易，并披露财务信息严重虚假的定期报告。

根据《中华人民共和国刑法》等有关规定，博元投资涉嫌违规披露、不披露重要信息罪和伪造、变造金融票证罪，2015年3月26日被中国证监会依法移送公安机关追究刑事责任，符合《上海证券交易所股票上市规则》规定的实施退市风险警示的条件。2015年3月31日，上交所依法对博元投资股票实施退市风险警示，证券简称变更为"*ST博元"，5月25日，实施暂停上市。2016年3月21日，*ST博元被终止上市。

*ST博元是证券市场首家因触及重大信息披露违法情形被终止上市的公司。把重大信息披露违法公司清理出证券市场，有利于警醒上市公司依法履行信息披露义务，有利于更好地保护投资者的合法权益，有利于促进资本市场持续稳定健康发展。

资料来源：根据公开资料整理。

本章小结

实行股份制，按股份方式发行股票筹资，是资本重新组合的一种方式。通过股份筹资，便于资本集中和社会资源配置优化，推动所有权和经营权走向分离和独立，形成现代企业的组织形式——股份有限公司。我国《公司法》规定的股份有限公司设立方式包括发起设立和募集设立两种方式。

股票的发行和上市是现代企业资本运作的主要方式之一。在我国，股票的公开发行与上市往往是同时进行的，公司在申请发行的同时也申请其获准发行的流通股在交易所上市交易。股票的发行、上市和退市应按照《公司法》《证券法》和中国证监会发布的《首次公开发行股票注册管理办法》以及各大证券交易所发布的配套业务规则的规定执行。

境内股票的发行和上市，应先根据境内股票市场的板块定位，选择合适的上市目的地，并经历股份制改造、上市辅导、申请文件制作与申报、审核及注册、定价发行、上市、持续督导等环节。境内上市公司退市主要经历风险警示、终止上市事先告知及决定、退市整理期、正式摘牌四个阶段，退市后公司主要有转板交易和重新上市两个去向。

思考题

1. 股份制的特点是什么？
2. 股票退市的类型包括哪些？
3. 财务类强制退市的条件有哪些？
4. 首次公开发行股票并上市的程序包括哪些？

第九章

国企混合所有制改革

导言

混合所有制经济是指不同所有制成分在企业内部以资本为纽带结合而形成的所有制形态，是公有制和私有制相融合的产物。作为我国社会主义基本经济制度的重要实现形式，混合所有制改革是国有企业改革的重要组成部分，是公有制多种实现形式的积极探索，更是国有经济与市场经济交融模式的重大突破。本章将结合案例，具体介绍混改的含义、国有企业制度改革的发展历程、混合所有制改革的内外动因以及混改实现的路径等。

学习目标

★掌握国企混改的含义；
★掌握国有企业混改的基础理论；
★了解国有企业制度改革的发展历程；
★理解国企混改的内外动因；
★掌握国企混改的路径。

第一节 国有企业混改概述

【导读】

党的十八届三中全会提出要积极发展混合所有制经济，并指出国有资本、集体资本、非公有资本等交叉持股、相互融合的混合所有制经济，是我国基本经济制度的重要实现形式，国有企业改革步入以混合所有制改革为主要特征的新时期。党的十九届四中全会提出探索公有制多种实现形式，推进国有经济布局优化和结构调整，发展混合所有制经济。

企业制度类型应不同生产力发展水平的要求而产生，并反过来推动生产力的发展。新中国成立以来，中国国有企业制度依次经历了计划经济体制下"国有国营"、改革初期以放权让利为切入点的"承包制"、市场经济体制下"公司制"现代企业制度的初步构建、基本经济制度下国企监管改革和新时代中国特色现代国有企业制度全面完善五个历史阶段。混合所有制改革和体制变迁、国企改革、民企发展在基本逻辑上存在相互交织的内在关联，其根源在于经济体制变迁一定程度上塑造了混合所有制改革的外部制度环境，而国有企业和民营企业则是参与混合所有制改革的关键主体。

因此，国有企业混合所有制改革演进历程在时间轴上亦与经济体制变迁、国有企业改革与民营企业发展的步调具有高度一致的吻合性，如图9-1所示。

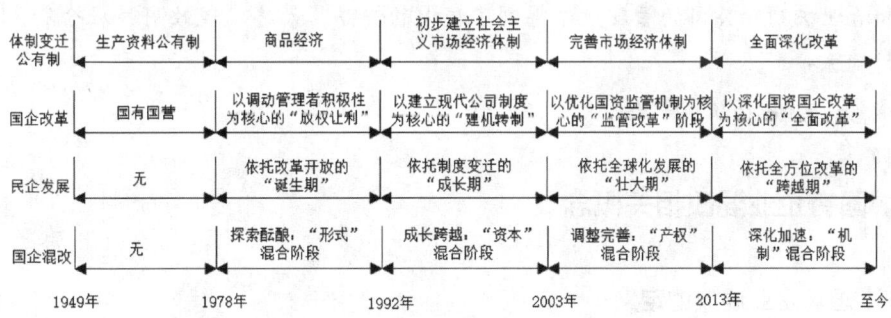

图9-1 国有企业混合所有制改革的演进历程

【案例9-1】 云南白药通过混改提高经营效率

"云南白药"模式是在白药控股这一母公司层面展开，云南白药的混改历经两个阶段。

第一阶段。2016年12月，云南白药以增资的方式吸引了来自民间资本的新华都实业公司（以下简称"新华都"），新华都通过定向增资253.7亿元，获得云南白药50%的股份。此时虽然新华都与云南白药的持股比例相同，但持有国有股份的云南白药仍是实际控股股东。2017年6月，新的企业加入云南白药——江苏鱼跃向白药控股增资56.38亿元，白药控股的股权因此产生变化，云南白药、新华都、江苏鱼跃三家占比分别为45%、45%、10%。新华都集团的实际控制人为陈发树，拥有新华都76.87%的股份，新华都在二级市场上拥有云南白药3.39%的股权，陈发树则持有0.86%的股权，增资后，陈发树持有云南白药25%的股份，成为云南白药的第一大股东。

第二阶段。在第一阶段，云南省国资委和新华都拥有白药控股45%的股份，而陈发树拥有云南白药25%的股份，是云南白药的第一大股东，而云南白药作为国有企业，希望由云南省国资委拥有第一大股东的身份，于是在协商下，陈发树撤离了一部分股份，至此，云南省国资委仍然是白药控股的第一大股东。为了减少同业竞争压力，实现白药控股的整体上市，2018年11月，云南白药拟向白药控股的三大股东云南省国资委、新华都、江苏鱼跃发行股票实现吸收合并白药控股，合并对价为510亿元。吸收合并后，白药控股的法人资格注销，原白药控股三家大股东分别拥有云南白药25.14%、25.14%、5.58%的股份。

云南白药在混合所有制改革之后，从专一的传统中药公司变为跨领域的中医药企业代表。混改后，云南白药的主营业务收入和净利润明显增加，生产的牙膏、创可贴、个人护理等多元化产品进入市场，经济效益快速增长，云南白药也由地方国企成功转变为现代化企业。

经过混改，云南省国资委和民企新华都共同控制上市公司，云南白药变更为无实际控制人，不再保留国有企业的级别和待遇，其经营活动无须政府行政审批，可建立更市场化的决策和治理机制，公司的管理效率得到了较大的提高，最终实现政府、社会资本和管理层三方利益统一。

资料来源：根据公开资料整理。

一、国有企业混改相关概念

（一）国有企业混改的定义

国内外学者对于"混合所有制"的研究已持续了很多年，但是，针对不同国家的经济实际，"混合所有制"这一概念具有不同的内涵。

在国外学者的研究中，"私有化"与"民营化"均翻译为"privatization"，意味着在西方学者的研究中，二者具有相同的含义，指的都是公司的所有权由政府向私人转移（綦好东等，2017），发生于英法等资本主义国家的私有化表现为对冲国有化。

对比来看，我国国企实行的混合所有制改革与国外学术界认为的"私有化"和"民营化"之间存在着根本的差异。中国的混合所有制有宏观和微观上的区别，而不是西方经济学上的混合经济。从宏观上看，混合所有制既不是一种独立的经济制度，也不是一种独立的所有制结构，其本质上是在中国特色社会主义市场下的不同所有制的不同组织形式，是私有制和公有制的不同组合形式。

宏观层面上，混合所有制改革就是要求国家在所有权结构方面，同时包含公有制经济和其他非公有制经济，例如民营所有制经济、集体所有制经济、外资等。同种所有制之间的融合、持股不是混合所有制改革,比如说民营和民营之间,国有与国有之间,外资与外资之间,这三种形式的混合都不是混合所有制,只有这三种所有制之间进行股权调整、交叉持股才是混合所有制改革。

微观层面上,混合所有制改革就是允许和鼓励多种性质的主体共同出资、共同经营一个经济主体。可以是非公有性质的资本加入公有经济组织中,也可以是公有性质的资本加入非公有经济组织中,以起到互补的作用。

(二)混合所有制与股份制的区别

混合所有制是不同所有制性质资本的融合;而股份制是企业组织多种资本的一种方式,既能够融合同种性质的资本也能够融合不同类型的资本,聚集大量资本满足企业发展的需要,股份制可以实现混合所有制,即股份制是混合所有制实现的一种有效方式,但是二者范畴不同,不能混淆。混合所有制是不同所有制的混合方式,而股份制是企业的具体组织形式。

(三)混合所有制与私有制的区别

私有化是将国有资本通过出售存量的方式转移到非国有经济部门,其结果是国有资产减少。但是国有企业混合所有制改革是增量改革,通过引入非公资本或者参与非公企业盘活存量资产,优化国有资源的资源配置,提高国有资产的运行效率,从而使国有资产保值增值。当然,随着混合所有制改革,在具体的企业中或者行业中国有资产的控股比例减少,但是总量会不断上升,混合所有制的非公经济成分也会增加,但是不会导致私有化,而是通过引入市场机制,进一步深化国有企业改革,发展壮大国有经济,做大做强做优国有企业。

二、国有企业混改基础理论

(一)所有者缺位理论

所有者主体缺位,是指按照我国现行管理体制和有关立法,在中央和地方两级,无法在法律上找到一个代表国家统一行使出资人的职责,代表国家统一行使所有权职能的法律主体。按照我国现行管理体制,国家对国有企业资产的管理实行国家统一所有、政府分级管理、企业自主经营的体制。统一所有,就是所有国有资产都由国务院统一行使所有权。分级管理,就是具体的监督管理由各级政府实施,并对监督管理的资产享有资产收益权、处分权和选派管理者等权力。

公有制企业中实际上活动着的全部是形形色色的"代理人"——自然人,代理人在法律上并不拥有对生产资料的个人产权,也并不对任何拥有生产资料产权的个人负责。由于政出多门,多头管理,没有一个代表国家行使所有权职能的具体代表者,统一所有无法落到实处。就真实的产权关系而言实际上国有资产并没有真正的所有者。

(二)分权控制理论

国有企业进行混改时一直存在两大核心问题：一是由于国有企业伴有"亦官亦商"的性质，导致所有权与经营权没有进行明确区分，导致"不该管乱管"问题的产生；二是国有企业长期存在所有者缺位的现象，以及自身特殊原因带来了较长的委托代理链条现象，由此形成了激励扭曲，导致"该管却不管"问题的出现。针对上述问题，国有企业进行混改又发展出了分权控制理论，这一理论的核心内容是国企通过引入社会资本，在有关企业的控制上形成分权的格局，让大股东之间形成竞争关系，从企业内部建立一种股东自动纠错机制，最终避免监督过度以及决策失误问题，形成稳定的制约机制，有效解决内部人控制问题，实现公司治理的长效机制。

(三)信息不对称理论

信息不对称一般是指交易或有利益关联的双方，在进行交易等涉及自身利益的行为时，一方了解的信息比另一方多，从而形成信息优势，进而在进行交易或者相关业务办理中为谋求自身利益最大化而损害他人利益的现象。在公司治理上同样存在信息不对称问题，公司管理层掌握的信息比股东详细，他们就会利用自身的信息优势为自身牟利而让股东承担损失。

(四)激励约束理论

激励约束，即激励约束主体根据组织目标、人的行为规律，通过各种方式，去激发人的动力，使人有一股内在的动力和要求，迸发出积极性、主动性和创造性，同时规范人的行为，朝着激励主体所期望的目标前进的过程。其核心作用是调动人的积极性，最显著的特点是内在驱动性和自觉自愿性。国有资本通过混合所有制改革，不仅有利于改善企业的治理水平，提升国有资产配置效率，而且有利于增强企业创新能力，实现高质量发展。

一方面，国企混改通过引入不同性质的资本，发挥不同资本间的互补效应，改善企业的内部治理，进而提高全要素生产率[①]。随着非国有股东持股比例的不断增加，逐渐形成了多元制衡的股权结构，这种制衡关系约束了管理层的越位行为，防止国有资产流失，在改善企业治理水平方面发挥重要作用。另一方面，非国有股东在获得企业的一定所有权后，出于自身利益及企业价值最大化的考虑，有动力完善管理层监督和激励机制，有效缓解管理层的机会主义和道德风险。

(五)内部人控制理论

"内部人"通常是指能够直接作出经营决策的个人或团体，通过影响力控制，实现自身利益最大化，而损害企业其他利益相关者，包括但不限于股东、债权人、社会公众等。"内部人控制"问题出现的根本原因是委托代理。

一方面，国有企业完成混改后，新的股东短期内无法进行协同支持，为保障短期效益

---

① 盛明泉等. 国企混合所有制改革对全要素生产率的影响、作用机制与异质性研究 [J]. 经济纵横, 2021 (07): 47-56.

仍只能沿用原班人马，原实控人成为"内部人"，掌握核心技术、市场渠道。极端情况下会出现控股不控权的问题，原股东转变为经理人，为民营资本争取最大利益，削弱国有资本的控制力，负向影响国有资本投资效率。

另一方面，由于国有资产的最终所有者是全体人民，存在产权虚置问题。国有企业缺乏明确的、具象的所有者，代替所有者行使国有企业经营管理职能的管理者更重视的往往是任期内能否在合规合法的前提下完成企业绩效考核目标，以及由于国有企业特殊性质需要担负的重大项目，因而对国有企业的经营效率、经理人和核心骨干激励与约束的合理性等缺乏足够的重视，造成"所有者缺位"，从而可能引发国有企业"内部人控制"现象。

近年来，随着国有企业混改不断推进，国有企业核心代理人的矛盾问题更加突出。这主要是因为国有企业混改过程中，为保证国有资本的控股地位，国有股权普遍在混改后的公司股权结构中占统治地位。混改完成后，采用授权的方式确定国有股东代理人，通常是另外一个全资国有企业，如国有全资公司、集团公司或国资投资平台公司等。这些类型的企业通常有一套"领导班子"（代理人）与政府（委托人）之间形成委托代理关系，这套"领导班子"秉承国有企业治理理念，作为国有股东代理人履职决策，与混改方原实控人存在治理理念冲突，企业治理理念融合性差、效率低，导致公司内部治理在一定程度上失效[①]。

三、国有企业制度改革的发展历程

（一）高度计划经济体制下的国营企业制度

新中国成立之后便开始了从企业所有权制度到企业内部治理制度的全方位探索，国有企业所选择的制度形式是"国有国营"，即国营企业制度。基于新中国成立之前革命根据地时期公营企业供给制的传统，特别是出于实施国家工业化战略的迫切需要，新中国成立之后就开始建立中央计划经济体制下的国营企业领导和管理体制，包括主要国营企业由中央各部门直接管理，关系国计民生重要工业品的生产和分配、绝大部分工业基本建设项目、重要工业生产资料都由中央部委统一分配，中央管理之外的企业由地方政府统一管理，整体上形成了由物资分配管理、财务管理、干部管理、劳动工资（福利）管理等计划经济管理制度所组成的国营企业制度。

（二）商品经济下的承包经济责任制

由于高度计划经济体制下国营企业制度存在活力不足等弊端，党和国家确定了以"放权让利"为中心的国有企业改革方向，承包经济责任制成为这一时期所采用的主要形式。企业通过承诺利润上缴、创造经济效益、自负盈亏、资产保值、技术改造等义务获得部分经营自主权和剩余索取权。承包制侧重于推动所有权与经营权相分离，扩大国有企业自主

---

① 杜凌霄，杨浩然. 国企混改背景下企业"内部人控制"问题及其对策［J］. 中国农业会计，2023，33（24）.

经营权，使其成为独立利益主体，以此调动企业与职工积极性。

然而，承包制虽然已经触及国有企业控制权和收益权的分配，但仍不能很好地解决激励不相容问题，具有明显的过渡性特征。因此，中央决策层在1993年叫停承包责任制的实施，开始了国有企业制度改革路径的新探索。

（三）市场经济体制下的现代企业制度

党的十四大报告明确提出我国经济体制改革的目标是建立社会主义市场经济体制，社会主义基本制度与市场经济相结合成为经济改革的基本目标。这一时期国有企业改革进入以建立现代公司制度为核心的"建机转制"阶段，侧重于建立与我国社会主义市场经济体制相适应的市场竞争环境，对国有企业进行"抓大放小"的战略性改组，强调建立"产权清晰、权责明确、政企分开、管理科学"的现代企业制度，真正使国有企业成为自主经营、自负盈亏、自我发展、自我约束的市场竞争主体。

民营企业发展的政策环境在经济体制变迁影响下也愈发宽松，民营企业对增加就业岗位、满足市场需求、促进国民经济发展的作用再次得到政府肯定，加之国有经济布局战略调整、国有企业产权改革和互联网经济发展为民营企业提供了巨大增长空间，民营经济发展也进入快速成长期。

在国企大刀阔斧改革与民企快速成长的同时，党的十四届三中全会首次提出了"财产混合所有"的概念，市场经济条件下以股份制为特征的混合所有制经济发展成为必然趋势。然而这一阶段混合所有制改革属于"资本"混合阶段，未体现多元资本的协同优势，国企和民企协同机制较弱。

（四）基本经济制度下的国企监管改革

1. 社会主义基本经济制度推动民营企业发展

党的十六届三中全会对建立完善的市场经济体制进行了全面部署，指出要更大程度发挥市场在资源配置中的基础性作用，宪法于2004年明确了"公有制为主体、多种所有制经济共同发展"为社会主义基本经济制度，"鼓励、支持和引导非公有制经济发展"的政策导向进一步巩固了民营企业在我国经济体系中的地位。

2. 部分国企生产资源配置效率低下

随着经济的发展，尤其是改革开放以来，国企管理模式越来越难以适应市场经济的要求，有些国有企业主业不清、产业布局结构趋同、经营混乱、创新不足等弊端日益凸显，有些国有企业经营不善、亏损面较大，国企中出现诸多"僵尸企业"[①]。其主要原因在于国有资产经营的盈亏没有实际负责人，造成所有者的缺位和淡化，从而导致国有资产管理者积极性的缺乏，造成资产流失。

国企在经历了20世纪90年代末改制带来的改革红利消失后陷入新的发展困境，一部

---

① 张飞雁. 中国国有企业混合所有制改革的路径研究 [D]. 北京：中共中央党校, 2019.

分国企成为僵尸企业，面临产能过剩带来的效益下滑。根据中国企业联合会、中国企业家协会2014年发布的中国企业500强榜单，在500强中出现了43家亏损企业，其中只有1家是民营企业，国有企业成为"重灾区"。亏损企业主要集中在煤炭、钢铁、有色化工、建材、水上运输等领域。300家国有企业的亏损面高达14%，42家国企合计亏损726.6亿元，其中10家央企合计亏损385.7亿元；而200家民营企业仅有1家亏损，且其亏损额只有5000万元。如何通过混改实现国资增值保值是摆在国企面前的迫切问题。

国有企业改革的重要动机就是提高资本效率，资本效率就是资源配置效率。理想的市场经济制度，应该是顺应资本的逐利性，以市场为基础性手段，推动资本向高利润部门流动，实现资源配置效率最优（綦好东等，2017）。我国国有资产的规模总量庞大，但由于产业与资本经营混杂，大量资产沉淀在经营效益低下的项目，导致国有资产流动性低，国有企业自身运行效率低，创新效率和动力不足。

3. 国企改革重点转向国资监管体制

国有企业改革重点则随着国有资产监督管理委员会的成立转向监管改革，一方面全面优化国资监管体制，着重建立专责的国有资产监督管理机构和相关制度体系，改善"五龙治水"模式下看似"多头管理"实则"无人负责"的出资人职能混乱局面，另一方面战略调整国企改革思路，解决前期改革中出现的国有经济损失问题。在"防止国有资产流失，促进国有资产保值增值"的原则指导下，混合所有制改革进入成长跨越之后的调整完善期，"一混了之"和"全面退出"的改革势头被遏制，在混改中避免国有资产流失成为关键。

（五）全面深化改革下的国企全面改革

党的十八届三中全会确立了全面深化改革的总体精神，经济体制改革进入攻坚期，国有企业亦进入"全面深化改革"的纵深推进期，中央出台了一系列关于国资国企改革的"1+N"政策文件，加速推进"以管资本为主"的国资监管转型和"积极发展混合所有制经济"促使国有企业转化经营机制均是国企改革"四梁八柱"体系中的主攻方向。

民营企业发展也在经济体制全面改革的背景下进入"跨越期"，一方面"外部地缘经济环境变动"和"国内经济发展新常态"使民营企业面临严峻的生存压力，供给侧改革要求民营经济从中低端向高端迈进；另一方面党的十八届三中全会指出公有制经济和非公有制经济都是社会主义市场经济的重要组成部分，"竞争中性"频繁出现在党与国家的政策文件中，民营经济能否在良好的营商环境中发展受到国家史无前例的重视，更鼓励民企积极融入国家战略，在供给侧改革中着力提高发展质量，在混合所有制改革中积极与国有资本结合，以"混"消除产权差异，以"合"提高竞争优势。

随着混合所有制作为"社会主义基本经济制度重要实现形式"的战略地位得以确立，"6+1"试点、"双百行动""两类公司""三年行动"等一系列针对性改革方案标志着混合所有制改革进入深化加速的新周期。

资本运营

【案例9-2】　　　　　中国联通混改

2016—2018年是国企混改的局部试点阶段，以七大垄断领域（电力、石油、天然气、铁路、民航、电信、军工）为代表的国企混改试点迅速展开。随着电信行业竞争日益激烈，中国联通经营绩效不佳的问题逐渐暴露，在行业中的竞争地位下滑，与此同时，中国联通还出现了国有资本一股独大，治理机制不完善，企业创新能力不足，资金紧张等问题，老牌国企急需新的出路。

2017年，中国联通开始筹划混改相关事宜，主要引入与自身具有战略协同效应的"BATJ"四大互联网行业巨头完善顶层设计，一方面通过吸纳民间资本引入市场化决策机制，以此带动基础通信业务和电信增值服务应势发展；另一方面在混改中通过员工持股计划向中层管理人员、核心管理人才和专业人才授予限制性股票，以便从根源动力上实现激励相容进而充分调动"积极资本"人力资本的资源能动性。

混改后中国联通经营效果大幅改善，在5G布局、业务拓展、投融资和跨界融合方面实现战略突破，整体业绩于2017年后触底反弹呈现积极的"V"型走势。作为我国第一家在集团层面实施混合所有制改革且卓有成效的大型央企，中国联通践行了引入战略投资者、股权激励、优化公司治理等措施，为国企混改提供了范例。

资料来源：根据公开资料整理。

第二节　混合所有制改革的内外动因

【导读】

"十四五"时期，我国开启全面建设社会主义现代化国家新征程，经济发展已由高速增长阶段转向高质量发展阶段。改革开放以来，我国为应对"短缺经济"下的"数量缺口"推动经济高速发展，旨在通过要素资源投入和生产能力扩张实现快速赶超，40余年高速发展使我国在产业供给、消费需求和科研能力等方面聚集了雄厚物质基础，"有没有"的矛盾得到基本缓解。然而，随着社会发展，高质量发展成为解决经济发展中"不平衡、不协调、不可持续"主要矛盾进而满足人民美好生活需求的必然选择。

国家经济高质量发展是贯穿"宏观经济高质量发展""中观产业高质量发展"和"微观企业高质量发展"三个层面的完整发展体系，但归根结底需要通过企业高质量发展予以

实现，而国有企业作为社会主义制度的重要物质基础，需充分发挥促进国家经济高质量发展的"排头兵"作用，与国家经济高质量发展体系的内外部关联因素积极联动，在长期事件和突发事件"外生驱动"与宏观、中观、微观因素"内在需求"共同作用下践行混合所有制改革，以便借助混合所有制改革整合多元产权资本优势，在微观层面提升国有企业资源配置效率，在中观层面加快国有经济布局优化和结构调整并以此适应及引领技术变革与产业升级，在宏观层面促进国有经济和民营经济协同共生，最终沿袭"微观—中观—宏观"的脉络支撑国家经济高质量发展。

【案例9-3】　　　　　　中国建材集团的混改与重组

2002年，中国建材集团的前身"中国新型建筑材料集团公司"正经历着极度困难的一段时期，下属企业200多个，年收入20多亿元，但有32亿元的银行过期债务。在资金缺乏、没有国家支持、面临解决生存问题之时，宋志平被任命为集团公司的总经理。2003年公司更名为"中国建筑材料集团公司"，并列入国务院国有资产监督管理委员会直接监督管理的中央企业。面对生存困难和发展问题，公司高层决定以水泥作为公司业务重点，与民营水泥企业实行联合重组、推行市场化的竞争与合作。自2005年以来，中国建材集团坚持市场化道路，大力推进水泥、玻璃的联合重组、结构调整和节能减排，大力发展新型建材、新型房屋和新能源材料，走上了一条资本运营、联合重组、管理整合和集成创新的发展道路。

在联合重组发展混合所有制的过程中，中国建材集团制定了三条标准来选择联合重组的对象：一是符合公司战略的企业；二是能够接受规范化管理、运作规范、效益良好的企业；三是能与现有企业产生协同效益的企业。同时，中国建材集团为吸引民营企业参与联合重组给出了三个条件：一是公平的收购价格，在政策允许范围内可以适当溢价收购；二是将部分股权留给被收购企业或企业家，一般为30%；三是将原有企业老总转变为混合所有制企业的职业经理人，继续做管理者。这三个条件被董事长宋志平称为"三盘牛肉"。"三盘牛肉"解决了国有企业混合所有制改革中的与市场接轨、厘清产权关系和建立职业经理人制度等核心问题，确保了国有企业混合所有制改革中的所有者到位。其混改与重组过程如图9-2所示。

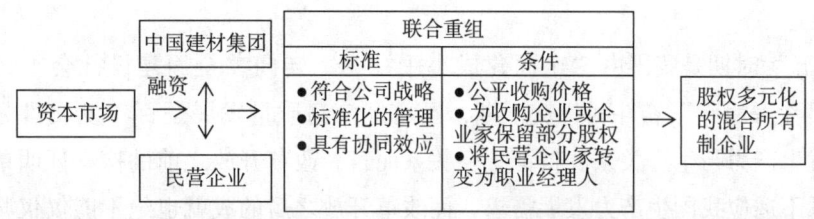

图9-2　中国建材集团混改与重组的过程

资料来源：根据公开资料整理。

一、环境驱动：全球治理格局变动与国际经济环境的影响

（一）国企混改有利于我国更好地参与国际竞争

"十四五"时期是统筹"世界百年未有之大变局"和"中华民族伟大复兴战略全局"，构建以国内大循环为主体、国内国际双循环相互促进新发展格局的战略机遇期。

时至今日，我国经济体量逐步扩大并逐渐与美国、欧盟呈"三足鼎立"之势，经济实力、科技实力和综合国力跃升导致美国对我国遏制不断升级，全球治理格局多极化重构更对"外循环"作用造成了重大冲击。然而，"外循环"虽在新发展格局中不占主导地位，但我国仍需坚定不移地参与"外循环"并以此融入全球产业链，以便进一步集成全球资源、提高产业地位、增强全球竞争力，这就要求国有企业积极推行混合所有制改革成为独立市场主体，消除国有企业在"竞争中性"规制下参与国际竞争的不利因素。

我国当前经济发展以"内循环"为主，这一方面是在逆全球化趋势下维护供应链安全的需要，另一方面在"内循环"拉动下实现经济高质量发展也是我国提高国际话语权应对治理格局变动的有效手段，这就要求国有企业通过混合所有制改革发挥"压舱石"作用，在提高效率的基础上拉动国内经济环境走出低迷，在自身高质量发展的基础上支撑国家经济高质量发展，最终发挥混合所有制企业在畅通"双循环"中的战略作用。

（二）国企混改有利于我国实施走出去战略

近年来，以美国为代表的西方发达国家对我国国有企业走出去进行海外市场开发和并购进行严格管控，不断加大人为干预力度。这些西方国家对我国国有企业的做法和要求是不公正的，我们不可能满足其无理要求，可以策略性地选择混合所有制改革等方式减轻国企走出去所面临的压力，同时带动民营资本走出去参与国际竞争、开发国际市场。从国际化和扩大对外开放角度，只有加强竞争性领域的国有资本与民营资本合作，才能加快形成具有全球竞争力的世界一流企业，才能更好地应对来自国际市场的挑战和世界级公司的竞争压力。

二、宏观引领：国家的经济高质量发展要求实现国民共进

"十四五"时期是我国由"全面建成小康社会"转向"全面建设社会主义现代化国家"的"两个一百年"奋斗目标交汇期，国家经济高质量发展是百年发展目标转换的内在要求。就生产力与生产关系的辩证统一关系而言，改革开放之前的探索证明单一的公有制生产关系不适应我国生产力发展需求，而改革开放之后的成就也绝不能仅仅归因为市场化的奇迹，国有部门和非国有部门平衡共生才是"中国奇迹"得以创造的根源（綦好东等，2021），国家经济高质量发展不是"国进民退"也不是"国退民进"，"零和博弈"的

片面思考不符合共同发展的价值理念,"国民共进"是国家经济高质量发展的内在需求,只有"国民共进"才能焕发各经济部门活力,保障"内循环"和畅通"外循环",进而促使国家经济实现高质量发展。

(一)国企是中国经济增长的支柱

中国的国有企业作为国民经济的重要载体之一,其在创造"中国奇迹"的伟大进程中发挥着重要作用,取得了巨大成就。在2017年世界500强的中国83家国有企业中,其中有48家央企,24家地方国有企业,11家财政部出资的国有企业,这充分说明国企在国家经济发展中不可或缺,在国民经济中发挥着主导作用,是中国建设社会主义市场经济,确保以公有制为基础的基本经济制度的必要前提。

(二)国企混改有利于扩大民营资本发展空间

国企混改有利于扩大民营经济的发展空间,做强做优民营资本。需要强调的是,发展混合所有制经济既是为了放大国有资本功能,更好地发展国有经济,也是为了扩大民营资本发展空间,更好发展非公有制经济。国企混合所有制改革将进一步促进部分国有资本垄断领域向民间资本开放,有利于解决民营资本发展中的"玻璃门""旋转门"和"天花板"问题,进而促进整个国民经济高质量发展[①]。

(三)国企混改是实现"国民共进"的主要途径

"国民共进"的宏观经济发展需求衍生了混合所有制改革的内在需求,奠定了混合所有制改革整体基调,而混合所有制改革是实现"国民共进"的主要途径。"国民共进"的关键不在于各经济成分的相对比例结构,而在于不同经济成分之间能否实现有效合作和公平竞争,混合所有制改革在宏微观层面协助打造公平的制度环境(洪银兴和桂林,2021),助力实现资源互补和共生共赢(中国社会科学院工业经济研究所课题组和史丹,2020)。在实施国家重大区域战略层面上,例如《深化东北地区国有企业混合所有制改革实施方案》文件的推出为"东北振兴"提供了有效抓手,有助于提升东北地区国有企业发展质量并带动民营经济健康发展,在"国民共进"的基础上服务国家区域战略。此外,国有企业混合所有制协同各产权资本优势打造经济价值与社会价值并重的优质企业,事实上,社会需要与社会问题中往往蕴涵着可以创造经济价值的机会,在满足社会需求的同时有助于实现社会价值与经济价值的统一。

(四)国企混改是社会发展与公平的需要

中国当前的基本经济、社会和政治环境发生变化,经济增速放缓,非公有制经济的发展远超公有制经济的发展,社会矛盾不断激化,需要发展混合所有制经济作为连接经济、社会和政治问题的桥梁,同时打破部分绝对控股或相对控股行业的国企垄断论。

长期以来,部分盈利国企的高额利润与市场垄断地位、政府补贴以及由此形成的与民

---

① 李政,艾尼瓦尔. 新时代"国民共进"导向的国企混合所有制改革:内涵、机制与路径[J]. 理论学刊,2018(06):49-57.

营企业的不公平竞争密不可分。公众和国际社会对国企垄断经营、补贴和不公平竞争现状产生不满。通过推动新一轮国企改革，参与混改的民资有望从中"分一杯羹"，有利于形成更加合理的收入分配格局，让非公资本获得更多的资本收入，同时开启我国"结构性改革"之路，最终在中国真正确立"竞争中性"原则，建立使市场在资源配置中发挥决定性作用的市场体系。

三、产业优化：技术变革产业升级要求国企发挥支柱作用

技术进步是驱动经济发展的源动力，历史上每一次技术创新的集中爆发和推广都会推动人类文明演进的历程，人工智能、大数据、云计算、区块链等颠覆性技术对社会基础设施的重塑引发了新一轮科技革命，第四次工业革命相比前三次工业革命更关注"质量"提升，这也在实质上推动着我国经济发展范式逐步趋向高质量和高级化（戚聿东和李颖，2018）。

当前我国创新能力不能匹配创新需求，关键核心技术受制于人的现状没有得到根本改变，致使我国在美国逐步升级的技术封锁中处于相对被动地位。与此同时，鉴于我国在前三次工业革命中均处于"外围地带"，新一轮技术变革与产业升级亦为我国弯道超车实现"领跑"创造了机遇，有助于我国凭借多年科技创新能力聚集跻身为创新型国家。国家经济高质量发展也要求以技术变革更新社会基础设施，推动我国制造业、服务业高端化步伐加快，通过产业升级提高价值链中高端供给比例，并促使优质企业在价值链中"向上迁移"，以此满足人民对幸福生活的向往和追求（王一鸣，2020）。

技术变革与产业升级要求国企通过混合所有制改革发挥支柱作用，一方面能够借助国有资本投资运营公司引导国有资本向高新技术产业与战略性行业集中（张宁和才国伟，2021），着重聚焦核心技术"卡脖子"领域提高原始创新能力，同时，以信息技术积极改造传统行业并推动其转型升级，促进国有企业加快数字化转型并激发其创新活力，多策并举提高国有经济对核心技术领域的引导力；另一方面能够通过多元产权资本优势互补提高混合所有制企业创新水平和创新效率，在提高微观企业创新能力的基础上支撑国家经济高质量发展需求，促使科技创新在"双循环"畅通中发挥关键作用。

四、企业发展：国企高质量发展需要提升效率和优化布局

企业既是宏观经济运行的微观基础，也是中观产业发展的现实主体，"宏观—中观—微观"的层级关联决定了国家经济高质量发展最终需要通过企业高质量发展予以实现，特别是应当发挥国有企业作为国民经济重要支柱对国家经济高质量发展的积极作用，并在国有资本优化布局中最大程度撬动民营资本对国家经济高质量发展的支撑作用。国有企业发

展困境是混合所有制推行的原始动力,国有企业混合所有制改革有利于提升国企效率和优化国资布局。

(一)国企混改有利于激发国有企业活力与创造力

混合所有制改革借助多元产权资本消除国企行为路径依赖,在社会资本积极制衡的基础上促使国有企业重组发展资源更新发展理念,建立健全现代企业制度和法人治理结构,避免国有企业在混合所有制改革后陷入无法转换发展范式和经营机制的困局,以便通过多元产权资本优势互补提高国有企业整体"竞争力",通过市场化机制激发企业家创新精神,提高国有企业"创新力",最终确保"十四五"期间我国在全球化竞争中核心技术不"受制于人",助推我国在"百年未有之大变局"中取得话语权与主动权。

有研究表明,国有企业与民营企业相比存在效率损失问题,除了生产效率,创新效率的损失也不容忽视。进行混合所有制改革能够缓解由于资源配置不当造成的效率低下,通过降低政策性负担显著提升企业效率。同时,垄断行业进行混合所有制改革的效率要高于竞争性行业,市场化改革与产权改革的同步进行会提高国有企业效率并且有利于建成公平、公正、公开的市场。更重要的是,通过混合所有制改革,引入民营资本及其管理和文化,国有企业可以提高活力和创造力特别是适应市场的能力,激发企业家精神,从而有利于国有企业做强做优做大,进而提高国际竞争力。简而言之,国企的实力加上民企的活力等于混改后企业的竞争力①。

(二)国企混改有利于完善国有资产管理体制

"分类混改"是"十四五"期间深化混合所有制改革的政策导向,"宜独则独、宜控则控、宜参则参"的国有资本与社会资本结合原则有利于推动国有资本在不同行业合理配置,借助"两类公司"良性运作提高国有企业在关键领域的"控制力"和"影响力",同时针对各类混改企业实现分类监管,以便发挥国有资本对国家经济高质量发展的引导作用。

现有国有资产管理体制由于委托—代理问题容易导致政府过度干预,在一定程度上对国企效率造成负面影响,并出现政企不分、政资不分等难题。通过混合所有制改革,将进一步推动国有资产运营体制由直接管资产到管资本的转变,提高资本的运行和配置效率,提高国有资本的灵活性并放大其功能。

(三)国企混改有利于完善国企的治理机制

国有企业由于不存在真正的产权主体,国企普遍缺乏有效监督,造成"所有者缺位""内部人控制"等公司治理问题。混合所有制改革通过引入竞争机制,优化股权结构,可以形成新的公司治理模式,克服旧的治理模式的缺陷。其财务优势是不同股权通过利益博弈实现资本成本最低化,从而消除国家控股情况下的"资本成本悖论"的现象,有利于公司治理模式的进一步发展。总之,混合所有制改革将促进国有资产管理体制、公司治理机

---

① 李政,艾尼瓦尔. 新时代"国民共进"导向的国企混合所有制改革:内涵、机制与路径[J]. 理论学刊,2018(06):49-57.

| 资本运营

制的完善与创新。

（四）国企混改有利于提高国企的抗风险能力

在调整生产关系上，混合所有制改革能够保障国有企业参与全球竞争的合规性，以市场化机制"优胜劣汰"在整体上提高企业质量，同时促使我国优质企业积极融入全球产业体系参与"外循环"助力"内循环"，最终在畅通"双循环"的基础上实现全球化资源配置进而提高国企"抗风险能力"。

五、外生冲击：新冠疫情持续影响增加国企混改不确定性

新冠疫情是促进世界经济发展格局变动的冲击性力量，尽管造成了经济大幅衰退和社会活动停滞，但也能暴露以往经济发展的短板并加以修正，通过"创造性破坏"促使世界经济高质量发展。事实上，不确定性之中往往同时酝酿着危险与机会，人类社会多次经济跨越式增长都发生在重大社会危机之后，新冠疫情亦能在对抗突发事件持续性影响的过程中倒逼世界经济实现高质量发展（陈昌盛等，2020）。

疫情测试彰显了我国"集中力量办大事"的制度优势，复工复产与经济恢复的现实成效更让世界惊叹于中国速度，作为执政兴国的经济基础，国有企业应通过混合所有制改革活化体制机制，一方面借助国有资本与社会资本优势互补提高国有企业承担经济责任和社会责任的能力，以便对抗新冠疫情给"内循环"带来的负面影响；另一方面使混合所有制企业在国有资本引导下践行"人类命运共同体"价值理念，以便借本轮全球健康危机积极开拓海外市场赋能"外循环"。

同时，新冠疫情也将对世界经济发展造成重大影响甚至导致严重经济衰退，全球经济增速下滑、供给端断链停摆、需求端恢复缓慢，加之疫情冲击下甚嚣尘上的"民族主义"和"保护主义"思潮加速逆全球化趋势，都可能对混合所有制改革诸多环节衍生难以预计的不确定性影响，这就要求国有企业在应对改革出现的具体情境时积极探索大胆施策，着力保证混合所有制改革进程稳步持续推进。

【案例9-4】　　东航物流混改优化公司治理

东方航空物流股份有限公司（以下简称"东航物流"）是以提供航空速运、综合物流解决方案以及地面服务为主的物流公司，原属于东航集团旗下三级子公司。2015年9月，国务院发布的《关于国有企业发展混合所有制经济的意见》指出，将在包括民航在内的七大领域开展混合所有制改革试点。2016年9月，东航物流成为我国第一批实行混合所有制改革的企业，也是民航业第一家试点公司。

东航物流混改过程主要分为三步：内部股权转让、增资扩股和改制上市。在混改之

初，2016年11月29日，东航物流进行了股权转让，以24.3亿元的价格将其持有的全部股权转让给东航产投公司。东航产投公司是东航集团为了顺利完成东航物流的混合所有制改革，在2016年11月新设立的全资子公司。东航物流从上市公司东方航空中脱离出来，实现产业分离，为其混合所有制改革的下一步流程扫除了体制上的障碍。

混改中，东航物流新增了战略投资方和财务投资方，2017年6月引进了联想控股、普洛斯投资和德邦物流等四家战略投资者以及财务投资者绿地金融，同时建立了核心员工持股平台——天津睿远，另外，东航物流的员工持有10%的股份，并重新组建股东会与董事会。此举使得东航集团的持股比降至45%。

至此，东航物流完成了混合所有制改革，实现了股权多元化，国有资本与非国有资本相互融合、相互制衡。现阶段，东航物流已实现公司改制，整体变更为股份有限公司。

资料来源：根据公开资料整理。

第三节 混合所有制改革的路径

【导读】

《中共中央关于全面深化改革若干重大问题的决定》以"三个允许的形式"，列出了推进国企混合所有制改革的可行路径（余菁，2014）。一是允许更多国有经济和其他所有制经济发展成为混合所有制经济；二是允许非国有资本参股国有资本投资项目；三是允许混合所有制经济实行企业员工持股，形成资本所有者和劳动者利益共同体。

【案例9-5】 格力电器引入战略投资者

不同于中国联通需契合电信行业条例规定与垄断行业监管需求而必须使国有资本处于控股地位，作为处于完全竞争行业的家用电器龙头企业，格力电器从2005年开始推进混合所有制"渐进式"改革，先后通过实施股权激励、引入战略投资者等方式吸收多元产权资本，国有资本逐步完成从独资控股，到绝对控股，再到相对控股，最后到非控股的转变，产权结构转变具有标志性意义，在混改后成为无实际控制人的公司，不仅避免了格力电器高管团队与大股东格力集团的控制权"父子之争"降低企业运营效率，更引入了价值观念、投资风格、资源禀赋与格力电器发展阶段高度契合的高瓴资本活化经营管理，国有资本在保持制衡力的基础上套现引资以便支撑其他产业发展，已在一定程度上成为竞争性国企混改新样板。

资料来源：根据公开资料整理。

一、按混改主体为划分依据

（一）国有企业引入非公有资本

1. 引入战略投资者

战略投资者是指要参与被投资方的公司治理，与被投资方属于同一行业、相近产业，产业背景关联较为紧密，并重视可持续合作性战略目的的投资者。国有企业通过引入战略投资者获取其丰富的投资经验和行业整合经验，以及在资金、人才管理和资本市场等各方面的资源。非国有资本依托自身优质资源在股权治理、高层治理、网络治理等多个维度发挥治理作用，最终在业务、技术、管理等诸多方面实现协同效应（李维安等，2019）。

2. 引入财务投资者

财务投资者是指不参与被投资方的公司治理，仅仅通过投资行为获得财务报酬，并以短期财务报酬为目的的投资者。由于财务投资者的目标是资本增值和投资回报率，不介入公司管理中，财务投资者的资金能迅速解决国有企业的资金需求，短期的积极财务表现有利于提升被投资国企的市场认可度。然而，财务投资者会要求国有企业尽快推动上市步骤，进而完成资本退出，降低自己的财务风险。因此，财务投资者的投资目的会对国有企业造成一定的压力，还可能与长期战略发展相背而驰（李姣姣和杨子墨，2018）。战略投资者和财务投资者的比较如表9–1所示。

表9–1　　　　　　　战略投资者和财务投资者的比较

项目	战略投资者	财务投资者
投资者来源	与被投资行业相关的境内外大型企业、集团公司	投资银行、风险投资基金、公募私募投资基金
投资目标	产业链上的横向、纵向扩张或者相关多元化，追求长期投资效益	高风险下的资本增值，高投资报酬率
持股比例	较大持股比例，保证其控制力	较低持股比例，保证其正常退出
投资期限	作为公司的较大股东，长期稳定持有股权	以上市、股份转让等方式择机退出
投资资源	具备长期的各类资源和管理技术	具备优秀的渠道和市值管理经验
公司治理	参与公司治理，在董事会占有一定席位，会改善被投资公司的治理结构	一般不参与公司治理，在财务、资本运作方面提供建议，可能会委派财务管理人员
完成时间	考虑的外部和内部因素较多，决策时间长	考虑的因素较少，决策速度相对较快
同业竞争	可能存在同业竞争和潜在竞争者	存在同业竞争和潜在竞争者的风险较小
企业文化	双方存在企业文化和管理理念的磨合	基本不存在双方企业文化的磨合

(二）民营企业引入公有资本

【案例 9-6】 逆向混改新案例——小康股份全资控股东风小康

根据 2019 年 9 月 16 日推出的重组预案，小康股份拟以每股 11.76 元的价格向东风汽车集团定向增发约 3.27 亿股股票，收购其持有的东风小康 50% 股权。本次交易前，小康股份持有东风小康 50% 股权，而在交易完成后，小康股份将持有东风小康 100% 的股权，后者也由过去的控股子公司变为前者的全资子公司。

作为小康股份最大的收入来源，成立于 2003 年的东风小康，一直以来都被视为民企与央企合作的绝佳案例之一。在小康股份和东风汽车集团两家公司合作的近 17 年中，东风小康商乘并举，其中商用车品牌"东风小康"在国内微车市场连续 10 年保持前三，连续 6 年微车行业出口排名第一，乘用车品牌"东风风光"更是凭借风光 580 一鸣惊人，这款中型 7 座 SUV 因为踩准了市场节拍，仅用了两年时间销量便突破 30 万辆。毫无疑问，在此次交易完成之后，小康股份不仅将实现旗下业务一体化发展，还能夯实燃油车+新能源车两条腿走路的发展思路，为东风小康"以燃油车为主要产品，并根据市场变化调整新能源车型占比，燃油车与新能源汽车长期共存发展"的经营发展战略提供全面支持。

资料来源：根据公开资料整理。

1. 逆向混改概述

民企企业引入公有资本，也称逆向混合所有制改革（以下简称"逆混改"），是我国混合所有制改革的一类特殊形式，是指国有资本入资非国有经济体的一种混合所有制改革模式。从最终形态上，同一般混合所有制改革由国有经济主体产权占据主导地位不同，逆混改产权以非国有经济主体占据主导地位。

2. 逆向混改的动因

目前，驱动逆混改主要有两个因素。其一，从政府层面来看，政府能够通过对企业的经营决策产生影响的方式更稳定地控制某些掌控核心技术的行业和某些至关重要的领域，最终达到其根本目的——切实保障稳定就业、支撑国民经济高速发展，从而获取更多更好的经济资源以实现更稳健的发展。其二，从我国民营经济为主的非国有经济面临的问题看，相对于大中型国有经济体，主要包括融资难、融资贵、市场门槛高、技术和人才资源匮乏等现实约束，通过引进国有资本实现同国有经济主体的"联姻"，有助于解决民营企业经营上面临的困局，具体包括以下几个方面。

（1）借助国有资本解决融资难、融资贵问题。非国有资本在扩张的过程中受限于自身资本短缺的约束，需要寻找外部资本的支持。受我国现行信贷机制和规则的限制，民营企业获得银行贷款存在较大的难度，且难以享受很多面向国有企业的政策性优惠贷款。同国有资本的联合,有助于规避一些信贷歧视的问题。

(2)有助于自身市场竞争地位的改善。逆向混改体现了国家产业布局发展战略的实施。很多非国有经济体在某些产业领域具有较强的竞争力,在国家产业布局政策引导下对国有资本和产权的引入,有助于形成产业的协同效应,以更好实现国家的产业布局战略。

(3)有利于实现国家层面的产业布局优化。近年来,全球产业格局不断变化,对我国产业布局战略提出了新的挑战,客观上造成了促进国内市场国有经济和非国有经济产业融合战略实践的内外环境。通过对国有经济和非国有经济在资源、市场及管理上的有机整合和优势互补,理论上有利于实现混改企业效率的帕累托优化(Pareto Optimal),这一目标也契合了国家关于国企改革应着眼于提升活力效率的要求。

3. 逆向混改的效果

从资源效应的视角出发,第一,国有资本的加入一定程度上削弱了民营企业遭受的所有制歧视,二者之间形成了一种制度性关联,这种关联可以产生资源支持效应,如获得更多信贷资源、税收优惠以及政府补贴,继而解决融资困难问题、增加企业创新投入、提高企业经营绩效。从治理效应的角度来看,部分学者认为国有资本进入民营企业形成了多元化的股权结构,有效的股权制衡缓解了大股东与小股东之间的代理问题。

然而,也有部分学者对国有股权的积极作用持怀疑态度。当多元股权结构平衡被打破,过高的国有股权持股比例使得民营企业失去了决策权,容易引发严重的代理问题,进而加剧企业僵尸化风险、抑制企业的技术创新。考虑到国有资本进入民营企业可能存在目的不纯,极有可能粉碎双方之间的利益趋同效应,造成民营企业承受繁重的政策负担却无法如期享受国有资本带来的利好,产生员工总数过多、管理费用和人力成本增加问题,从而影响企业生产效率、降低其盈利水平。还有的研究证明"逆向混改"的民企受到政府关注,给经济市场的有效分配带来不利,因而不利于整个经济市场的健康发展。

二、按实现方式为划分依据

(一)实行员工持股

1. 员工持股的提出

员工持股是企业所有者将股权和员工进行共享,最有利于充分调动人力资本积极性,能够通过长效激励构建"公司—员工"利益共同体,以便从根源上实现激励相容进而彻底解决委托代理问题(何瑛等,2020),适合技术要素密集的高新技术企业。

国资委、财政部和证监会于2016年8月联合下发了《关于国有控股混合所有制企业开展员工持股试点的意见》,鼓励混改的国有企业同时推出员工持股计划,改善治理结构,转化经营机制。

党的十八届三中全会通过的《中共中央关于全面深化改革若干重大问题的决定》提

出:"允许混合所有制经济实行企业员工持股,形成资本所有者和劳动者利益共同体。"

2. 员工持股的方式

员工持股是我国借鉴西方公司治理的一种方式,在具体的实践中,员工持股对象有三种类型:职工持股(ESOP)、核心人员持股(EBO)以及管理层持股(MBO)。职工持股(ESOP)也称全员持股,主要是指公司内部的所有员工都可以认购公司的股票,其本质上是公司给职工的一种福利,需要专门的机构进行管理运作。核心人员持股(EBO)是指企业的核心人员,如关键技术、特殊岗位但是不限于高管人员认购公司股份,从而改变公司的股权结构。

3. 员工持股的效果

自党的十八届三中全会提出员工持股以来,国有企业积极开展员工持股制度,从国内上市公司来看,主要通过上市公司公告数据统计,2014年有59家、2015年有367家,2016年有180家。据有关研究机构统计,约有70%的上市公司都推出了员工持股实施方案。截至2017年上半年底,在A股市场公告员工持股的共有501家,其中央企有39家,地方国企有139家,分别占上市公司总员工持股比例的1.4%和7%。

员工持股被认为是一种比较有效的股权激励方式。员工持股计划把员工与企业的经济效益紧密地联系在一起,额外增加了员工的风险收益,使员工与企业共担企业的风险,共享企业的收益,既有利于企业长远发展,也能调动员工的工作积极性,同时,员工持有公司的股份其实也是一种集体激励的方式,能够增进员工之间的合作与创新精神,最终实现企业与员工的利益最大化。

员工持股被认为是解决国企所有者"缺位"的一种手段,通过员工持股可以提升国企的经营效率。在国企的经营过程中,产权主体"缺位",产权归属不清,无法得到有效的保护,国有资产流失,经营效率低下的现象仍然存在。通过员工持股,员工成为企业的所有者,拥有企业的剩余索取权与剩余控制权,使国企的产权结构更加清晰,国企与员工之间以产权为纽带,结成牢固的利益共同体,能够促使企业形成"企业+员工+民营参股"的股权结构,同时也能降低政府对企业的干预,杜绝在企业重大决策中"内部人控制"现象的发生,提高企业在市场中的发展能力。

公司通过员工持股可以有效激励公司员工的积极性、主动性,激发员工的创新精神,从而提高企业的效率。员工持股以公司的股权作为载体,把公司的利益与公司内部员工的利益连接起来,从而形成"劳资利益共同体",使员工更加积极主动地参与企业的经营管理,从而实现多方共赢。

员工持股方案的提出,是劳动者共享社会发展成果的具体实施方案,能激发劳动者的积极性,释放劳动者的创造性,是建设创新型社会、创新型国家的基本保障。由于中国的国企,员工与企业之间存在长期的分离,传统的薪酬机制很难形成对员工的激励,导致员工对国资国企的关切度极低,严重地影响企业的发展活力。所以,员工持股作为混改的一种路径，有利于员工与企业之间形成相互制衡的利益机制，对于提高企业的运行效率，构建利益共同体，实现共同富裕的目标有着现实意义。

（二）国企改制上市

1. 改制上市的概念

改制上市是指国企将所有制模式改为股份制，将其主要资产和业务整体改制为股份公司进行上市的做法。改制上市是国有企业混合所有制改革的重要模式，上市公司当前已成为国有企业混合所有制改革的重要载体，其依托于资本市场定价功能，既方便快捷又能有效避免国有资产流失，但通常需在上市后通过"二次混改"引入战略投资者进一步完善治理，以便以"混"促"改"真正实现混合所有制改革"改机制"的终极目的。

实现集团公司整体上市需要前期创造大量的条件和做充分的准备工作，股东一般会把大量低效无效资产剥离，比如幼儿园、亏损的资产、沉重的企业办社会职能和历史遗留问题等，还可能分流过多的冗员。股份公司成功上市后再用得到的资金收购原来的母公司。在2005年国有企业改制完成后，许多国有企业特别是央企的子公司或者分公司或者主业都有一到两家上市公司，为了推进国内资本市场发展以及扩展国有企业特别是央企的融资渠道，2006年12月国务院国资委颁发的《关于推进国有资本调整和国有企业重组的指导意见》（国办发〔2006〕97号）中指出："鼓励已经上市的国有控股公司通过增资扩股、收购资产等方式，把主营业务资产全部注入上市公司"，所以，2007年开始，国有企业特别是央企掀起了整体上市高潮。在2007年有多家央企采用集团公司资产注入其子公司的模式，通过再融资、增发、股权置换和吸收合并的方式推动集团公司实现整体上市。

2. 改制上市的方式

在中国企业具体上市的实践中，整体上市的模式有四种，分别是：A+H模式、换股IPO模式、换股吸收合并模式、反向收购母公司模式。国务院国资委在《关于推进国有资本调整和国有企业重组的指导意见》（国办发〔2006〕97号）的指导下，2007年初就制定了央企"两阶段，四种模式"的整体上市框架，开启央企整体上市的步伐。

（1）A+H模式。交叉上市亦称跨境上市、双重上市，是指同一家集团或者企业在境内和境外不同的资本市场都上市的行为。通过交叉上市，可以扩宽企业的融资渠道，获得境外资金的支持，同时受到不同资本市场更严格的法律监管。在中国A+H交叉上市公司中，有以下情况：A+H逆向交叉上市模式、A+H同步上市模式以及A+H拆分上市模式。

（2）换股IPO模式。李维安编写的《公司治理手册》[①]词条中对换股IPO模式的定义是："指集团与所属企业上市公司公众股东以一定比例换股，吸收合并所属上市公司，并发行新股。"通过这种模式上市的公司一般通过集团改造、吸收合并以及首发三个阶段完

---

① 李维安，郝臣. 公司治理手册[M]. 北京：清华大学出版社，2015.

成整体上市的操作。这三个阶段时间上集团改造在先,吸收合并与首发可以同时进行也可以先后相继进行。这种上市的特点是能够解决集团公司在快速扩张中的资金短缺问题,也能够充分利用资源,提升资源的利用率。这种模式主要适用于集团业务处于扩张阶段。利用这种模式上市的集团有 TCL 集团、中铝集团和上港集团。

(3) 换股吸收合并模式。这种模式是指通过换股的方式将同一控制下的各上市公司进行吸收合并,完成公司的上市。该模式适用于一个集团有两家或者两家以上的兄弟公司,这些兄弟公司之间上下游产业链关系密切或者存在横向业务相近或相似的情况。这种模式的特点是集团内部资源的整合,厘清集团各子孙公司之间产业链关系,能够较好地完成集团的管理流程。这种模式没有新的融资增加。在国有企业整合上市的过程中,华联商厦、招商蛇口采用此模式进行了合并上市。

(4) 反向收购母公司模式。这种模式是指集团上市的子公司,向大股东定向增发或者向公众股东增发股份融资,收购大股东资产,从而实现母公司上市的一种方式。

3. 改制上市的效果

国有资产流动性较差是国企改革的一个显著瓶颈,赵民(2017)通过实证分析发现,提高资产证券化,能在一定程度上提升国有上市企业的股价及每股收益,并降低资产负债率,对国有资产起到保值增值的作用。国有企业通过改制上市等方式,将不具备流动性的国有资产转变为金融市场上流通的证券,能有效提高国有资产的利用率和周转率,增加资产流动的透明度(冯朝军,2017)。

整体上市要求国有集团企业首先要进行股份制改造,在集团公司层面或者是母公司层面形成产权多元化的产权主体或者是多元投资的投资主体,这有助于完善现代企业制度和建立多元化的公司治理结构,增强企业集团之间、集团内部的控制关系,提高企业的资源利用效率。

整体上市是国有企业集团公司的全部业务和全部资产整体融入资本市场,而不是集团单独的某一个子公司、主营业务、某一产业或者某一板块的单独上市。通过整体上市,能使集团公司获得更多的外部融资,增加社会资本投资的机会,更有利于集团公司获得更优质的战略投资和融资平台、融资机构的增加,同时也促进国内资本市场的不断完善和发展。

整体上市能够使国有企业集团的母公司与子公司之间、集团公司的产业链之间、集团公司的内部组织机构实现全面的整合,所以要求企业集团的组织机构要按照上市企业的标准进行调整,使企业集团之间更加融合,企业的运营更加规范,从而能提升企业的运营效率和企业的竞争力,有利于国有企业做大做强做优。

整体上市是国有企业集团的法人整体上市,有利于实现政资分开和政企分开,使国有企业集团的关联交易减少,控制内部交易,有利于解决传统国有企业遗留的问题,从而使国有企业走向市场,遵守市场的规律和企业运行规律,从而成为独立的市场主体。

【案例9-7】 国望高科借壳东方盛虹进行混改

1. 交易双方基本情况介绍

(1) 东方盛虹公司概况。江苏东方盛虹股份有限公司（以下简称"东方盛虹"）的前身是于1998年成立的江苏吴江中国东方丝绸市场股份有限公司，原名"东方市场"。东方市场是江苏省苏州市吴江区的一家上市公司，市值为86.13亿元，苏州市吴江区国资办是东方市场的实际控制人，其股权结构如图9-3所示。

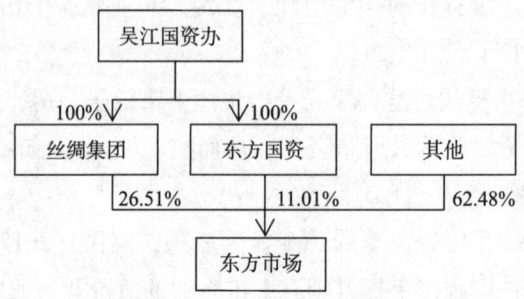

图9-3 东方盛虹股权结构

(2) 国望高科公司概况。国望高科位于江苏省苏州市吴江区，是盛虹集团位于吴江区的子公司。盛虹集团的实际控制人缪汉根、朱红梅夫妇是国望高科的实际控制人，其股权结构如图9-4所示。

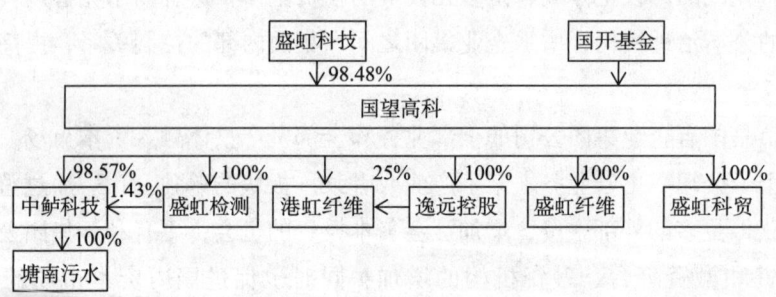

图9-4 国望高科股权结构

2. 东方盛虹资产重组过程

(1) 资产重组方案制定。本次交易一波三折，首次上会时未获得通过，但上市公司决定继续推进本次交易，第二次上会时获得有条件通过。在进行混合所有制改革前，东方盛虹的主营业务是电力、热能、资产经营和租赁、纺织品制造和销售等。混合所有制改革完成后，东方盛虹将承接国望高科的全部资产和负债、合同及其他一切权利与义务，东方盛虹的主营业务也将变成以涤纶化纤制造和销售为主，以提供电力和热能服务、资产经营和租赁、其他纺织品制造和销售为辅的经营模式,混合所有制改革前的主营业务收入所占混合所有制改革后总收入的比例会下降至10%左右。国望高科将以借壳上市的方式给东方盛虹带来优质的涤纶化纤资产,东方盛虹进而实现体制和业务的双转型。

(2) 发行股份置入资产。东方市场向盛虹科技、国开基金非公开发行股份购买其合计持有的国望高科100%股权。截至2017年6月30日,国望高科100%股权的评估价值为1273300.00万元,其中盛虹科技与国开基金分别持有国望高科股权的98.48%和1.52%。100%股权的交易作价为1273300.00万元,发行股份数量为2810816777股,发行价格为4.53元/股(经除息调整)。

东方盛虹于2018年8月9日完成了所有资产重组方案中相关标的资产的交收,于2018年8月31日完成旗下所有子公司登记股权变更事项,这也标志着东方盛虹资产重组方案的完结。

采用发行股份的方式进行购买,既可以防止东方盛虹资金链的断裂,同样可以防止产生高昂的利息支出,还可以减少经营过程中的财务风险,防止给东方盛虹混合所有制改革后的经营管理造成巨大损失。

(3) 公司股权结构调整。本次交易完成后,上市公司的控股股东将变更为盛虹科技,实际控制人将变更为缪汉根、朱红梅夫妇。

2018年9月26日,东方市场发布公告,公司的证券简称于2018年9月27日起正式改名为"东方盛虹",股票代码不变。东方市场的改名也正式为这次国有企业和民营资本的混合所有制改革划上一个完美的句号。

此次交易成功完成,实现了东方盛虹的业务转型,东方盛虹也从国有控股企业转变为民资控股、国资参股的拥有多元化股权结构的上市公司。

资料来源:根据公开资料整理。

(三) 建立混改基金

民营企业参与国企混改积极性不高,其主要原因是混改的门槛限制、公有资本控制的范围、比例仍然对公有资本有利。信息不充分、信息不透明是非公资本参与积极性不高的主要原因。国有企业分类的具体方案和细则虽然以文件的形式下发,但是国有企业的分类进程、混合所有制改革的立项方向以及参与混合所有制改革民营企业的意愿都应该向社会公布。从非公资本来说,非公资本的逐利性是资本的本性,良好的预期收益是民营企业家作出决策的参照之一。为了避免资本的损失,又不错过投资的时机,民营企业应充分发挥民营企业协会的作用,积极组建非公资本专项基金,以非公资本专项基金的方式参与国企混合所有制改革。

本章小结

混合所有制改革推动了公有资本与非公有资本融合。通过梳理国有企业制度发展历程不难发现，从国有国营、放权让利与承包制经营，到产权多元化的公司制和混合所有制企业，都是不同经济制度、所有制结构和不同产权制度的实现形式。

从全球治理格局层面来看，为使我国更好地参与国际竞争和实施"走出去"的战略，国有企业通过混合所有制改革可以减轻国企压力，拉动国内经济环境走出低迷，支撑国家经济高质量发展，同时带动民营资本走出去参与国际竞争、开发国际市场。在宏观层面，发展混合所有制经济既可以更好地发展国有经济，也可以扩大民营资本发展空间，更好地发展非公有制经济。实现"国民共进"。从中观产业来看，技术变革与产业升级要求国企通过混合所有制改革发挥支柱作用。从微观层面上来说，混合所有制改革有利于国有企业突破发展困境，激发国企活力与创造力并发挥国有企业作为国民经济重要支柱对国家经济高质量发展的积极作用。

混合所有制改革并没有普适模式，在具体的实践中可以根据实际发展状况选择合适的混改路径。具体来说，我国国有企业混合所有制改革的路径根据不同的划分标准，可以按照混改主体为划分依据和按照实现方式为划分依据。按混改主体为标准进行划分，可分为国有企业引入非公有资本的混改和民营企业引入非公有资本的逆向混改。从最终形态上，前者混改的产权以国有经济主体为主，后者产权以非国有经济主体占据主导地位。从实现方式上说，常见的混改路径包括实行员工持股、国企改制上市和建立混改基金三种方式。

思考题

1. 什么是国企混改？
2. 为什么要进行国企混改？
3. 国企混改的路径有哪些？
4. 国企改制上市的方式有哪些？

第十章

资本运营国际化

导言

在全球化蓬勃发展的今天,企业无论大小都向着全球化的经营模式发展。为了寻求竞争优势,越来越多的中国企业开始从全球视野来考虑企业的商业模式和长远发展问题,变革传统的经营模式,大胆地走出国门,通过对国际资源和国际市场的整合,提高企业的国际竞争能力。

国际化资本运营是中国企业走向国际的必要手段,要缩短与国际化大企业的差距,中国企业必须依靠国际化资本运营的手段以最小的成本及最快的速度赶上和超过国际竞争对手。通过国际化资本运营,建立整合国际资源的新模式,尤其是获取中国企业发展所必需的创造性资产,已成为大部分中国优势企业的战略选择。本章通过四部分来介绍资本运营国际化的内容和背景,从分析必要性入手,了解资本运营国际化的类型、风险及其防范措施。

学习目标

★理解资本运营国际化的背景;
★掌握资本运营国际化的类型;
★了解资本运营国际化的风险以及防范措施。

| 资本运营

第一节 资本运营国际化的背景

【导读】

阿里巴巴网络有限公司（以下简称"阿里巴巴"）于 1999 年创立，是全球领先的 B2B 电子商务公司，也是阿里巴巴集团的旗舰业务。阿里巴巴于 2007 年 11 月 6 日在港交所挂牌上市，融资 116 亿港元。上市当天，开盘价达到 30 港元，尾盘收于 39.5 港元，较发行价涨 192%，一度创下了港股 2007 年新股首日涨幅之最和中国互联网公司融资规模之最。然而上市后，阿里巴巴 B2B 的股价一度表现不佳，自 2009 年三季度开始一路下滑，至 2012 年 2 月之前，股价跌落至 13 港元。

时隔五年，2012 年 2 月 9 日，阿里巴巴 B2B 在港交会宣布停牌。同月 21 日，阿里巴巴集团宣布私有化 B2B 业务，从香港退市，回购价格为每股 13.5 港元，回购上市公司约 26% 的股份，总价值近 190 亿港元，约合 24.5 亿美元。这一回购价格与阿里巴巴网络 2007 年上市时的发行价格持平。5 月 25 日，该"私有化"计划在阿里巴巴网络股东大会以 5.89 亿股数，占整体 95.46% 的赞成票通过。6 月 8 日，阿里巴巴网络股票正式停止交易。紧随其后，阿里巴巴公司注册地开曼群岛大法院于 6 月 15 日批准公司"私有化"计划。港交所则以计划生效为前提，批准撤销阿里巴巴网络在港交所上市地位。2012 年 6 月 20 日，在香港上市的阿里巴巴网络有限公司正式退市。至此，阿里巴巴集团旗下唯一的上市公司走完了一段为时 5 年的上市路。

资料来源：根据公开资料整理。

一、资本运营国际化是全球化发展的大势所趋

我国开展资本运营国际化的一个重要影响因素来自国际化带来的挑战。在全球化蓬勃发展的今天，企业无论规模大小都向着全球化的经营模式发展。全球一体化现象逐渐影响着世界经济、文化、科研、教育的发展，这不但为人类文明发展提供了有效的助力，同时也为经济技术带来了严峻的挑战，为我国企业发展提供了机遇。

从世界经济发展趋势来看，西方国家的大公司在国际市场上日益占据主导地位，几乎没有一家美国大公司不是通过某种程度、某种方式的兼并发展起来的，几乎没有一家大公司是主要依靠内部扩张成长起来的。我国企业想要获得更加长远的发展，不可避免地要走向国际市场。

二、资本运营国际化是我国企业走出去的重要途径

作为一个发展中国家,中国在技术水平、经济认知、企业经营方面相较于发达国家仍然存在差距,部分传统经营模式虽然在社会主义初级阶段取得了良好的效果,然而在促进并推动经济整体发展的力度上仍显后劲不足。国内企业虽然曾凭借价格低廉、品质过关的产品打开了世界需求市场的大门,然而随着物价上涨、汇率波动、成本加价等,企业在国际市场上的价格优势已经逐渐消失。

我国作为发展中国家,与欧美国家相比,本身基础比较薄弱,目前还主要处于产业运营的阶段。我国本身存在着资本运营理念扭曲、产权主体模糊、人才缺乏、中介组织的不规范和资本市场不够完善等种种问题,这决定了我国企业资本运营总体水平偏低,仅处于资本运营的初期阶段。而资本运营国际化是我国企业"走出去"的有效途径,也是我国企业参与国际竞争、学习国外资本运营方式的有效方式。

三、资本运营国际化有利于企业提高国际竞争力

经过多年发展,我国已经出现一批有一定技术经济实力、熟悉国际化经营管理、适应国际市场激烈竞争需要的企业,其中一部分企业已经开始与国外企业结成跨国战略联盟。例如中国石油化工股份有限公司现已与世界上50多个国家和地区的数千家厂商、公司、金融机构等建立了战略联盟关系,在世界石化界、贸易界、金融界树立了良好的形象并建立起良好的信誉。

随着我国大型企业的国际影响力逐年提高,资金和技术力量也较为雄厚,经营管理水平也有很大的进步。这些企业在国际市场上很有竞争力,具备了吸引外国公司与其结成战略联盟的基础,而它们也应该抓住这个良好契机,通过跨国并购、境外上市、发展跨国战略联盟等方式参与资本运营国际化,有利于中国企业的发展更加靠近规范、成熟的国际企业,学习外国企业的先进技术和先进管理经验提高自身的国际竞争力,在全球竞争中占据有利地位。

【案例10-1】 华为"走出去"联盟战略

深圳华为技术有限公司(以下简称"华为")成立于1988年,是一家专门从事通信网络技术和产品的开发与研究、生产与销售的民营企业,是全球领先的信息通信方案供应商。

华为于1996年开始国际化经营,并在短短几年的时间迅速成为中国企业国际化经营

的领跑者。在中国政府大力推进开拓国际市场的战略指引下,华为等大型3C企业积极参与了国际市场的竞争。作为中国国际化程度最高的3C企业,国际化进程中,华为没有选择跳跃式的并购去实现企业的跨越式发展,而是利用自身掌控的优势资源,理性选择了各种跨国联盟形式,且华为的跨国联盟主要集中在技术领域。

可以说,华为的国际化是与跨国公司合作的进程中一步步完成的,从跨国经营初期与IBM的合作,到国际化突破时期与跨国企业的合资联盟以及国外高校和科研机构的研究与开发合作来保持技术的先进性。华为结合3C企业独有的特征以及经济一体化的环境因素,用联盟方式发展了自己在国际上的生存空间,推动了企业的技术进步,并最终从创新中获利,达到了全球市场的大幅覆盖。

资料来源:根据公开资料整理。

第二节 资本运营国际化的类型

【导读】

复星集团以财务投资为目标开展跨国并购,秉持价值投资理念,在全球展开布局。2010年复星集团就成立了复星美元基金,坚持以价值投资为指导在全球进行跨国并购。从2010年起,复星集团先后收购了地中海俱乐部(Club Med)、全球奢侈品知名品牌Folli Follie、法国百年健康食品品牌St Hubert等,均是通过帮助被并购企业打开中国市场,增加营业收入改善经营绩效,提高市场价值,进而提升复星集团的投资回报。复星集团并购对象均是高端度假村、奢侈品和高端食品等,这些项目都迎合了中国居民收入水平上升、需求结构升级的现状,复星集团凭借其敏锐的眼光,以价值投资为理念指导,以打开中国市场为渠道方法,通过跨国并购实现"曲线救国"。

资料来源:根据公开资料整理。

一、企业跨国并购

(一)跨国并购的定义

跨国并购指一国(母国)企业基于某种目的,通过取得另一国(东道国)企业的全部或部分资产(或股份),对另一国(东道国)企业的经营管理实施一定或完全控制的行为。跨国并购是国内企业并购的延伸,是企业间跨越国界的并购活动。跨国并购是资本运营的特殊形式,是资本运营国际化模式之一。

(二)跨国并购的理论支持

跨国并购包括跨国兼并和跨国收购两种方式,由于兼并占跨国并购的比重非常小,所以，跨国并购主要指跨国收购。跨国收购，指母公司或投资国的跨国公司通过购买被并购企业全部或部分股权、购买全部或部分资产等方式掌握被并购企业所有权或控制权的投资行为。

国际经济理论一般认为，跨国直接投资与间接投资或者是资本借贷流动的最大区别在于，投资者对国外形成的资产不仅拥有全部或部分的所有权，而且拥有对资产运营的控制权。跨国公司既是跨国直接投资的产物，又是跨国投资的主体。建立在微观基础上的跨国直接投资理论，主要是以跨国公司为研究对象而展开研究的，是20世纪60年代以来跨国直接投资理论的主流。其研究的重点在于解释投资的动机、投资流向和投资决策三个问题。

国际直接投资的相关理论很多，以产业组织理论为基础的是海默的垄断优势理论和巴克利、卡森、拉格曼的市场内部化理论。以国际贸易理论为基础的有弗农的产品生命周期理论、小岛清的边际产业扩张理论及曼德尔的投资和贸易替代理论。还有著名的国际生产折衷理论等。这些理论不仅分析了跨国公司进行海外直接投资的动因和条件，而且就国际直接投资的区位、产业选择及投资方式等方面的内容进行了系统的阐述和理论证明。本节主要介绍四个典型的国际直接投资理论。

1. 垄断优势理论

垄断优势理论认为，市场的不完全性使跨国公司拥有垄断优势，这种垄断优势是跨国公司对外直接投资的决定因素。跨国公司的垄断优势具体表现在五个方面：一是技术优势，包括生产秘密、管理组织技能和市场技能；二是工业组织优势，主要包括规模经济优势、范围经济优势及市场垄断优势；三是易于利用过剩的管理资源的优势；四是易于得到廉价资本和投资多样化的优势；五是易于得到的特殊原材料的优势。

正是存在垄断优势，跨国公司才能克服海外投资的附加成本，抵消东道国当地企业的优势，确保海外投资活动有利可图。垄断优势理论是最早关于对外直接投资的理论分析，它在很大程度上改变了跨国公司研究的理论基础和研究方向，并为后来的跨国直接投资研究提供了重要的理论参考，但是该理论主要是静态的经验性分析，缺乏动态和抽象的分析，而且不能解释并不具有绝对优势的中小企业和发展中国家跨国公司的对外直接投资行为。

2. 产品生命周期理论

产品生命周期理论是弗农于20世纪60年代提出的，主要用于解释国际投资的空间变化，它从产业发展角度，在一定意义上阐述了国际直接投资区位流向的一般规律。雷蒙德·弗农把产品（产业）的发展分为三个阶段：产品创新阶段、产品成熟阶段、产品标准化阶段。在各个阶段产业发展与企业的投资区位选择是紧密相连的，从而构建了一个产品生命三阶段区位转移模型（PLC模型）。根据产品生命周期理论，国际直接投资的产生是产品生命周期三个阶段更迭的必然结果。

> 资本运营

第一阶段：产品创新阶段。这一阶段必须具备的条件是高新知识的研究开发技能、对新专利技术等一系列知识资产的垄断，以及拥有巨额的研究开发资本和高收入、高消费需求的市场条件。拥有上述条件的基本上是发达国家的大型跨国企业。跨国企业开发新产品的根本动因是对市场垄断的追求和继续维持其垄断地位的需求，以便获得持续的利益。因而，其生产资本的投向与区位优势是密不可分的。在新产品阶段，跨国企业的投资流向最安全、最有利的选择是在国内生产，新产品首先是满足国内市场需要，并以出口贸易方式满足其他发达国家高消费阶层的需求。在第一阶段，跨国企业垄断了新技术，基本上控制了新产品市场的供给，价格弹性较小，生产成本对生产区位的选择影响不大。因此，在新产品阶段，生产厂商无须进行海外直接投资另找生产区位，在这一阶段，不发生国际直接投资。

第二阶段：产品成熟阶段。在这一阶段，新技术日趋成熟，产品基本定型。国际市场对新产品的需求量急剧上升，产品价格弹性增大。虽然生产厂商可以通过产品的异质化来避免直接的价格竞争，但降低生产成本、节省运输费用和关税支出已显得越来越重要。特别是当国际生产的边际成本和边际运输成本超过国外生产成本、国内劳动力成本大于国外劳动力成本时，将生产基地转移到国外更为有利，通常是转移到其他发达国家。因此，在产品成熟阶段，生产厂商开展海外直接投资的理想地是其他发达国家，在这一阶段，发达国家具有区位优势。

第三阶段：产品标准化阶段。在这一阶段，产品生产实现了标准化批量生产，新产品生产技术已不再是秘密，创新厂商所拥有的垄断技术优势已经消失，市场竞争主要集中于价格竞争，具有生产成本优势的企业具有竞争优势。而决定生产成本的重要因素是劳动力成本。因此，生产的相对优势由发达国家转移到了工资低和劳动密集型经济模式的发展中国家和地区。发展中国家具有生产的区位优势。在这种情况下，生产厂商开始对发展中国家进行大量直接投资，减少和停止在发达国家的生产，发达国家市场需求主要通过从发展中国家进口来满足。

产品生命周期理论从动态的角度较好地解释了第二次世界大战以后美国跨国公司对外直接投资的动机和特征，并对跨国公司理论的发展产生了较大影响。同时，它对整个对外直接投资的产品生命周期和区位选择进行了动态分析和时间序列分析，为投资企业进行区位－市场选择和国际分工的阶梯分布提供了一个分析框架。该理论论述了跨国公司对外投资的必要性和迫切性。

但是，该理论也有很大的局限性。首先，它侧重于解释以开拓新市场为动因的对外直接投资，却没有解释以获取资源、提高效率或实现某种跨国经营战略目标为动因的对外直接投资。其次，该理论实际上塑造了一个产品区位转移的三步骤模式。事实上，很多产品在创新时期就在国外组织生产和销售，而不是通过母国扩散到国外直接投资的。最后，该理论强调由于母国垄断或寡占优势的削弱以至消失，才转移到国外投资生产。事实表明，很多跨国公司一方面在国外大量投资，另一方面继续保持母国的技术垄断优势。

3. 市场内部化理论

市场内部化理论是解释跨国公司海外直接投资动机及决定因素的另一重要主流理论，由英国的巴克利、卡森和加拿大的拉格曼于1976年提出。他们认为，市场是不完全的，中间产品市场更是如此，其中知识产品尤为突出，而且企业的经营活动是相互依赖并通过中间产品联系在一起的。

因此，要通过外部市场交易就会产生时间滞后和交易成本，为了避免过高的市场交易成本，企业自然会以内部组织管理代替外部市场交易。跨越国界的内部化导致对外直接投资，并且内部化的决策是以内部化的收益与内部化的成本的边际均衡为条件的。市场内部化理论与垄断优势理论不同，后者主要强调跨国公司所持有的知识产权优势，而前者更重要的是强调企业通过内部组织体系以较低的成本在内部转移该优势的能力，而这种能力才是企业对外投资的真正动因。市场内部化理论把交易成本分析引入跨国公司分析，显示了其广阔的发展前景。但是该理论没有解释对外直接投资产生的方向，也不适用于解释较小规模企业在一个或两个国家的对外直接投资活动。

市场内部化理论从20世纪80年代以来引起学术界的广泛重视，指出了企业为什么要将技术、知识、专利等独占性信息在内部让渡，而不通过外部市场交易转让给别的企业。但是，内部化既可以跨国界进行，也可以在国内进行。另外，市场内部化理论也不能说明跨国投资的方向，所以，市场内部化理论有很大的局限性。

4. 国际生产折衷理论

国际生产折衷理论又称国际生产综合理论，是由英国经济学家约翰·哈里·邓宁于20世纪70年代提出，20世纪80年代他又不断发展和补充而形成在众多国际直接投资理论中最具影响力的理论。1977年，邓宁发表了题为"贸易、经济活动的区位与多国企业：折衷理论探索"的论文，标志着国际生产折衷理论的诞生，并初步建立了厂商特定的资产所有权、内部化、国际区位三个变量构成的理论框架。1981年，邓宁的《国际产业和跨国企业》一书出版，对这一理论框架进行了全面深入的阐述。他认为，海外直接投资主要是由所有权优势、内部化优势、区位优势三个基本因素决定的。

（1）所有权优势。邓宁的理论解释了跨国公司利用现有的所有权优势进行的跨国并购；而跨国并购的新折衷理论则主要强调了利用和获取所有权优势是跨国并购的主要动因。邓宁认为所有权优势是一个企业进入他国市场的必要条件，但跨国并购折衷理论在此基础上进行了扩展，认为即使一个没有优势的或发展中国家的跨国公司也可以进行对外直接投资（跨国并购投资）。因为所有权优势可以通过跨国并购一家外国公司而获得，并购后就有了所有权优势。这样一来，没有所有权优势也可以进行对外直接投资，成为一家跨国公司。

通过跨国并购以利用和获取所有权优势的动机与企业并购的效率理论是相容的。效率理论认为兼并可以获得某种形式的协同效应。两个都具有所有权优势的公司合并，如果各自的所有权优势具有互补的特点，则合并后公司的所有权优势就会加强，可以达到协同的效果。

（2）区位优势。区位因素直接影响着跨国公司在哪里并购及整个国际化生产体系的布局。如果一个东道国没有区位优势，即使可供并购的企业或母国企业有可以利用的所有权优势，邓宁认为跨国公司也可能只选择在本国生产产品，而很难进行跨国并购。跨国并购的新折衷理论认为，跨国公司一方面可以利用区位优势来强化自己的所有权优势和内部化优势，另一方面还可以利用区位优势来分散风险。东道国的区位优势主要包括不可转移的区位优势，如资源、地理位置、政府政策、对外直接投资政策等。

（3）内部化优势。市场内部化理论从交易成本的角度出发，探讨了无形资产出售的弊端，认为只有将这些优势内部化，才能充分利用这些无形资产。简要地说，内部组织存在的理由可以分为三大类：激励、控制和固有的结构优势。在一个组织内部，各方利益逐渐被调和，并且由于各方都担心被排除在组织之外，所以避免了机会主义的错误行为。

企业可以运用比市场更为多样化的控制、激励和惩罚工具，又拥有成本较低的获取必要数据的途径，从而能比购买者更精确地评价自己的表现。同时，企业通过员工间的共同经验、反复的人际关系交往及企业内部有可能发展起来的简洁代码，还可以实现信息交换的经济性。

国际生产折衷理论较好地解释了跨国公司对外投资的动机问题。这一理论在众多国际直接投资理论流派中最具有综合性和概括性，对企业发展海外直接投资活动具有较强的指导意义，对企业在国际直接投资活动中选择什么样的区位也具有较强的指导作用。

（三）跨国并购的特殊动因

20世纪90年代以来，国际直接投资出现一个深刻变化，就是跨国并购迅速超过了绿地投资，成为国际直接投资的主要形式。绿地投资在国际直接投资中所占的比例从20世纪70年代的64%降到了2000年的10%。跨国并购成为推动国际直接投资的主要动力。对于这一变化出现的动因分析，一般从宏观和微观的角度分别加以考虑。

1. 宏观经济方面的影响

（1）经济全球化。经济全球化是推动跨国并购发展的主要动因。经济全球化和渐趋开放统一的世界市场，一方面使跨国公司面临着更为广阔的市场容量，使它们更有必要和可能展开更大规模的生产和销售，以充分地实现规模效益；另一方面，也使跨国公司面临着全球范围的激烈竞争，原有的市场份额及垄断格局将不可避免地受到挑战。

跨国公司一贯追求全球战略，要求实现全球范围的最低成本生产和最高价格销售，尽可能提高全球市场占有率和取得全球利润。大型跨国公司纷纷提出要"打破民族与国家界限"，建立"无国籍经营实体"和"全球公司"，要"在世界舞台上演戏"。跨国公司的内在战略和国际经济环境的外在压力使它们不得不加快扩大规模、抢占市场的步伐。

(2) 新技术推广及应用。当代科学技术迅猛发展是战略性跨国并购频繁的一个很重要的原因。未来经济竞争在很大程度上是技术水平的竞争，跨国公司只有掌握先进技术和新型产品才能建立技术优势，确保有利的竞争地位，而技术水平落后的跨国公司则遭到排挤和淘汰。

因此，跨国公司无不花费巨额资金投入科学研究，试图抢占未来科技与经济竞争的制高点。然而，现代高技术产业投资额巨大，投资回收期长，而技术生命周期则越来越短，这使跨国公司一贯非常重视的高科技开发与投资面临着很大的困难和风险。于是，共同投资、联合开发、共担风险、分享成果的技术及经营联姻便成为在跨国公司中相当流行的发展模式。

(3) 政策自由化。开放国家市场允许各种各样的外国直接投资和非产权性安排。2001年，71个国家对外国直接投资法律进行了208项修改，90%旨在使投资环境更加有利于外国直接投资。此外，2001年，多达97个国家参与缔结了158项双边投资条约，使得这类条约的数目达到了2099项；同样，签订了67项新的关于双重征税的条约。例如德国、法国的减税行动带动欧盟各国竞相减税，降低本国企业负担，刺激了欧洲企业并购活动的不断升级。韩国政府实行"海外投资自由化措施"和"海外融资政策"把企业海外扩张作为增强国家竞争力的重要一环，创下一年并购海外企业28家的最高纪录。这一现象表明各国政府在经济全球化的形势下正改变其产业组织政策，支持大型跨国公司的战略性并购和超大规模经济的发展，保证在国际经济竞争中的垄断优势地位。

(4) 金融市场的剧烈波动。金融市场的发展和剧烈波动，为并购提供了机会和充裕的资本。1999年3月29日，美国股票突破1万点大关，股市资本总额达17万亿美元，为美国国内企业并购和大肆收购国外企业提供了充足的资本。纳斯达克市场共有近5000家上市公司，市值高达5万多亿美元，使这些高科技企业有足够的资源成为收购者，甚至一掷千金地进行企业并购活动，从而大大推动美国和欧洲的并购风潮。东亚和东南亚各国受金融危机的影响，股市下跌惨重，股价无力回升，企业资产、金融资产普遍贬值，仅靠政府无力挽救危机中的企业、银行等国家重要部门，于是纷纷打开市场大门，方便外国企业收购本国企业，为跨国并购提供了更多的机会。资料表明，以跨国并购方式流入东亚地区的资本规模在金融危机前后发生了很大变化，1994—1996年年均流入只有70亿美元，而1997—1999年则达到200亿美元。

(5) 管理创新。企业内部管理幅度和跨度是阻碍企业规模扩张的重要因素。企业规模过大，极易出现官僚主义、人浮于事、对市场变化反应迟钝、管理成本上升等问题。然而，随着计算机网络技术的应用发展，企业内部管理特别是购销管理和人事管理的效率大大提高，使管理超大型企业成为可能，从而解除了大公司并购的后顾之忧。

此外，亚洲金融危机迫使跨国公司加快战略调整以便增强自己的核心竞争力。一些跨国公司被迫改组,一些跨国公司乘机收购,从而导致跨国公司间的战略收购和兼并急剧增加。

2. 微观经济方面的影响

(1) 获取财务协同效应。由于税收、会计处理方法及有关企业并购的法规不同,企业可以从一些并购中获得货币经济收益,这种收益是通过财务运作带来的,被称为财务协同效应。获取财务协同效应是企业进行并购的一个重要动因。获取财务协同效应,常见的情况是通过对亏损企业的并购,在合并财务报表时,母公司的盈利和被并购企业的亏损相抵扣,从而实现减少税收的目的;在并购盈利企业时,通过互换股权或者股权和现金收购结合,也可以在企业扩张的同时减少开办费用、投资收益所得税等。

在企业跨国经营中,财务协同效应不仅体现在以上方面,其研究范围扩大到东道国和母国税率差异、会计政策差异给企业并购带来的影响。这是由企业跨国经营所特有的跨国性决定的。

(2) 获得市场势力。当前的跨国并购是以横向并购为主要方式进行的,1987—1999年,全球跨国并购有54.4%是横向并购,其增强市场势力的动机十分明显。因为通过企业并购可以减少竞争对手,提高市场占有率,增强企业对市场环境的控制能力和长期获利能力。随着全球经济一体化的发展,各国资本的跨国流动日益频繁,国内市场竞争的加剧又进一步促进资本输往国外,参与国际竞争,用以扩张自己在国际市场上的垄断势力。

根据欧共体委员会的调查资料,1990—1991年,欧共体12国的跨国并购已知动机的共有491起,其中为了加强市场地位的有174起,为了扩张势力范围的有100起,也就是说,在这些并购中,有55.8%是为了加强市场势力范围和市场地位,其中,1987—1988年,跨国企业并购已知动因的有124家,有70家是为了加强市场垄断地位,54家是为了扩张市场势力。这表明,获取市场势力是跨国并购尤其是一些大型跨国并购的一个重要动因。日益国际化的市场和竞争环境要求跨国公司在世界范围内获取更大的市场势力,而跨国并购是短期内获取市场势力的最佳途径。

(3) 取得规模经济性。规模经济性是由生产的最小有效规模、筹供的规模经济、技术的规模经济、生产的经验曲线及范围的经济性体现的。获得规模经济性是跨国并购重要的动因之一。目前,跨国公司的研究与开发支出较高,一般占销售收入的5%~15%,庞大的技术开发费用促使许多跨国公司通过跨国并购,扩大生产规模,在更大规模的基础上分摊技术开发成本实现技术的规模经济性。一些大型跨国并购能够有效地降低成本,如1998年12月1日,德国最大的商业银行——德意志银行动用101亿美元收购美国第八大银行信孚银行的全部股权,合并后的银行总资产达到8200亿美元,成为当时全球最大的银行。两家银行合并后,在世界各地的雇员达到96000人,裁减了其中的5500个职位,从2001年起,每年大约节省10亿美元(17亿马克)的成本,2001年德意志银行每股利润增加10%~15%。

（4）获取速度经济性。企业通过并购可以迅速获得目标公司的生产、销售、研究与开发能力，从而加速这些资源在生产循环中的流通，获取速度经济性。日益激烈的国际市场竞争使跨国公司进入东道国市场的时间变得更加重要。跨国公司直接投资进入东道国市场采用跨国并购是一种最快的进入方式。跨国并购可以快速建立生产能力、销售网络获取市场筹供能力，从而比新建方式更快地在东道国建立生产能力。这样既可以防止东道国原有厂商的报复性行为，也可以对后期进入的其他跨国公司构成威胁。同时，技术升级加快、产品生命周期缩短已经成为当今一大趋势。新产品如果通过新建的方式在东道国扩散，可能面临更大的产品升级风险，在这种情况下，跨国公司采用并购的方式建立同样规模的生产能力比跨国新建方式要快得多，通过跨国并购可以获得速度的经济性。

（四）跨国并购的过程

现有对跨国并购的研究可划分为两大流派：过程视角和内容视角。

近年来，众多学者呼吁从过程视角对跨国并购进行研究，这主要是由于跨国并购过程日益呈现出高度的复杂性和不确定性，仅从内容视角研究无法更好地诠释内部的作用机制形成和难以理解并购内部的动态演变过程。

因此，从研究过程看，现有跨国并购过程研究分为两类：一是从具体的管理实践角度划分为并购前尽职调查、并购中交易谈判和并购后整合三个阶段；二是从决策过程的角度将尽职调查阶段和交易谈判阶段统称为并购决策阶段，以及并购后整合阶段两个阶段[①]。

（五）跨国并购的文化整合

实现整合和管理的价值创造和协同最大化是并购后整合阶段的关键目标。现有关于跨国并购的整合与管理研究大致涵盖社会文化整合、学习与吸收、领导和高管沟通、利益相关者参与等方面。

并购过程中，由于并购双方之间的国家文化、组织文化、个人信仰的融合和管理之间存在的文化差异。因此，整合过程中容易产生文化冲突问题，如果不对文化差异加以重视就容易导致并购以及经营失败。

（六）跨国并购的风险

在中国企业进行跨国并购的过程中，往往面临着各种各样的风险。因此，认知风险、防范风险对于提高我国企业跨国并购成功率的重要性不言而喻。目前，跨国并购风险领域的研究内容除了财务风险外，还涉及政治风险、法律风险以及经营整合风险四部分。

在财务风险方面，财务风险贯穿企业进行跨国并购过程中的不同阶段，并购前需要对目标企业进行企业价值估值，完成并购交易后存在融资风险和支付风险，收购后则需要进行财务整合。

在政治风险方面，2007年，中促会研究咨询部与商务部对外经济合作司联合发布的

---

① 吴小节，钟文玉，谭晓霞，汪秀琼. 跨国并购研究的知识结构与述评［J］. 管理评论，2022，34（10）：92－107.

资本运营

《中国企业跨国兼并的实践与思考》报告指出,政治风险是跨国并购过程中最突出的风险,诸如东道国政治政策变更、国有化征收、突发暴力事件等。此外,一直以来,在西方所鼓吹的"中国威胁论"使我国企业尤其是资源型企业在进行跨国并购过程中受到了一定的政治阻碍,诸如中海油竞购美国优尼科以及中国五矿收购加拿大诺兰达事件案例。

在法律风险方面,并购过程中通常涉及诸多相关法律,包括公司法、知识产权、劳工合同等,而对东道国法律环境的不了解会导致并购进程推迟甚至失败的情况,极有可能成为并购完成后在境外经营过程中的最大风险。

在经营风险方面,经营风险通常发生在并购完成后的整合阶段,包括由于文化差异导致的文化整合失败、工会冲突、管理层变动导致的客户流失等①。

二、企业境外上市

境外上市是指国内股份有限公司向境外投资者发行股票,并在境外证券交易所公开上市。

(一) 境外上市的路径

1. 直接上市

直接上市是指注册在境内的股份有限公司直接以本公司的名义在境外发行证券或者将其证券在境外上市交易。直接上市的上市主体在中国境内,但在境外公开发行股票,可以简单地看作境内公司在境外的一次再融资。

(1) 纽约证券交易所(NYSE)。美国本国公司在 NYSE 上市,必须满足一定的流动性标准、市值要求和财务标准,主要有:①社会公众手中拥有该公司的股票不少于 110 万股;②公司至少拥有 2000 名持有 100 股及以上的投资者;③普通股的发行额按市场价格计算不少于 4000 万美元;④公司的有形资产净值不少于 4000 万美元;⑤公司最近一年的税前盈利不少于 250 万美元。

作为世界性的证券交易场所,纽交所接受外国公司挂牌上市的条件较其本国公司更为严格,主要有:①社会公众持有的股票数目不少于 250 万股;②持有 100 股以上的股东数不少于 5000 名;③公司公开持有的股份的全球总市值不少于 1 亿美元;④公司的有形资产净值不少于 1 亿美元;⑤公司必须在最近 3 个财政年度里连续盈利,且在最近一年盈利不少于 250 万美元,前两年每年盈利不少于 200 万美元或在最近一年盈利不少于 450 万美元,3 年累计盈利不少于 650 万美元;⑥对公司管理和操作方面的多项要求;⑦其他有关因素,如公司所属行业的相对稳定性、公司在该行业中的地位、公司产品的市场情况、公司的前景、公众对公司股票的兴趣等。

---

① 高嘉勇,侯嘉伟. 中国企业跨国并购研究现状、热点与整合框架——基于 Citespace 的可视化分析 [J]. 武汉商学院学报,2023,37 (02):48-55.

（2）纳斯达克交易所（NASDAQ）。纳斯达克作为美国最大的上市场所，纳斯达克股票市场内部分层为全球精选市场（NASDAQGS）、全球市场（NASDAQGM）和资本市场（NASDAQCM）三个市场板块，并建有不同市场之间灵活、便捷的转板制度，支持成长股转板升级。全球精选市场的上市标准最高，主要吸引大型优质企业类上市资源；全球市场属于中间层次，主要服务中型企业；资本市场是纳斯达克建立初期最早设立的市场层次，主要服务小微型企业，是目前上市标准要求最低的市场，其上市标准以股东权益为基础，满足三套标准之一即可：①股东权益500万美元，同时有2年经营历史；②股东权益达到400万美元，同时市值达到5000万美元；③股东权益达到400万美元，同时净利润达到75万美元。另外还需同时具备：①公开持有的股票的总市值不少于1500万美元（若满足标准③，则不少于500万美元即可），持股数不少于100万；②持有100股以上股份的股东数量不少于300人，其中至少50%持有市值至少为2500美元的非限制性证券；③至少有3个注册且活跃的做市商；④满足公司治理要求等。

（3）香港证券交易所（HKEX）。目前，香港交易所证券上市规则与国际标准相似，发行人要求高水平的企业管治和透明度。具备一定市值/收入/利润规模、业务根基稳健的企业可以选择在主板上市，公司需要有至少3个会计年度的营业记录，并在近3个会计年度维持管理层稳定，在最近1个会计年度维持拥有权和控制权不变，达到一定的财务要求；预计上市时的股票市值应至少达到5亿港元，公众持股市值不少于1.25亿港元或不低于已发行总股本的25%，如果股票市值超过100亿港元，则可酌情降至15%～25%。

GEM板块（前称"创业板"）是专为中小型企业而设的市场，该板块的上市资格略低于主板，要求公司须具备不少于2个财政年度的营业记录，维持最近2个会计年度管理层稳定及最近1个会计年度控制权稳定；经营业务有净现金流入，于前两个财政年度合计至少达3000万港元，上市时市值至少达1.5亿港元；设有转板至主板的程序。

2. 间接上市

间接上市是指主要业务经营活动在境内的企业，以境外企业的名义，基于境内企业的股权、资产、收益或其他类似权益在境外发行证券或者将证券在境外上市交易。上市的主体为境内公司的境外关联方。由于直接到境外发股上市，会因证券法律、公司管理和会计制度等方面的差异而遇到障碍，而采用间接方式则可绕过某些障碍，达到境外上市的目的。

间接上市具体又可分为买壳上市、造壳上市和借壳上市等方式。所谓壳，就是指上市公司的上市资格。

（1）买壳上市。买壳上市，是指境内公司收购一家已在境外上市，但盈利水平较低、筹资能力弱化的上市公司，取得对该公司的控制权，对壳公司进行重整，注入国内业务和资产，利用该公司的上市资格实现间接上市。买壳上市方式简便，能快速实现上市，但购买壳公司要支出大量外汇，也伴随着较高的风险。

（2）造壳上市。造壳上市，也即红筹模式，是指境内公司以境外离岸中心注册的离岸公司的名义，在境外目标证券市场融资上市。上述离岸中心（如巴哈马、百慕大群岛、开曼群岛、英属维尔京群岛等国家或地区）以法律手段建立特别宽松的经济区域，称为离岸管辖区，允许外国企业或个人在区内建立国际业务公司，被称为离岸公司。在离岸中心设立公司可享受大幅税收优惠。

（3）借壳上市。借壳上市，是指国内母公司通过将资产注入境外已上市的子公司，然后以该子公司的名义在境外募股上市。自2020年以来，借壳上市的其中一种方式——SPAC（特殊目的收购公司）上市逐渐成为中国企业赴美上市的重要选择。SPAC模式即设立没有实际业务的空壳公司，在首次公开募股（IPO）后，它需要在自身IPO后的规定期限内（一般为18—24个月内）用其募集到的资金寻找并收购有运营实体的目标公司，从而使目标公司通过这一并购快速成为美国主板上市公司，SPAC公司也就走完了整个生命周期。

（二）境外上市的收益与风险

1. 境外上市的收益

20世纪90年代以来，我国一些公司发行股票筹集和利用外资已取得了良好效果。选择境外上市、利用国际股票筹资具有以下优点。

（1）境外上市门槛相对较低。总体来说，境内上市对企业的要求更高，A股主板上市对企业的盈利仍有明确的财务指标的要求，注册制下的科创板与创业板虽打破了传统的仅以盈利为核心的上市标准，允许未盈利企业上市，但境外证券市场，尤其是纳斯达克全球市场，仅对市值、股东权益、总资产/收入中任一指标作出要求，相比之下，境外上市的上市门槛相对较低，包容性更强，多元化的上市标准更有利于满足不同类型与规模的企业的上市需要，更适合急需通过上市募集发展资金的企业。

（2）境外上市时间和进程更易把握。从上市时间的可控性上来说，境外成熟资本市场多实行注册制，制度相对成熟、市场化程度更高，审批机构运作透明、高效，在自身无特殊情况下一般需要6—9个月即可完成发行，上市时间较为可控，具有相对优势。相对而言，A股的上市审核较为严格，耗时更长，发行周期一般需12—18个月。科创板和创业板在实行注册制后，审核时间显著缩短，启动上市后一年左右可完成上市，其中交易所审核时间需要6个月（3个月问询、3个月反馈，不含中止期间）。整体上，在注册制新股发行审核流程规定明确的情况下，注册制新股从受理到上市所需时间明显少于核准制新股，发行审核效率快于核准制。

（3）境外资本市场和投资者相对成熟。从历史上看，A股散户占比高、市场投机气氛重、市场有效性弱。近年来，在金融开放蹄疾步稳、外资持续流入的背景下，机构投资者持股市值在A股的比例逐年上升，但个人投资者所持有证券账户数量占比仍超90%，A股整体"机构化""专业化""国际化"水平较成熟市场仍有较大差距。

而境外资本市场以机构投资者为主,经过长期的市场演进后逐渐形成了较为成熟的投资理念,更看重企业未来的增长前景而非短期的盈利性,一般可以给予初创企业更友好、更灵活的上市环境。成熟的机构投资者也更易于理解创新型企业的商业模式。同时,境外已有很多类似创新型企业成功上市的先例。例如,我国的中文搜索引擎公司百度在美国上市前,美国的英文搜索引擎公司 Google 就已经以其在华尔街耀眼的表现确立了搜索引擎在网络时代的主要地位。因此,百度的盈利模式极易为美国市场所接受,再加上其中国概念,使得百度在纳斯达克上市首日便获得了国际机构投资者空前的追捧。正如百度首席财务官所说:选择美国上市,是由于没有哪个市场比美国更能理解百度的业务。如果资本市场已有类似的企业,就很容易被投资者接受,选择那样的市场发行,就很容易发出去,股价表现也比较好。

(4) 境外上市可以为公司发展筹集大量的外汇资金。我国经济正处在迅速发展时期,资金不足是制约经济增长的一个重要因素,利用外资是解决资金不足问题的一条重要渠道。过去,我们采取吸收外商直接投资,借用外国政府贷款和国际商业贷款,以及对外发行债券等方式利用外资。随着国内股票市场的建立和发展,我国一些公司开始积极运用股票方式吸收外资。1993—2010 年,我国企业在境外发行股票和上市共筹资 12374.11 亿元(外汇折合为人民币),利用筹集到的大量资本从国外引进设备和技术,扩大生产经营规模,大大提高了经济效益。

(5) 扩大投资者群,优化股东结构。境外上市可以扩大公司股票的投资者群,扩大股东基础,增加市场对股票的需求,从而提高该公司股票的价格和流动性。同时,为公司引入外资投资者,可以优化股东结构,通过海外上市,我国公司受到更成熟的国际机构投资者和更规范的市场机制的监督,促进公司治理结构优化和管理水平提升。

(6) 提高公司在国际资本市场的知名度。我国企业走出去,到境外发行股票和上市前,要深入了解上市地政治、经济、金融等情况,向境外投资者公布经营、财务情况,上市后,要按照上市地的规则定期披露企业财务信息,使我国企业了解世界,使世界了解我国企业,提升我国企业的国际知名度,赢得国际声誉。境外上市也可以带来丰富的国际合作资源,来自各方面的合作机会为我国企业开拓国际市场创造条件,提供走向长期发展的契机。同时,境外上市有利于企业根据国际市场的动向,调整企业经营决策,有利于企业开展国际交流和合作。

【案例 10-2】 中国太保的三地上市

中国太平洋保险(集团)股份有限公司(以下简称"中国太保",股票代码:601601.SH)成立于 1991 年 5 月 13 日,是中国首家获准经营全国性、综合性保险业务的股份制商业保险公司。

在创立以及探索集团化发展的初级阶段，中国太保股权结构长期较为单一。2007年和2009年，集团整体在上海和香港分别上市，2012年完成H股定向增发，引入了新加坡政府投资局、挪威央行以及阿布扎比投资局等国际知名主权投资者基金，至此，公司股权结构趋于合理，其中内资股占比69.37%，外资股占比30.63%。2020年，中国太保完成发行沪伦通GDR，并在伦敦证券交易所主板挂牌上市，公司股权结构进一步优化，成功引入瑞士再保险集团作为基石投资者，从而促使侧重价值投资和长期投资的机构投资者占比进一步提升。

通过三地上市，中国太保顺利构建起稳定的市场化资本补充机制和科学化、现代化的公司治理机制；股权相对分散、多元，既无控股股东，亦无实际控制人；股权结构趋于合理，公司迎来持续高质量发展的新局面。

资料来源：《中国资本市场改革与发展三十年》编写组. 中国资本市场改革与发展三十年：上交所上市公司案例集 [M]. 北京：中国经济出版社，2021。

2. 境外上市的风险

企业股票在境外发行和上市也存在着一些不利之处，主要表现如下：

（1）融资成本较高。股票发行时，由于中外法律、会计制度和监管体制差异的客观存在，企业必须聘请当地有专业资格的公司和人士来担任律师及会计师，承担更高的发行成本。对主要产品和市场在我国境内的企业而言，社会环境和文化背景的差异使境外投资者对我国企业相对陌生，在寻求境外投资者认同时，企业需要花费大量的时间和成本进行推介活动。股票发行上市后，境外资本市场的严格监管使企业需承担更高的维护成本和信息披露成本。从目前实际发生的发行上市费用情况看，我国境内发行上市的总成本一般为融资金额的6%~8%，境外为8%~15%。因此，我国企业赴境外上市通常要付出比境内更为高昂的成本。

【案例10-3】　　海翔药业与中生北控：不同上市地点差异几何？

2006年12月25日，浙江海翔药业股份有限公司在深圳中小企业板上市，证券简称海翔药业，股票代码为002099，成为中小企业板的第99家上市公司。

2006年2月27日，同属于医药制造类行业的中生北控生物科技股份有限公司（以下简称"中生北控"）在香港创业板上市，股票代码为08247，成为中国科学院在香港的生物第一股，也是我国内陆地区临床诊断试剂在香港IPO的第一股。

1. 不同背景，却同样具有良好的发展前景

海翔药业的历史可追溯到1966年，曾是企业性质为集体所有制的日用化工厂，发展过程十分曲折，终于在1997年到1998年改制为有限责任公司，最终辗转成为浙江海翔药

业股份有限公司。如今的海翔药业是民营控股,具有家族式企业的特点,是属于复星系的上市公司。

而中生北控是中国科学院和北京市政府及上海市政府的国有资产控股的高技术企业。前身为北京中生生物工程高技术公司,成立于1988年,是中国科学院生物物理研究所创办的国有企业。2001年,中国科学院生物物理研究所以北京年中生生物工程高技术公司的整体投入发起改制,联合北京市政府在香港的窗口企业北京控股有限公司、上海市政府旗下的联创投资公司等股东投资创立并更名为中生北控生物科技股份有限公司。

虽然这两家公司有着不同的背景,规模上也存在较大的差异,但同样都是具有研发与技术优势的高新技术企业,具有良好的发展前景。两者专攻不同的领域,而且各有千秋。

2. 首次发行筹资总额天壤之别

海翔药业首发上市发行了2700万股,共筹得资金39320.18万元。而中生北控首发上市发行了3300万股,共筹得资金6864万元,仅为海翔药业筹资总额的1/6左右。然而从上市筹资费用来看,海翔药业实际发行费用为1891.82万元,占总筹资额的6.45%。中生北控实际发行费用为1465.62万元,虽小于海翔药业的1891.82万元,但其占到筹资额的20.92%之多。可见,中生北控在港上市的融资成本远高于海翔药业在内地中小企业板的融资成本。二者相关数据如表10-1所示。

表10-1　　　　　　　　海翔药业与中生北控上市相关数据比较

	海翔药业	中生北控
上市地点	深圳中小企业板	香港创业板
上市时间	2006-12-25	2006-02-27
主营业务	生产化学合成医药原料药和精细化学品(包括中间体)	研究、开发、生产和销售基于蛋白质的体外诊断试剂及生化药物
发行股票数量(万股)	2700	3300
发行价(元)	11.56	2.08
筹资额(万元)	29320.18	6864.00
发行费用(万元)	1891.82	1435.62
发行费用比	6.45%	20.92%
上市保荐人	招商证券股份有限公司	博大资本国际有限公司
主承销商	招商证券股份有限公司	博大资本国际有限公司、软库高诚有限公司

资料来源:曾江洪.资本运营与公司治理(第三版)[M].北京:清华大学出版社,2019。

(2)可能面临政治风险。在国际政治经济态势不确定性仍存的背景下,境外上市的中资企业更可能在地缘博弈中承受压力,面临地缘政治风险。此外,中外在意识形态、文化语言方面的巨大差异,可能使境外投资者对我国企业的认知产生偏见,导致股票流动性下降,逐渐被境外资本市场边缘化。

(3)控制权与剩余价值。与其他利用外资的方式相比,公司在境外发行股票融资是以出让部分股权换取外方投资的,境外上市要求上市公司允许境外投资者拥有公司的部分所有权,分享我国公司的部分利润。

无论如何,境外上市依然是我国新兴产业对接境外资本市场的主要渠道,也是国有企业拓展(中国香港市场以外的)境外资本市场的重要融资通道,对我国相关产业乃至经济发展的重要性不断提升。

与此同时,中概股(指在海外注册和上市,但最大控股权或实际控制人直接或间接隶属于中国内地的民营企业或个人的公司)也是国际投资者分享我国经济成长的重要途径。对于我国企业而言,应权衡境外上市的收益与风险,一方面不能完全放弃以美国为代表的境外市场,通过完善自身治理体系和治理能力,严防财务造假和虚假披露等行为,利用好境外市场,进一步拓宽企业融资渠道和国际影响力;另一方面,可以积极拥抱港股和A股市场,在享受政策红利的同时合理利用资金开展业务。

3. 中概回归与红筹北上

从1992年,华晨汽车在纽交所IPO,开创中国公司境外上市的先河开始,大批中概股赴美上市,曾在美国资本市场大放光彩。然而,2010年6月开始,浑水、香橼等做空机构频繁发布对中概股的质疑报告并大举做空。同时,财务造假丑闻引发美国证监会展开对上百家中概股的调查。这一系列事件的持续发酵使中概股遭遇持续三年的信任危机。这三年中,尽管有优酷、土豆、当当、人人网、奇虎360等公司登陆美股,但主动私有化、被并购和被迫退市的中概股多达36家。

2020年年初,瑞幸咖啡曝出财务作假丑闻后,中概股陷入新一轮的信任危机。5月,《外国公司问责法案》在美参议院全票通过,于12月正式生效。美国强化在美上市公司的审计监管,上市公司需接受美国监管机构对其审计工作底稿的全面检查,与我国对证券服务机构的工作底稿始终秉持的保密原则与限制跨境原则相冲突。若一直无法满足美国审计监管要求,中概股可能触发交易禁令,证券无法在美国资本市场上市交易,面临被强制退市的风险。

信任危机的蔓延以及证券监管的收紧,让中概股举步维艰。形成这一局面的原因有很多,既有部分中概股治理不严、信息披露失真、不遵守美国资本市场游戏规则的因素,也有我国对于国家主权和安全、境内企业商业秘密、个人隐私及数据安全保护等保障的客观需要。两国证券监管制度存在根本性矛盾,中概股在其中承受着来自中美的双重监管压力。

反观国内,A股和港股市场正在加强制度改革,股票发行上市标准的包容性与覆盖度不断提升,各项限制不断放宽,客观上为承接中概股回归铺平了道路。随着注册制改革的推进,A股降低了IPO和并购的门槛,简化和缩短了审核流程,为中概股回归提供了多元化上市通道。港交所先于2018年开放认可尚未盈利的生物科技公司以及同股不同权架构公司上市，并允许创新企业在港实现第二上市，随后宣布引入SPAC制度，并于2022年修订上市规则进一步放宽和降低第二上市门槛、拓宽双重主要上市接纳度，以及接纳第一上市地转换。2019年，阿里巴巴以双重主要上市的方式回归，2020年，网易、京东回港第二上市，也在不断验证上述改革对于广大中概股的吸引力。

由于融资需要，许多在美国和港股上市或寻求上市的中资企业都采用了VIE结构。在早前的制度环境下，红筹企业回归需要开展私有化、拆除VIE架构和红筹架构等复杂、成本高昂且有不小法律风险的操作。如今，科创板和创业板试点注册制为"红筹北上"铺设了道路，红筹企业已经可以在保持其现有架构的前提下在A股或港股市场开展IPO融资。

【案例10-4】　　　　　阿里巴巴回归港股二次上市

从2007年以来，阿里巴巴就将香港作为主要上市地的首选。2007年，阿里巴巴的B2B业务就曾在香港联交所上市，上市首日融资额达17亿美元，成为谷歌之后全球最大互联网IPO。2014年，阿里巴巴筹划整体上市时，首选仍是香港联交所，并开展了相关路演，但由于当时的港交所"同股同权"制度与其管理发展方针不对称，最终未能成行，转而赴美上市。阿里巴巴在美股IPO融资250亿美元，创下全球最大IPO纪录，成为美股市值最高梯队的公司之一，至今仍是IPO融资额最高的中概股。

对于阿里巴巴不能在香港上市，香港交易所前行政总裁李小加充满惋惜（2009—2021年在任）。他认为丢掉一家公司也许不是什么大事，但因此错过整整一代科技创新型公司以及新经济公司，那就是重大损失。从此，对于香港联交所的创新制度、香港整体的创新文化的探讨就没有停止过。阿里巴巴赴美上市时也表示，会一如既往关注、参与并支持香港的创新和发展。

2017年12月，港交所发布《有关建议设立创新板的框架咨询文件》的市场《咨询总结》，宣布接纳采用不同投票权架构的新经济公司赴港上市。2018年，香港联交所启动上市制度改革，港股开始拥抱"同股不同权"，并推出"18A"规则，允许未有收入、未有利润的生物科技公司提交上市申请，为互联网和生物科技公司等新经济提供了良好的制度支撑氛围。于是，2019年11月26日，阿里巴巴时隔七年之后回归香港，在香港交易所成功挂牌二次上市，成为首家同时在美国和香港资本市场上市的中国互联网公司，是2019年全球最大规模的新股发行，当天市值超过5000亿美元。

资料来源：根据公开资料整理。

三、企业加入跨国战略联盟

跨国战略联盟（Cross – Border Strategic Alliance，CBSA）又简称跨国联盟或国际战略联盟（International Strategic Alliance，ISA），是由两个或两个以上具有共同战略利益的企业（或特定事业或职业部门）为实现加强竞争优势的战略目标在国际范围内通过各种协议、契约而达成一种战略上的联合，结成优势互补、风险共担、生产要素双向或多向流动的一种合作模式。

跨国战略联盟具有自我的灵活性、形式多样性、进退快速、运作柔性和带来持续的经济效益等优势。随着经济全球化、区域经济一体化的不断发展，跨国战略联盟已经成为跨国公司开展国际市场竞争和国际化经营的竞争模式之一，也是跨国公司整合外部资源，获取竞争优势以及进行有效价值创造的最佳途径。

【案例10 – 5】　　　　中国石油企业资本运营国际化

跨国战略联盟是我国石油企业进行资本运营国际化、参与国际竞争的有效方式之一。中国石油企业资本运营国际化与其在国外直接投资建厂、立项的本质区别是：更加突出强调资本的国际运作，通过资本的运作获得国外石油企业、油气资源、油气开采技术、人力资源的控制权，并且资本运作要比直接投资见效的速度快。

我国的一些石油企业已经开始与国外企业结成跨国战略联盟。例如中国石油化工股份有限公司现已与世界上50多个国家和地区的数千家厂商、公司、金融机构等建立了战略联盟关系，在世界石化界、贸易界、金融界树立了良好的形象并建立起良好的信誉。

资料来源：根据公开资料整理。

第三节　资本运营国际化的风险

【导读】

2004年4月26日，TCL宣布与法国阿尔卡特已经正式签订了"股份认购协议"，双方将组建一家合资企业T&A从事手机及相关产品和服务的研发、生产及销售。2004年8月31日，合资公司T&A正式投入运营，原阿尔卡特投资中国的苏州公司成为T&A的子公司。

然而好景不长，由于文化冲突的显现，并购后的亏损日益严重，2004年第四季度，合资公司 T&A 就出现了 3000 万欧元的巨额亏损，2005 年第一季度的亏损更严重，超过了 TCL 在彩电领域的合资企业 TTE 的亏损。除此之外，原 TCL 通讯的骨干和 T&A 高层经理中的原阿尔卡特员工都在并购后相继离开，人才大量流失。由于 T&A 难以经营下去，TCL 于 2005 年 5 月 17 日宣布，将以换股形式收购阿尔卡特持有合资公司的 45% 股份。至此，阿尔卡特正式退出 T&A 的经营与管理。

TCL 收购阿尔卡特失败案例证明，并购后的文化冲突是并购失败的关键诱因，TCL 集团董事长李东生也坦言："并购后整合的成功主要取决于文化整合的成功"。在跨国并购中，文化整合之所以困难，是因为对合资企业中的文化差距认识不清，整合方法不对。除此之外，在资本营运国际化的过程中，双方企业都需要谨慎考虑企业的发展目标、管理制度、经营决策、销售方式以及员工薪酬等等众多因素，任何一个环节出错都可能导致资本营运国际化的失败。

资料来源：根据公开资料整理。

资本运营国际化是一个复杂的系统工程，其面临的风险因素数量众多，之间的关系也错综复杂。为了识别并捕捉其核心风险，将各种风险因素划分为内部和外部的区别。外部风险按风险源进行识别和捕捉，内部风险则按照资本运营流程识别。

一、资本运营国际化的外部风险

资本运营国际化的外部风险包括经济风险、政治风险及社会风险。

（一）经济风险

经济风险包括利率风险、汇率风险以及经济周期风险。

1. 利率风险

国际金融危机爆发后，海外资本市场受到严重冲击，海外企业价值被严重低估，这正是我国企业进行抄底并购的大好时机。但与此同时，许多东道国降低本国利率，以期增加本国市场的流动性，拉动经济复苏。东道国利率的降低增强了资本市场的活跃性，该国企业股票价格回升，我国企业进行并购等资本运营活动时被迫支付更多的资金[①]。2009 年吉恩镍业启动并购加拿大皇家矿业，然而，该年度加拿大政府采取一系列手段降低了该国利率以使经济复苏，镍价开始回升，吉恩的并购成本由此比预期上涨了很多。

2. 汇率风险

在企业海外资本运营过程中，通常要使用东道国本国货币进行支付。我国矿产资源企业需要在国际外汇市场借入或买入外汇。然而国际汇率不断变化，尤其是全球金融危机爆

---

① 汪莹，张畅，芦翠杰. 我国矿产资源企业国际化发展的资本运营风险研究——基于海外并购的分析 [J]. 国际贸易，2015（05）：47-52.

发之后，外汇市场不稳定性加剧。这种不确定性直接影响到我国企业实际支付成本的高低。另外，我国企业在海外并购的企业盈利后通常要折算成人民币，汇率的不确定性也让最后真正的盈利额充满了变数。2009年，华菱并购澳大利亚FMG铁矿时对汇率进行了科学的预测，明智地选择美元作为贷款货币。澳元在这段时间相对于美元有大幅升值，华菱不但有效规避了汇率风险，而且使该项投资进一步增值。

3. 经济周期风险

经济周期性波动对特殊行业影响较大，比如经济周期性波动对矿产品价格和矿产资源企业的资产价值都会产生巨大的影响。东道国经济的周期性波动会导致矿产资源行业的周期性波动，进而影响到我国矿产资源企业海外资本运营需要支付的资金。2009年，在中铝并购力拓谈判的3个月间，国际经济开始回暖，资产价格上涨带动力拓股价高涨，中铝并购成本激增，这也是导致最后并购失败的重要原因之一。

（二）政治风险

近年来，伴随我国经济实力上升，一些国家"中国威胁论"思维不断抬头，有些国家对我国企业跨国投资产生了较强的戒备心理和抵制心态。东道国可能以反垄断、经济主权、国家安全等名义，用苛刻的规定或审批程序进行刁难和阻挠，极易导致我国企业跨国资本运营前期努力毁于一旦。如2009年3月澳大利亚政府以"威胁国家安全"为由，拒绝中国五矿全面收购OZ矿业的计划。中铝并购力拓失败的直接原因也是商业问题政治化。另外，需要指出的是，法律与政策风险是政治风险的一种特殊表现形式。

（三）社会风险

社会风险是指由于文化、宗教、道德、风俗习惯、社会心理、就业与失业等因素而造成的资本运营损失的可能性。企业跨国资本运营如果忽视这些风险因素，很可能导致运营规划不能实施或者在实施过程中遭遇各种意想不到的阻碍。

二、资本运营国际化的内部风险

资本运营国际化的内部风险包括资本运营决策阶段的风险、融资与交易阶段的风险、整合阶段的风险。

（一）资本运营决策阶段的风险

资本运营决策阶段的风险来源于信息不对称，主要包括目标企业选择风险和估值风险。

1. 目标企业选择风险

我国矿产资源企业往往对并购目标企业的经营状况、财务状况以及潜在发展能力缺乏全面和透彻的认识。如果对并购目标企业是否符合自身的发展战略，以及并购后能否迅速和顺利地整合等问题缺乏深入的分析和正确的估计，就很可能选择不当的并购目标，给企业带来巨大的损失。例如，华菱并购 FMG 的案例中，由于事先没有做审慎的调研，致使华菱在并购完成后发现 FMG 铁矿石品位不符合自己高炉的要求，使企业的资本运营成果大打折扣。

2. 估值风险

海外矿产资源企业大多规模庞大，且受到各国政府的严格控制，公开的信息较少。而我国矿产资源企业由于人力、时间、资金等的限制，又很难对目标企业状况深入透彻了解。在这种信息极度不对称的情况下，我国矿产资源企业很可能会高估对方企业的价值，增加资本运营成本，而低估则可能造成并购流产。2011 年中石化以高达 22.5 亿加元的最终成交价并购加拿大 Daylight 公司，较前一交易日收盘价溢价 119.6%，较前 20 个交易日平均价溢价 70.0%。这一高并购价受到了市场的质疑。

（二）融资与交易阶段的风险

融资与交易阶段的风险主要包括融资与偿债风险、支付风险以及交易风险。

1. 融资与偿债风险

我国矿产资源企业海外资本运营融资渠道主要有企业的自有资金、国内银行贷款和企业债券融资。由于海外资本运营影响因素较多、较复杂，所以资本运营资金的最终额度与占用时间难以预估。筹资不足或资金规定时间未到位，可能引发资本运营过程中止甚至造成失败；筹资过多，占用时间过长，使资本运营成本增加，平添企业后续经营的负担。另外，如果企业举债额度过大，筹资成本过高，资本运营后的企业难以通过效益消化，就会产生严重的偿债危机。例如，在首钢收购秘鲁铁矿的案例中，由于背负了过多的贷款，首钢秘铁出现了偿付能力偏低、每年支付银行的财务费用过高等问题。尽管首钢秘铁大部分年份都有盈余，但扣除需付银行债务的本息后，始终难以摆脱亏损困境。

2. 支付风险

现阶段，我国矿产资源企业进行海外资本运营大多采用现金支付的手段。单一的现金支付不但给企业带来较大的融资风险和偿债风险，而且由于很多国家对于股权转让收益收取高额税收，高税负国家的股东大多不愿意接受现金支付的方式，这就给企业的资本运营带来了较大的阻碍。另外，由于我国矿产资源企业现金来源一大部分是国有银行贷款，很容易让东道国政府把企业的商业行为看作国家政治行为，平添了政治风险。

3. 交易风险

在海外资本运营实施的各个阶段，由于海外环境的多变性以及资本运营过程的复杂性，很容易由于突发事件对资本运营造成不利影响，甚至使交易失败。其中，比较突出的一个问题就是资本运营目标和细节很容易被提早曝光。这会导致股价变动、社会舆论压力、竞争者介入等一系列连锁反应，从而给资本运营的过程带来困难。2004 年中海油对优尼科的秘密并购在实际实施以前，就遭到了《金融时报》的抢先曝光，优尼科股价开始飙升，并且引起了雪佛龙的极大关注并抢先下手，从而使中海油陷入被动。

（三）整合阶段的风险

整合阶段的风险主要包括企业文化整合风险、人力资源整合风险、资产整合风险以及经营整合风险。

1. 企业文化整合风险

由于海外资本运营涉及两个或多个不同国家民族之间的文化整合，文化冲突对跨国资本运营的成败影响巨大。据来布兰会计咨询公司调查发现，在全球范围内80%左右的并购失败案例都是源于直接或间接的新企业文化整合的失败。不同国家文化间的差异，会造成资本运营双方认知上的差异，认知上的差异会导致矛盾和冲突的产生，进而影响到资本运营的成败。

2. 人力资源整合风险

资本运营后的新企业的组织人事重组是必经之路。然而，当新企业未能满足员工预期需求时，一些重要员工就会选择离开。如果生产经营骨干人才流失，后果将是企业生产效率的下降以致阶段性停产；而那些拥有丰富社会关系的高层管理人员流失，还将导致企业客户的大量流失，从而导致企业业绩阶段性下降，并增加企业重建客户群的难度。

3. 资产整合风险

海外并购完成只是达到了双方资产的简单合并，这之后需要进行资产的精细化整合，需要继续借助各种资本运营手段，剥离不必要的资产、重新组织安排优质资产，从而最合理有效地使用企业资产，实现企业资本最大限度的增值。资产优化整合不合理则可能使资本运营效果大打折扣。

4. 经营整合风险

销售、生产、产品、服务、客户、市场、财务、人员等是企业活动中不可或缺的经营要素。资本运营后的企业能不能在不同企业文化背景下，将这些原来不同的生产经营体系整合协调，尽快实现规模经济、财务协同、市场份额协同以及经验共享互补等效应，直接关系到海外资本运营项目的最终成败得失。经营体系组合不科学、不合理，必然造成政策上和经营上的混乱，引发经营摩擦，或导致资本运营后新企业资源闲置、效率下降等规模不经济现象，甚至拖累整个企业集团的经营业绩。根据变化了的内外环境对原有模式进行科学化整合，确保经营体系协调运转是海外经营企业资本运营后面临的不可回避的风险。

第四节 资本运营国际化的风险防范

【导读】

我国矿产资源虽然总量大，但是人均占有少、禀赋差，支柱性能源矿产严重不足，再

加上我国经济长期以来粗放型的增长方式使得矿产资源尤其是能源矿产的利用效率较低。这些问题导致我国的海外矿产资源依存度逐年上升，因此，我国矿产资源企业"走出去"实行国际化战略，开发利用海外资源，建立稳定的海外资源供给渠道显得十分必要。通过资本运营尤其是海外并购重组，可以使我国矿产资源企业以较快的步伐获取战略性资源，提升企业的国际竞争力，实现企业价值的成倍放大。然而，资本运营在实现价值放大的同时也造成了风险的放大。如何实施跨国资本运营以及怎样才能有效地规避由此带来的风险，已成为目前乃至今后相当长的时间内跨国矿产资源企业所面临的重要课题。

资料来源：中国知网。

一、资本运营国际化的外部风险防范

（一）经济风险防范

我国矿产资源企业海外资本运营的经济风险中，影响最大的当数汇率风险。因为汇率风险为海外资本运营所特有，国内的资本运营基本不涉及。因此，更应该引起企业的高度重视。企业防范汇率风险除了科学地预测汇率变化和恰当地选择计价货币外，一个重要的手段便是灵活运用金融衍生工具规避汇率风险。

一是利用远期外汇买卖进行货币保值，即并购企业为了回避或缩小外汇风险，在一笔现货交易成立的基础上，进行一笔相反方向的远期交易，以使这笔外币资产或负债的价值不受汇率变动的影响，从而达到保值的目的。

二是采用货币互换交易规避汇率风险，即互换双方通过中介机构签订货币互换协议，按约定汇率交换各自所需的等价外币，并在规定的未来某期限内，再按约定的汇率换回各自持有的外币，这样交易双方都可避免因兑换外币而可能蒙受的损失。

三是应用掉期外汇买卖防范汇率风险损失，即并购企业在买进或卖出即期外汇的同时，卖出或买进远期外汇，以避免外汇汇率变动的风险，其目的是轧平外汇头寸，防止由于汇率变动而可能遭受的损失①。

（二）政治风险防范

政治风险虽然具有突发性特征，但如果我国海外资本运营企业在投资区域选择、风险预测评估两方面做好准备，有些冲击和不必要的损失仍然可以降低甚至避免。

一是在海外投资区域方面，在投资收益衡量、风险损失预测基础上，有必要将投资目标国进行优选排序，制定不同时期投资不同区域的筛选计划，哪些国家或地区先投资，哪

---

① 汪莹，张畅，芦翠杰. 我国矿产资源企业国际化发展的资本运营风险研究——基于海外并购的分析［J］. 国际贸易，2015（05）：47-52.

些后投资，哪些地区多投资，哪些地区少投资，都要有科学的预案。一般来讲，拉丁美洲资源丰富，矿业起步早，矿业法律法规完善，投资环境好，应成为我国矿产资源资本运营优先选择的目标区域，而那些矿产资源丰富但与我国外交和经贸关系需进一步改善的国家，那些被西方大国控制封锁的国家，那些社会、政局不稳的国家，作为目标国的条件尚不成熟，所以有必要排在投资序列之后，区别情况暂不投资或暂少投资，待条件成熟后，再纳入优先投资序列。

二是企业有必要建立政治经济情报搜集和政治风险预测评估体系，以提高投资决策的准确性和安全性。

二、资本运营国际化的内部风险防范

（一）决策阶段风险防范

对于资本运营目标企业的选择要从战略投资的角度出发，选择符合本企业发展战略的目标企业，而应该避免机会投资的倾向。机会投资往往会增加并购风险和整合难度。此外，企业要注重培养和利用专业的海外投资顾问，这对于降低决策风险意义重大。

对于估值风险的防范，首先，企业要对目标企业的资产状况进行详尽的调查，可以借助专业的资产评估机构来克服自身海外资本运营经验不足和专业性较差的缺陷。其次，企业可以签订价值保证协议转移估值风险，若被并购企业报出的价值与其实际的价值相差较大，且有证据表明差异由被并购企业造成，我方有获取补偿的权利。

（二）融资与交易阶段风险防范

全面、科学地预估资本运营资金使用额度与期限。融资是企业实施跨国资本运营的关键一步，因而防范融资风险尤为重要。在资金筹集前，跨国企业必须对资本运营项目进行全面、科学的匡算与评估，以资本运营成本最小化为原则，尽力将每个步骤、每个环节，甚至每个相关机构与人员以及每个环节的时间段等可能发生的成本和费用的因素考虑进去，合理预计资本运营的过程以及后期整合、营运各个环节所需资金的时间与额度，防范资本运营资金的流动性风险。

选择科学的资本运营融资结构和便捷的资金支付方式。从降低资本运营融资成本和融资风险出发，在资本运营企业自有资金充裕的情况下，应以企业自有资金作为筹资额度的大头，债务融资和股权融资次之。在支付方式上，同样要根据资本运营具体程序，结合资本运营企业的财务状况及融资情况作出具体安排。资本运营企业自有资金充裕，现金流入量稳定，采取自有资金为主的支付方式；资本运营企业前景看好、资本运营后新企业盈利预期乐观，可选择以债务融资为主的支付方式；而资本运营企业负债比率较高、财务风险较大时，宜选择以换股为主的支付方式。

（三）整合阶段风险防范

在文化整合方面，并购前，企业应从双方文化的共同点入手，循序渐进，求同存异，重新确立更适合企业发展的企业文化核心，提高整体文化包容性。建立员工非正式沟通桥梁，强调尊重彼此的生活习惯、信仰等，提高企业凝聚力。

在人才使用方面，新企业也要注重发挥当地人的作用。广泛启用对当地矿产地质条件、当地环境熟悉的人，确保跨国企业生产经营活动在安全、高效的前提下正常运转；保留和聘用社会关系硬、人脉广泛的当地人充当生产经营协调员，以保障和减少正常企业生产经营遭受非正常干扰；从新企业平稳过渡出发，在资本运营后新企业运转初期，一定要保持并购前企业销售、生产、产品、服务、客户、市场、财务各环节管理者和骨干力量职位的相对稳定性。过渡期之后，再从微调开始，循序渐进地对新企业进行改革创新；建立好与新企业中原有工会组织的关系，发挥其联系、沟通、协调作用，快速稳定员工情绪，减少摩擦，确保新企业有条不紊地运转。

本章小结

资本运营国际化是企业接轨国际的必经之路，它是全球发展的大势所趋，有利于企业在国际市场中提高竞争力。

国际化有几种不同的类型，其中跨国并购是指一国（母国）企业基于某种目的，通过取得另一国（东道国）企业的全部或部分资产（或股份）对另一国（东道国）企业的经营管理实施一定或完全控制的行为，这种模式能够使企业获得财务协同效应和市场势力等。

而企业境外上市是指国内股份有限公司向境外投资者发行股票，并在境外证券交易所公开上市，这种模式基于境外更成熟的资本市场和投资者，能够快速地为公司筹集大量外汇资金，优化股东结构，其门槛也相对较低。

企业加入跨国战略联盟更具有灵活性、进退快速性以及形式多样性，它是跨国公司开展国际市场竞争和国际化经营的竞争模式之一，也是跨国公司整合外部资源，获取竞争优势以及进行有效价值创造的最佳途径。

在国际化的过程中，将捕捉到的风险分为外部风险和内部风险，分别从这两个方面采取一些相应的防范措施，尽量避免可能存在的已知风险。

思考题

1. 资本运营国际化的目的是什么？
2. 资本运营国际化的类型有哪些？
3. 资本运营国际化的风险有哪些？
4. 资本运营国际化的风险防范措施有哪些？

参考文献

［1］ Michael Spence，1973. Job Market Signaling ［J］. The Quarterly Journal of Economics, Vol. 87, No. 3. (Aug)：355－374.

［2］ 大卫·李嘉图, 1976. 政治经济学及赋税原理 ［M］. 北京：商务印书馆.

［3］ 杜凌霄, 杨浩然, 2023. 国企混改背景下企业"内部人控制"问题及其对策 ［J］. 中国农业会计 33 (24)：24－26.

［4］ 范恒山等, 1995. 现代企业制度全书 ［M］. 北京：中国物价出版社.

［5］ 冯朝军, 2017. 新时期我国国有企业混合所有制改革路径探索 ［J］. 技术经济与管理研究 (12)：42－46.

［6］ 弗里曼, 2006. 战略管理：利益相关者方法 ［M］. 上海：上海译文出版社.

［7］ 高嘉勇, 侯嘉伟, 2023. 中国企业跨国并购研究现状、热点与整合框架——基于 Citespace 的可视化分析 ［J］. 武汉商学院学报 (2)：48－55.

［8］ 韩峰, 2002. 入世后的企业并购 ［M］. 北京：中国社会出版社.

［9］ 何瑛, 杨琳, 张宇扬, 2020. 新经济时代跨学科交叉融合与财务管理理论创新 ［J］. 会计研究 (3)：19－33.

［10］ 何瑛, 杨琳, 2021. 改革开放以来国有企业混合所有制改革：历程、成效与展望 ［J］. 管理世界 (7)：44－60＋4.

［11］ 赫尔南多·索托, 2005. 资本的秘密 ［M］. 南京：江苏人民出版社.

［12］ 洪银兴, 桂林, 2021. 公平竞争背景下国有资本做强做优做大路径——马克思资本和市场理论的应用 ［J］. 中国工业经济 (1)：5－16.

［13］ 江小娟等, 2021. 更高水平外循环：中国与世界新纽带 ［J］. 经济导刊 (3)：19－25.

［14］ 雷霆, 2019. 图解并购重组：法律实务操作要点与难点 ［M］. 北京：法律出版社.

［15］ 李炳堃, 2017. 国资改革与混合所有制——基于委托代理理论视角 ［J］. 经济问题 (12)：60－64.

［16］ 李道国, 2001. 企业并购策略和案例分析 ［M］. 北京：中国农业出版社.

［17］李姣姣，杨子墨，2018. 国企混改背景下引入战略投资者还是财务投资者的思考［J］. 商业会计（17）：32-33.

［18］李维安，郝臣，崔光耀，郑敏娜，孟乾坤，2019. 公司治理研究40年：脉络与展望［J］. 外国经济与管理（12）：161-185.

［19］李维安，郝臣，2015. 公司治理手册［M］. 北京：清华大学出版社.

［20］李焰，陈才东，黄磊，2007. 集团化运作、融资约束与财务风险——基于上海复星集团案例研究［J］. 管理世界（12）：117-135.

［21］李政，艾尼瓦尔，2018. 新时代"国民共进"导向的国企混合所有制改革：内涵、机制与路径［J］. 理论学刊（6）：49-57.

［22］刘育琳，2005. 境内上市公司分立上市之难［J］. 数字财富（5）：76-78.

［23］罗伯特·劳伦斯·库恩，1996. 投资银行学［M］，李申，译. 北京：北京师范大学出版社.

［24］吕源，姚俊，蓝海林，2005. 企业集团的理论综述与探讨［J］. 南开管理评论（04）：17-20+24.

［25］马克思，2009. 剩余价值学说史：第3卷［M］. 上海：上海三联书店.

［26］马永斌，2020. 公司并购重组与整合［M］. 北京：清华大学出版社.

［27］迈克尔·詹森，2008. 组织战略的基础［M］. 孙经纬，译. 上海：上海财经大学出版社.

［28］庞巴维克，2012. 资本实证论［M］. 北京：商务印书馆.

［29］庞小伟，2002. 美国著名连锁百货店西尔斯百年历史［J］. 商场现代化（12）：32-34.

［30］戚聿东，李颖，2018. 新经济与规制改革［J］. 中国工业经济（3）：5-23.

［31］綦好东，郭骏超，朱炜，2017. 国有企业混合所有制改革：动力、阻力与实现路径［J］. 管理世界（10）：8-19.

［32］綦好东，彭睿，苏琪琪，朱炜，2021. 中国国有企业制度发展变革的历史逻辑与基本经验［J］. 南开管理评论（1）：108-119.

［33］萨德沙拉姆，1998. 兼并与收购［M］. 胡海峰等，译. 北京：中信出版社.

［34］桑德萨那姆，1997. 兼并与收购［M］. 北京：中国人民大学出版社.

［35］盛明泉等，2021. 国企混合所有制改革对全要素生产率的影响、作用机制与异质性研究［J］. 经济纵横（7）：47-56.

［36］宋国涛，2011. 股票基金投资入门［M］. 北京：地震出版社.

［37］汤谷良，王斌，杜菲等，2009. 多元化企业集团管理控制体系的整合观——基于华润集团6S的案例分析［J］. 会计研究（2）：53-60+94.

［38］汪莹，张畅，芦翠杰，2015. 我国矿产资源企业国际化发展的资本运营风险研

究——基于海外并购的分析［J］．国际贸易（5）：47-52．

［39］王建华，2002．现代财务管理［M］．安徽：安徽人民出版社．

［40］王玉，2023．"逆向混改"研究综述与展望［J］．中小企业管理与科技（19）：37-39．

［41］吴小节，钟文玉，谭晓霞，汪秀琼，2022．跨国并购研究的知识结构与述评［J］．管理评论（10）：92-107．

［42］吴晓求，2002．公司并购原理［M］．北京：中国人民大学出版社．

［43］徐辉，何悦，骆淑恬，2023．"逆向混改"动因、路径与效果研究——以小康股份引入东风汽车为例［J］．财会通讯（18）：97-104．

［44］亚当·斯密，1972．国民财富的性质和原因的研究（上卷）［M］．北京：商务印书馆．

［45］于雷，2008．投资基金251问［M］．北京：西苑出版社．

［46］余菁，2014．混合所有制"的学术论争及其路径找寻［J］．改革（11）：26-35．

［47］张飞雁，2019．中国国有企业混合所有制改革的路径研究［D］．北京：中共中央党校．

［48］张宁，才国伟，2021．国有资本投资运营公司双向治理路径研究——基于沪深两地治理实践的探索性扎根理论分析［J］．管理世界（1）：108-127+8．

［49］张秋生等，2001．企业兼并与收购［M］．北京：北方交通大学出版社．

［50］周骏，黄嵩，张俊超，2020．财务公司还是结算中心？——企业集团资金集中管理模式的角度［J］．上海金融（2）：64-70．

［51］郑志刚，2020．国企混改的逻辑、路径与实现模式选择［J］．中国经济报告（1）：54-67．

［52］中国社会科学院工业经济研究所课题组，史丹，2020．新工业化与"十四五"时期中国制造业发展方向选择［J］．China Economist（4）：38-63．

［53］中国社会科学院工业经济研究所课题组．论新时期全面深化国有经济改革重大任务［J］．中国工业经济（9）：5-24．